"十四五"普通高等院校公共课程系列教材

大学体育教程

（第二版）

陈庆合　杨洪涛◎主　编

李　军　姜大庆　许朋展　张　红　康　雷◎副主编

中国铁道出版社有限公司
CHINA RAILWAY PUBLISHING HOUSE CO., LTD.

内容简介

本书为“十四五”普通高等院校公共课程系列教材之一，遵循教育部颁布的《全国普通高等学校体育课程教学指导纲要》，针对目前我国高等院校公共体育教学的实际情况，紧紧把握“以人为本”“健康第一”“以体育人”的指导思想，以能力本位教育理念为统领，结合编者多年的教育研究和体育教学实践编写而成。

本书共16章，包括：在运动中健康成长，大学生身心发展特点，体育锻炼科学，运动营养与医务监督，足球、篮球、排球，田径，体操，中华武术与防卫运动，健美操、体育舞蹈、有氧操及简易健身运动，乒乓球、羽毛球、网球，游泳，瑜伽，民族传统健身功法，新兴国际运动与民俗体育项目，野外运动，冰雪运动等。

本书适合作为高等院校公共基础课教材，也可作为体育爱好者了解运动与健康、常见运动项目的特点与规则的参考书。

图书在版编目（CIP）数据

大学体育教程/陈庆合，杨洪涛主编.—2版.—北京：中国铁道出版社有限公司，2024.6（2024.8重印）
“十四五”普通高等院校公共课程系列教材
ISBN 978-7-113-30686-1

Ⅰ.①大… Ⅱ.①陈…②杨… Ⅲ.①体育-高等学校-教材 Ⅳ.①G807.4

中国国家版本馆CIP数据核字（2023）第214192号

书　　名：大学体育教程
作　　者：陈庆合　杨洪涛

策　　划：何红艳
责任编辑：何红艳　包　宁　　　**编辑部电话：**（010）63560043
封面设计：刘　颖
责任校对：苗　丹
责任印制：樊启鹏

出版发行：中国铁道出版社有限公司（100054，北京市西城区右安门西街8号）
网　　址：https://www.tdpress.com/51eds/
印　　刷：河北宝昌佳彩印刷有限公司
版　　次：2015年5月第1版　2024年6月第2版　2024年8月第2次印刷
开　　本：787 mm×1 092 mm　1/16　**印张：**19.75　**字数：**504千
书　　号：ISBN 978-7-113-30686-1
定　　价：49.80元

本书编委会

主　编：陈庆合　杨洪涛

副主编：李　军　姜大庆　许朋展　张　红　康　雷

参　编：（以编写章节为序）

陈　巍　李　娟　王海军　张旭尧　赵华恩　陈庆合

殷志栋　李　军　郑永成　张　红　张　丽　张献辉

赵晓红　康　雷　尚宁宁　岳志荣　姜大庆　许　凯

许朋展　杨洪涛　李曙刚　王　爽　康　健　李伟光

葛艳荣

参与研究讨论人员：（以姓氏笔画为序）

于林佳　马庆武　马宝玲　王子健　王英杰　王洪博

支　子　田　园　代立功　白　雪　权超颖　刘　伟

刘凤勇　刘念禹　池　强　孙　妍　孙昌亮　李　琼

李海玉　杨建伟　张　环　张东力　张英媛　陈　梦

茹红利　耿志民　徐海涛　黄　刚　盛　欣　常立超

董立叔　韩　璐　潘佳彬

前　言

党的二十大报告指出："广泛开展全民健身活动，加强青少年体育工作，促进群众体育和竞技体育全面发展，加快建设体育强国。"教育部颁布的《全国普通高等学校体育课程教学指导纲要》指出："体育课程是寓促进身心和谐发展、思想品德教育、文化科学教育、生活与体育技能教育于身体活动并有机结合的教育过程；是实施素质教育和培养全面发展的人才的重要途径。"

为了更好地贯彻落实上述指示精神，进一步加强高校体育教学改革，针对目前我国高等院校公共体育教学的实际情况，紧紧把握"以人为本""健康第一""以体育人"的指导思想，以能力本位教育理念为统领，我们总结多年体育教育研究经验，编写了这本高等院校《大学体育教程》教材。

本教材在编写过程中，打破传统体育教材注重运动技术传授的内容体系，充分挖掘体育的文化价值、教育价值，把体育真正上升到文化的高度，充分发挥其他课程无法替代的功能，为培养国家栋梁之材做贡献。本书第一版内容丰富、全面，得到了全国很多高校师生的好评。随着全民健身活动的广泛开展、体育强国的进一步建设，第一版的内容需要进行修订。与第一版相比，本版主要更新了第 1 章在运动中健康成长、第 3 章体育锻炼科学、第 16 章冰雪运动以及体质健康测评等相关内容和体育最新的知识，同时将课程思政内容融入全书，更好地体现立德树人的根本任务及德智体美劳全面发展的要求。另外，还配套增加了丰富的信息化数字资源，将课程的相关视频、微课等嵌入教材中，通过扫描二维码可以观看视频，方便学习者使用。本教材具有以下特色：

第一，目标先行，我们把"大学体育"课程的能力图表放在教材的目录之前，来明确"大学体育"课程应达到的教学目标；同时，每个单元也都明确标出了各自的教学目标以及考评办法，以利于教学具有针对性。

第二，在运动技能的教学过程中，充分考虑高等院校学生身心发展特点，在教材结构上，注重把体育知识技能的自身逻辑顺序与大学生的心理特点结合起来，通过"大学体育"课程的教学，促进大学生良好身体和心理结构的形成，使学生逐步形成良好的体育锻炼习惯。

第三，教材内容的选择上，注意"淡化"与"简化"、"美化"与"细化"相结合，表现形式活泼，图文并茂；撰写语言注重大学生的年龄和心理特点，尽量避免使用学术性语言，力求通俗化，增强可读性和易理解性，便于学生学习。

第四，教材中，通过"知识窗"，增加体育运动与文化知识、职业健康与体育运动的关联知识，从而拓展学生的体育人文视野；通过"光荣与梦想"，增强学生的民族自豪感、振奋民族精神和进行爱国主义教育，深入开展课程思政；通过“注意与提示”，使学生可以进行安全运动、健康运动，并形成参与体育运动和欣赏体育运动的良好习惯。

第五，教材内容的选择和安排，注重引导学生对自我价值、对企业价值、对社会价值和对国家价值的自觉。通过“大学体育”课程的教学，使学生逐步养成对社会有责任感、对集体有荣誉感、对自己有自信心的勇于拼搏、敢于进取的人生态度。

本教材由河北科技师范学院硕士生导师陈庆合、杨洪涛任主编，河北科技师范学院李军，东北大学秦皇岛分校姜大庆，河北科技师范学院许朋展、张红、康雷任副主编，参加编写的院校有河北科技师范学院、河北师范大学、燕山大学、河北环境工程学院、东北大学秦皇岛分校、张家口学院等高校。全书初稿完成后，编写组进行了多次讨论，由陈庆合、李军、许朋展进行修改，最后由陈庆合统稿和定稿。

本教材在编写过程中，得到了国家职业教育指导咨询委员会邓泽民教授、中国铁道出版社有限公司的大力支持和帮助，编写时参考了大量的相关文献资料。在此，向所有指导、关心和支持本书编写、出版工作的单位和同志表示衷心的感谢！

由于编写人员水平有限，书中难免出现疏漏之处，敬请读者批评指正。

陈庆合

2023 年 8 月于秦皇岛

体育颂[1]（节选）

[法]皮埃尔·德·顾拜旦

啊，体育，你就是美丽！你塑造的人体变得高尚还是卑鄙，要看它是被可耻的欲望引向堕落；还是由健康的力量悉心培育。没有匀称协调，便谈不上什么美丽。你的作用无与伦比，可使二者和谐统一；使人体运动富有节律；使动作变得优美，柔中含有刚毅。

啊，体育，你就是正义！你体现了社会生活中追求不到的公平合理。任何人不可超过速度一分一秒，逾越高度一分一厘，取得成功的关键，只能是体力与精神融为一体。

啊，体育，你就是勇气！肌肉用力的全部含义是勇于搏击。若不为此，敏捷、强健有何用？肌肉发达有何益？我们所说的勇气，不是冒险家押上全部赌注似的蛮干，而是经过慎重的深思熟虑。

啊，体育，你就是荣誉！荣誉的赢得要公正无私，反之便毫无意义。有人要弄见不得人的诡计，以此达到欺骗同伴的目的，但他内心深处受着耻辱的折磨。有朝一日被人识破，就会落得名声扫地。

啊，体育，你就是乐趣！想起你，内心充满欢喜，血液循环加剧，思路更加开阔，条理更加清晰。你可使忧伤的人散心解闷，你可使快乐的人生活更加甜蜜。

啊，体育，你就是培育人类的沃地！你通过最直接的途径，增强民族体质，矫正畸形躯体；防病患于未然，使运动员得到启迪；希望后代长得茁壮有力，继往开来，夺取桂冠的荣誉。

啊，体育，你就是进步！为人类的日新月异，身体和精神的改变要同时抓起，你规定良好的生活习惯，要求人们对过度行为引起警惕。你告诫人们遵守规则，发挥人类最大的能力

---

①《体育颂》于1912年第5届奥运会期间发表，是近代世界体育史上的一篇经典著作。它是顾拜旦奥林匹克理想的升华。它以美丽的诗的语言热情歌颂了体育的社会功能和人类的伟大理想。

而又无损健康的肌体。

啊，体育，你就是和平！你在各民族间建立愉快的联系。你在有节制、有组织、有技艺的体力较量中产生，使全世界的青年学会相互尊重和学习，使不同民族特质成为高尚而和平竞赛的动力。

“大学体育”课程能力图表

运动健身与保健能力

1	2	3	4
根据自己的情况制订健身计划	针对不同需求制订运动处方	运用适合于自己的体育项目进行锻炼	用徒手操做热身性准备活动
锻炼中能控制运动量（运动负荷）	全面提高身体素质	改善和发展心理素质	能预防并会处理一般性运动损伤
能判断疲劳状况并能消除疲劳	能够科学、合理膳食	调节运动营养	对锻炼效果进行自我评价
调整健身计划和运动处方			

对学生进行教导

1	2	3	4
养成良好的行为习惯	具备良好的体育意识	运用体育项目特点发展思维	促进职业技能提高
提高应变能力	提高创新能力	保持良好的心态	

对学生进行教育

	1	2	3	4
C	具有爱国主义情怀和民族精神	具有合作意识和团队精神	具有竞争意识和拼搏进取精神	发展沟通与交往能力
	提高自我控制能力	提高承受挫折能力	提高观察、判断、分析能力	培养自信心和良好的意志品质
	正确评价自我	消除不良情绪	摒弃不良行为	

促进人的社会化

	1	2	3	4
D	具备基本生存技能	协调人际关系	扩大人际交往	促进个性发展
	培养规则意识	提高社会适应能力	具备礼让品质	

体育审美与欣赏能力

	1	2	3	4
E	具有体育审美素养	认识运动美	在实践中感受运动美	在实践中展现运动美
	发展音乐和节奏能力	欣赏竞技体育比赛	欣赏各种体育表演	

目　录

第一部分　身心锻炼的科学原理

第三部分 其他体育运动项目

第一部分
身心锻炼的科学原理

通过本部分的学习，使学生懂得体育锻炼对自己学习、工作和生活的重要性，从思想上引起高度重视，从而激发对体育锻炼的兴趣，并逐渐形成良好的锻炼习惯。充分体现“我运动，我快乐，我健康，我成才”的现代体育与健康理念。

生命在于运动
——伏尔泰

伏尔泰（Voltaire，1694—1778），18世纪法国启蒙思想家、哲学家。提出了著名的论断"生命在于运动"。其内涵是："生命的产生在于运动，运动是生命诞生的前提条件，没有物质运动就不会有生命的产生；生命的存在在于运动，运动也是生命存在的基础，要维持生命体存在，也离不开物质运动；生命的发展在于运动，运动又是生命发展的动力和源泉。"

第1章 在运动中健康成长

通过本章的学习你将能够：

1. 懂得"生命在于运动"的原理，热爱体育运动；
2. 理解"健康"的真正含义及其重要性，更新健康观念；
3. 热爱体育运动，全面树立"为国家健康工作50年"的理想并付诸行动。

1.1 生命在于运动

1.1.1 为什么说生命在于运动

"生命在于运动"这句深入人心的名言，不知激励了多少人为追求生命质量而加入运动群体中。从我国古代《吕氏春秋•尽数》中"流水不腐，户枢不蠹"，到两千五百年前古希腊奥林匹亚山峭壁上的名言"如果你想强壮，跑步吧！如果你想健美，跑步吧！如果你想聪明，跑步吧！"都充分强调了运动可以给人体健康带来益处。世界上没有绝对静止的事物，一切事物都处在运动变化中。人也一样不能够缺少运动，生命的存在本来就是一个动态的过程，其本身也处在运动中。有生命的肌体各系统只有经常得到适当的锻炼才能够保证其正常的运转，人的生命也只有通过运动才能够焕发出勃勃生机。

有一个有趣的故事：据说麋鹿在美国是一种受到保护的动物，但是由于受到天敌狼的追击捕食，其种群一直得不到发展。面对这种情况有人建议将麋鹿生存环境中的狼全部猎杀以便保护麋鹿的繁衍、生存和发展。但这个建议被采纳了一段时间后，人们却发现麋鹿种群不但没能发展壮大，反而面临更大的灾难，麋鹿大批衰弱死亡而濒临灭绝。人们对这种情况仔细研究后终于找到了不良后果的原因。原来是由于狼被消灭后，麋鹿不必四处奔逃而高枕无忧，整日悠闲进食而运动量极大减少，出现了高血压、高血脂、高血糖等"三高症状"，因此生命力大幅度下降，无法适应其生存环境中的各种不良因素，导致其整个种群的衰亡。于是人们重新将适量的狼群放入了麋鹿的生存环境，后来麋鹿群体果然重新获得了生机。通过这个故事我们或许理解了生命在于运动的实际意义。对于人类来说是同样的道理。只有经常参加运动，使肌体各器官系统保持活力，我们的生命质量才能够得到保障。

运动是现代人增进健康的最佳方式

尽管社会生产力的高度发达为实现“人人享有健康”提供了完善的医疗保障措施，但为了解决普遍存在的健康危机，体育锻炼所起的作用是无可替代的，因为这种讲究适度锻炼、不拘任何形式、追求娱乐休闲、体现身心愉快、力求省时简便的运动形式，可以把日常锻炼和一切事情结合起来，并贯穿在工作、学习、生活、娱乐和旅游活动中，全面增进健康。

1.1.2 人类追求生命质量的标准——健康

健康是人类永恒的主题。而健康究竟是什么？看起来这好像是一个简单的问题。但事实上，人们对健康的认识是随着社会和医学的发展而不断深化的。从生活达不到温饱无法奢望健康的年代，到认为没有疾病就是健康的年代，再到将人的自然属性和社会属性综合在一起来评价健康的年代，以及出现了“三维健康观和多维健康观”的年代，可以看出健康是一个具有强烈时代感的综合概念。特别是 1948 年世界卫生组织在其宪章中提出的“健康不仅是没有疾病和虚弱，而是指身体的、心理的和社会的良好状态”的三维健康观改变了人们长期以只重视健康的躯体因素，而忽视心理和社会性因素的片面观点。

实际上，健康更强调人们在参与社会生活实践中能够最大限度地采取健康行为，激发自身潜能。中国有句俗话“好死不如赖活着”，但是如果我们思考这句话，可能就会反问自己既然要活着，为什么不去追求生命的质量呢？看一下那些整天躺在病床上的人，那些凡事都需要有人照顾、生活不能自理的人，他们心中的苦恼我们可想而知。生命质量与健康水平密切相关，可以说人类追求生命质量的标准应该是健康。

1.1.3 运动如何促进健康

有计划、有目的、科学地进行运动健身，是增进健康最积极有效的途径。目前认为运动主要是通过下列几个方面促进健康的。

（1）生理调节：运动通过科学的身体活动给予人体各器官、系统一种良性刺激，人体各器官、系统又可对运动产生良好的反应，从而促进身体的形态结构、生理机能、运动能力等方面发生一系列适应性变化。体育科学研究表明，经常参加运动不仅可以改善运动系统、心血管系统、呼吸系统的功能，提高神经、内分泌和免疫调适能力，使之更加协调统一地工作，而且运动对人体生理健康的调节是整体—系统—器官—组织—细胞—分子等统一协调的，所以运动的健康价值不在于其对肌体某一局部的影响，而在于通过主动的锻炼使人体各层次之间功能关系得到全面的锻炼。

（2）心理调节：体育锻炼不仅对人体的生理产生影响，而且直接影响人的心理，经常参加体育锻炼可以培养良好的心理素质，使运动者保持乐观的情绪、坚强的意志、较强的抗干扰能力，还可使运动者减轻压力、消除紧张、降低焦虑和抑郁等。当代大学生的文化背景、年龄与心理特征、社会角色决定了他们在激烈的社会竞争和完善自我的奋斗中承受着巨大的心理压力，个别大学生由于无法承受心理压力而选择自杀，而体育锻炼对缓解压力，消除精神紧张具有重要作用。

（3）社会调节：在体育运动环境中，大家可以以更直接、生动和集中的方式接触、体验近似于社会环境中所能够遇到的各种情

> **世界卫生组织（WHO）提出的十大健康标准**
>
> 1. 有充沛的精力，能从容不迫地担负日常生活和繁重工作，而不觉得过分紧张与疲劳；
> 2. 处事乐观、态度积极、乐于承担责任，工作效率高；
> 3. 生活有规律，睡眠良好；
> 4. 应变能力强，能够适应环境的各种变化；
> 5. 抗病能力强，自身免疫能力强；
> 6. 体重适中，身材匀称；
> 7. 眼睛明亮、反应敏捷、眼睑不易发炎；
> 8. 牙齿清洁，无龋齿，牙龈颜色正常，无出血现象；
> 9. 头发有光泽，无头屑；
> 10. 肌肉结实，皮肤富有弹性，运动有活力。
>
> 请同学们对照自身情况，看一看自己不符合的有多少?

景，如竞争、冲突、分享、合作、避让、包容、突变、赞扬、批评、成功、失败、规范、处罚……，从而不断增强自我调控的意识和能力，更重要的是个体在体育运动中的角色扮演和运动规则与现实社会生活中的真实角色和法规具有一定的相似性。经常参加运动，这种相似性就会迁移到现实生活中，从而有助于促进人际关系的发展、有助于培养规范行为、形成竞争意识、体验不同的社会角色、培养个体对社会节奏的适应性。由于体育运动具有社会调节功能，因此长期坚持参加各种体育活动对提高运动者的整体健康水平具有重要意义。

1.2 健康的身体是生活与工作的基础

1.2.1 身体健康的重要性

每个人都希望拥有健康，因为健康是生活幸福、事业成功的基础。有这样一个生动的譬喻："一个人毕生所拥有的一切可描述成下面这样一个巨大的数字，100000000…，前面是一个'1'代表健康，后面有无数个'0'代表事业、成功、家庭、财产等，如果拥有'1'（健康），这就是一个很大的自然数，但如果没有'1'（健康），后面即使再多的'0'也无济于事。"在现实生活中，的确是这样的，健康既是人的第一权利，也是一种责任，更是人类生存的第一个前提。

近年来，媒体多次报道：国家杰出青年科学基金获得者、中山大学生命科学学院院长赵勇因病不幸逝世，终年 45 岁；华中科技大学武汉光电国家研究中心副主任周军因工作积劳成疾，不幸去世，终年 42 岁；北京大学公共卫生学院卫生学系副主任、副教授谢铮 41 岁去世；北京理工大学机电学院教师、副研究员李晓峰博士，因急性心肌梗死 41 岁去世；复旦大学历史学系教授司佳博士，因病 42 岁去世……这些优秀的知名专家、教授、"杰青"的英年早逝在令人感到痛惜之余，也给人以警醒，健康对于每一个人都是极为重要的。健康的身体、良好的身体素质是学习、工作、生活的前提，作为一名大学生更应该关注健康。

健康的重要性主要包括：

（1）健康可以保证每一个人拥有高质量生命；

（2）健康能够更好地提高我们的学习和工作效率；

（3）健康是每个人事业成功的基础；

（4）健康是我们家庭幸福的保障；

（5）有了健康才能够更好地为社会服务。

我国有些学者曾经在积极从事体育锻炼活动中总结出"8–1 > 8"的经验，意思是说如果大家每天从事 8 h 的学习和工作，那么从中抽出 1 h 进行体育锻炼，其学习和工作的效率将大于 8 h，正所谓"磨刀不误砍柴工”。生理学家在进行了体育运动作用的研究后得出结论：“坚持运动，是健康生存所必需的，是人的基本生理需要。”

1.2.2 亚健康及其预防

20 世纪 80 年代中期，苏联学者布赫曼（N.Berckman）通过研究发现，除了健康状态和疾病状态外，人体还存在一种非疾病非健康状态，称为“亚健康”状态。当前，我国“亚健康”人群急剧增加最重要的原因主要来自两个方面：一是身体活动减少；二是能量摄入过多。据有关数据显示，在健康定义的统计学筛选下，真正健康的人仅有 5%，患有疾病的人占 20%，而“亚健康”的人占到 70% 以上。处于“亚健康”状态的人，肌体虽然无明显的疾病，但是肌体适应能力、抗病能力均呈现不同程度的衰减。在此状态下，患者只是感觉身体和精神上有各种各样的不适，但到医院去做各种检查和化验却没有任何器质性病变。“亚健康”如果得到重视并处理得当，则身体可向健康方向转化，反之则向疾病方向发展。

目前“亚健康”还没有明确的医学指标来诊断，一般来说，如果你没有什么明显的病症，但又长时间处于以下的一种或几种状态中，那么“亚健康”已向你发出警报了。失眠、头晕、乏力、食欲不振、易疲劳、记忆力下降、心悸、抵抗力差、易激怒、烦躁、经常性感冒或口腔溃疡、便秘等都是“亚健康”的症状，处在高度紧张学习中的大学生应当特别注意这些症状。处于“亚健康”状态的人口在许多国家和地区呈上升趋势，“亚健康”已经成为全球亟待解决的问题。

追溯历史，我国是对“亚健康”关注最早的国家之一，正如《素问·四气调神大论》中所述：“是故圣人不治已病，治未病；不治已乱，治未乱，此之谓也。”明确提出了“亚健康”即“未病”这个概念，提出应以预防为主，事实上运动和医学对健康影响最大的不同就是“运动防病于未然”。那么我们怎样才能预防亚健康呢？专家建议应做好以下几个方面的工作：

（1）适量运动：适量的身体活动在消耗掉体内多余能量的同时，还可以改善物质代谢，增强各系统的机能，直接提高健康体适能水平，同学们应该在上好体育课的同时，多利用闲暇时间进行适量运动。

（2）睡眠充足：研究显示血压和心率通常在睡眠时降至最低，而睡眠不足者，很容易出现血压较高的表现。此外，美国芝加哥西北大学睡眠与昼夜生物节律中心副主任菲力斯·季说：“睡眠不足，体内的压力激素会升高，炎症反应也会增加，这两者都会导致免疫系统功能的降低。”因此，睡眠充足是预防“亚健康”的重要因素。

（3）调节情绪，承受压力：长期心理压力过大，易引起神经系统症状，同学们在学习和生活中面对压力时既要承认压力存在的客观性，又要培养承受压力的能力，因为压力在人的一生中是客观存在的，

科学的基础是健康的身体
——居里夫人

玛丽·居里·斯可洛多夫斯卡（1867—1934），法国籍波兰科学家，世界著名的物理学家，在难以想象的极端困难的情况下，靠着工作的热忱和顽强的毅力，与其丈夫一同发现了放射性元素镭，这在实验科学的历史中是罕见的。她两度获得诺贝尔奖，是第一个荣获诺贝尔科学奖的女性科学家，也是第一位两次荣获诺贝尔科学奖的科学家。

亚健康及其主要表现

世界卫生组织认为：亚健康状态是健康与疾病之间的临界状态，各种仪器检验结果为阴性，但人体有各种各样的不适感觉。

亚健康涉及的内容非常广泛，表现症状较多，但最明显的有以下七个方面：

1. 心血管症状：上楼或走动感到心慌、气短、胸闷、憋气。

2. 消化系统症状：对饭菜没胃口、有时饿也不想吃、吃起来也没滋味。

3. 骨关节症状：常感到腰酸背痛或浑身不舒服、活动时脖子关节“咯咯”作响。

4. 神经系统症状：常头疼、头晕、记忆力差、容易疲劳。

5. 精神心理症状：莫名其妙地出现心烦意乱、遇到小事易生气、易紧张和恐惧。

6. 睡眠症状：入睡较困难、凌晨易早醒、夜间常做噩梦。

7. 泌尿系统症状：性功能低下或性要求降低、尿频、尿急。

健康自主

每个人健康与寿命的60%取决于自己，15%取决于遗传因素，10%取决于社会因素，8%取决于医疗条件，7%取决于气候影响。

——世界卫生组织

没有压力、没有逆境的人生是不存在的。只有承认压力存在的客观必然，才能做好抗压的心理准备。

（4）培养多种兴趣：培养广泛的兴趣爱好，会使我们受益终身，因为这不仅可以修身养性，而且能辅助治疗一些心理性疾病。

（5）生活起居规律：人类和地球上的其他生物一样呈现出一定的生物节律。人的体力、情绪和智力都存在着周期性变化，就像钟表一样循环往复，这被人们称为“人体生物钟”。据研究，人体内部生物钟的运行具有精确的时间。可是目前很多大学生熬夜学习，或者整夜泡网吧、玩游戏、QQ 聊天，生活毫无规律，易破坏“人体生物钟”，违背人体生物钟原理导致“亚健康”。

（6）合理膳食营养：目前，由于学生和家长营养学知识的缺乏，学生营养不均衡的现象十分普遍，一方面脂肪和热能摄入过高，另一方面矿物质、维生素缺乏，导致了肥胖症及其相关疾病的流行。因此，为了远离“亚健康”我们应该高度重视营养的均衡摄入，控制脂肪摄入，重视微量元素的补充。“平衡膳食宝塔”是目前公认的适合我国人民的膳食结构（见第 4 章图 4-1）。

1.3 运动可以挑战自我——痛并快乐着

1.3.1 运动导致“痛”的原因

大家都知道，运动对健康是有益的，可是为什么很多人却不能够去坚持体育运动呢？原因可能是他们感觉运动带给身体“痛苦”。在运动过程中，由于体内物质代谢和能量代谢的需求增加，肌体各器官系统都要承受比日常更大的负荷才能满足代谢的需要，因此，体内各系统受到挑战后会作出一些反应，如呼吸频率加快，呼吸深度加大，心率加快，动脉血压升高，血乳酸积累以及大脑相对缺氧等。这些反应随着运动强度的加大而增强，特别是在强度较大，持续时间较长的运动初期，肌体器官系统还会存在生理惰性，导致身体有“痛苦”的感觉。

另一个非常普遍的现象就是运动导致肌肉酸痛。肌肉酸痛又分为急性肌肉酸痛和延迟性肌肉酸痛两种。急性肌肉酸痛是由于代谢产物堆积和肌纤维受到牵拉后肿胀引起的；延迟性肌肉酸痛发生在运动后 24 ～ 48 h，目前认为其产生原因包括结缔组织损伤、代谢产物堆积、肌肉温度增加和中枢神经系统控制改变等。这些现象出现后运动者会感到不适。事实上，如果我们能够经常参加运动，这些“痛苦”度会逐渐减轻。这是因为长期坚持运动后，我们肌体的各器官系统机能会对运动产生良好的适应而不断得到提高，当肌体面临相同强度运动时各系统对运动的反应会减弱，那么运动的“痛苦”自然而然也会随之减弱。

1.3.2 “极点”与“第二次呼吸”现象

运动作为一种应激源，肌体必然会对其产生应激反应，我们在运动中虽然会有痛苦的感受，但痛苦过后也会有快乐的体验，正所谓“苦尽甘来”。如果我们进行强度相对较大，持续时间相对较长的项目时，运动者可能会出现“极点”与“第二次呼吸”的现象。例如，当我们进行 3 000 m 长跑时，由于运动开始阶段我们的内脏不能满足运动器官的需要，会产生一些难受的生理反应。这个阶段通常出现在 500 ～ 700 m 处，这时会出现“痛苦”的感受，如呼吸困难、胸闷、头晕、肌肉酸软无力、肢体动作迟缓不协调甚至有不想再继续运动的念头，这就是生理功能状态的“极点”。它的确使运动者痛苦到了极点，但是这个时候如果运动者依靠坚强的意志品质和一些适当的方法调整运动节奏继续坚持运动，这些痛苦的感觉会逐渐减轻或消失。这个时候我们的呼吸又变得均匀自如、动作变得轻松有力。这是由于运动者战胜了“极点”，就像重新获得了第二次生命一样，因此这种功能状态称为“第二次呼吸”。这个过程可以使我们的意志品质得到良好的锻炼，当同学们走入社会，在人生遇到困难时，在运动锻炼中的这种“战胜极点迎来第二次呼吸”的体验会帮助我们树立坚强的意志和充足的信心，因此，同学们在参加运动的过程中一定要勇于战胜生理“极点”，注意培养自己的意志品质。

影响“极点”与“第二次呼吸”的因素

“极点”反应的强弱和“第二次呼吸”出现的早晚，与运动项目的特点、运动强度以及运动者的训练水平和生理机能状态等因素密切相关，一般来说，运动强度较大、持续时间较长的周期性运动项目“极点”反应较明显。运动者的训练水平越低，“极点”出现得越早，反应越强烈，“第二次呼吸”出现得越迟。在运动过程中当“极点”反应出现时，同学们也可以采取一些措施来减轻这些反应，如调整运动前的身体机能状态、做一些适当的准备活动预先克服内脏器官的生理惰性。当“极点”出现时，继续坚持运动，加深呼吸适当控制运动强度等。

1.4 健康的工作和生活在于持之以恒的锻炼

1.4.1 锻炼不能只作为口号，而应在于行动

适时适量地参加运动正如生活中其他重要事情一样，是关系到每个人身体健康的大事。许多人不注重自身健康，不参加体育锻炼，都是因为没有感觉到身体有什么不适，而当身体出现问题的时候却又因为没有重视锻炼而追悔莫及。有的人认识到了参加锻炼的重要性，可锻炼却只是他的一个口号，或者不能持之以恒，或者不愿承受运动所带给身体的“痛苦”而根本不参加运动。这些人不运动归根结底只有一个原因，就是他不习惯做自己身体的主人。他们知道坚持运动锻炼是使自己终身受益的事，但是缺乏坚强的意志，不能将口号变为行动。也许他们自己总有决心要坚持运动，但每次又会有更多理由使自己偷懒，那么这个时候就应该好好反思一下，如果真把自己的健康看得很重要，理解了健康对我们的重要性，就应该决心把锻炼坚持下去，把锻炼的口号变为行动。此外，还有一部分人一看到运动没有在短期内达到效果，就灰心丧气，认为运动对身体健康起不了什么作用，要知道任何事情都不可速成，欲速则不达。肌体对运动所产生的适应性变化也是一个由量变到质变的过程，需要我们持之以恒地积累。我国民间曾有句俗话形容健康出现问题的过程“病来如山倒，病去如抽丝”。

为国家健康工作50年
——马约翰

马约翰（1882—1966），我国著名的体育家。在体育理论、体育教学、运动训练等方面都做出了突出的贡献，赢得了人们的尊敬。马约翰先生终生坚持体育锻炼，身体非常

健康，年逾80仍鹤发童颜，精神饱满地进行工作，被誉为“提倡体育运动的活榜样”。他毕生在体育工作岗位上孜孜不倦、勤勤恳恳奋斗了52年，被誉为“我国体育界的一面旗帜”。

每天锻炼一小时，健康工作五十年，幸福生活一辈子
——教育部、国家体育总局、共青团中央开展阳光体育运动口号之一

2006年12月20日教育部、国家体育总局、共青团中央共同发出关于开展全国亿万学生阳光体育运动的通知中要求，全面贯彻党的教育方针，认真落实“健康第一”的指导思想，在全国亿万学生中掀起群众性体育锻炼的热潮，切实提高学生体质健康水平，特别提到开展阳光体育运动，要营造良好的舆论氛围。通过多种形式，大力宣传阳光体育运动，广泛传播健康理念，使“健康第一”“达标争优、强健体魄”“每天锻炼一小时，健康工作五十年，幸福生活一辈子”等口号家喻户晓，深入人心。

但事实上，疾病发生的过程是平时不良因素逐渐积累起来的，这个过程也是很漫长的。所以，我们参加运动也要循序渐进，持之以恒。事实上，这个过程就是一个长期和致病因素相抗衡的过程。所以，请大家赶快把锻炼的口号变为行动，从现在开始做起。

1.4.2 为什么每天锻炼1小时

“每天锻炼一小时”是应该终身养成的良好生活习惯，也是大家保持健康的基本条件。著名教育家叶圣陶先生曾经说过：“有两种习惯，一种是好习惯，一种是坏习惯。保留一种坏习惯，会使人终身受害，养成一种好习惯，可使人终身受益。”每天参加 1 小时的体育活动，不仅可以促进血液循环，增强体质，促进健康，而且还会提高大脑的分析、判断和反应能力。大脑活动的基本过程是兴奋和抑制交替，人在活动时，脑细胞会经常处于迅速的兴奋和抑制交替过程中，体育活动中与肌肉运动有关的脑细胞处于兴奋状态，使大脑皮层管理其他思维活动的部分得到休息，有利于缓冲脑力疲劳。同时，体育运动可有效促进血液循环和呼吸使代谢加速，从而使脑细胞得到更多的氧气和营养物资供应，大脑的活动也就更灵活，学习效率相应得到提高。每天锻炼 1 小时，说起来容易，要真正作到每天不间断，对人的意志也是一种考验。运动生理学研究证明：“运动对身体机能产生的效益不是永恒的，如果停止运动这种效益在一段时间后就会消失”。因此，每天锻炼 1 小时一方面保证了运动锻炼的规律性，另一方面保证了运动锻炼的长期性，对增进健康具有重要意义。

1.4.3 为了健康，让体育伴你一生

随着时间的推移，几年的大学生活很快就会过去，我们最终要离开学校，走向社会，为自己的大学生活画上一个圆满的句号，但是我们的健康却不能画句号，还必须要延续。因此，树立终身体育的思想是我们大学生在未来的社会竞争中保持健康活力的前提。

终身体育作为终身教育的重要组成部分，是当代体育的发展方向。终身体育主要包括两个方面：一是社会中的每一个成员从出生开始到死亡都要不断地学习体育知识和从事体育锻炼活动，使体育活动成为陪伴人一生的重要内容，既面向未来发展又面向社会现实。二是将学校体育、社会体育等不同的锻炼方式、手段、理念有机结合起来，使体育锻炼系统化、规范化、科学化。使人们在不同的生活环境和工作环境中，能够通过自己掌握的体育知识技能获得体育锻炼的机会和条件，以期达到保持人体机能和体能处在最佳状态，以便更好、更持久地为社会的发展贡献出自己的一份力量。

曾经有人说过：培养一种体育爱好，并让它陪伴你一生，这是一种幸福和快乐。的确，许多伟人、名人都有自己的体育爱好，并且终生坚持。

如，毛泽东一生喜欢体育运动，不但常年坚持游泳、打乒乓球，还写下了著名的论文《体育之研究》和《水调歌头·游泳》等著名诗篇；邓小平从小就喜欢运动，特别是喜欢游泳和打桥牌，80 多岁的时候，老人家还能坚持在北戴河畅游一个多小时，到 90 多岁时仍然坚持运动，他常说："我是用游泳锻炼身体，用桥牌来训练脑筋。"邓小平用终身体育实践了"生命在于运动"的道理，为我们做出了榜样。

还有一些著名的科学家，他们也是终身体育的践行者。如，著名科学家钱伟长先生，他受马约翰先生的影响年轻时就喜欢上了体育，且成绩优异，并于 1937 年入选中国队，参加了在菲律宾举行的远东奥林匹克运动会。当钱老年过古稀之时，仍然坚持每天进行长跑锻炼，有一次参加清华大学的长跑比赛，他轻松地跑了两万米，让人们为之惊叹；钱老到 90 高龄时，长跑已不适合他，他改为每天步行三千步，依然不放弃运动，正是依靠体育锻炼，钱伟长一直保持着健康的体质和头脑。中科院院士钟南山是一位运动健将，从小就喜欢体育，篮球、田径、游泳样样精通，68 岁仍然活跃在篮球场上，70 多岁经常利用业余时间和同事打羽毛球，钟南山对运动的感言是"关键是一个认识问题。假如说锻炼身体和吃饭、睡觉一样重要，那你怎么也会找到时间坚持。运动也一样，只要你觉得是生活的第一需要，那你也会找到时间。"

因此说，终身体育既是一种生活态度，又是一种生活方式。我们大学生是国家的栋梁之材，肩负着国家未来发展的重任，必须从现在就树立终身体育观念，养成良好的体育锻炼习惯，为国家健康工作 50 年，幸福生活一辈子。

> **工作做不好可再努力，身体却就像是空心玻璃球一样，一旦碎了就不能再恢复了。**
>
> **——钟南山**
>
> 钟南山（1936— ），中国工程院院士，呼吸病学专家，教授，博士生导师，2003年抗击"非典"先进人物；2020年入选世卫组织新冠疫情应对评估专家组名单，同年8月11日，习近平签署主席令，授予钟南山"共和国勋章"。
>
> 他年轻时曾是一位体育健将。1959年在第一届全运会上打破400米栏全国纪录，1961年获北京市运动会男子十项全能亚军。时至今日，北京大学医学部还有几项由他创下的运动纪录无人能破。此后钟南山数年如一日地坚持锻炼，才有了那么强健的身体，那么健硕的肌肉。

1.5　更快、更高、更强、更团结——奥运精神

1.5.1　奥运足迹

翻开奥林匹克运动的篇章，无论是古代奥运会还是现代奥运会，都通过体育与文化的结合，从表现身体与精神美德相融合的人生哲学中，寻求友谊、合作、公平与和谐，且在不断吸取世界各国民族文化精华的过程中，赋予这种哲学思想指导下的社会活动以极强的教育文化价值。1896 年 4 月 6 日至 15 日，在希腊雅典，第 1 届现代奥林匹克运动会隆重举行，这标志着现代奥林匹克运动的正式诞生。

如今奥林匹克运动会已经成为全人类的体育盛会，它不仅带给人们极具观赏性的竞赛，同时，还给予了全世界人民丰富、宝贵的奥林匹克文化遗产。《奥林匹克宪章》对奥林匹克运动的宗旨作了如下论述："通过开展没有任何形式的歧视，并按照互相理解、友谊、团结和公平比赛的奥林匹克精神的体育实践来教育青年，从而为建立一个和平而美好的世界做出贡献。"奥林匹克运动就是追求人生的真、善、美，它所提出的"更高、更快、更强、更团结"口号就是催人向

> **奥林匹克运动会**
>
> 奥林匹克运动会（Olympic Games），因起源于古希腊奥林匹亚（Olympia）而得名，是一个由国际奥林匹克委员会主办的国际性综合运动会，包括夏季奥运会、冬季奥运会、青少年奥运会、残疾人奥运会、听障奥运会和特殊奥运会。古代奥运会从公元前776年到公元394年，共历经293届。1894年在巴黎召开的国际体育会议上，根据皮埃尔·德·顾拜旦（Pierre de Coubertin）的倡议成立了国际奥委会，并决定恢复奥运会。现代第一届奥运会于1896年在希腊雅典举行。奥林

匹克运动的格言是“更快、更高、更强”。它激励运动员要继续不断地参加运动、力求进步与追求自我的突破。现代奥运会每四年举办一次（曾因两次世界大战中断三次，分别为1916年、1940年和1944年）。

北京申奥标志

北京申奥标志是一幅中国传统手工艺品图案，即“同心结”。它采用的是奥林匹克五环标志的典型颜色。图案表现了一个人打太极拳的动感姿态，其简洁的动作线条蕴涵着优美、和谐及力量，寓意世界各国人民之间的团结、合作和交流。

上、不断进取的。奥林匹克运动的特点还包括广泛性和适应性，它的会徽上的五环象征着五大洲（见图1-1）。不论什么政治派别、民族、宗教信仰和性别，人们都乐意接受奥林匹克运动。这正是现代奥运会获得巨大发展的社会基础。

图1-1　1913年设计的奥林匹克运动会会徽

从蒙特卡洛的泪水到莫斯科的欢笑，北京申奥之路走过了整整8年。从1932年中国派运动员参加奥运会，到1984年中国运动员从奥运会上获得第一枚金牌，再到2008年中国主办奥运会，显示了中国的国际地位逐步提高，中国体育正逐步走向世界的前列。但是中国的奥运之路并非一帆风顺，也经历了很多坎坷。回顾中国奥运史，那是一段曲折的历史。由于各种原因，直到1979年中华人民共和国才恢复了在国际奥委会的合法地位，中国终于回到了奥运大家庭并开始在奥运舞台上谱写属于自己的华彩乐章。

第25届奥运会后中国提出了申办第27届奥运会的议案，但是由于种种原因未能如愿，1993年9月23日，当萨马兰奇宣布北京以两票之差丧失了2000年奥运会举办权的时候，许多人都流下了伤心的眼泪。2001年7月13日是全中国人民值得庆贺的日子，中国获得了第29届夏季奥运会的主办权，圆了百年奥运梦，神州大地顿时成了欢乐的海洋。

2008年8月8日，奥林匹克运动会的圣火在中国奥林匹克中心点燃，中国的百年梦想变为现实。北京奥运会的成功举办，对于促进奥林匹克运动项目在世界上人口最多的大洲和国家的普及，对于宣传奥林匹克精神、丰富奥林匹克运动内涵、促进奥林匹克运动的健康持续发展，最大程度地发挥奥林匹克运动的教育功能，实现奥林匹克运动的崇高目标，均有不可替代的深远影响和积极作用。2008年北京奥运会从理念到口号都体现了“以人文本”的思想，人文奥运、科技奥运、绿色奥运是她的理念，“同一个世界，同一个梦想”（One World，One Dream）是她的口号，体现了天人合一的思想。中国以自己的实际行动诠释了团结、和平、友谊。同时，每年的8月8日被确定为“全民健身日”。

2022年2月4日（农历正月初四，立春），第24届冬季奥林匹克运动会的圣火在中国奥林匹克中心点燃，北京成为首个能够举办夏奥与冬奥的“双奥之城”。北京冬奥会不仅带动了中国3亿人上冰雪，并实现了冰雪项目南下的历史性突破。运动会的开幕式向世界展示了一个中国人由内而外走向“文化自信”的复兴征程的中国故事。奥运会作为当代世界传播规模最大的全球盛典，它不仅是一场体育的盛会，更是一场全世界不同地域、不同文化、不同民族、不同肤色的人们欢聚一堂的世界文化“嘉年华”。春节作为中国最隆重、最盛大的传统节日，是全球华人和喜欢中国文化的各国人士欢乐喜庆的中华文化“嘉年华”。2000多年来，从地中海到太平洋西岸，两个“嘉年华”首次因第24届冬奥会在北京相遇，融合成一个人类文明快乐的节庆盛典，这是人类千年难遇的文明缘分，是东方文明与西方文明的完美融合，更是现代奥林匹克运动“更团结”精神的最佳体现，迸发出了无比灿烂的文明之光。北京冬奥会为奥林匹克运动续写新的传奇，也在中华民族伟大复兴的历史进程中留下了浓墨重彩的一笔。

1.5.2 中国健儿的奥运辉煌

从1979年中华人民共和国恢复国际奥委会合法席位以来，中国体育健儿在奥运会上获得了举世瞩目的成就。中国体育健儿所取得的优异成绩，是对奥林匹克运动的新贡献，是对祖国人民的巨大鼓舞。1984年7月29日第23届奥运会，许海峰夺得那届奥运会第一枚金牌，实现了中国奥运金牌“零”的突破。那届奥运会中国女排以顽强拼搏的精神、灵活多变的战术战胜了东道主美国队，拿下了金牌。李宁一举夺得了三金两银一铜的优异成绩，成为那届奥运会夺得金牌最多的运动员。洛杉矶奥运会让中国人民扬眉吐气，用事实证明了中国人是体育强者。

1992年7月25日第25届奥运会在西班牙巴塞罗那举行。共有170个国家和地区的9 364名运动员参加了比赛，其中女运动员2 705人。中国运动员在那届奥运会上表现出色，共获16枚金牌、22枚银牌和16枚铜牌，进入金牌榜前四名。

1996年是现代奥运的百年诞辰，共有来自世界197个国家和地区的10 788名运动员参加了各项比赛的角逐，中国代表团获得了16枚金牌、22枚银牌、12枚铜牌的可喜成绩，金牌、奖牌榜均列第四名，实现了冲击第二集团首位的预定目标。此外，中国代表团还有两人打破4项世界纪录。值得一提的是，中国代表团的男运动员们经过不懈努力，突破性地夺得7枚金牌9枚银牌5枚铜牌，向世界展现了我国男子运动员的实力。

2000年9月15日至10月1日，来自全球200个代表团的11 000多名运动员，参加了20世纪最后一次奥运会——在澳大利亚悉尼举行的第27届奥运会。中国体育代表团在悉尼奥运会上共夺得28枚金牌、16枚银牌和15枚铜牌，在金牌榜和奖牌榜上均排在第三名。中国首次进入奥运会金牌榜前三名，取得了历史性的突破。中国运动员共有3人12次创8项世界纪录，6人11次创11项奥运会纪录，成绩比前四届奥运会有了大幅度的提高，创下了参加历届奥运会金牌数和奖牌数的最高纪录。

2004年雅典奥运会中国代表团完美开局，完美收官，共获得奖牌63枚，其中金牌32枚、银牌17枚、铜牌14枚。这一成绩超过了悉尼奥运会28枚金牌和59枚奖牌总数的成绩。中国军团历史性地名列金牌榜第二位，为中国体育树起一座新的里程碑。

2008年8月北京奥运会，中国共有639名运动员参加了28个大

中国奥运史金牌“零”的突破

许海峰（1957— ），安徽和县人，我国著名的射击运动员。在1984年美国洛杉矶第23届奥运会上，获男子手枪60发慢射冠军，成为那届奥运会首枚金牌得主，同时也是中国奥运会历史上的首位冠军得主，打破了中国奥运史上金牌“零”的纪录，为中国人赢得了荣誉。1994年底，许海峰退役后，开始担任国家射击队女子手枪主教练，后担任国家射击队副总教练；2001年3月，开始担任国家射击队总教练，同年6月开始担任国家体育总局射击中心副主任；1996年亚特兰大奥运会上，许海峰所带的队员李对红获得冠军；2000年悉尼奥运会上，许海峰所带的队员陶璐娜获得冠军，他是名副其实的金牌运动员和金牌教练。

项、38个分项、262个小项的比赛，他们在比赛中顽强拼搏，在各项比赛中争金夺银，一次次地使五星红旗冉冉升起。中国代表团共获得51枚金牌、21枚银牌和28枚铜牌，创4项世界纪录，创造了中国参加奥运会以来的最好成绩，位居金牌榜第一名。中国体育健儿所取得的优异成绩以及对奥林匹克运动会所做的伟大贡献将永远载入奥运的史册。

2012年10月伦敦奥运会上，中国体育健儿共获得38枚金牌、27枚银牌和23枚铜牌，金牌榜和奖牌榜均名列第二名，取得境外参加奥运会的最好成绩，谱写了我国竞技体育新的辉煌篇章，淋漓尽致地诠释了奥林匹克精神，展现了中国体育乃至当代中国人的形象与气魄，实现了运动成绩和精神文明双丰收的目标。中国运动员的优异表现、拼搏精神，传递着中国体育健儿的精神风貌，由此带动民众对体育、对健身的热情，或许比金牌本身更为重要。

2016年里约热内卢奥运会，是中国人对奥运精神理解的一次飞跃。青年人可以更从容展示自己的青春魅力。对金牌从容豁达，在奥运会上享受比赛，观众的心态在变，运动员的竞技态度在变，中国的奥运精神也随之产生变化。洪荒少女傅园慧的乐观幽默、中国女排姑娘们的坚韧顽强，在里约奥运会上都留下了浓墨重彩的一笔。特别是中国女排获得冠军后，郎平在接受采访时所说的“不要因为胜利就谈女排精神，也要看到我们努力的过程。女排精神一直在，单靠精神不能赢球，还必须技术过硬。”郎平教练这一番意味深长的话值得我们大学生深思。

如果高校还要培养国家栋梁之材的话，就必须重视体育。

——钱伟长

钱伟长（1912—2010），中国近代力学之父，中国科学院资深院士，上海大学校长，世界著名的科学家、教育家，杰出的社会活动家，与钱学森、钱三强被周恩来总理合称为“三钱”。

钱伟长从念大学起，一直到成为科学家、大学校长，几十年如一日，坚持体育锻炼，从不间断。

他曾这样说道：“我要告诉我的学生，体育是人生的一部分，能给人无比坚强的意志，只有完善的人生，一个人才会勤奋钻研，努力创新。以体育为载体培养全面发展的人，我希望中国所有的大学毕业生，能为国家健康地工作50年。”

2020年东京奥运会，因新冠疫情影响延期一年，于2021年7月23日开幕。东京奥运会的重新起航凝聚了全球的激情、团结、勇气与希望。东京奥运会是中国体育代表团境外参赛规模最大的一届奥运会，代表团共有777人，其中运动员431人，共参加除冲浪、棒垒球和手球之外的30个大项、225个小项的比赛，也是境外参赛小项最多的一届奥运会。在东京奥运会上，中国队共获得38枚金牌、32枚银牌和18枚铜牌，奖牌总数88枚。无论是金牌数还是奖牌总数，中国都名列排行榜第2位，中国军团继续稳居第一梯队。我国运动员在许多项目上打破了世界纪录。其中，女子4×200米自由泳接力赛中国女子代表团组合打破了世界纪录勇夺冠军；张常鸿在男子50米步枪项目中创造了新的世界纪录；钟天使与鲍珊菊两位队员在女子自行车团体比赛中，打破世界纪录并夺得金牌；石志勇在73公斤级的举重比赛中，不仅打破了自己保持的世界纪录同时也再一次夺得了奥运会冠军。更值得一提的是中国跳水队天才少女全红婵，14岁首次参加奥运会，在跳水女子单人10米跳台比赛中，以五跳中三跳满分、总分466.2分的超大优势打破世界纪录并夺得金牌。这届奥运会我们的运动员展现出了大国风范和对竞技体育认识上的进一步成熟，更好地诠释了中国人对奥林匹克精神“更高、更快、更强、更团结”的理解。

1.6 体育的“神”和“魂”——体育文化

1.6.1 文化与体育文化

文化是人类在社会历史发展过程中所创造的物质财富和精神财富的总和。文化一词是从拉丁语 Culture 转化而来的，意为“大地耕种、植物栽培、动物驯养以及精神修养”等，西方语境中的文化可简约为“人为”和“为人”。确切地说，文化是凝结在物质之中又游离于物质之外，能够被传承的国家或民族的历史、地理、风土人情、传统习俗、生活方式、文学艺术、行为规范、思维方式、价值观念等，是人类之间进行交流的普遍认可的一种能够传承的意识形态。文化有许多组成部分，但不是各自独立的零部件，而是在相互联系、配合中构成一个体系的整体。

文化是民族的血脉，它与价值观、生活方式密切相连。文化对人的影响是深层面的和深远的，它会影响人们的认知活动和思维方式，并且具有潜移默化和深远持久的特点，一般不是有形的、强制的。优秀的文化还能够丰富人的精神世界，培养健全的人格，使人深受震撼和感染而力量倍增。优秀文化为人们的健康成长提供不可缺少的精神食粮，对促进人的全面发展起着不可替代的作用。

体育是人类文化的重要组成部分，是人类特有且特殊的育化方式，是文而育化之，它的成型与成熟，离不开各种文化元素的渗透、融汇和打磨。文化对体育具有引领、支撑和滋养作用。体育文化和其他文化一样反映了一个时代、一个国家或民族的特征，并规范着人们的体育行为，也影响着人们的价值观念。在东方，特别是中国，体育文化在儒、释、道三教文化的长期影响下，形成了以追求“统一”“中和”“中庸”，重在修身养性的内向性、封闭性、圆满性为主要特色的体育文化。

1.6.2 体育文化内涵及其对人的影响

2019 年的国民体质监测结果表明，我国大学生的体质仍然在下滑。这说明课业负担减轻后学生并没有选择更多的时间参与体育锻炼。经调查，主要原因是观念作祟，反映的就是体育文化的薄弱。2020 年 10 月中共中央办公厅国务院办公厅《关于全面加强和改进新时代学校体育工作的意见》中指出“以习近平新时代中国特色社会主义思想为指导，全面贯彻党的教育方针，坚持社会主义办学方向，以立德树人为根本，以社会主义核心价值观为引领，以服务学生全面发展、增强综合素质为目标，坚持健康第一的教育理念，推动青少年文化学习和体育锻炼协调发展，帮助学生在体育锻炼中享受乐趣、增强体质、健全人格、锤炼意志，培养德智体美劳全面发展的社会主义建设者和接班人。”要落实这一要求，真正提高学生健康水平、增强体质，必须加强体育文化建设，让全社会、让全体教师、让家长、让学生端正对体育的认识，让所有的学生热爱体育运动、参与体育运动，使体育运动成为每个学生生活的组成部分。

中国印•舞动的北京
——北京奥运会会徽

“中国印•舞动的北京”由三个部分构成：1.像一个人的“京”字中国印；2. 用毛笔书写的汉语拼音“Beijing 2008”字样，象征2008年北京奥运会；3.奥运五环：奥林匹克精神的象征。会徽将奥林匹克精神与中国传统文化完美结合起来。

“舞动的北京”是一种形象，展现着中华汉字所呈现出的东方思想和民族气韵；是一种表情，传递着华夏文明所独具的人文特质和优雅品格。借中国书法之灵感，将北京的“京”字演化为舞动的人体，在挥毫间体现“新奥运”的新理念。手书“北京2008”借汉字形态之神韵，将中国人对奥林匹克的千万种表达浓缩于简洁的笔画中。让人们品味到中华汉字博大精深的内涵与韵味。

设计者：张武、郭春宁、毛诚

1.6.3 体育价值的文化评判

谈到体育文化，必须了解体育的价值。体育价值包括娱乐价值、功用价值和衍生价值。

（1）娱乐价值。娱乐价值是体育最初也是最具现代性的普遍价值之一。体育起源于娱神的种种仪式，并同步注入娱己娱人的内涵。娱己，注重过程，自得其乐，乐在其中。而娱人则是为了他人娱乐而进行的表演。当今，随着社会必要物质生活资料生产的时间越来越短，社会财富的积累越来越多，越来越多的人加入欣赏体育表演的队伍中。单项体育比赛观众的数量已经十分庞大，而奥运会的观众数量更是惊人。

（2）功用价值。体育作为人类的实践活动，在处理人与自然、人与人和人与自身的矛盾中发挥着不可或缺的功用，它不但促进着人自身的人化，而且促进着人的社会化、人的身心和谐化。

（3）衍生价值。体育的衍生价值较为广泛，包括交往价值——体育成为人们社会交往日益重要的桥梁与纽带，增进人们之间的了解、理解和友谊；财富价值——体育产业已成为不少国家的重要产业部门，不但可以拉动内需，增加 GDP，还能提供大量的就业岗位；象征价值——人的“本质力量”在体育中得到直接印证，同时比赛成为国家间竞争的高地，成为显示国家综合实力，尤其是文化软实力的窗口；感召价值——运动场上，我们时刻能触摸到一种即刻的共鸣，使观众和运动员在同一韵律中舞动，借助一个个鲜活的人物榜样，体育对公众发挥着独特的示范和强大的激励。

以文化为尺，对体育的价值进行评判有重要意义。因为，文化有精华，也有糟粕，从文化品位反思体育的功用价值，体育的功用价值也有精华与糟粕之分。

例如，当我们片面地强调体育的特定身体机能，就会导致体育的异化。为什么会出现退役后只能选择简单劳动方式谋生的世界冠军，就在于我们忽视了体育功能的全面性。即使我们重视体育的育心功能，为争胜而更多考虑竞技体育中坚持、拼搏、顽强等相关心理品质培养，但却会很少考虑妥协、退让甚至放弃。竞技场上培养出来的争胜斗士，一旦进入社会生活，难免处处碰壁，因为虽然一方战胜另一方的零和博弈[1]是体育竞技场上的常态，但却在社会生活中少有，社会生活存在的现象更多是非零和博弈现象。

对体育衍生价值的文化含量进行鉴定，将为体育的衍生价值亮起文化“红灯”。体育的衍生价值是体育与人类其他活动互动而生成的，并非人类的任何活动都可以称为文化，只有“因人而生”，并能“因而生人”的“人化”和“化人”的人类成就才能称为文化。体育衍生价值的文化真伪影响到体育价值的扩展与延伸。因此，对体育衍生价值的文化含量有必要做文化鉴定。其一，并非所有的体育衍生价值都可以纳入文化范畴而加以褒扬；其二，具有文化含量的体育衍生价值有层次之分；其三，体育衍生价值具有时代性，因此，既要指出它的历史合理性，又要指出它的历史局限性。例如，体育的财富价值是体育与经济活动互动生成的，在体育的财富增值中，就商业化本身而言，潜藏着许多陷阱。体育的商业化以体育为载体，客观上推动体育发展，但其运作方式是商业的，其动力是获取最大利润，因此，它的文化破坏风险是等同的。

对体育价值进行文化评判，最终是为了对体育价值进行文化开发，从而明确支持什么反对什么，接受什么拒绝什么，弘扬什么弱化什么，倡导什么阻抑什么。

在进行体育价值的文化开发时应注意：一是体育的历史使命需要我们树立提升体育的文

[1] 零和博弈（zero-sum game）又称零和游戏，与非零和博弈相对，是博弈论的一个概念，属非合作博弈。指参与博弈的各方，在严格竞争下，一方的收益必然意味着另一方的损失，博弈各方的收益和损失相加总和永远为“零”，双方不存在合作的可能。

化标杆，群众体育、学校体育中不乏对我们价值提升的文化标杆，但竞技体育作为体育高端，其文化标杆在运动员身上负载，如李宁、邓亚萍、姚明等都是这样的文化标杆，要从文化上进行总结、宣传、推广。二是体育价值的现实化需要我们确立衡量体育价值的文化标准：以人为本、快乐第一、尊重对手与规则、公平竞赛等都是这样的标准。大家都自觉践行这些标准，体育才有希望。三是体育的感染力需要我们塑造象征体育价值的文化标识，这些标识有体育会旗与会徽、体育建筑、体育口号、体育服饰、体育仪式和体育赛事等。我们应当赋予体育会旗会徽文化意蕴，积淀体育建筑的文化张力，展示体育口号的文化魅力，发散体育服饰的文化创意，聚合体育仪式的文化氛围，充实体育赛事的文化内质。唯有这样，它们在无形中对人们的熏陶才能历时弥久，收春风化雨润物无声之效。

【思考题】

1. 运动是如何促进健康的？

2. 为什么说“科学的基础是健康的身体”？

3. 如何理解“8-1＞8”？

4. 上网查找2008年北京奥运会的资料，说明“绿色奥运、人文奥运、科技奥运”三者之间的关系；福娃象征的含义是什么？

最大摄氧量

最大摄氧量（VO_{2max}）是指人体参加长时间激烈运动时，心肺功能和肌肉利用氧的能力达到本人极限时，单位时间内所能够摄取的氧量。VO_{2max}是用来反映运动员的有氧能力和运动潜能的最重要的指标。我国成年男子VO_{2max}的绝对值为3.0～3.5 L/min，运动员可以达到5～7 L/min。VO_{2max}通过训练只能提高5%～25%，其他主要受遗传因素影响。VO_{2max}的峰值出现在18～20岁，此后，随着年龄的增长，男子每年下降2%，女子每年下降2.5%，而运动锻炼可以减缓下降速度。如果我们想尽可能提高VO_{2max}，每周至少保证3次有氧训练，而且要持之以恒，停训2周，有氧工作能力会明显下降。此外，力量训练不能提高VO_{2max}。

第2章　大学生身心发展特点

通过本章的学习，你将能够：

1. 运用生理、心理、智力结构特点及其发展规律，选择适合自己的运动项目；
2. 运用体育保健知识，全面增强学习、生活中的保健意识；
3. 运用心理健康知识，调整情绪，保持健康的心理状态。

2.1　大学生生理特点

我们知道“生命在于运动”，但要进行科学的运动，就有必要了解我们身体的结构和生理特点及其与运动锻炼的关系。人体由运动、消化、呼吸、泌尿、脉管、神经、生殖、内分泌和感觉器官这九大系统组成，各系统统一协调工作共同维持肌体内环境的稳定，在运动刺激下各系统均会作出适应性的反应，在不同的年龄阶段适宜选择不同的运动方式，因为不同的运动方式对人体的器官系统产生不同的效应。了解人体各器官系统的生理特点，对科学锻炼具有重要意义。

2.1.1　氧气和营养物质的运输动力系统——心肺

生命的存在是一个消耗能量的过程，营养物质在体内被氧化，产生生命活动所必需的能量。在这个过程中心肺功能至关重要，肺脏把外界的氧气吸入体内，经肺泡进入毛细血管，血液在心脏的收缩下形成循环又把氧气连同营养物质共同运输到组织细胞供其利用。同时组织细胞代谢过程中产生的二氧化碳又通过肺被排出体外，如图 2-1 所示。从某种意义上讲，心肺是氧气和营养物质的运输动力系统，心肺功能的强弱反映了有氧适能水平和有氧运动能力的大小。

随着年龄的增长和肌体的发育，大学生这个年龄阶段心脏的生理功能逐渐成熟，各项生理指标明显增长，如心肌纤维增粗，心肌收缩能力增强，心容积明显增大，脉搏输出量增加，安静心率降低，运动过程中最大心率增高，外周血管与心脏发育逐渐平衡，收缩压和舒张压趋于稳定，这都为身体承受繁重的脑力劳动和体力劳动奠定了生理基础，同时这个年龄阶段心脏基本可以承受较大负荷强度的运动。此外，肺脏的发育也趋于完善，呼吸肌力量加强，肺的容积增大，呼吸道抵抗力明显增强，胸廓扩大，呼吸运动的幅度增大，呼吸差增加，肺活量、最大通气量与最大摄氧量逐渐到达最高水平并趋于稳定，安静时呼吸频率减慢，因此可以承担较大量和较大强度的运动。而且，在运动过程中心肺功能将进一步得到锻炼，使各种生理指标进一步得到优化。

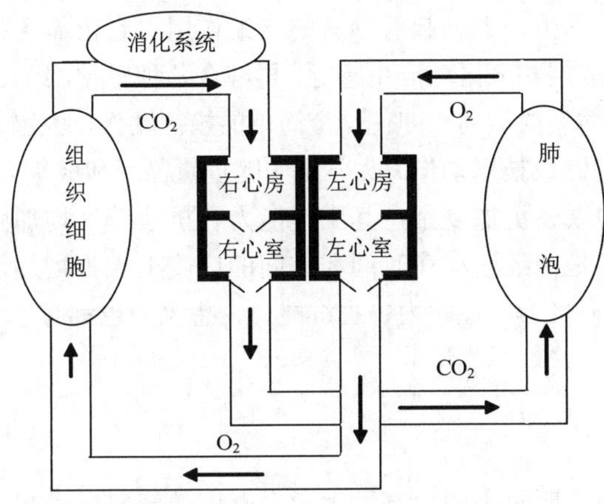

图2-1 心肺工作示意图

2.1.2 人体的运动保障系统——骨骼、肌肉

人体的运动保障系统主要由骨骼和肌肉组成，骨骼对人体起支撑作用和杠杆作用，肌肉是运动的原动力器官，肌肉消耗能量的同时发生长度的变化牵拉骨骼完成运动。骨骼和肌肉的理化特性及机能与年龄密切相关，少年儿童的骨骼中有机物质的含量相对较高，而无机物质含量相对较少，因此，骨骼的韧性较强，而硬度较差；肌肉蛋白含量较少，水分含量较多，因此，承受张力的能力较小，抗疲劳性较差。但到了 20 岁左右时人体骨骼增长基本停止，身高达最大值；由于骨骼增粗，有机物质与无机物质的比例逐渐发生改变，由于无机物比例增加，其抗压、抗折能力明显增强;此外，骨骼肌纤维明显增粗，水分减少，体积、工作的准确性、灵敏性等都明显提高，肌肉力量明显增加，抗疲劳性也随之加强，这个年龄阶段骨骼肌肉的发育基本完成。在大学生年龄阶段，关节稳定性，关节周围软组织的伸展性和弹性均较好，运动幅度增大，因此，运动锻炼的可选择余地较中小学生增大，大家可以在广泛培养运动兴趣与爱好的基础上，选择适合自己健康水平、身体素质、个性与职业特点的各种运动。

2.1.3 人体的司令部——脑

人体对自然界的适应能力，有些方面并不比其他动物强，而人类却能成为自然界的主宰，主要原因就在于人体的司令部——脑的发展水平较其他物种高，已经达到了“登峰造极”的地步。人脑位于颅腔内，由大脑、间脑、中脑、脑桥、延髓和小脑所组成，通常又把中脑、脑桥、延髓和间脑合称为脑干。脑的各部分在结构和机能上有着密切的联系，

大脑是怎样调节运动的

大脑是人体最高司令部。它包括两个半球，半球的表面是大脑皮层，它是由140亿个神经元细胞体构成的。神经元细胞集中的部分颜色较灰暗，称为灰质。大脑皮质就是由灰质构成的。由于大脑皮质及大量神经元和它们之间联系的广泛性和复杂性，使得大脑皮质获得了完善的分析和综合的能力，构成了思维和语言的物质基础。大脑皮质是统一肌体的最高神经中枢。肌体各个器官的生理功能，如呼吸、消化、生殖等都是直接或间接地受到大脑皮质控制的。而且肌体的各种功能在皮质的各个不同部位有不同的分工。

大脑通过分布在身体各部位的千万条神经，控制和调节身体的各种活动。肌体神经末梢接受刺激产生冲动，冲动沿传入神经进入脊髓，最后到达大脑皮质，再经过皮质的综合分析，由某一中枢发出命令，沿传出神经，最后到达相应的肌肉，引起肌肉运动。

同时又各自担负着重要的任务。它们相互协调地指挥人体运动。我们平常所提到的人脑常常是指人的大脑，位于脑的最上端，控制和管理着下面的各级神经中枢，指挥着我们的语言、思维、情感、发明、创造等人类特有的活动，这是其他动物所不具备的，也是人与它们最本质的区别。与身体其他器官、组织，如骨骼、肌肉、心脏等的生长发育不同，大脑的外形与机能的发育比较早，始终处于领先地位，在进入青春期前，其外形、脑重量、脑容量、脑细胞的内部组织结构与机能的发展已基本成熟。运动过程中，大脑起着绝对的支配作用，它依靠各种感受器将外界的能量变化以电能的形式传入到皮层相应区域产生感觉，再综合各种感觉，经过分析判断，传出运动指令到达骨骼肌，支配其收缩完成运动，即使一个简单的投篮动作，大脑也会通过神经系统控制全身几百块肌肉收缩，协同完成技术动作。大学生的脑重量已经和成年人极为接近，随着知识和实践的丰富，神经细胞的联系更加复杂，其工作能力和抗疲劳性均加强，大脑皮层细胞活动的数量也急剧增加，尤其是神经活动在时间和空间的广度上大为增加，自我调节和自我控制能力得到了空前的提高，记忆力、理解力、思维能力、想象力也都有了飞跃。

2.2 神秘的心理

随着经济的繁荣、社会的进步和文明水平的提高，大学生心理健康问题引起了人们的广泛关注。一般来说，社会发展程度越高，大家所面临的竞争越激烈，所承受的各种压力就越大，其心理健康问题也就越突出。培养身心健康的新一代大学生，是建设和谐社会的需要，大学生心理健康发展既关系到学生自身的学业和前途，也关系到社会的进步、国家的昌盛和民族的兴旺。因此，了解自身的心理健康状况显得尤为重要。

2.2.1 为什么会有逆反心理

逆反心理指的是对外界事物的刺激产生的一种与一般人不同或根本对立的情绪体验和行为倾向。它是心理自我矛盾的产物，是独立性和盲目性的混杂物，是客观环境与主体需要不相符合时所产生的具有强烈抵触情绪的社会态度。那么，处在这个年龄阶段的大学生为什么有逆反心理呢？它的产生主要包括社会客观原因和自我主观原因两方面。

1. 逆反心理产生的客观原因

首先是不良家庭教育和环境的影响。以父母为主导的家庭教育和家庭环境对青年大学生个体心理成长有很大影响。一个家庭若有良好的生活习惯、较高的文化素质、和谐的生活氛围、严格的管理制度，家长既善于关心爱护孩子又善于指导孩子的思想和行为。那么在这样的家庭环境中成长的孩子的心理是正常和健康的。一个家庭若父母不和，甚至离异，家庭生活方式不健康，父母无原则地溺爱、袒护或使孩子体验不良行为等，为孩子不良心理的产生树立了不良榜样，提供了思想基础，会导致孩子心理产生一种“合理感”或“侥幸心理”，一旦孩子受到规范行为的制约时，心理便接受不了，就会产生一种习惯性的、不自觉的抵制，从而形成逆反心理。其次，社会环境的影响。大学是一个相对开放的社会系统，大学生容易产生角色冲突，如果大学生没有及时得到指导和教育，就会陷入危险的沼泽，这时就很难立足健康合理的社会环境中，从而激活逆反心理的种子。最后，教育工作的不足。如个别中学注重升学率而不够重视思想品德教育，以致个别进入高校的青年大学生的综合素质先天不足；学校与家庭教育脱节等，这些都为逆反心理的产生提供了条件。

2. 逆反心理产生的主观原因

在进入青春期前，学生和成人之间的心理联系是非常密切的。他们往往依附于父母、教师。总是无意识地以家长、教师作为学习的榜样，自觉地模仿家长和教师的言行。他们的一切内心世界可以向教师和父母毫无保留地敞开，这使他们很少有独立的感觉。随着青春期的到来，学生个体的生理发生了急剧的变化，最先表现出来的是内分泌物增多，个体的性格和情绪由此而不再单一。又由于生活经历的局限，个体对事物、现象的认识是模糊不定的，此时最容易形成不健康的心理。其次是生理功能的健全，特别是两性分化的形成，性功能的发育成熟，使学生个体本能地产生一种神秘感和隐私感，这种神秘感和隐私感在思想上逐渐地发展成为一种自我意识，开始认识到自我的独立存在。此时，个体心理上就形成了一个自我的小天地，出现了一种脱离成人的离心倾向。由于个体社会性的不成熟，刚产生的自我是幼稚的、自大的，此时个体的内心世界是十分矛盾的。他们想尽量在自我教育中表现出坚强的意志，但又对别人合理的建议持不信任态度；内心里对他人的评价十分关心和敏感，但表面上对这一评价装作无所谓；在大事上讲求原则性，但对小事情又不讲求原则（如袒护朋友不光彩的行为）；常常由于受到崇高目标所鼓舞而满怀激情和富于幻想，但又好在琐事上钻牛角尖；急于长大成人，在很多言行中故意表现出成年人的特征，但又显得那么肤浅、浮躁；对自己的智力才能比较自信，有时甚至过高估计自己，但有时又妄自菲薄，认为自己一无所知；富有同情心，同冷酷无情势不两立，但有时又对别人的困难熟视无睹等。当个体思想支配下的行为同社会常规一致时，个体的心理就会产生愉悦感，并且很乐意接纳这种社会常规，一旦在个体的思想支配下的行为同社会常规相悖时，个体在心理上便产生了焦虑、恐惧。假如这种焦虑、恐惧不能及时得到有效的疏导和消除，他们就会产生反抗倾向，对现状不满，有意识地做成人或社会所不期望的事情，并采用各种方式去同阻碍他们确立自我的外界因素斗争，从而产生强烈的逆反心理。

> **马斯洛的运动中“情绪体验”**
>
> 这种体验可能是瞬间产生的，压倒一切的敬畏情绪，也可能是转瞬即逝的极度强烈的幸福感，甚至是欣喜若狂、如痴如醉、欢乐至极的感觉……最重要的一点也许是，他们都声称在这类体验中感到自己窥见了终极的真理，事物的本质和生活的奥妙，仿佛遮掩知识的帷幕一下子拉开了。

2.2.2　快乐度过每一天——如何保持良好的心态

心理健康问题是一个复杂的动态过程，是一种不断完善的状态，出现心理问题后会严重制约大学生心理健康的发展，造成心理偏差，心理障碍或者心理疾病。对青年大学生来说，保持良好心态对自身各个方面的发展都至关重要。那么如何保持良好的心态呢？

1. 科学合理地参加体育锻炼

体育活动中的人总是处于某种情绪状态之中，在体育活动中，心境状态得到改善，如紧张困窘、焦虑、抑郁和愤怒的消极情绪状态得到明显改善；体育锻炼还能够使人产生丰富的情绪体验，如忘我的境界体验、锻炼的愉悦体验、良好的自我感等；科学体育锻炼还对自信、自尊有着积极的影响。自信是成功的前提，也是快乐的秘诀，唯有自信，

> **心理健康的标准**
>
> 1. 了解自我，接纳自我。
> 2. 接受他人，善与人处。
> 3. 正视现实，接受现实。
> 4. 热爱生活，乐于工作。
> 5. 能协调与控制情绪，心情良好。
> 6. 人格完备、和谐。
> 7. 智力正常，智商在80以上。
> 8. 心理行为符合年龄特征。

才能在困难与挫折面前保持乐观，从而想办法战胜困难与挫折。体育锻炼可以改善自身形象，树立自信心。

2. 学会调节

生活是千变万化的，悲欢离合、生老病死、天灾人祸、喜怒哀乐，都在所难免。一次考试的失利、一场伙伴间的误会、一句过激的话语，都会影响我们的心情，生活中的不顺心事总是很多，这就需要我们每个人学会调节自己的心态。怎样调节呢？最简单有效的做法——用积极的暗示替代消极的暗示。当你想说“我完了”的时候，要马上替换成“不，我还有希望”；当你想说“我不能原谅他”的时候，要很快替换成“原谅他吧”；等等。要学会积极暗示，光明思维，换位思考，多角度思考。

3. 要学会宽容，培养自己宽广的胸怀

一个人心胸狭窄，只关注自己，就容易生气，闷闷不乐，斤斤计较。而当你胸怀宽广时，你就会容纳别人、欣赏别人、宽容别人，自己的心境也就能保持乐观，所谓“退一步海阔天空”“仁者无敌”。要善待身边的人，深切地理解每个人，相信自己，也相信别人，严于律己，宽以待人。这样，我们一定能保持良好的心态。

说到底，决定人心态的是人的理想、人生观、世界观。一个人具有远大的目标，正确的人生观，胸怀宽广，执著进取，挑战自我，不屈命运，坚信自己，思想积极，那么，他一定能保持良好的心态，拥有美好的人生。

2.2.3 心理健康的自我评价

人类社会的发展促进了人们对自身的认识发展，也促使人们更加关注自己的健康，对于心理健康的标准，世界各地的学者都提出了不同的看法，至今还没有一个公认的标准。不健康的心理不但有害身体健康，而且严重影响日常行为活动和工作效率。对心理健康进行自我评价，可以更好地了解自己，下面简单介绍心理健康状况自我评价的测量表——症状自评量表，以便根据测量表的内容和结果，测评自己的心理健康水平。

症状自评量表（Symptom Check List 90，SCL-90）是用于大学生心理健康调查的综合性量表，是世界上最著名的心理健康测试量表之一，使用非常广泛。由 L.R.Derogatis 于 1975 年编制，包括 90 个项目，包括感觉、思维、情感、行为、人际关系、生活习惯等内容，可以评定一个特定的时间（通常是一周）以来的心理健康状况。

表 2-1 是症状自评量表（SCL-90），表格中列出了有些人可能会有的问题，共有 90 个测试项目。请仔细阅读每一条，然后根据最近一星期以来下述情况影响您的实际感觉，5 种情况中看哪一种符合，在符合的“□”内画“√”。

表2-1 SCL-90测量表

	没有	很轻	中等	偏重	严重
1. 头痛	□	□	□	□	□
2. 神经过敏，心中不踏实	□	□	□	□	□
3. 头脑中有不必要的想法或字句盘旋	□	□	□	□	□
4. 头昏或昏倒	□	□	□	□	□
5. 对异性的兴趣减退	□	□	□	□	□
6. 对旁人责备求全	□	□	□	□	□
7. 感到别人能控制你的思想	□	□	□	□	□
8. 责怪别人制造麻烦	□	□	□	□	□

续表

	没有	很轻	中等	偏重	严重
9．忘性大	□	□	□	□	□
10．担心自己的衣饰不整齐及仪态不端庄	□	□	□	□	□
11．容易烦恼和激动	□	□	□	□	□
12．胸痛	□	□	□	□	□
13．害怕空旷的场所或街道	□	□	□	□	□
14．感到自己的精力下降，活动减慢	□	□	□	□	□
15．想结束自己的生命	□	□	□	□	□
16．听到旁人听不到的声音	□	□	□	□	□
17．发抖	□	□	□	□	□
18．感到大多数人都不可信任	□	□	□	□	□
19．胃口不好	□	□	□	□	□
20．容易哭泣	□	□	□	□	□
21．同异性相处时害羞不自在	□	□	□	□	□
22．感到受骗、中了圈套或有人想抓住你	□	□	□	□	□
23．无缘无故地突然感到害怕	□	□	□	□	□
24．自己不能控制地大发脾气	□	□	□	□	□
25．怕单独出门	□	□	□	□	□
26．经常责怪自己	□	□	□	□	□
27．腰痛	□	□	□	□	□
28．感到难以完成任务	□	□	□	□	□
29．感到孤独	□	□	□	□	□
30．感到苦闷	□	□	□	□	□
31．过分担忧	□	□	□	□	□
32．对事物不感兴趣	□	□	□	□	□
33．感到害怕	□	□	□	□	□
34．感情容易受到伤害	□	□	□	□	□
35．感到旁人能知道自己的私下想法	□	□	□	□	□
36．感到别人不理解你、不同情你	□	□	□	□	□
37．感到人们对你不友好、不喜欢你	□	□	□	□	□
38．做事必须做得很慢以保证做得正确	□	□	□	□	□
39．心跳得很厉害	□	□	□	□	□
40．恶心或胃部不舒服	□	□	□	□	□
41．感到比不上他人	□	□	□	□	□
42．肌肉酸痛	□	□	□	□	□
43．感到有人在监视你、谈论你	□	□	□	□	□
44．难以入睡	□	□	□	□	□
45．做事必须反复检查	□	□	□	□	□
46．难以作出决定	□	□	□	□	□
47．怕乘电车、公共汽车、地铁或火车	□	□	□	□	□
48．呼吸有困难	□	□	□	□	□
49．一阵阵发冷或发热	□	□	□	□	□
50．因为感到害怕而避开某些东西、场合或活动	□	□	□	□	□
51．脑子变空了	□	□	□	□	□
52．身体发麻或刺痛	□	□	□	□	□
53．喉咙有梗塞感	□	□	□	□	□
54．感到没有前途、没有希望	□	□	□	□	□
55．不能集中注意力	□	□	□	□	□

续表

	没有	很轻	中等	偏重	严重
56．感到身体的某一部分软弱无力	□	□	□	□	□
57．感到紧张或容易紧张	□	□	□	□	□
58．感到手或脚发重	□	□	□	□	□
59．想到死亡的事	□	□	□	□	□
60．吃得太多	□	□	□	□	□
61．当别人看着你或谈论你时感到不自在	□	□	□	□	□
62．有一些不属于你自己的想法	□	□	□	□	□
63．有想打人或伤害他人的冲动	□	□	□	□	□
64．醒得太早	□	□	□	□	□
65．必须反复洗手、点数目或触摸某些东西	□	□	□	□	□
66．睡得不稳不深	□	□	□	□	□
67．有想摔坏或破坏东西的冲动	□	□	□	□	□
68．有一些别人没有的想法或念头	□	□	□	□	□
69．感到对别人神经过敏	□	□	□	□	□
70．在商店或电影院等人多的地方感到不自在	□	□	□	□	□
71．感到任何事情都很困难	□	□	□	□	□
72．一阵阵恐惧或惊恐	□	□	□	□	□
73．感到在公共场合吃东西很不舒服	□	□	□	□	□
74．经常与人争论	□	□	□	□	□
75．单独一人时神经很紧张	□	□	□	□	□
76．别人对你的成绩没有作出恰当的评价	□	□	□	□	□
77．即使和别人在一起也感到孤单	□	□	□	□	□
78．感到坐立不安、心神不定	□	□	□	□	□
79．感到自己没有什么价值	□	□	□	□	□
80．感到熟悉的东西变得陌生或不像是真的	□	□	□	□	□
81．大叫或摔东西	□	□	□	□	□
82．害怕会在公共场合昏倒	□	□	□	□	□
83．感到别人想占你的便宜	□	□	□	□	□
84．为一些有关“性”的想法而很苦恼	□	□	□	□	□
85．你认为应该因为自己的过错而受到惩罚	□	□	□	□	□
86．感到要赶快把事情做完	□	□	□	□	□
87．感到自己的身体有严重问题	□	□	□	□	□
88．从未感到和其他人很亲近	□	□	□	□	□
89．感到自己有罪	□	□	□	□	□
90．感到自己的脑子有毛病	□	□	□	□	□

要求：独立地、不受任何人影响地自我评定；每次评定一般在 20 min 内完成。

（1）SCL-90 的因子。SCL-90 量表共包括 10 个因子，即 90 项分为 10 大类，每一因子反映受检者的一方面情况，下面是各因子名称及所包含项目：

① 躯体化：1、4、12、27、40、42、48、49、52、53、56、58 共 12 项；

② 强迫症状：3、9、10、28、38、45、46、51、55、65 共 10 项；

③ 人际关系敏感：6、21、34、36、37、41、61、69、73 共 9 项；

④ 抑郁：5、14、15、20、22、26、29、30、31、32、54、71、79 共 13 项；

⑤ 焦虑：2、17、23、33、39、57、72、78、80、86 共 10 项；

⑥ 敌对：11、24、63、67、74、81 共 6 项；

⑦ 恐怖：13、25、47、50、70、75、82 共 7 项；

⑧ 偏执：8、18、43、68、76、83 共 6 项；

⑨ 精神病性：7、16、35、62、77、84、85、87、88、90 共 10 项；

⑩ 其他：19、44、59、60、64、66、89 共 7 项，主要反映睡眠及饮食情况。

（2）SCL-90 的记分。SCL-90 量表一般采取 1 ～ 5 分的 5 级评分标准。从 1 分代表无症状到 5 分代表症状严重，依次递进。总分即为 90 个项目的得分总和。总分 160 分为临床界限，超过 160 分说明测试人可能存在着某种心理障碍。并且，任一因子得分超过 2 分为阳性，说明可能存在着该因子所代表的心理障碍。每一种心理问题的阳性因子个数大于 2，则说明在该种心理问题上存在问题。SCL-90 量表还有一种 0 ～ 4 级的评分标准。如采用这种标准，则总分超过 70 分，因子分超过 1 分被视为阳性。

2.3　我也很聪明——多元智能结构理论

2.3.1　人的智能不只是IQ

1904 年，法国的教育部部长请法国心理学家比奈（Alfred Binet）及其研究小组研制一种判断智能的方法。1905 年，比奈与西蒙（Theodore Simon）编制出的比奈 - 西蒙量表（Binet Simon Seale），这是世界上第一个智能测量表。其目的在于预测可能会有学习困难的学生，测量表测得的智能年龄与实际年龄的百分比，即智能商数，简称智商（IQ）。后来，智商逐渐成为度量人们智能高低的重要标准。但这种智能理论认为智能只是一种单一的逻辑推理或言语能力。换言之，除了逻辑与言语能力之外，其他的能力都是没有价值的。因此，IQ 成为判断人们是否聪明的重要指标的同时，忽略了智能与现实世界的联系，忽视了智能活动的动态过程。只能注重可观察的外部行为结果，而忽视了内部的意识过程，难以揭示智能的本质和活动规律，也无法说明情绪等非智能因素对智能的影响。因此，传统智能理论不能很好地解释有些被认为是智商低的人，却取得了很大成就的现象，反之亦然。传统智能理论造成的“IQ 式思维”（IQ-style thinking），使得人们忽略智能的多元发展，造成许多具有其他方面智能的学生受到了压抑与忽视。

传统的智商理论和皮亚杰的认知理论认为智能是以言语能力和数理 – 逻辑能力为核心的、以整合的方式存在的一种能力。学者加德纳（Howard Gardner）质疑此种智能观点的适当性，认为智能必须与实际生活相关联，基于这样的理念，以及相关研究的综合结果，加德纳提出了认知上的一个新理论——多元智能结构理论。他认为智能应是“个体用以解决或生产出为一种或多种文化或环境所珍视的问题和产品的能力”。之后，加德纳教授在他的另一著作《智力的重构：21 世纪的智力》一书中对智力进行了更为精确的定义。他说，智力是“在一种文化环境中个体处理信息的生理和心理潜能，这种潜能可以被文化环境激活以解决实际问题和创造该文化所珍视的产品”。多年来该理论已经广泛应用于欧美国家和亚洲许多国家的教育界，并且获得了极大的成功。霍华德 • 加德纳博士指出，人类的智能是多元化而非单一的，主要是由语言智能、数学逻辑智能、空间智能、身体运动智能、音乐智能、人际智能、自我认知智能、自然探索智能等八项组成（见图 2-2），每个人都拥有不同的智能优势组合。

图 2-2 多元智能结构理论模型

2.3.2 我哪些方面比别人更优秀

生活中，当遇到困难和挫折时，总会有人抱怨自己天生愚钝，在多次受到挫折和失败后，情绪低落，信心受挫。事实上，我们不应该总是把自己和别人做单一方面的比较。根据加德纳的多元智能理论不难理解，我们每个人在某种程度上拥有所有这些智力。只不过每个人的不同方面的智能优势不同而已。实际上大部分人，如果给予适当的教育、鼓励和培养，都能够开发出一项用于全面竞争的占优势的智力。而智力之间是以一种复杂的方式相互作用，每一项智力又包含了多种智力形式。作为新时代大学生，我们一定要看到自身的优势。注重人生的定位，找准自己的优势，人生定位就会正确，注重优势的发展就能够看到我们比其他人更为优秀的一面。因此，当我们在学习和生活中遇到困难和挫折时，要勇于面对困难，树立自信心。寻找自己的特长，发展自己的特长，我们的人生就会绽放出光彩。希望同学们平时多留意自己的智力结构特点，并逐渐发掘强势的一面。相信你经过自己的努力一定能够脱颖而出。

【思考题】

1. 大脑是怎样对运动进行调解的？
2. 什么是逆反心理？如何消除逆反心理？
3. 怎样才能保持良好的心态？
4. 多元智能理论对你有什么启示？

第3章 体育锻炼科学

通过本章学习，你将能够：

1. 运用健身科学知识指导自己积极主动地进行科学锻炼；
2. 提高体育锻炼负荷能力和心理调节能力；
3. 制订科学的健身锻炼计划，并为自己或他人制订合理的运动方案；
4. 运用平衡健身法、有氧健身法和自然力锻炼法的基本原理进行锻炼；
5. 评估自己的锻炼效果。

3.1 健身锻炼原理与科学锻炼原则

3.1.1 健身锻炼原理

体育锻炼是确有实效，而又能不断提高健康水平的实践活动。同时也是人们所进行的有效的、合理的身体活动。而要使这种身体活动有效和合理，就必须遵循体育锻炼的原理。它是从体育锻炼实践中产生出来的具有原则意义的科学理论。这种理论是多方面的，简要介绍如下。

> **希腊体育格言**
>
> 在希腊埃拉多斯山的峭壁上，刻写着公元前8世纪的被公认为是最早的一段体育格言：
>
> 如果你想强壮，跑步吧！
> 如果你想健美，跑步吧！
> 如果你想聪明，跑步吧！

1．刺激与适应的改变和增强

体育锻炼实际上就是对身体施加的一种运动刺激。在运动的刺激下，引起了肌体的多种反应，并随着刺激次数的增加与时间的延续、负荷量与强度的增长，使人体在形态、机能、素质、体能等方面，产生了适应性。因此，增强了机体对内外环境的适应能力，健康水平有了提高。

2．运动疲劳与疲劳恢复

体育锻炼的过程就是：运动—疲劳—休息—恢复—超量恢复。有人讲“没有疲劳的锻炼是无效的锻炼”，这话是有一定科学道理的。运动中只有出现疲劳，才可能通过休息，使体力得以恢复，进而产生超量恢复，并提高了身体对疲劳的耐受力。例如，在长跑锻炼中，一个人在开始的一段时间里跑一千多米就感到体力不支，而通过一个时期的锻炼，能跑两三千米仍不感到十分疲劳。可见，人的体力及各种运动能力，必须通过运动所产生的疲劳，锻炼才能得以增强和提高。这种现象在运动生理学中叫做“超量恢复”。所谓超量恢复，是指人

运动是健康长寿之本

动物学家发现，大象在野外生活可活到200岁，一旦被俘获，关进动物园，尽管生活条件比野外好得多，却活不到80岁；野兔平均可活15年，而自幼养在笼内过着“优越”生活的家兔，平均寿命才4～5年；野猪的寿命也比家猪长一倍。那么，为什么野生动物比家养动物寿命长呢？重要的一条是野生动物为了觅食、自卫、避敌、摆脱恶劣气候的侵害，经常要东奔西跑，身体得到了很好的锻炼。这样一代一代传下去，体质变得越来越好，寿命自然比家养动物长了。同样，人也是如此，经常参加体育锻炼的人，不但生活质量高，而且寿命也长。这说明一个道理：运动是健康长寿之本。

体通过一定量与强度的运动刺激，使肌体出现疲劳，而在休息之后，肌体的代谢能力与体力状况，可以恢复到比运动前更高的水平上。人的各种运动素质与体能，就是在这种“超量恢复”的多次出现与重复中提高的。在体育锻炼中，我们应有意识地运用这一生理学规律，以增强体育锻炼的效果。

3. 能量消耗与营养补充

运动必然要消耗体内更多的能源物质。在运动后就必须注意营养物质的补充。这样才能使体内的机能代谢逐步提高到新的水平。这不仅能够加强人体对营养物质的吸收和利用，而且可使体质的增强得到充分的物质保障，有利于运动后的超量恢复。

4. 用进废退

人的各种运动能力，人体各组织、器官、系统的生理机能，无一不遵循着“用进废退”的自然法则。体育运动的效果并不是永久的，当体育运动停止后，对骨骼的影响也会逐渐消失。身体上一些环节“用则生，不用则退”。不管你是什么年龄，即使是20岁的青年人，天天躺在床上，就是再年轻也会出问题。即便90岁，如果保持规律运动，各系统也会良好地运转。人的各种运动能力，是会在不使用、不锻炼中渐渐消退的；而这些能力又会在经常的锻炼中得到提高和发展。

3.1.2 科学锻炼原则

1. 提高认识，自觉锻炼

要想收到体育锻炼的预期效果，必须以主动积极的态度，自觉地坚持锻炼才行。体育锻炼是一个自我锻炼、自我完善，并需要克服自身惰性，战胜各种困难的过程。同时，还要有一定的作息制度作保证，把体育锻炼当作生活中不可缺少的一部分，才能奏效。那如何能做到自觉积极的锻炼呢？

第一，明确“生命在于合理运动”的科学道理，树立正确的锻炼目的。比如：为了丰富文化生活、调节情绪、活泼身心、陶冶情操、锻炼意志等，或是为增进健康，促进身体的正常发育和造就一个健美的形体，以及防病治病等。不管带有哪种目的和需求，主要是有目的地去锻炼，这种锻炼就更具有主动性和自觉性。

第二，培养兴趣，兴趣是人们认识事物和从事活动的倾向。体育锻炼的内容与形式是多种多样的，每个人都可以选择自己较喜爱的运动项目和形式，并有意识地培养锻炼的兴趣。当一个人对一项体育活动产生兴趣时，就会对它表现出极大的主动性和自觉性。

第三，要使锻炼更具自觉性，还应经常检验锻炼的效果。如定期测试一下身体素质、形态，某些生理机能指标和运动成绩等方面的增长、变化及提高情况，也可用饮食、睡眠、精神状态以及学习时的注意力等情况的对比来检验锻炼的效果。这样不仅可以检查锻炼方法是否得当有效，而且，还可以看到锻炼的成效，从而使体育锻炼的兴趣与信心进一步增强，自觉性进一步提高。

2. 适量负荷，因人制宜

适量负荷，指体育锻炼要承受适宜的生理负荷。因为锻炼的效果，很大程度上取决于运动刺激的强度，运动量太小，对肌体的影响轻微，不足以引起人体生理功能的变化，锻炼效果不佳。运动量过大，反而有损身体健康，引起运动性疾病。

此外，还应根据个人的性别、年龄、职业、健康状况，针对锻炼的爱好、要求和原有的基础，以及生活条件等实际情况，来确定锻炼方案。如何在体育锻炼中因人制宜呢？

第一，根据个人实际情况，制订一套适用可行的锻炼计划或运动方案，严格执行，并注意阶段性地调整。

第二，选择锻炼内容时，要注意它的健身价值。不要追求动作的形式，不要在力所不及的情况下从事高难度动作的训练，而应选择简便易行、健身价值大、效果好的运动项目，作为身体锻炼的主要内容。

第三，安排运动负荷时，以锻炼者能承受和克服的难度（一般自我感觉舒适和不影响正常学习、工作和生活）为准。计量标准参考运动负荷价值阈理论。

3. 循序渐进，逐步提高

循序渐进原则是指体育锻炼的内容、方法和运动负荷等，必须根据人对事物的认识规律、动作技能形成规律和生理机能的负荷规律，由小到大、由易到难、由简到繁、由低级到高级地逐步进行。在体育锻炼中，最忌急于求成。想“一口吃个胖子”，只能事与愿违，甚至还会给身体带来某些损伤。运动负荷的大小应该因人、因时而异。即便是同一个人，在不同的机能状态、不同的时间，人体对负荷的承受能力也不尽相同。因此，进行体育锻炼时应循序渐进，随时调整运动负荷，逐步提高锻炼水平。

第一，体育锻炼力戒急于求成，必须根据锻炼者自身的实际情况确定运动负荷的大小，做到量力而行，尤其要注意锻炼后疲劳感应适度。

第二，运动负荷应由小到大，逐步提高。开始从事体育锻炼时，或中断体育锻炼后恢复锻炼时，强度宜小，时间宜短，密度要适宜。

第三，注意增加人体已经适应的运动负荷，使体能保持不断增强的趋势。一般应在逐步提高“量”的基础上，再逐渐增大运动强度。随时加强自我监督，密切注意身体对运动负荷的不良反应。

运动负荷价值阈理论

运动负荷：指进行身体活动时人体所能承受的生理负荷。

运动量：次数、时间、距离、重量等运动负荷。

运动强度：速度、负重量、密度、难度等。如：某人20岁，其最高心率为200次/min（最高心率=220–年龄）。

小强度：最高心率的60%～65%，即120～130次/min。

中等强度：最高心率的70%～75%，即140～150次/min。

大强度：最高心率的80%～85%，即160～170次/min。

另一个计算合理运动负荷的公式：

[（220–年龄）–安静心率]×0.75+安静心率。如某男20岁，安静心率75次/min，其合理运动量的最高心率为：

[（220–20）–75]×0.75+75=169次/min。

柏拉图

柏拉图（公元前427—公元前347），古希腊著名哲学家、教育家。在他的身心调和论教育设计中，提出了"对青少年儿童实施为造就完美和谐发展的人而健身"的教育思想。他的学生亚里士多德第一个从理论上论证了体育、德育、智育的联系，主张应"重少年儿童身体、德行与智慧的和谐发展"，提出了"体育应先于智育"的教育思想。同时设计了"按年龄分期参加运动量不同的项目"的体育教学方法。

第四，锻炼开始时，重视准备活动；锻炼结束后，做好放松整理活动。

第五，缺乏一定体育锻炼基础的人，或中断体育锻炼过久的人，不宜参加紧张激烈的竞赛活动。

4. 持之以恒，贵在坚持

做什么事情都要有恒心，体育锻炼也是这样。体育锻炼必须经常进行，使之成为日常生活中的重要组成部分。运动技术的形成和提高，人体各组织系统机能的改善，是肌肉活动反复多次强化的结果。体育锻炼对肌体给予刺激，每次刺激都产生一定的作用痕迹，连续不断的刺激则产生痕迹的积累。这种积累使肌体结构和机能产生新的适应，体质就会不断增强，动作技能形成的条件反射也会不断得到强化。同时，运动技能的形成，人体结构、机能的改善，身体素质的提高，都受着生物界"用进废退"规律的制约。不经常锻炼，已取得的效果也会逐渐消退。俗话说，"拳不离手，曲不离口"，揭示的就是这个道理。如何才能使体育锻炼持之以恒？

第一，根据个人情况，确立一个能够实现的体育锻炼目标（不宜太高），制订一个切实可行的锻炼计划（能长期坚持）。

第二，强化锻炼意识，把体育锻炼列为日常生活内容，保证有一定的体育锻炼时间，逐步养成良好的体育锻炼习惯，使体育锻炼成为生活的重要组成部分。

第三，体育锻炼的效果并非一劳永逸，如果锻炼间隔时间过长，效果就会不明显。因此，每次锻炼要坚持安排合理的锻炼间隔。

5. 全面发展，讲求实效

人体是一个复杂的系统，包括运动系统、循环系统、呼吸系统、消化系统、泌尿生殖系统、感觉系统、内分泌系统、神经系统、免疫系统。因此，体育锻炼应全面发展身体的各个部位、各器官系统的机能、各种身体素质和活动能力，追求身心的和谐发展。身体各系统都是相互联系、相互制约的，身体某一方面的发展必然会影响到其他方面的发展，而全面发展，就能相互促进，共同提高。目前，大学生年龄多处在 17 ～ 23 岁，为身体发育逐渐成熟的阶段，具有一定的可塑性。因此，在体育锻炼中贯彻全面性原则尤为重要。

怎样才能做到全面发展，讲求实效？

第一，身心的全面发展，要从适应环境、抵御疾病的能力，改善肌体形态、提高肌体功能，陶冶心情、丰富文化生活等方面着眼。

第二，体育锻炼的内容、方法要尽可能考虑身体的全面发展，一般以一些功效大、兴趣较浓的运动项目为主，以其他项目为辅进行全面锻炼。

第三，注意全身的活动，不要限于局部。

第四，在全面锻炼的基础上，有目的、有意识地加强专业实用性的体育锻炼。

6. 因地制宜，讲究卫生

因地制宜，指体育锻炼应根据不同地区和环境条件来选择适宜的运动项目，安排锻炼身体的手段和方法。各个地区、学校之间，可供体育锻炼的场地、器材设备等条件都会有所差异。锻炼身体要充分利用自然环境因素，靠近江河湖海的地方，应开展形式多样的水上运动。靠山的地方，可开展登山、越野等各种活动。校园林荫小道，学生宿舍的楼梯、天台，亦可用于开展小型多样的体育活动。总之，只要提高了参与体育健身的意识，有自觉锻炼的愿望，“运动场就在你身边”。我国高等学校学生人数较多，供学生课外体育锻炼的场地、器材设备普遍不足，更要利用各种可以利用的场地，开展形式多样，简单易行的体育活动，以活跃大学生的校园文化生活。

健全之精神寓于健全之身体
——约翰·洛克

约翰·洛克（1632—1704），英国著名哲学家，首先提出了学校教育的“三育”并重学说，把教育明确地划分为体育、德育、智育三个部分，提出了“健全之精神寓于健全之身体”的教育观。

新鲜的空气、温暖的阳光、清洁的水质、合理的运动场地、合适的器材和舒适运动服装是运动卫生的环境因素。此外，还要注意个人卫生，不要养成吸烟喝酒等不良习惯，这对于提高锻炼效果，预防运动性伤病有重要意义。体育锻炼与运动卫生、环境卫生和饮食卫生结合起来，才能达到促进健康、增强体质的效果。讲究卫生主要包括以下几点：

第一，加强医务监督，定期检测身体状况，按合理的运动处方进行锻炼。

第二，遵守生活作息制度，运动与休息交替进行、合理安排，要注意劳逸结合、防止过度疲劳。

第三，注意饮食卫生，合理补充营养，以促进运动后体力迅速恢复。

第四，注意环境卫生和个人卫生。

3.2 体育锻炼负荷的调控与锻炼中的心理调节

3.2.1 体育锻炼负荷的调控

一般来说，运动强度、练习密度和练习时间是体育锻炼负荷的主要影响因素。负荷的增加必须考虑到锻炼者的体适能水平。负荷过大或过小都是不利的。负荷过小，肌体得不到必要刺激，也达不到理想的锻炼效果。虽然加大负荷能有效地提高人体机能水平，但每个人的适宜负荷总是很难掌握的，需要锻炼者不断地摸索。实际应用中应注意以下几点：

第一，进行适宜负荷的体育锻炼。锻炼者应根据所处的锻炼阶段、体适能水平、当前的健康状况和身体所能承受的负荷能力，来恰当地

准备活动的作用

1. 增加身体温度。
2. 增加呼吸频率和心率。
3. 增加柔韧性，减少肌肉受伤概率。

放松的作用

1. 加速新陈代谢废物的清除。
2. 有利于阻止痉挛、紧张和疼痛。

确定锻炼负荷的大小。也就是说，初练者与体能强者、身体健康者与有伤病者，在负荷的安排上应有所不同。

第二，注意观察基础心率。基础心率即为清晨清醒、静卧、空腹，室温条件下心率。如果运动后第二天清晨心率较平时增加5～10次/min以上，则视为疲劳。如连续几天持续增加，则应调整负荷。

第三，注意运动负荷过大的身体信号。一般在运动时要求经鼻呼吸，若在体育锻炼时改为口鼻并用呼吸，常是生理负荷大的信号，也是产生疲劳、呼吸动作减弱、肌体氧的需要量增加的表现，此时须多加注意。

第四，准备活动和放松。首先应认真做好准备活动，其内容要具有针对性，如重点做好运动中负荷较大和容易伤的部位；同时准备活动应根据所要进行活动的性质、个体情况以及气候条件而定，一般准备活动与正式运动的间隔时间以1～4 min为宜，同时以达到身体充分活动"开"（即微微出汗）和具有良好的机能状态，以备进入正式工作状态。

第五，运动结束后，要使高负荷的心肺和肢体活动，逐渐"冷却"下来，禁忌突然停止运动，因为此时血流仍大量集中于四肢，若突然停止不动，使回心血量锐减，可能会出现"重力性休克"，引起脑缺血而晕倒。通常这一段时间内可采取做放松体操、散步或自我按摩等方式。

3.2.2 锻炼中的心理调节

体育锻炼中的心理调节方法如下：

1. 表情调节法

表情调节法即有意识地改变自己的面部表情和姿态，因为情绪状态与外部表情存在着密切的联系。俗话说："情动于中，而形于外。"情绪的产生会引起一系列心理过程的变化，并由此引起面部，姿态等外部情态的变化。如愉快时兴高采烈，笑容满面，手舞足蹈；愤怒时横眉冷对，咬牙切齿，紧握双拳；情绪低沉时垂头丧气，肌肉松弛，萎靡无力等。因此，我们可以用改变外部表情的方法而相应地改变情绪状态。例如，当情绪紧张而感到焦虑时，可以有意识地放松面部肌肉，或者用手轻搓面部，使面部肌肉有一种放松感。当心情沉重或情绪低落时，可以有意识地做出笑脸，或者想想自己过去最高兴的某件事，这些都可以调节在体育锻炼过程中产生的不良情绪状态。

2. 放松训练

放松训练是运用一定的套语进行导引，使肌肉放松，心理平衡，从而调节植物性神经系统的潜能，使其由紧张转化为放松，然后再运用带有一定愿望的套语进行动员，重新振奋精神，最终进入最佳竞技状态。例如，做完肌肉放松动作，可以使锻炼者的血压下降，达到缓和紧张情绪的效果。在激烈的比赛中，随着情绪的兴奋，血压上升，当血压上升到一定程度时，就容易失去自我控制，造成技术动作失常。如果学会了放松运动，就能使身体和心理处于最佳水平。

3. 呼吸技能调节法

利用呼吸调节，是体育锻炼者处理情绪波动的一种有效的心理调节方法，即通过深呼吸可以使练习者情绪状态稳定下来。当情绪紧张激动，呼吸短促时，这时采用缓慢的呼气和吸气可以达到放松情绪的目的。当情绪低沉时，可以采用长吸气或有力吸气，能提高情绪的兴奋水平。这种方法之所以奏效，就是因为情绪状态与呼吸之间有着必然的联系。例如，情绪紧张时，呼吸快而浅。由于呼吸快，身体内进入大量氧气，呼出大量二氧化碳。但是二氧化碳呼出过多，会使体内的二氧化碳失去平衡，时间一长，中枢神经便会做出抑制的保护性反应，这时运动员可以采用加深或放慢呼吸频率的方法来消除紧张，短时间内，使呼吸放慢和加深，就会得到安静的效果，使呼吸功能重新获得控制。

4. 积极性活动调节法

练习者情绪的产生不仅可以引起一系列心理过程的变化，而且由于肌肉活动还能引起生理过程的变化，也会产生相应的情绪兴奋状态。因为大脑活动与肌肉活动的关系是双向传导的，也就是说，神经兴奋不仅可以通过大脑传给肌肉，也可以通过肌肉反馈性地传给大脑。如果采取积极的肌肉活动，从肌肉传至大脑的神经兴奋就多，大脑的兴奋水平就高，情绪就会高涨。反之，肌肉越放松，从肌肉传给大脑的冲动就越少，大脑的兴奋水平就越低，情绪便会低落。采用不同速度，强度，幅度，方向和节奏的动作练习，也可以调节练习者怯场的状态。例如，当情绪过分紧张时，可采用一些强度小，幅度大，速度和节奏慢的动作练习，通过反复练习，可以降低兴奋性，消除紧张状态。当练习者的情绪低沉时，可采用一些幅度小，强度大，高速度和节奏的动作练习，通过反复练习，可以提高大脑的兴奋水平。

5. 音乐调节法

音乐能够影响人的生理机能，这早已成为人们的共识。人们可以听着催眠曲进入梦乡，唱着歌曲减轻繁重的体力劳动，例如船夫和建筑工人的夯号等。科学研究表明，音乐能使人产生兴奋，镇定和平衡三种情绪状态。音乐给予人的声波信息，可以消除大脑工作带来的紧张，也可以帮助人们集中注意力，使大脑的冥想状态井然有序。因此，人们喜爱的曲子或一种具有特殊节奏的音乐，可以促使人体放松，使大脑处于灵敏状态。体育锻炼前如果有异常的情绪表现(如过分激动或紧张等)，听一段有节奏的轻音乐就能起到适当的调节作用。

6. 颈、肩部肌肉放松法

人在精神过度紧张时，往往会出现颈部后肌肉群僵硬和双肩耸起等现象。通过活动颈部，使颈部肌肉放松，或通过按摩和自我放松等方法，使两肩肌肉松弛下来，也可以有效地缓解紧张情绪。

7. 轻松散步法

当练习者在运动过程中感到精神过度紧张时，可在适宜的地方散散步，再配合阔胸和腰部等放松动作。这样做可以转移和缓解精神上的过度紧张。

8. 静坐闭目养神法

若体育锻炼的环境较为嘈杂，练习者在休息的间隙，闭目坐在凳子上，把思维引向自己的身体内部，想想自己的呼吸非常畅通，心跳均匀有力等，这样可以大大减少外界不良刺激，有效地防止外界干扰，使心情平静下来。

3.3 运动处方与锻炼计划的制订

3.3.1 运动处方

运动处方是指根据医学检查资料，按运动者的健康、体力以及心血管功能状况，结合生活环境、条件和运动爱好等个性特点，用处方的形式规定其适当的运动项目、强度、时间和频度，并指出运动中的注意事项，以便有计划、有目的地达到健身或治疗效果。运动处方可分为：健身运动处方、竞技运动处方、康复运动处方和健美运动处方。

1. 运动处方包括四大要素

（1）运动项目：在运动处方中，为锻炼者提供最合适的运动项目直接关系到锻炼的有效性和持久性。选择运动项目，要考虑运动的目的，是健身的还是治疗的；要考虑运动条件，如场地器材、闲暇时间、气候等；还要结合体育兴趣爱好等。

（2）运动强度：是运动的剧烈程度，是衡量运动量的重要指标之一，可用每分钟的心率次数来表示。测量运动强度的简单办法是：测量运动后 10 s 脉搏 ×6，就是 1 min 的运动强度。

① 适宜运动强度范围，可用靶心率来控制：以本人最高心率的 70%～85%的强度作为标准。靶心率＝（220－年龄）×（70%～85%）。如 20 岁的靶心率是 140～170（次 /min）。

② 最适宜运动心率，计算公式：最大心率＝220－年龄，心率储备＝最大心率－安静心率，最适宜运动心率＝心率储备 ×（60%～80%）+ 安静心率

如某学生 20 岁，安静心率 70（次 /min），他的最大心率为 220－20=200（次 /min），心率储备为 200－70=130（次 /min），最适宜运动心率为 130×（60%～80%）+70=148～174（次 /min）。

（3）运动时间：指一次锻炼的持续时间。它与运动强度紧密相关，强度大，时间应稍短，强度小，时间应稍长。有氧锻炼一般在 30 min 左右就可以达到较好的效果。

（4）运动频度：指每周的锻炼次数。关于运动频度，研究表明，1 周运动 3～5 次，效果较好。

2. 制订运动处方需遵循以下基本原则

（1）有氧运动：大量研究表明有氧代谢运动是保持全面身心健康最有效、最科学的运动方式，因此针对普通大学生的健身性运动处方主要以中等强度的有氧运动方式为主。根据世界卫生组织的规定，有氧运动的标准是：每周锻炼 3～5 次；每次锻炼时间 20～60 min；强度为中等强度。

（2）个体化：运动处方必须有所区别，是因人而异的，切忌千篇一律。在制订运动处方的过程中，要根据个人特点和具体情况，有针对性地确定内容，制订出符合个人和客观实际条件的处方。即使锻炼目的相同，每个人的情况不同，处方也不同。每个人的情况相同，如果锻炼目的不同，制订的处方也不相同。

（3）循序渐进：肌体对内外环境变化的适应，是一个缓慢的由量变到质变的过程。体育锻炼时，各器官和系统的结构与机能是逐步适应和取得平衡的，因此，在制订运动处方时必须遵循这个规律，内容按照循序渐进的原则进行。

在实施运动处方的过程中，应加强自我监测，并根据时间、环境、天气、身体状况等的变化对制订的运动处方做出调整。

（4）保持安全界限和有效界限：在制订和实施运动处方时，应严格遵循各项规定和要求，以确保安全。运动处方必须依据个体的身体检查与运动试验的情况设定内容。在制订处方前，

制订者必须要了解锻炼者的个人情况，即个人病史、家庭病史、运动经历等，还要对其进行医学检查，做到全面了解锻炼者的健康状况，以便科学地确定锻炼者合适的运动项目以及能够接受的运动强度等。在此基础上制订的处方才能够保证锻炼者在安全的范围内进行身体活动。同时制订的处方还要能使锻炼者经过实施运动处方后健康水平有相应的提升。

（5）体质基础和运动效果的特异性：体育运动项目繁多，体育锻炼的形式、手段、方法也各异。不同的锻炼方法和手段对人体产生不同的影响，相同的锻炼方法和手段对体质基础不同的人也会产生不同的影响。因此某一运动处方应根据不同人的体质基础有针对性地改善某一指标，体现出运动处方对肌体影响的专门性和特异性。

3. 几种健身锻炼和健美锻炼的运动处方

健身锻炼按内容可分为三类：有氧运动、伸展性运动及力量性运动。

第一类，有氧运动：包括步行、慢跑、走跑交替、游泳、跳绳、有氧操、球类、自行车、滑冰、越野滑雪、划船、跳绳、上下楼梯及室内功率自行车、步行车等。

（1）走和跑健身法。它是最简单易行、最经济和最具锻炼价值的健身运动。走又分为散步、步行、快步走。健身跑作为健身的方法是速度慢、持续时间较长的长跑。表 3-1 列出了渐进跑步锻炼计划。

健身跑注意事项：

a. 开始练习时，距离可短些，慢慢加长距离；

b. 跑步可在清晨或傍晚进行，或在空闲时；

c. 饭后半小时以上才能跑步，跑步后半小时后再睡觉；

d. 鞋一定要轻便合脚，最好是海绵或胶底的软底运动鞋，服装应穿棉质且透气吸汗有弹性的。

表3-1 渐进跑步锻炼计划

周次	准备活动	锻炼内容	整理运动	练习时间
1	慢步行走3 min，伸展运动及柔韧活动5 min	快速连续步行10 min	伸展运动 2 min	20 min
2	同上	快速步行5 min，慢跑1 min，重复1次	同上	22 min
3	同上	快速步行5 min，慢跑3 min，重复1次	同上	26 min
4	同上	快速步行4 min，慢跑5 min，重复1次	同上	28 min
5	同上	快速步行4 min，慢跑5 min，重复1次	同上	28 min
6	同上	快速步行4 min，慢跑6 min，重复1次	同上	30 min
7	同上	快速步行4 min，慢跑7 min，重复1次	同上	32 min
8	同上	快速步行4 min，慢跑8 min，重复1次	同上	34 min
9	同上	快速步行4 min，慢跑9 min，重复1次	同上	36 min
10	同上	快速步行4 min，慢跑13 min	同上	27 min
11	同上	快速步行4 min，慢跑15 min	同上	29 min
12	同上	快速步行4 min，慢跑17 min	同上	31 min
13	同上	步行2 min，缓慢跑2 min，慢跑17 min	同上	31 min
14	同上	步行1 min，缓慢跑3 min，慢跑17 min	同上	31 min
15	同上	缓慢跑3 min，慢跑17 min	同上	30 min

（2）游泳健身法。游泳消耗的能量较多，但由于水的浮力减轻了人体承受关节的负荷，是一种安全的健身方法。

（3）跳绳健身法。坚持跳绳能提高心血管系统和呼吸系统的功能，提高人的速度、灵敏度、协调能力等身体素质和肌肉长时间工作的能力。

（4）有氧操健身法。可有效提高心血管系统和呼吸系统工作能力，控制体重，获得良好的体能和健美的身材，增强人的自信心。

（5）球类运动健身法。能发展人的速度、力量、弹跳、灵敏、耐力等身体素质，提高中枢神经系统和内脏器官功能。

第二类，伸展性运动：包括广播体操、太极拳、太极功、气功、五禽戏、八段锦、健身操、跳舞及各种医疗体操和矫正体操等。

第三类，力量性运动：可采取中等强度、丰满身形、维持或减轻体重的力量训练。

（1）减肥锻炼。

a. 有氧运动降低全身脂肪；

b. 各种运动方式均可达到此目的；

c. 每周 3 ～ 5 次才有明显效果；每次至少 30 min；

d. 低强度运动对于减少脂肪比高强度运动更有效；

e. 高强度力量练习能减少脂肪、增长肌肉和增加肌力。

（2）瘦人变丰满的锻炼。

a. 负重较轻，重复次数较少，而组数较多的负重练习；

b. 跑步、爬山、游泳、体操等全身性运动为主；

c. 合理饮食，多摄取蛋白质含量高的食物。

注意事项：

a. 形成正确的体型观；

b. 克服不良饮食习惯；

c. 要有进行“持久战”的思想准备；

d. 以全身性运动为主，以提高体能为宗旨。

3.3.2 锻炼计划的制订

制订身体锻炼计划，目的在于使自己的学习、工作和锻炼有科学合理的安排，做到德、智、体全面发展，避免盲目性和片面性，同时也便于检查锻炼效果和总结锻炼经验。

1. 制订锻炼计划的依据

（1）从实际出发。在制订锻炼计划时，要考虑主观因素和客观因素。如年龄、性别、体质、基础、场地、器材、气候、时间等因素，制订出切实可行的计划。通过反复实践，不断修改充实，使计划更科学、更完善。

（2）全面锻炼、循序渐进。在制订计划时，必须根据自己的体质条件、素质水平和爱好等，既要注意全面发展，又要注意自己的特点和弱点，既要考虑自己的爱好，又要注意锻炼的效果。在整个计划的内容安排上应遵循由简到繁、由易到难；在运动量的安排上应遵循从小到大、逐步增加的原则。做到既科学、又全面，既要达到增强体质的目的，又不要影响一天的学习与工作。

（3）达标与体育课学习相结合。锻炼内容要与“国家学生体质健康标准”和体育课内容

相结合，这样既能通过一段时间的锻炼，达到“国家学生体质健康标准”，又能使体育课所学内容得以复习、巩固和提高。

（4）自我监督和医务监督。在制订和执行锻炼计划时，要注意自我监督和医务监督，最好能写锻炼日记，以便及时发现问题，及时加以调整，使锻炼计划不断完善，锻炼效果不断提高。

2. 锻炼计划的内容

体育锻炼计划一般可分为长远计划、阶段计划、每周计划和每次计划。对学生来讲，做到阶段计划、周计划和每次计划就可以了。

（1）阶段计划内容：

- 确定阶段计划的时间。对学生来讲，最好以一个学期为一个阶段，这样便于安排和检查。
- 任务和要求。根据每个人的情况，确定每个阶段的锻炼任务，如田径项目中的短跑，球类项目中的足球等，并明确要求，便于检查。
- 内容和办法。根据自己的爱好和特长，结合季节气候特点，逐项进行安排，并提出具体的实施办法。
- 锻炼时间。根据课表安排，确定在什么时间锻炼，切实落实。
- 检查措施。要制订出切实可行的检查措施及成绩考核办法。

（2）每周计划内容：

- 本周锻炼的任务和要求。确定本周以发展某项身体素质为主，及学习有关基本知识等。
- 锻炼时间。确定早操与课外体育活动的次数及每次锻炼的时间。
- 检查措施。星期六下午安排一定时间写锻炼日记。

（3）每次计划内容：

- 确定内容。根据每周计划确定每次的锻炼项目，拟定练习的具体动作和方法、练习的时间和重复次数等。
- 科学分配和安排。在具体安排练习时，一般先安排重点项目。就身体素质而言，先练速度和灵敏项目；就运动量而言，先小后大；就技术而言，应先易后难；就锻炼部位而言，应当上下肢搭配；如有类似项目，应当间隔练习。
- 写出实施办法。主要是写出每次锻炼计划表。包括准备活动、主要内容和整理活动三个方面。并在时间分配上也要做合理安排。身体锻炼的持久，体质也会逐步增强。因此，在主要锻炼内容的负荷安排上，也应逐渐增加，不能总停留在同一运动负荷上。

3.4 简单有效的健身法

3.4.1 平衡健身法

1. 什么是平衡健身法

平衡健身法是指日常生活中的平衡健身方法，是一种利用生活中的各种活动进行健身、维持肌体平衡的健身方法。在学习和工作的间歇时间，必须进行适当运动，用来消除因长期伏案给身体带来的不利影响，以维持平衡的体力和健康。平衡健身的第一步，就是自觉而有意识地对日常生活中各种活动加以改造，如改变动作形式、改变负荷等，把人们生活中的活动变成自然的健身活动，这就是所谓的“生活平衡化”。

2. 平衡锻炼的特点

（1）不需要特定时间，而是将其贯穿于人们的日常生活之中。

（2）不需要特定的体育设施和场地，在身边随处都可进行。

（3）可以一人独自进行，也可以和同学、朋友、家人一块进行。

（4）锻炼方法因人而异，可以根据自己体能、性别、年龄选择适宜的锻炼方法，使自己愉快而饶有兴趣地坚持下去。

3. 几种有效的平衡运动形式

（1）金鸡独立健身法——最简单有效的平衡健身法。

两眼微闭，两手自然放在身体两侧，任意抬起一只脚，试试能站立几分钟，注意不要将眼睛睁开。这样你调节自己的平衡就不是靠双眼和参照物之间的谐调，而是调动了大脑神经来对身体的各个器官的平衡进行调节。脚上有六条重要的经络通过，通过脚的调节，虚弱的经络就会感到酸痛，同时腰背部得到了锻炼。

（2）肩旋转——减缓两肩和背部疼痛的有效方式。

两手搭在两肩上，以肩关节为轴向前和向后画圆圈。这个姿势可以在疲劳时，或感觉上背部较为紧张时练习，对于减缓两肩和背部疼痛很有效果。

（3）手指撑握——放松手指，防治手部疾病的有效方式。

将两手臂向前平举，掌心朝上，用力撑开手指，保持一会，然后握拳，拇指握在拳心内。如此反复。

（4）腕关节屈伸——放松手腕和小臂的有效方式。

将两手臂向前平举，掌心朝下，向下屈手腕，保持一会，然后向上伸手腕。

（5）小半蹲——锻炼腿部肌肉的有效方式。

两手叉腰或自然垂于身体两侧，两脚并拢，屈膝（屈膝的程度可由自己承受的能力定），保持 1 min，休息一会儿然后再反复做。

（6）腰部扭转——有效缓解腰部酸痛。

坐在椅子的前 2/3 处，身体转向右侧，两手扶住右侧扶手或椅背，头也跟着向右后方转过去，保持一会儿，然后转向左侧。

（7）踮脚尖平衡法——有效锻炼大小腿肌肉。

站立，两脚自然分开约与肩宽，抬起脚后跟，用脚尖保持身体的平衡。

3.4.2 有氧健身法

1. 何谓有氧运动

人体运动是需要能量的，如果运动过程中能量供应以有氧氧化系统工作为主，这种类型的运动就是有氧运动；但若能量主要来自无氧酵解，就成了无氧运动。有氧代谢时，完全氧化 1 分子葡萄糖，能产生 38 个 ATP；而在无氧酵解时，1 分子的葡萄糖仅产生 2 个 ATP 的能量。有氧运动时葡萄糖代谢后生成水和二氧化碳，后者可以通过呼吸很容易被排出体外，对人体无害。然而在酵解时产生大量酸性的中间代谢产物，不能通过呼吸排出。这些酸性产物堆积在细胞和血液中，就成了“疲劳毒素”，会让人感到疲乏无力、肌肉酸痛，还会出现呼吸、心跳加快和心律失常，严重时会出现酸中毒和增加肝肾负担。所以无氧运动后，人总会疲惫不堪，肌肉疼痛要持续几天才能消失。

2. 轻轻松松的运动算不算有氧运动

轻微的运动不是我们所说的有氧运动，也达不到锻炼的目的。只有达到一定强度的有氧运动，才能锻炼心肺循环功能，提高人的体力、耐力和新陈代谢潜在能力，才是有价值的运动。也就是说，有氧运动在达到或接近运动的上限时，才具有意义。而这个上限的强度，对每个人来说都是不同的。

3. 怎样掌握有氧运动的要领和尺度

运动前预热。每次运动前需要有个热身过程，即做准备活动，活动关节韧带，抻拉四肢、腰背肌肉。然后从低强度运动开始，逐渐进入适当强度的运动状态。

接近而不超过“靶心率”。在运动时，可随时数一下脉搏，心率控制在这个范围，运动强度就是合适的，当然这是指健康的运动者，体弱多病者不在此列。如果运动时的心率只有 70 ～ 80 次 /min，离靶心率相差甚远，就说明还没有达到有氧运动的锻炼标准。

自我感觉是掌握运动量和运动强度的重要指标，如果呼吸轻度急促、感到有点心跳、周身微热、面色微红、津津小汗，表明运动适量；如果有明显的心慌、气短、心口发热、头晕、大汗、疲惫不堪，表明运动超限。如果你的运动始终保持在“面不改色心不跳”的程度，心率距“靶心率”相差太远，那就说明你的锻炼不可能达到增强体质和耐力的目的，还需要再加点强度。

一般健康者每次有氧运动时间不应少于 20 min，可长至 1 ～ 2 h，主要根据个人体质情况而定。每周可进行 3 ～ 5 次有氧运动，次数太少难以达到锻炼目的。

后发症状即运动过后的不适感觉，也是衡量运动量是否适宜的尺度。一般人在运动之后，可有周身轻度不适、疲倦、肌肉酸痛等感觉，休息后很快会消失，这是正常现象。如果症状明显，感觉疲惫不堪、肌肉疼痛，而且一两天不能消失，这说明中间代谢产物在细胞和血循环中堆积过多。这是无氧运动的后果，下次运动就要减量了。

循序渐进是所有运动锻炼的基本原则。运动强度应从低强度向中等强度逐渐过渡；持续时间应逐渐加长；运动次数由少增多。以上这些都要在个人可适应的范围内缓慢递增，不要急于求成。年老体弱者或有慢性疾患的人，更要掌握运动的尺度。最好在运动前去医院，全面体检，由医生根据个人情况，开出具体的有氧运动处方，再依方进行锻炼。

3.4.3 自然力锻炼

自然力锻炼是利用日光、空气和水等自然因素的作用，来改善肌体的调节功能，提高人体对外界环境变化的适应能力，活跃生命过程，增强人体对疾病的抵抗力。常用的有日光浴、空气浴和冷水浴。人们通常把这种锻炼称为“三浴锻炼”。三浴锻炼的作用机制，主要是借同一种刺激，长期、多次、反复作用，使肌体对这种刺激的非条件反射和条件反射性反应更迅速、灵活、准确，从而增强肌体对外界环境的适应能力。

1. 空气浴

主要是利用气温与体表温度之间的差异作为刺激来锻炼身体，使肌体对气温变化具有更强的适应能力。空气浴一般先在室内进行，室温不应低于 20 ℃，锻炼时逐渐减少衣服。待室外气温适宜时转到室外。时间可由三、五分钟直至两小时。空气浴时可结合活动性游戏进行。

空气浴的作用比较缓和，不同体质者都可接受，只是患急性传染病的人应禁用。

2. 水浴

水浴锻炼形式多种，如擦浴、冲洗、淋浴和天然浴场沐浴。这种锻炼主要是借用水的寒冷刺激，使肌体产生一种耐寒能力。体弱者适宜擦浴。水浴时间不宜过长，一般擦浴一、两分钟即可。浴后应立刻擦干全身，并摩擦皮肤、使之微微发红为止。一般开始时，皮肤由于受寒冷刺激血管收缩皮肤发白，会感到寒冷，但过一会儿，肌体产热加强、皮肤发红，感到舒服。但如果出现第二次寒冷感，则应立即停止锻炼。

3. 日光浴

当气温在 22 ℃以上无大风的夏季，可进行日光浴。日光浴场最好选择树阴、空气流通的向阳地带。日光浴时头部应遮阳，为使眼睛免受日光直射应戴上护目镜。晒时应先晒背部，然后是体侧最后是腹部。一般一次日光浴时间为 20 ～ 30 min。

3.5 锻炼效果的自我评价与体质健康测评

3.5.1 锻炼效果的自我评价

定期评定体育锻炼的效果，是科学锻炼身体的重要措施之一。通过评定可以及时了解锻炼的效果，掌握身体发展、变化情况，从而使锻炼的计划和采用的方法更为合理有效。这里仅就身体发展自我评价的几种简单方法介绍如下，以便同学们对体育锻炼的效果进行评定。

1. 身高

人的身高，主要取决于遗传因素，然而，生活环境、营养条件和体育锻炼等却可以对身高产生着重要影响。用预测应长身高和现实实际身高进行比较，可较客观地评价自己的身高发育情况。

应长身高系指由遗传因素决定的身体生长高度。其预测方法，可用湖北省体育科研所参照捷克的哈利晋克根据父母与子女身高的相关系数而总结的公式。它是通过对我国青少年的调查统计推算出的，能较客观反映我国青少年遗传规律的预测方法：

子身高（cm）＝ 56.699 ＋ 0.419× 父亲身高＋ 0.265× 母亲身高

女身高（cm）＝ 40.089 ＋ 0.306× 父亲身高＋ 0.431× 母亲身高

评价身高的方法为：

预测应长身高减实际身高，其差数为正值，年龄在 18 岁以上，可视为身高发育不足；其差数为负值，为身高发育良好。

2. 胸围

胸围应是身高的一半。胸围与身高的关系指数（用胸围 –1/2 身高求得）可反映体型的匀称度及胸腔容积。指数小于零为不同程度的细长型，等于零为匀称型。发育正常的青少年，在 17 岁以后，其关系指数都应等于或稍大于零。

3. 身体质量指数BMI

BMI（body mass index）即身体质量指数，是与体内脂肪总量密切相关的指标，主要反

映全身性超重和肥胖。BMI = 体重 / 身高 ^{2}（体重的单位为kg，身高的单位为m）。评价标准如下：

偏瘦：BMI＜18.5；

正常：BMI=18.5～23.9；

超重：BMI=24.0～27.9；

肥胖：BMI≥27.9。

4. 脉搏

脉搏是评价心血管系统功能状况的重要指标。对脉搏的评价可以从以下几种状态进行：安静时的脉搏、运动时或运动后的即时脉搏、运动后的恢复脉搏。

（1）安静时的脉搏，一般人为75次/min。

（2）运动时或运动后的即时脉搏，一般人正常范围为110～170次/min，平均为140次/min。

（3）运动后的恢复脉搏，由运动停止的即时脉搏降低到运动前时脉搏，其恢复时间应不超过5～6 min；运动后的次日晨脉，波动次数应不超过通常晨脉的2次/min。

据此，有体育锻炼习惯与爱好的人，安静时的脉搏出现递减的趋势，剧烈运动后的即时脉搏出现递增趋势均为正常、良好；运动后，由即时脉搏到正常时脉搏恢复时间出现缩短的趋势也为正常、良好。

5. 身体机能状况

对身体机能状况的评价，可以用库珀的12 min跑评定法进行。这种方法是根据不同的年龄、性别，在12 min内所跑的距离来进行评定的，具体标准见表3-2。

表3-2 库珀的“12 min跑评定法”

年龄	很不好	不及格	及格	好	很好
30岁以下	＜1.6 km	1.6～1.9 km	2.0～2.4 km	2.5～2.7 km	＞2.8 km
30～39岁	＜1.5 km	1.5～1.8 km	1.9～2.2 km	2.3～2.6 km	＞2.7 km
40～49岁	＜1.3 km	1.3～1.6 km	1.7～2.1 km	2.2～2.4 km	＞2.5 km
50岁以上	＜1.2 km	1.2～1.5 km	1.6～1.9 km	2～2.4 km	＞2.5 km

3.5.2 体质健康测评

中华人民共和国成立以来，党和国家十分重视青少年的体质，制定了一系列政策，先后推出了《劳卫制》《国家体育锻炼标准》《大学生体育合格标准》《中学生体育合格标准》《小学生体育合格标准》以及《学生体质健康调研》等政策和措施。国家教育部、国家体育总局于2002年7月4日发布教体艺（2002）12号文件规定实施《学生体质健康标准（试行方案）》及《〈学生体质健康标准（试行方案）〉实施办法》，在实施《标准》的同时，停止执行原有的《大学生体育合格标准》。教育部、国家体育总局在认真总结试行工作的基础上，根据新的形势对学生体质健康标准进行了修改和完善，2007年开始执行《国家学生体质健康标准》，经过一段时间的实施，2014年再次对《国家学生体质健康标准》进行了修订。由此可见，国家对于学生健康评价的重要程度逐渐重视。《国家学生体质健康标准》主要从四个方面来测评：身体形态，包括体格、体型、身体姿态、营养状况及身体成分等；身体机能，包括肌体的新陈代谢功能及各系统、器官的工作效能；身体素质，即身体在运动中表现出来的力量、耐力、柔韧、速度和灵敏素质；运动能力是指身体的走、跑、跳、投、攀等能力，是一种综合性质的能力。

《国家学生体质健康标准》见附录 A。

【思考题】

1. 健身运动中如何贯彻科学锻炼身体的原则?
2. 如何调控体育锻炼中的运动负荷?
3. 给自己制定一份健身锻炼计划和运动处方。
4. 对自己的锻炼效果进行科学评定。

第4章 运动营养与医务监督

通过本章的学习，你将能够：

1. 运用营养学知识做好日常体育锻炼。
2. 建立正确的营养与饮食习惯，均衡饮食，为强健体魄提供保障。
3. 能够纠正不良行为习惯，养成健康文明的生活方式。
4. 运用医务知识处理体育锻炼中出现的一些问题。

4.1 中国人的膳食与营养

“民以食为天”，食物是维持人体生命活动的基本条件，摄取食物是人和一切动物的本能，而正确合理地摄取和利用食物则是一门科学。随着我国经济的快速发展，人民生活水平不断提高，很多人吃东西喜欢随自己口味，想吃什么就吃什么，想多吃一些就多吃一些，一时贪嘴，结果往往导致现代文明病（如超重和肥胖、糖尿病、高血压、血脂异常等）的普遍发生。由于中国人的传统饮食习惯是以植物性食物为主，因此饮食更要讲究营养，讲究科学搭配，才能吃出健康。

平衡膳食宝塔

中国居民平衡膳食宝塔是根据《中国居民膳食指南》的核心内容，结合中国居民膳食的实际状况，把平衡膳食的原则转化成各类食物的具体摄入量，便于人们在日常生活中实行。

平衡膳食宝塔提出了一个营养上比较理想的膳食模式，同时注意了运动的重要性。它所建议的食物量，特别是奶类和豆类食物的量可能与大多数人当前的实际膳食还有一定距离，对某些贫困地区来讲可能距离还很远，但为了改善中国居民的膳食营养状况，应把它看作一个奋斗目标，努力争取，逐步达到。

4.1.1 中国居民平衡膳食宝塔

1. 平衡膳食宝塔说明

平衡膳食宝塔共分五层（见图 4-1），包含我们每天应吃的主要食物种类。宝塔各层位置和面积不同，这在一定程度上反映出各类食物在膳食中的地位和应占的比重。

第一层（塔底）：谷类食物，每天应摄入 300 ～ 500 g。主要提供碳水化合物、蛋白质、B 族维生素，也是中国膳食的主要热能来源。

第二层：蔬菜和水果，每天应摄入 400 ～ 500 g 和 100 ～ 200 g。主要提供膳食纤维、矿物质、维生素 C 和胡萝卜素。

第三层：鱼、禽、肉、蛋等动物性食物，每天应摄入 125 ～ 200 g（鱼虾类 50 g，畜、禽肉类 50 ～ 100 g，蛋类 25 ～ 50 g），主要提供蛋白质、脂肪、矿物质、维生素 A 和 B 族维生素。

第四层：奶类和豆类食物，每天应摄入奶类及奶制品 100 g 和豆类及豆制品 50 g。

第五层（塔尖）：油脂类，每天摄入量不超过 25 g。油脂、各种食用糖和酒类是纯热能食物，主要提供热能。

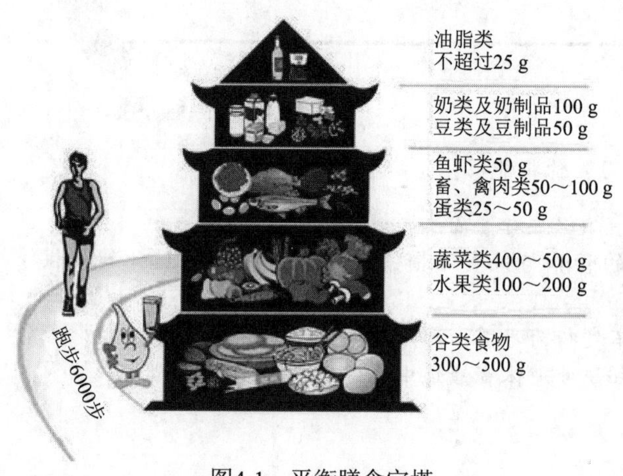

图4-1 平衡膳食宝塔

2. 各类食物的摄入量

膳食宝塔建议的各类食物的摄入量一般是指食物的生重。各类食物的组成是根据全国营养调查中居民膳食的实际情况计算的。

（1）谷类。谷类是面粉、大米、玉米粉、小麦、高粱等的总和。它们是膳食中能量的主要来源，在农村中也往往是膳食中蛋白质的主要来源。多种谷类掺着食用比单吃一种效果更佳，特别是以玉米或高粱为主要食物时，应当更重视搭配一些其他的谷类或豆类食物。加工的谷类食品如面包、烙饼、切面等应折合成相当的面粉量来计算。

（2）蔬菜和水果。蔬菜和水果经常放在一起，因为它们有许多共性。但蔬菜和水果终究是两类食物，各有优势，不能完全相互替代。尤其是儿童，不可只吃水果不吃蔬菜。蔬菜、水果的重量按鲜重计算。一般说来，红、绿、黄色较深的蔬菜和深色水果含营养素比较丰富，所以应多选用深色蔬菜和水果。

（3）鱼肉蛋。鱼、肉、蛋归为一类，主要提供动物性蛋白质、一些重要的矿物质和维生素。但它们彼此间也有明显区别。鱼、虾及其他水产品含脂肪很低。这类食物的重量是按购买时的鲜重计算。肉类包含畜肉、禽肉及内脏，重量是按屠宰清洗后的重量来计算。这类食物尤其是猪肉含脂肪较高，所以生活富裕时也不应吃过多肉类。蛋类含胆固醇较高，每天也应定量。

（4）奶类和豆类食物。奶类及奶制品主要包含鲜牛奶和奶粉。膳食宝塔建议的 100 g 按蛋白质的含量来折合约相当于鲜奶 200 g 或奶粉 28 g。中国居民膳食中普遍缺钙，奶类应是首选补钙食物，很难用其他类食物代替。有些人饮奶后有不同程度的胃肠道不适，可以试用酸奶或其他奶制品。豆类及豆制品包括许多品种，膳食宝塔建议的 50 g 是个平均值，根据其提供的蛋白质可折合为大豆 40 g 或豆腐干 80 g 等。

3. 平衡膳食宝塔的应用

（1）确定你自己的食物需要。

平衡膳食宝塔建议的每人每天各类食物适宜摄入量适用于一般健康成人，应用时要根据个人年龄、性别、身高、体重、劳动强度、季节等情况适当调整。年轻人、劳动强度大的人需要的能量高，应适当多吃些主食；年老、活动少的人需要的能量少，可少吃些主食。表 4-1 列出了三个能量水平各类食物的参考摄入量。

表4-1 平衡膳食宝塔建议不同能量膳食的各类食物参考摄入量（克/日）

食　物	低能量（约1 800 kcal）	中等能量（约2 400 kcal）	高能量（约2 800 kcal）
谷类	300	400	500
蔬菜	400	450	500
水果	100	150	200
肉、禽	50	75	100
蛋类	25	40	50
鱼虾	50	50	50
豆类及豆制品	50	50	50
奶类及奶制品	100	100	100
油脂	25	25	25

注：1 kcal=4.186 8 kJ

从事轻微体力劳动的成年男子如办公室职员，可参照中等能量（2 400 kcal）膳食来安排自己的进食量；从事中等强度体力劳动者如钳工、卡车司机和一般农田劳动者可参照高能量（2 800 kcal）膳食进行安排；不参加劳动的老年人可参照低能量（1 800 kcal）膳食来安排。女性一般比男性的食量小，因为女性体重较轻，身体构成也与男性不同。女性需要的能量往往比从事同等劳动的男性低 200 kcal 或更多些。一般说来人们的进食量可自动调节，当一个人的食欲得到满足时，他对能量的需要也就会得到满足。

平衡膳食宝塔建议的各类食物摄入量是一个平均值和比例。每日膳食中应当包含宝塔中的各类食物，各类食物的比例也应基本与膳食宝塔一致。日常生活不需要每天都样样照着“宝塔”推荐量吃，重要的是一定要经常遵循宝塔各层各类食物的大体比例。

（2）同类互换，调配丰富多彩的膳食。

人们吃多种多样的食物不仅是为了获得均衡的营养，也是为了满足人们不同的口味。假如人们每天都吃同样的 50 g 肉、40 g 豆，难免久食生厌，那么合理营养也就无从谈起了。宝塔包含的每一类食物中都有许多的种类，虽然每种食物都与另一种不完全相同，但同一类中各种食物所含营养成分往往大体上近似，在膳食中可以互相替换。

应用平衡膳食宝塔应当把营养与美味结合起来，按照同类互换、多种多样的原则调配一日三餐。同类互换就是以粮换粮、以豆换豆、以肉换肉。例如大米可与面粉或杂粮互换，馒头可以和相应量的面条、烙饼、面包等互换；大豆可与相当量的豆制品或杂豆类互换；瘦猪肉可与等量的鸡、鸭、牛、羊、兔肉互换；鱼可与虾、蟹等水产品互换；牛奶可与羊奶、酸奶、奶粉或奶酪等互换。

多种多样就是选用品种、形态、颜色、口感多样的食物，变换烹调方法。例如每日吃 50 g 豆类及豆制品，掌握了同类互换多种多样的原则就可以变换出数十种吃法。

（3）要合理分配三餐食量。

我国多数地区居民习惯于一天吃三餐。三餐食物量的分配及间隔时间应与作息时间和劳动状况相匹配。一般早、晚餐各占 30%，午餐占 40% 为宜，特殊情况可适当调整。通常上午的工作学习都比较紧张，营养不足会影响学习工作效率，所以早餐应当是一顿正餐。早餐除主食外至少应包括奶、豆、蛋、肉中的一种并搭配适量蔬菜或水果。

（4）要因地制宜充分利用当地资源。

我国幅员辽阔，各地的饮食习惯及物产不尽相同，只有因地制宜充分利用当地资源才能有效地应用平衡膳食宝塔。例如牧区奶类资源丰富，可适当提高奶类摄取量；渔区可适当提高鱼及其他水产品摄取量;农村山区则可利用山羊奶以及花生、瓜子、核桃、榛子等资源。在某些情况下，由于地域、经济或物产所限无法采用同类互换时，也可以暂用豆类代替乳类、肉类;或用蛋类代替鱼、肉；不得已时也可用花生、瓜子、榛子、核桃等坚果代替肉、鱼、奶等动物性食物。

（5）要长期坚持，养成习惯。

膳食对健康的影响是长期作用的结果。应用平衡膳食宝塔需要自幼养成习惯，并坚持不懈，才能充分体现其对健康的重大促进作用。

不平衡膳食引发的问题

膳食不平衡会影响身体健康，严重时会导致疾病的发生。首先，营养不良可以导致各种急性营养缺乏病，如佝偻病、骨软化病、脚气病以及坏血病、甲状腺肿大等。食物单一、营养过剩可引起一系列营养过剩性障碍症，可导致肥胖、高血压、心脑血管病、糖尿病等。

4.1.2 营养素及相关疾病

构成人体的营养素有七大类，包括蛋白质、脂类、糖类、膳食纤维、矿物质、维生素和水。这些营养素在人体内可以发挥三方面的生理作用:其一是作为能源物质,供给人体所需要的能量(主要是蛋白质、糖类和脂类)；其二是作为人体“建筑”材料，供给人体所需要的能量，主要有蛋白质；其三是作为调节物质，调节人体的生理功能，主要有维生素、矿物质和膳食纤维等。这些营养素分布于各种食物之中，因此应当广泛摄入各种食物。当营养素缺乏时会产生相应的疾病。

1. 蛋白质

蛋白质是由氨基酸组成的具有一定构架的高分子化合物，是与生命、活动紧密联系在一起的物质。其功能主要有：构成组织和细胞的重要成分，其含量约占人体总固体量的 45%；用于更新和修补组织细胞，并参与物质代谢及生理功能的调控;提供能量。人体每天所需热能有 10% ～ 15% 来自蛋白质。

缺乏蛋白质，会导致人体组织损伤的细胞不能及时修复，体内抗体、补体、白血球均会降低，免疫力下降，结果就会出现各种症状，如厌食、乏力、疲惫、精力差、记忆力减退、低血压、高血压、肥胖、贫血、肠壁无力、便秘、胃下垂、子宫下垂、浮肿、发育不良、小儿智力差、易感染、易发生溃疡、肌体老化、肝硬化，极度缺乏蛋白质还会患冠心病等。

2. 脂类

脂类是脂肪及类脂的总称，是肌体的重要组成成分。脂肪是脂肪酸及甘油的化合物。富含脂肪的食物有动物油和植物油，其功能主要有：氧化提供能量；储存能量；参与某些激素前体的合成；促进脂溶性维生素的吸收。类脂主要有磷脂、糖脂、胆固醇及胆固醇酯等，其功能主要有：作为细胞膜结构的基本原料，并用于激素的合成。

缺乏脂类（脂肪），特别是缺乏不饱和脂肪酸，人体会消瘦，皮下脂肪减少甚至消失，皮肤干裂，弹性降低，体温外散，怕冷，脂溶性维生素不易吸收。特别是当EPA和DHA不足时，血液中低密度脂蛋白增高，易患高血脂、高胆固醇、高血压、动脉粥样硬化、冠心病、视力减退等症。

3. 糖类

糖类是由碳、氢、氧三种元素组成的物质，此类化合物的分子式中氢和氧的比例恰好是2∶1，看起来像是碳和水的化合，故又称碳水化合物。其功能主要有：提供能量（人体所需能量的70%左右由碳水化合物氧化分解供应）；组织细胞的重要组成成分；与蛋白质、脂类等形成活性成分。

缺乏碳水化合物，会导致低血糖、全身无力、心悸、冒虚汗、头晕、甚至跌倒，症状像心脏病，很多医生把低血糖误诊为心脏病。碳水化合物缺乏还可导致酸中毒，使大量脑细胞死亡。

4. 维生素

维生素又名维他命，是维持人体生命活动必需的一类有机物质，也是保持人体健康的重要活性物质。分为水溶性和脂溶性两大类。其功能主要有：是多种酶的活性成分，参与物质和能量代谢。

维生素缺乏病：缺乏维生素A易患夜盲症、角膜干燥症、皮肤干燥、脱屑；缺乏维生素B_1易患神经炎、脚气病、食欲不振、消化不良、生长迟缓；缺乏维生素B_2易患口腔溃疡、皮炎、口角炎、舌炎、唇裂症、角膜炎等；缺乏维生素B_{12}易患巨幼红细胞性贫血；缺乏维生素C易患坏血病，抵抗力下降；缺乏维生素D易患儿童佝偻病、成人骨质疏松症；缺乏维生素E易导致不育、流产、肌肉性萎缩等。

5. 水

水是一切生命所必需的物质，是饮食中的基本成分，在生命活动中有重要作用。其功能主要有：人体构造的主要成分；营养物质的溶剂和运输的载体；调节体温和润滑组织。

当肌体失水量为体重的2%左右时，下丘脑的口渴中枢受刺激，出现意识性摄取水需求，并出现尿少及尿钾丢失量增加现象。如果失水量达体重的4%左右，细胞内、外液水分的丢失量大致相等，会出现脱水综合征。当失水量为体重的6%～10%时，细胞内液水分丢失的比例增加，并表现出呼吸频率增加、血容量减少、恶心、厌食、容易激怒、肌肉抽搐等症状。

6. 膳食纤维

膳食纤维是由β糖苷键联结起来的多糖类。由于人体内缺乏水解β糖苷键的酶，因此在人体内不能被吸收,但却具有重要功能。其功能主要有:改善肠道功能;调节脂类代谢;调节糖类代谢;调节酸碱体质;帮助控制体重。缺乏膳食纤维，会导致便秘、痔疮、憩室炎、糖尿病、结肠癌等。

7. 矿物质

矿物质又称无机盐。人体需要的矿物质分两大类——常量元素和微量元素。其功能主要有：矿物质是构成肌体组织的重要材料；调节体液平衡；维持肌体酸碱平衡；作为酶系统的活化剂。人体内矿物质不足可能出现许多症状。

从上述主要营养素的例子看，缺乏任何一种都会导致相关的病症。但实际上，如果饮食适当，大概没有一种营养素会完全欠缺，不过，同时出现几种营养素部分不足的情形却是常见的。我们从国外营养专家的研究中发现，每几种营养素结合物如果供应不足，就可以引起各种疾病。因此，在日常饮食中，同学们一定要注意养成良好的饮食习惯，做到均衡营养。

4.1.3 体育锻炼对营养的要求

科学合理的营养是增强肌体质量、完善生理机能，提高健康水平的重要物质基础，也是提高工作效率的先决条件之一。营养膳食中必须含有肌体所需的一切营养素，而且含量适当，种类互补，全面满足身体的一般需求和特殊需求，此外，营养的合理性还要求食物是易消化吸收的，且不含对肌体有害的成分。

1. 营养对体育锻炼的影响

合理营养与体育锻炼是维持和促进健康的两个重要条件。体育锻炼时，体内会发生一系列的生理性变化，这些变化，使身体对各种营养物质的需求量大大增加。营养对锻炼效果有着很大的影响。体育锻炼造成的能量消耗，要在运动结束后通过合理的营养膳食得到补充。如果缺乏合理营养保证，消耗得不到补充，身体会处于一种“亏损”状态，经常出现这种现象，不但对健康不利，还会使锻炼者生理机能及运动能力下降，出现乏力疲劳甚至疾病状态。

2. 体育锻炼对营养和饮食的基本要求

食物的数量和质量应满足要求。食物的数量应满足体育运动能量消耗的需要，使锻炼者能保持适宜的体重和体脂。在质量方面，要保证营养全面，食物需要合适的配比。

食物应当营养平衡且多样化。食物应包括谷类食物（包括米、面和适量的粗杂粮和薯类)、蔬菜水果、奶和奶制品等、水产品、肉、禽、蛋、豆和豆制品等高蛋白食品和白糖等纯能量食品。能量不足或过多时，可用主食、油脂或甜食等进行调节。

三餐应符合体育运动的强度。体育锻炼者的早餐应有较高的能量，并含有丰富的蛋白质、无机盐和维生素等食物。午餐应适当加强，但要注意避免胃肠道负担过重。晚餐的能量一般不宜过多，以免影响睡眠。早、午、晚三餐的能量大致为30%、40%、30%。运动量较大、能量消耗增多时，可考虑加餐。

进餐与运动的间隔时间符合消化机能规律。运动量较大的体育运动前的一餐，一般应在3 h以前完成。如果时间间隔过近，运动会造成内脏缺血，既影响消化，又会影响运动。运动结束后，血液主要分布在肢体皮肤血管内，内脏此时处于一时缺血状态。因此，运动结束后，也不宜立即进食，至少需要休息 40 min 以上再进餐。

3. 不同锻炼项目的合理营养

体育锻炼活动中，因各个项目代谢特点不同而对营养有着不同的需求。

（1）跑步的营养需求特点。短跑是以力量素质为基础的无氧代谢供能为特点，工作时间短，强度大，要求有较好的爆发力。在膳食中要有丰富的动物性蛋白质，以增大肌肉体积，提高肌肉质量。另外，还要求在膳食中增加矿物质如钙、镁、铁及维生素 B_1 的含量，以改善骨肉收缩质量。

长跑虽运动强度较小但运动时间较长，体力消耗较大，要求膳食中有较全面的营养成分，以增加肌体能源物质的贮备。在丰富的维生素、矿物质成分中，突出铁、钙，磷、钠、维生素 C、维生素 B_1 和维生素 E 的含量，有利于提高有氧耐力。

（2）健美类项目的营养需求特点。武术、健美操、有氧操和体操等，动作复杂而多样，要求有较强的力量与速度以及良好的灵巧与协调性，对神经系统的要求较高。其营养需求特点是：高蛋白质、高热量、低脂肪，维生素、矿物质成分中，突出铁、钙、磷的含量及维生素 B_1、维生素 C 的含量。需引起注意的是，参加该类项目有时为比赛需控制体重，但不能过分控制饮食，以免造成营养不良，影响青少年生长发育。

（3）球类项目的营养需求特点。由于长时间对力量、速度、耐力、灵敏度、柔韧性等素质有较高的要求，食物中要含丰富的蛋白质、糖以及维生素 B_1、维生素 C、维生素 E、维生素 A。比如足球活动时间较长且在室外活动，矿物质、水分丢失较多，应及时进行补充。

（4）冰雪项目的营养需求特点。由于长时间在冰雪上活动，加之周围环境温度较低，肌体产热过程时间长以维持体温，所以蛋白质和脂肪消耗较多，膳食中必须给予相应补充。同时应增加糖类以提供能量，并增加维生素 B 和维生素 A 的摄入，以保护眼睛，适应冰雪场地的白色环境。

（5）游泳项目营养需求特点。游泳时肌体散热较多、较快，冬泳更是如此，要求练习者要有一定的力量和耐力。在膳食中要含有丰富的蛋白质、糖和适量脂肪；水温较低时出于抗寒冷需要，可增加脂肪摄入；维生素摄入以维生素 B_1、维生素 C、维生素 E 为主；矿物质中应增加碘的含量，以适应低温环境下甲状腺素分泌增多的需要。

4. 不同气候条件下锻炼的合理营养

冬季锻炼的营养需求。冬季气温较低，寒冷的环境使肌体代谢加快，散热量增加，所以膳食中应适当增加蛋白质及脂肪含量。同时，增加热能充足的食物和维生素 A、维生素 B_1、维生素 C、维生素 E。因冬季着装较多，户外活动少，接受日光直接照射的机会、时间较少，还应在膳食中补充维生素 D 和钙、磷、铁、碘的含量。

夏季锻炼的营养需求。夏季气候炎热，此时锻炼应多在通风处，如树荫下进行。此时肌体代谢变化大，大量出汗使能耗增加，并使钙、钠、钾及维生素大量消耗和丢失。所以，及时合理地补充水与电解质及维生素比补充蛋白质、糖、脂肪更加重要，同时必须注意散热，防止中暑。蛋白质的补充应较平日增多，而脂肪应减少，膳食搭配应清淡可口，以增加食欲，并多吃一些蔬菜与水果，以增加矿物质、维生质的摄入。

> **倡导健康文明的生活方式**
>
> 随着现代社会亚健康人群日益增多，人口老龄化加剧，国家人口与卫生科技发展战略要战略前移：即从疾病为主导向健康为主导转变，加强重预防的意识和观念。世界卫生组织研究报告指出，在影响人类健康长寿的因素中，现代医疗的影响只占8%，而生活方式的影响占60%。因此我们应该树立起科学的健康理念，倡导健康文明的生活方式。

> **运动的生活方式**
>
> 尽管未来社会为实现“人人健康”提供了完善的医疗保障措施，但为了解决普遍的健康危机，体育所起的作用无可替代。因为这种讲究适度锻炼、不拘任何形式、追求娱乐休闲、体现身心愉悦、力求省时简便的运动形式，可以把日常锻炼和一切事情结合起来，并贯穿在工作、学习、生活、娱乐和旅游活动中。

4.2 健康文明的生活方式与行为习惯

4.2.1 健康文明的生活方式

1. 生活方式的概念

生活方式是指在一定的物质基础上，在一定的价值观指导下，生活活动的总形式。影响生活方式的因素很多，如生产劳动方式、经济水平、生存环境、文化传统、个性习惯等。在生活方式的构成要素中，行为习惯是影响健康的重要因素，良好的行为习惯能促进健康，不良的行为习惯会降低健康水平。生活空间、生活节奏、消费需求等因素也极大地影响着人们的健康水平。在不健康的生活方式中，抽烟、酗酒、睡眠不足、居住空间狭小、生活节奏过快、营养失衡、生活无规律、缺乏体育锻炼等，是健康的主要杀手。

2. 健康文明生活方式的内容

健康文明的生活方式是获得健康、减少疾病的最简便易行、最经济有效的途径。健康文明的生活方式包括的内容很多，主要有以下五个方面：

（1）合理安排膳食。包括健康的饮食和良好的饮食习惯两方面。健康的饮食是指膳食中应该富有人体必需的营养素，同时还要避免或减少摄入不利于健康的成分。良好的饮食习惯包括按时进餐、坚持吃早餐、睡前不饱食、咀嚼充分、吃饭不分心、保持良好的进食心情和气氛等。

（2）坚持适当运动。生命需要运动，过少和过量运动都不利于健康。个人可根据自己的年龄、身体状况和环境选择适当的运动种类。运动形式并不重要，重要的是量力而行，循序渐进，持之以恒。

（3）改变不良行为。吸烟，过度饮酒、吸毒、生活无规律等均是严重危害健康的行为，与多种疾病有直接关系。吸烟与高血压、慢性支气管炎、冠心病、癌症的发病率呈正相关；大量饮酒会损害人体的肝脏、肾脏、神经和心血管系统。毒品（海洛因、大麻、冰毒、摇头丸等）麻醉人的神经，对健康危害极大。无规律的生活习惯会扰乱人体的生命节律，降低人体的免疫力，使疾病发生率增高，对健康极为不利。

（4）保持平和心态。在学习、工作和生活中要注意让自己的思想跟上客观环境的变化，不断变换角色，调整心态。在社会关系中能够正确看待自己、正确看待他人、正确看待社会，保持良好的人际关系，适应社会。要树立适当的追求目标，适当控制自己的欲望。这样就会知足常乐。

（5）自觉保护环境。人类生存的环境对人的健康十分重要，每个人都要遵守保护环境的法律法规，遵守社会公德，在日常生活中注意自觉养成保护环境的良好习惯，如节约资源（水、电、煤、煤气和天然气、纸张、汽油、木料等）；不污染环境（不随地吐痰、不乱扔垃圾、分类回收垃圾、减少汽车尾气排放、慎用洗涤剂等）；为保护环境贡献力量（植树造林、保护绿地、保护野生动物等）。

4.2.2 远离不良行为习惯

大学生活与中学生活相比，时间相对宽松，更强调自我管理。这就给一些同学提供了形成不良习惯的机会，如晚上熬夜、早上不出操、泡网吧、吸烟、酗酒等。这些对大学生的身心健康极为不利。为了使自己健康成长应远离这些不良行为和习惯。

（1）不吃早餐去上课。试想，从前一天晚餐到第二天中餐，空腹时间长达十七八个小时，具有强腐蚀性的胃液势必消化自身黏膜，形成胃炎、胃十二指肠溃疡等疾病；若赶上上午有体育课，则可能出现低血糖休克等意外情况。

（2）与烟为伴。吸烟有害健康，是慢性自杀，这是人所共知的，但不少同学仍然与烟为伴。大量研究证明：吸烟与肺癌、心脑血管疾病、动脉硬化、恶性肿瘤等多种疾病的发病率有直接关系。

（3）经常熬夜。有些同学经常熬夜或通宵上网，这会对健康构成直接影响。研究表明，长期睡眠不足必定会对心脑血管、免疫系统和内分泌系统造成慢性伤害，最终会侵蚀人的肌体、损害人的健康。

（4）没完没了吃零食。偶尔吃点零食不要紧，但有些同学吃零食成了习惯，有些人还特别喜欢吃甜食。“零食”大多都有“咸、甜、油、香”的特点，少食无害，多食无益，那种没完没了、毫无节制的吃“零食”的习惯，是营养过剩、多余脂肪和“赘肉”的源泉，同时又是糖尿病、高血压、高血脂的“添加剂”和“推进剂”。

（5）喝酒无节制。饮酒过多造成的直接影响是：情况绪失控、精神失常、行为失态或发生急性胃炎、急性前列腺炎、急性胰腺炎，甚至“猝死”。受影响的有：肝、心、脑、肾等重要器官。这使脂肪肝、高血压、高血糖、高血脂、免疫功能以及癌症等疾病风险增加，心脑血管发病概率也会随之增高。

不健康的生活方式会引起体重的变化，想知道自己的体重是否标准吗？用身体质量指数测测看吧。

> **生活方式影响健康**
>
> 无论怎样强健的体格，如果每天都是从紧张到松弛，从松弛到紧张，而且随着饮食、散步、注意力、读书、气候等情况的变化而变化，那么，你的情绪就会通过它（肉体及其作用）而起伏不定，如同波涛上的小舟。

4.3 体育锻炼的医务监督

在体育锻炼过程中，人体会产生各种感觉和一些明显的生理反应。经常进行体育锻炼者必须了解这种感觉和反应与健康的关系，并学会用简单易行的生理指标测定和分析自己的健康状况，结合检查运动后有关生理功能变化的情况，来合理安排体育锻炼的内容和运动负荷，以达到通过体育锻炼增强体质、增进健康、预防运动性疾病和提高运动技术水平的目的。

4.3.1 自我监督

1. 主观感觉

（1）精神状态。指反映整个肌体的机能状况。经常锻炼者总是精力充沛、心情愉快、反应敏捷。但在患病时或过度疲劳时，会出现精神萎靡、虚弱、倦怠和易激动等症状。

（2）运动心情。是指参加体育锻炼（或运动比赛）时的心理状态。经常参加体育锻炼者，一般对体育活动感兴趣，一到运动场就积极参加体育活动。如果突然产生对体育活动不感兴趣、冷淡厌倦、情绪不稳定等感觉，则可能是学习过程中劳逸结合不当，或者是因运动量过大而产生了过度疲劳。这时就应进行自我分析并找出原因。

（3）不良感觉。运动后出现肌肉酸痛，四肢无力，这是正常的。如有心悸、头昏、头痛、气喘、恶心甚至呕吐等现象，说明运动负荷过大或健康状况不良，应及时找出原因并及时处理。

（4）睡眠。如果运动量适中，夜间睡眠时入睡快，睡得熟且少梦。通过一夜的睡眠可消除疲劳，早晨起床后，精力充沛。反之，如果运动量过大而不能适应时，则往往产生失眠、多梦或嗜睡、早晨精神不佳等现象，遇此情况必须调整锻炼时的运动负荷。

（5）食欲。锻炼时的能量消耗是随着负荷量而增加的。锻炼后食欲良好，有饥饿感、想进食，说明运动负荷适宜。但如果运动量过大就会出现过度疲劳、食欲减退。

（6）排汗量。运动时排汗量受多种因素影响，如运动负荷、训练水平、气温、空气、湿度，以及神经系统的机能状态等。如果其他因素相同，一般来讲，不锻炼者比经常锻炼者出汗多，而且在锻炼过程中排汗量随着体质的增强而逐渐减少。如果一个人在运动时出汗量重新增多，可能是过度运动的征象。

（7）其他情况：锻炼后，往往由于疲劳，男学生可能出现遗精，女学生可能在一段时间内出现月经失调、痛经等现象，遇有此现象，应就医诊治。

2. 客观检查

（1）脉搏。脉搏是反映人体健康和机能水平的较灵敏的指标，但易受各种因素的影响而发生变化。经常参加体育锻炼的人在测定脉率中可能会有以下几种情况：

基础脉搏（晨脉）：基础脉搏是指清晨、清醒、静卧、空腹、室温时的脉搏。基础脉搏受年龄、性别、机能状况、训练水平、身体姿势、体温等影响。早晨脉率增加，如每分钟增加 12 次以上，说明肌体反应不良，可能由于睡眠不好或生病等情况引起，需找出原因及时处理。晨脉经常保持较快的水平，则可能出现过度训练。

运动量评定：大运动量后，休息 5 ～ 10 min，脉搏恢复较运动前快 6 ～ 9 次 /10 s；中运动量后，休息 5 ～ 10 min，脉搏恢复较运动前快 2 ～ 5 次 /10 s；小运动量后，休息 5 ～ 10 min，脉搏恢复到运动前水平。

运动强度评定：一般人在运动中脉搏达到 85% 最大心率或以上时，可表示为大强度；在 70% ～ 85% 最大心率时，表示为中大强度；在 60% ～ 70% 最大心率时，表示为中等强度；在 60% 最大心率以下时，表示为小强度。

（2）体重。开始系统锻炼的第一个月，体重会有所下降，随后体重上升或保持不变。除非有减体重目的，如体重出现“进行性下降”表示身体状况异常。

（3）运动成绩。坚持科学的体育锻炼，锻炼者的动作会变得协调，运动成绩也会逐步提高并保持较高的水平。如果有人虽坚持锻炼，但运动成绩反而下降了，动作协调性也下降，熟练的动作甚至也做不出来，这可能是过度训练引起的。

（4）女学生的保健。女学生在自我保健中应坚持填写月经卡，以了解锻炼对行经周期的影响。

表 4-2 列出了客观检查的自我监督表。

表4-2　自我监督表

<table>
<tr><td colspan="2">姓 名</td><td colspan="3">填写日期</td></tr>
<tr><td rowspan="5">主观感觉</td><td>一般感觉</td><td>良好 一般 不好</td><td rowspan="5">客观检查</td><td>脉搏</td></tr>
<tr><td>运动心情</td><td>想练 一般 不想</td><td>体重</td></tr>
<tr><td>睡眠</td><td>良好 一般 不好</td><td>血压</td></tr>
<tr><td>食欲</td><td>良好 一般 不好</td><td rowspan="2">成绩及伤病</td></tr>
<tr><td>排汗量</td><td>较多 一般 较少</td></tr>
</table>

4.3.2 锻炼疲劳的判断和消除

1. 何谓疲劳

疲劳是指由于活动使工作能力及身体机能暂时性降低的现象。一般来说，这是一时性的，经过适当休息就可逐渐恢复。它的出现告诉人们肌体所承受的负荷已达到了相当大的程度。如果在主观上和客观上都有明显的疲劳感时仍继续给予肌体负荷，就会引起过度疲劳，导致肌体的病理性损害。因此，疲劳是一种生理现象，归纳起来，有以下特征：由体力或脑力活动引起；全身或局部器官、细胞产生暂时性机能降低；这种机能降低现象是可逆的，经过休息可以消除；有时可能伴有主观上的疲劳感。

疲劳的分类：

（1）肌肉疲劳。肌力下降，肌肉收缩速度减慢，严重时肌肉出现僵硬、肿胀、疼痛，这可能肌肉纤维损伤，代谢产物积累所致。

（2）神经疲劳。大脑皮层功能下降，反应迟钝，判断失误，注意力不集中，动作不协调。

（3）内脏疲劳。呼吸肌疲劳使呼吸表浅，节律紊乱，气体交换能力下降，心率加快，脉搏细速。

（4）心理疲劳。情绪不稳定，易怒或消沉，记忆力下降。

2. 怎样判断疲劳

（1）自我主观感觉。主观感觉是根据自我表现评定身体疲劳的重要依据，锻炼后虽然机能下降，但自我感觉身体轻松、舒畅，食欲和睡眠良好，特别是运动后往往有继续运动的愿望，这是适度运动的表现。如果运动后，感到头晕、恶心、胸闷，肌肉僵硬、酸胀，食欲不振，睡眠不好，特别是厌恶运动，则表示身体疲劳程度较深，超过肌体的承受能量，应及时减少运动量，或暂时停止运动，待症状消失后，再进行运动。

（2）一般观察法。运动者可根据疲劳自觉症状测定表（见表 4-3）确定疲劳程度。一般来说体力活动后，A 项内容较多，脑力活动后 B、C 项较多。可以根据体力或脑力疲劳的不同特点，参考表中指标，总数越多，疲劳程度越深。

表4-3　疲劳自觉症状测定表

A. 症状		B. 精神症状		C. 神经感觉症状	
1	头痛	1	头昏眼花	1	眼睛疲劳，眼无神
2	头晕	2	思想不集中，厌于思考问题	2	眼发涩、发干
3	全身懒倦	3	不爱动，不爱说话	3	动作不灵活，动作错误多
4	身体局部无力	4	针扎似的痛	4	脚发软，步态不稳
5	肩发酸	5	困倦	5	味觉改变，嗅觉厌腻
6	气短	6	精神涣散	6	眩晕
7	腿无力	7	对事情不积极	7	眼皮或肌肉跳动
8	口干	8	记忆力减退	8	听觉迟钝，耳鸣
9	打哈欠	9	做事没信心，出错多	9	手脚发颤
10	出冷汗	10	对事情放心不下，事事操心	10	不能安静下来

3. 常用消除疲劳手段

（1）充足的睡眠。每天应保持有 8 h 的睡眠，大运动量运动或比赛期，睡眠时间应适当延长。

（2）温水浴和局部热敷。温水浴可促进全身血液循环和新陈代谢，加速代谢产物排除，有利营养物质的运输。水温一般在（40±2）℃，每次 10 ～ 15 min，勿超过 20 min，温水浴一天不要超过 2 次。局部热敷加快局部血液循环，对神经末梢有安抚作用，热敷温度 47 ～ 48 ℃，一般持续 5 ～ 10 min ，运动前热敷可推迟疲劳出现，如持续比赛，则赛后温水浴时间和热敷时间应比平时短些。

（3）按摩。按摩是消除疲劳的重要手段，有加快血液循环，提高内啡肽效应，缓解肌肉僵硬。

（4）积极性休息。积极性休息可采用疗养、旅游、欣赏文艺、音乐等方法，对因紧张比赛或大运动量练习后的精神疲劳有很好的缓解作用。

（5）合理营养。大量的热能消耗，糖和蛋白质等能源物质消耗是疲劳产生的主要原因，赛后或大运动量练习后，应加强糖的补充，还有维生素 C、维生素 B 和维生素 P 等物质。

（6）合理安排运动量。运动训练的目的就是超量恢复，如果运动量和训练节奏安排不合理，就会导致疲劳的积累，出现过度疲劳。

4.3.3　运动损伤的预防和处理

1. 运动损伤的预防

（1）克服麻痹思想，培养安全意识。树立“宁失一分，勿伤一人”的优良作风。同学之间要团结友爱、互相帮助、互相保护，遵守锻炼纪律和比赛规则，服从裁判。

（2）做好充分的准备活动。准备活动的内容和量的安排，要根据学生的特点、气候条件和教学训练内容而定。一般认为兴奋性较低者，运动持续时间短或天气寒冷时，准备活动量可大些。相反，则准备活动量小些。特别要加强在运动中负担较大的部位或易伤部位的准备活动，绝不能马虎敷衍。准备活动要循序渐进，准备活动结束与正式活动开始的间隔时间以 1 ～ 4 min 为宜。

（3）培养稳定的心理状态。要以愉快、轻松、平和的心理状态去进行体育锻炼；锻炼时要注意力集中、思想不要开小差。

（4）加强自我监督，安排适宜的运动负荷。运动应遵守科学锻炼原则，不能急于求成，技术难度和运动负荷都要适合自己的健康、体能基础，盲目加大运动负荷或局部负担过大都对身体不利。身体疲劳时要休息，避免在身体机能不良时进行剧烈的体育活动。

（5）加强保护与帮助。在进行器械练习或做一些难度较大的动作时，应该有熟悉保护方法的人在场保护与帮助，还要掌握自我保护方法。如摔倒时，要立即以肩背着地顺势团身翻滚，切不可直臂撑地；从高处跳下，要用前脚掌着地，两腿屈膝缓冲。

（6）检查场地设备，穿适宜的服装。锻炼前，要注意场地器材卫生，清除砖头、小石子或玻璃碎片，不要在固定不牢的器械上练习；锻炼时，身上不能佩带尖利物件，服装质地要柔软、通气、吸水性好，鞋子大小合适，不穿塑料鞋或皮鞋进行锻炼，尽可能穿运动服和运动鞋；锻炼后，汗湿的衣服要及时换掉。

（7）加强医务监督。做好自我监督，根据自身状况，调节训练内容和运动负荷。禁止带病、带伤训练和比赛，注意病愈或伤后训练安排。

2. 常见损伤的处理

（1）擦伤。擦伤指皮肤受到外力摩擦，皮肤表面有组织液渗出和出血点。对创口浅、面积小的擦伤，可用生理盐水（条件不允许时可采用冷开水或自来水）清洗创口，创口周围用75%酒精药棉螺旋擦拭消毒后，创口表面涂抹红药水或紫药水，一日三到四次。关节部位擦伤后不宜使用紫药水，以免影响活动。一般用消炎软膏涂抹，并用无菌敷料覆盖包扎。对于创口较深、面积大的擦伤，要用生理盐水或清水冲洗干净，以免留有异物，创口表面用双氧水、创口周围用75%酒精消毒，然后用凡士林纱布覆盖，或撒上消炎粉后用无菌敷料覆盖并包扎，若创口较深污染严重时，应注射破伤风抗毒血清，并以抗生素治疗。

（2）急性闭合性软组织损伤的处理。运动中急性闭合性软组织损伤常指挫伤、肌肉拉伤、关节扭伤等。根据病情发展过程，此类损伤可分为早期、中期和后期，应分别给予不同处理。

- 早期：伤后4～24 h内，损伤局部出现红、肿、热、痛及功能障碍等。其处理原则主要是制动、止血、防肿、镇痛及减轻炎症，伤后立即采用休息、冷敷、绷带加压包扎、抬高伤肢等方法进行处理。具体方法是受伤后尽早进行冷敷，轻伤一般15～30 min，严重者1 h左右，冷敷结束后用绷带加压包扎并抬高伤肢休息，以后每隔4～6 h，再冷敷20 min左右。24 h后打开绷带，观察伤处查看情况，重新评价，以便进一步处理。如急性症状没有缓解或进一步消除，可外敷新伤药，或内服非甾体化合物（如水杨酸，芬必得），以缓解炎症和止痛；或口服三七片、云南白药、跌打丸。
- 中期。损伤48 h后到急性炎症逐渐消退，但伤处仍有淤血和肿胀。处理原则主要是改善伤处血液循环和淋巴循环，促进肿胀吸收，防止粘连形成。可采用热敷、按摩、针灸、封闭、外敷或药洗等疗法，并尽早开始适度活动，促进功能的尽快康复。
- 后期。肿胀、压痛已基本消失，损伤基本修复，但功能障碍仍然存在，运动时感到酸胀无力，个别出现伤处僵硬。处理原则主要是恢复和加强肌肉、关节功能。治疗方法以按摩、理疗、支持带保护下的功能锻炼为主，并适当配以中草药熏洗。

4.3.4 一些运动疾病的处理

1. 运动性腹痛

（1）症状和特点。发生部位多在上腹部，呈钝痛、胀痛，有的还出现在左上腹部或下腹部疼痛，多数安静时不痛，运动时痛。疼痛程度与负荷量大小和运动强度成正比，一般运动量小或慢速度运动时疼痛不明显；随着负荷量加大，运动速度加快和强度的增加，疼痛逐渐加剧。一般有以下几种情况：第一，胃肠道痉挛引起的腹痛，轻者胃钝痛、胀痛，重者绞痛。胃过饱或过空，可引起胃痉挛，疼痛部位在上腹部。运动前吃产气或不易消化食物，受凉引起肠疼痛，疼痛部位在脐部。第二，肝脾淤血所致的腹痛多为胀痛或牵扯痛，准备活动不充分或运动强度增加过快，使下腔静脉血回流受阻，致使肝脾发生肿胀，被膜张力增加，牵扯被膜神经产生疼痛，肝痛在右上腹部，脾痛在左上腹部。第三，呼吸肌痉挛引起的腹痛，多在左右肋部和下胸部。第四，腹部器官慢性疾病较常见的有慢性肝炎，认为与肝被膜受炎症刺激有关，胆道疾病，肠炎，阑尾炎等也可引起腹部疼痛。

（2）预防和治疗。出现运动性腹痛时，应减慢运动速度，降低运动强度，并做深呼吸，调整呼吸节奏，用手按住疼痛部位，或弯腰慢跑一段距离，胃肠道痉挛引起的腹痛可饮些热水缓解疼痛。如症状无改善，就应停止运动，点按足三里、内关、大肠俞等穴位。如无效，应请医生处理。

此外，还应注意加强身体的全面锻炼，提高身体机能水平；遵守训练的科学原则，运动前充分准备活动，注意呼吸节奏；运动前不要吃得过饱，不要吃平时不习惯的食物，不宜空腹剧烈运动；如果经常发生腹痛要请医生检查。

2. 肌肉痉挛

肌肉痉挛（抽筋）是指肌肉发生不自主的强直收缩。常发部位是小腿腓肠肌、屈趾和屈拇肌。

（1）病因与症状。寒冷刺激使肌肉兴奋性增强，运动时大量出汗使体内电解质大量丢失，肌肉舒缩失调或肌肉微细损失是造成肌肉痉挛的主要原因。痉挛的肌肉僵硬、疼痛难忍，局部不能活动。

（2）预防和处理。预防的措施一般有：加强锻炼，提高肌体的适应能力；剧烈运动前做好准备活动；游泳前用水刺激头、颈、背等部位，做好冷适应；夏季运动时及时补充水、电解质和维生素；疲劳或饥饿时，不宜进行剧烈运动，特别是游泳。处理：缓慢牵伸痉挛肌肉，并配以局部按摩，如重压痛点，揉捏等。

3. 低血糖症

正常人在早晨空腹时血糖浓度一般在 80 ～ 120 mg/100 mL 之间，当血糖低于 55 mg/100 mL 时，就会出现一系列症状称为低血糖症。

（1）发生原因与临床表现。运动中发生低血糖症，主要是由于长时间的剧烈运动使体内消耗大量血糖；其次是运动时饥饿，体内糖原储备不足，又没有及时补充糖类物质。

这是学生体育课中发生低血糖的主要原因。此外，赛前精神过于紧张、赛后强烈的失望情绪或患病等，都有可能导致低血糖症。

当出现低血糖症时，轻者有强烈的饥饿感、疲乏无力、心慌、头晕、皮肤苍白及出冷汗等。重者神志模糊、语言不清或精神错乱、手足颤抖、步态不稳，最后甚至昏倒。检查时脉搏浅快，呼吸急促，瞳孔扩大。

（2）预防与处理。发生低血糖症时，首先让患者平卧、保暖，神志清醒者可供给糖水或进食少量流质物质，一般短时间后症状消失。昏迷者可指掐人中、合谷等穴。此外，还可进行下肢按摩，以促进血液循环，加速乳酸转变为糖原。

平时缺乏锻炼、患病未愈及饥饿者，不要参加长时间的剧烈运动；进行长时间的耐力运动前和运动中要适量补充糖饮料。

【思考题】

1. 简述我们中国人的营养膳食特点。
2. 不良营养会引发哪些疾病？
3. 什么是健康的生活方式？我们应如何摒弃不良的行为习惯？
4. 健身锻炼中应如何进行医务监督？

第二部分
为健康而运动

通过本部分的学习，可使同学们掌握常见的各类体育运动，如足球、篮球、排球、田径运动、体操运动、中华武术与防卫运动、健美操、体育舞蹈、有氧操、简易健身运动、乒乓球、羽毛球、网球、游泳、瑜伽等。

足球运动的起源

足球运动起源于中国，古代称为“蹴鞠”。研究表明：足球在中国发源后，经波斯、埃及、意大利后辗转传入英国，后经英国不断地改进和规范才形成现代足球运动。

1863年12月26日，由伦敦11个最主要的俱乐部和学校举行会议创立了英格兰足球协会，与此同时也产生了世界上第一个统一的足球规则，共有14条。这一天被世界公认为现代足球的诞生日。

第5章 足球、篮球、排球

通过本章的学习，你将能够：

1. 运用三大球类的基本知识和技能，进行有效地自我健身锻炼。
2. 有效发展力量、速度、耐力、灵敏与柔韧等五大身体素质。
3. 有效培养团结、协作、拼搏、进取的良好品质和爱国主义精神。
4. 有效改善思维方式和提高心理承受能力。
5. 成为欣赏竞技比赛的内行。

5.1 世界第一运动——足球

足球运动充满了悬念与智慧，拼抢中闪烁着健与力的火花，拼杀中凝聚着团队的力量。它会让人承受悲愤与痛苦，也会让人分享鲜花和掌声。它使灵魂在冲突与较量中得到净化，也使内心在胜利与失败中得到升华。

足球有着悠久的历史，被称为“旋转的地球”和“世界第一运动”。无论是中国还是外国，足球都有着许多极具文化内涵的记载和传说。足球运动延续至今，魅力有增无减的根本原因在于它最早起源于游戏，之后演变成一种竞技，并在不断地完善技艺和规则的过程中，通过起伏跌宕、变幻莫测的比赛，展现出人们心中想说，但未能说出的感受，体现了人类对实现某种理想的期待。

5.1.1 运动特点和锻炼价值

1. 运动特点

（1）整体性。足球比赛每队由 11 人上场参赛。场上的 11 人思想要统一，行动要互相配合，攻则全动，守则全防，整体参战的意识要强。只有形成整体的攻守，才能取得比赛的主动权及良好的比赛结果。

（2）对抗性。足球运动是一项竞争激烈的对抗性项目，比赛中双方为争夺控制权，达到将球攻进对方球门，而又不让球进入本方球门的目的，展开短兵相接的争斗，尤其是在两个罚球区附近时间、空间的争夺更是异常激烈，扣人心弦。

（3）多变性。足球运动是一项技术上多彩多姿、战术上变幻莫测、胜负结局难以预测的非周期性运动项目，比赛中运用技、战术时要受对方直接的干扰、限制和抵抗。技、战术要依临场中具体情况而灵活机动地加以运用和发挥。

（4）易行性。足球的竞赛规则比较简练，对器材设备的要求也不高。一般性足球比赛的时间、参赛人数、场地和器材也不受严格限制，因而足球运动是全民健身中一项易于开展的群众性的体育运动。

2. 锻炼价值

（1）促进生理和身体素质发展。开展足球运动，可以增强人们的体质和增进健康，提高运动的力量、速度及灵敏度，提高弹跳、耐力、柔韧性等素质。特别是对增强心血管系统、呼吸和消化系统等人体器官的功能非常有益，能使人体的高级神经活动得到改善。据测定，一名优秀足球运动员的肺活量比正常人要多 2 000 ～ 3 500 mL；安静时的心率要比正常人低 15 ～ 22 次 /min。

（2）促进心理和认知水平发展。经常参加足球运动，可以培养人们勇敢顽强、机智果断、勇于克服困难的优秀品质，可以培养人们敢于斗争、敢于胜利的战斗作风，以及发扬团结协作、密切配合的集体主义精神。观赏高水平的足球赛事，能给人们带来斗志和快乐。拼劲实足、力量型的北欧及英格兰足球和以巴西桑巴舞足球为代表的艺术足球，会使足球场上充满生气、惊险，使人从中品味到无穷的哲理。这为形成良好的性格、品质、心态，营造健康的氛围都有积极的影响。

（3）促进感知和思维能力发展。足球运动要求参与者在瞬间对球的旋转、弹性、飞行弧线、落点以及身体各部位的控制能力、双方队员在场上的位置、攻守态势等做出准确地感知和判断，并能在比赛中有效地利用。为了在比赛中迅速准确地观察、判断瞬息万变的情况，及时调整战术意图，参与者必须具备良好的身体素质和技术，并有较强的思维能力。只有这样才能适应足球比赛的攻防节奏，应对变幻莫测的赛场变化，并在不违背和不破坏总体作战方案的前提下，独立思考，灵活机动，临场发挥。

5.1.2 足球基本技术

足球技术分为踢球、接球、运球、顶球、抢截球、掷界外球技术等。建议同学们从踢球、接球和运球入手开始学习。

足球运动中应摒弃的不良行为

由于足球是有身体接触的运动项目，合理冲撞是允许的。但是，若目的不纯，故意利用这一点来攻击对方球员，则会形成比赛场上的对立情绪，这也是形成足球流氓和球迷闹事的原因之一。因此，必须明确踢球的目的是交流感情、净化心灵、升华思想和强健体魄，绝不是撒气斗狠，那些不良的行为必须摒弃，才能真正发挥足球运动的价值。

足球运动对性格的影响

足球是一项有明显身体接触的运动，在活动中主要是用脚来处理球，因此，比赛过程中，若运动员的品性不高，很容易出现攻击性行为，即A型负面性格。这种性格对于人的发展会起到阻碍作用。其实，足球对人的影响是非常有益的，如经常参加足球运动，可以形成A型正面性格，如豪爽、奔放、勇敢、顽强等。但是若把握得不好，则会由于足球运动本身的缺陷导致不良性格的形成。因此，同学们必须高度重视，要遏制负面影响，而形成对自己未来发展有促进作用的正面性格。

1. 踢球技术（见表5-1）

踢球指运动员有目的地用脚把球击向预定目标的技术。踢球是足球技术中最重要的技术之一。它由助跑、支撑脚站位、摆动腿摆动、击球部位和击球后的随摆动作五个环节组成，它主要用于传球和射门。

表5-1 踢球技术

动作	图 示	技术要领与用途	注意事项	学练法
脚内侧踢球		踢定位球时，直线助跑，支撑脚踏在球侧15～25 cm处，膝微屈，脚尖指向出球方向。踢球腿以髋关节为轴由后向前摆动，摆动至大腿与地面约垂直时，小腿加速前摆，膝踝外展，脚掌与地面平行，踝关节紧张，脚型固定，击球的后中部	1. 直线助跑 2. 以脚内侧部位对准球 3. 小腿加速前摆 4. 击球的后中部	1. 模仿教师的动作做向前跨一步的踢球模仿练习 2. 一人脚底踩球，另一人做向前跨一步踢球练习和慢速助跑踢球练习 3. 两人相距15 m，中间放两个间隔1 m宽的标志物，试着传球并从中间通过，成功一次得1分，先得10分者获胜
脚背正面踢球		踢定位球时，直线助跑，支撑脚踏在球侧15～25 cm处，脚尖指向出球方向，膝微屈，眼睛注视球。在支撑脚前跨的同时，踢球腿大腿顺势后摆，小腿后屈。前摆时，大腿以髋关节为轴带动小腿前摆，当膝关节摆近球体上方时，小腿加速前摆，脚背绷直，脚趾扣紧，以脚背正面击球的后中部	1. 直线助跑 2. 以脚内侧部位对准球 3. 大腿以髋关节为轴带动小腿前摆 4. 击球的后中部	1. 双手将球抛起，等球落至脚背上方，用脚背将球向上踢起，用手抓住，反复练习 2. 两人一球，一人将球抛起用脚背将球踢给对方，对方接球后用同样的方法将球踢回
脚背内侧踢球		踢定位球时，斜线助跑，助跑方向与出球方向约成45°，支撑脚踏在球侧后方约25 cm处，膝微屈，脚尖指向出球方向，重心稍倾向支撑脚一侧。在支撑脚踏地的同时，踢球腿以髋关节为轴，大腿带动小腿由外向前内侧呈弧线摆动，脚踝关节稍外旋，当膝关节摆至接近球的内侧上方时，小腿加速前摆。击球时，膝盖向前顶送，脚面绷直，脚趾扣紧，脚尖指向斜下方，以脚背内侧击球的后中下部，击球后踢球腿顺势前摆	1. 斜线助跑，大腿带动小腿由后向前摆动 2. 脚面绷直，脚趾扣紧，用脚背内侧击球后中部	1. 对墙踢球。开始时距离为5～10 m，踢球力量小些，然后逐渐增加距离，加大踢球力量 2. 进行踢远或踢球比赛

脚内侧踢球

脚背正面踢球

脚背内侧踢球

2. 接球技术（见表5-2）

接球是指运动员有目的地用身体的合理部位把运行中的球停挡在所需要的控制范围内。在比赛中接球不是最终目的，而是为传球、运球、过人和射门做准备。常用的接球方式有脚内侧接球、脚底接球、胸部接球、脚背外侧接球、脚背正面接球、腹部接球和大腿接球等。

表5-2 接球技术

动作	图示	技术要领与用途	注意事项	学练法
脚内侧接球		接地滚球时，支撑脚正对来球方向，膝关节微屈，接球腿屈膝外展并前迎，脚尖稍翘起，当脚与球接触前的一刹那开始后撤，在后撤过程中用脚内侧接触球，缓冲来球力量，把球控制在衔接下一动作所需要的位置上	1. 注意前迎 2. 脚尖微翘，脚底与地面平行 3. 身体稍微后撤，然后将球接在脚下	1. 自抛自接。向空中抛球，待球下落时，用合理的接球方法停球到第一落点 2. 两人一组，互抛互接 3. 两人一组，相距20 m，有目的地将球传至同伴体侧、体前、胸部，练习各种接球技术
		接反弹球时，支撑脚踏在球的落点的侧前方，膝关节弯曲，上体稍向前倾并向停球方向微转，同时接球腿提起，踝关节放松，用脚内侧对准来球的反弹路线，当球落地反弹刚离地面时，用脚内侧压球的中上部	1. 身体随球向前移动 2. 球落地反弹瞬间，应轻推球的中上部 3. 准确判断来球，及时移动到位	
		接空中球时，根据来球的高度，将接球脚抬起前迎，脚内侧对准来球路线，在脚与球接触前的刹那迅速后撤。缓冲来球力量，把球控制在所需要的位置上	1. 准确判断来球的力量与飞行路线，及时移动到位 2. 抬起击球腿，使脚内侧对准来球 3. 接住球后，应将球控制在离身体不远的位置	
挺胸式接球		一般用于接高于胸部的下落球。身体正对来球，两脚前后（或左右）开立，重心落在两脚之间，两臂自然张开，上体稍后仰，收下颌。当球与胸部接触前的刹那，脚跟提起，向上挺胸，胸触球中下部，使球弹起，然后落于体前	1. 面对来球，两膝微屈，上体后仰 2. 下颌微收，两臂自然张开 3. 膝关节伸直，胸部托球，使球微微弹起	
缩胸接球		一般用来接胸部高度的水平来球。身体正对来球，两脚前后（或左右）开立，两臂自然张开，挺胸迎球，当球与胸部接触的刹那迅速收胸、收腹，用胸部触压球的中上部以缓冲来球力量，把球停在身前	1. 面对来球两脚开立，两臂张开，挺胸迎球 2. 触球瞬间，收腹 3. 臀部后移，将球接在体前	

脚内侧接地滚球

脚内侧接反弹球

脚内侧接空中球

挺胸式接球

缩胸式接球

3. 运球技术（见表5-3）

运球技术从狭义上讲，是用身体的某一部分触球，使球能随运球者一起运动；从广义上讲，还要越过对方的防守，也就是说如何使用运球方法达到越过对方防守的目的。常用的运球方法有脚内侧、脚背正面、脚背内侧、脚背外侧运球等。

脚背外侧运球

脚背正面运球

脚背内侧运球

脚内侧运球

表5-3 运球技术

动作	图示	技术要领与用途	注意事项	学练法
脚背外侧运球		直线运球时，自然跑动，步幅偏小，上体稍前倾，两臂协调摆动。运球脚屈膝稍提起，脚趾稍内转指向斜下方，脚背外侧正对球并柔和用力推拨球的后中部，重心随球跟进。变向运球时，应根据变向角度的大小，调整支撑脚的位置、触球部位及运球脚用力方向，以保证蹬摆用力与推拨球动作协调一致	1. 步幅不宜过大 2. 脚背绷紧，脚尖稍内转 3. 用脚背外侧拨、推球前进	1. 在走或慢跑中练习运球，分别用脚背正面、内侧、外侧运球 2. 运球过杆练习：用几根竹杆，间距2 m，运球依次过杆，要求由慢到快 3. 绕“8”字运球：距练习者8 m和10 m处，分别画两个圆圈，按顺时针和逆时针方向运球绕过两个圈 4. 两人一组，在消极或积极的防守下，做一对一的运球过人练习
脚背正面、脚背内侧与脚内侧运球		脚背正面运球、脚背内侧运球与脚内侧运球动作和脚背外侧运球动作基本相似，只是脚触球部位有所不同。在实践中，往往要根据对手或场上情况随时变换各种运球技术	1. 屈膝前提，脚背拨球 2. 脚尖稍外转，用脚背内侧拨、推球前进	

4. 顶球技术（见表5-4）

顶球是指运动员有目的地用额部将球击向预定目标的技术动作。顶球技术按顶球部位可分为前额正面顶球和前额侧面顶球，下面简单介绍前额正面顶球的知识。

前额正面顶球

表5-4 顶球技术

动作	图示	技术要领与用途	注意事项	学练法
前额正面顶球		1. 原地顶球时，身体正对来球，两脚前后自然开立，膝关节微屈，两眼注视来球。当球临近，上体稍后仰，展腹挺胸，两臂自然张开，下颌收紧，颈部肌肉紧张并固定，下肢蹬地、收腹、屈上体，颈部绷直，当头摆至身体垂直部位时，用前额正面顶球的中后部 2. 跳起顶球时要选好起跳位置，掌握好起跳时机，两腿积极蹬地，手臂协调向上提摆，以加强起跳力量。起跳后展腹挺胸、形成背弓，两眼始终注视来球。跳至最佳点时，迅速屈上体，下颌收紧，前额积极迎球顶送发力，顶球后屈膝缓冲落地	1. 两眼注视来球 2. 利用身体摆动 3. 控制击球部位 4. 击球颈部部位紧张 5. 跳起收腹，上体前屈	1. 顶固定球练习：将球吊起，分别做原地和跳起顶球练习 2. 自抛自顶，体会顶球部位 3. 两人一组，相距5～7 m，一人抛球，另一人做各种顶球练习 4. 踢角球或任意球，一人或多人做争顶球射门练习

5. 抢截球技术（见表5-5）

抢截球是防守技术的综合体现，是指防守队员有目的地运用身体的某一部位，把对手控制的球或对方正在运、传、射门的球抢下、截住或破坏掉的技术动作。抢截球技术包括正面抢截、侧面抢截和侧后抢截等。

表5-5 抢截球技术

动作	图 示	技术要领与用途	注意事项	学 练 法
正面抢截球		在逼近控球队员时，防守队员应控制好身体重心，两膝弯曲，上体略前倾，并注意观察对手的脚下动作和身体重心位置，在对手脚触球即将着地或刚着地的刹那，抢球脚前跨将球截住	1. 抢球的脚一定要用力 2. 控制好身体重心	1. 两人一球做模仿 2. 两人一球相对站立，距离3～4 m，将球放在中间，听到哨音后，同时上前正面跨步抢球
侧面抢截球（合理冲撞）		当与运球队员成平行位时，重心略降，身体向对手倾靠，手臂贴紧身体。在对手近侧脚离地刹那，用肩以下、肘以上的部位猛力冲撞对手的相应部位，使其重心失去控制，乘机伸脚将球控制在脚下	1. 腰部要绷紧 2. 重心略降 3. 与运球队员成平行位	1. 两人一组，一人正常走动配合另一人体会合理冲撞的正确动作和时机 2. 分队练习，分别站在教师的两侧，每组两人，当教师将球踢出后迅速启动，利用合理冲撞抢球

正面抢截球

侧面抢截球

6. 掷界外球技术（见表5-6）

掷界外球时要充分发挥蹬地、腰腹和手腕力量，整个动作过程要连贯。

表5-6 掷界外球技术

动作	图 示	技术要领与用途	注意事项	学 练 法
原地掷界外球	1 2	手指自然张开，持球的后半部，两脚前后或左右站立，膝微屈，将球举在头后，上体后仰，掷球时两脚蹬地，收腹屈体，两臂快速前挥摆将球掷出，脚不得离地	1. 上体后仰成背弓 2. 用力蹬地收腹，摆臂掷球	1. 学教师做模仿 2. 两人一球，相距10 m，一人掷球，一人接球

掷界外球

5.1.3 基本战术

足球比赛是由攻和守这对矛盾组成的。根据攻守这对基本矛盾，足球战术可分为进攻战术和防守战术两大类。攻守战术又分别包括个人战术、局部战术、整体战术和定位球战术。

1. 比赛阵形

比赛阵形是指比赛场上队员的位置排列、攻守力量搭配和职责分工的形式。阵形的序列从后卫排向前锋。守门员的人数、职责固定，一般不予计算。目前，世界上普遍采用的阵形有“四四二”“三五二”“四三三”“五三二”等。

2. 局部进攻战术

局部进攻战术是指进攻中两个或几个队员之间的配合方法。它是集体配合的基础。基本配合形式有传切配合、二过一配合、掩护配合、三过二配合等。

常用二过一

常用的二过一配合有：

- 斜传直插二过一（见图5-1）。
- 直传斜插二过一（见图5-2）。
- 踢墙式二过一（见图5-3）。
- 回传反切二过一（见图5-4）。

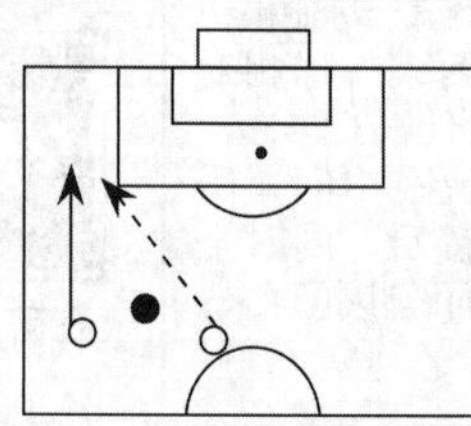

图5-1 斜传直插二过一

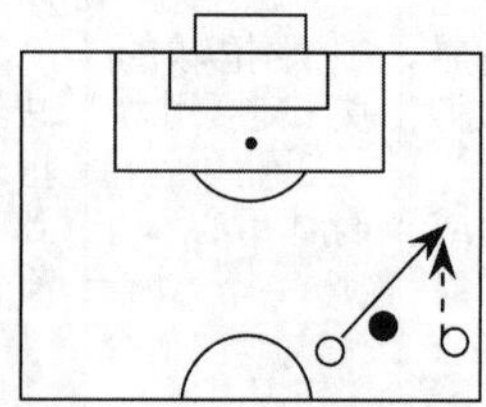

图5-2 直传斜插二过一

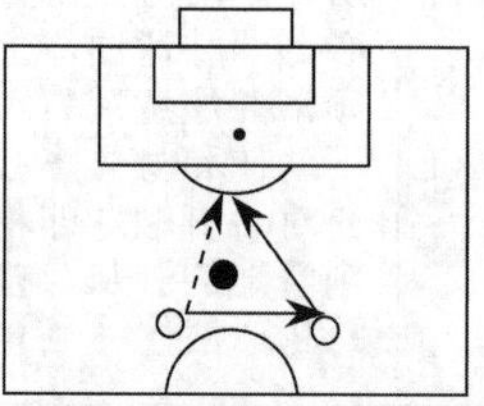

图5-3 踢墙式二过一

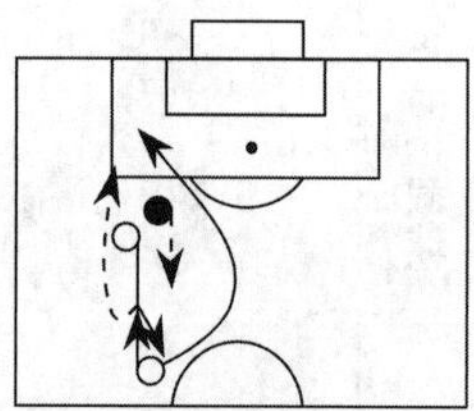

图5-4 回传反切二过一

直传斜插二过一和斜传直插二过一都是通过一次直接传球和穿插就越过一名防守人。配合十分简捷和实用。两名队员要保持适当的距离，控球队员可采用运球或其他动作，诱使防守者上前阻截。插上的队员必须突然、快速启动，但应避免越位。

3. 局部防守战术

局部防守战术是指两个或两个以上防守队员之间的配合方法。它是集体防守战术的基础，基本配合形式有：保护、补位和围抢等。

保护是指在逼抢持球对手的同伴身后，选择适当位置协防并阻止对方突破的战术配合。

补位是指防守队员弥补同伴在防守中出现的漏洞时所采取的相互协助的战术配合。补位有两种：一种是队员去补空位，如边后卫插上助攻退守不及时，临近队员应暂时补他的空位；另一种是相互补位，即交换防守，一般应是临近的两个同伴之间的换位。

4. 定位球战术

定位球战术是指比赛开始或比赛中出现死球后恢复比赛时所采用的战术配合方法。定位球战术包括：中圈开球、任意球、角球、界外球、球门球和点球战术。

5.1.4 规则与欣赏

1. 比赛场地、器材与比赛时间

足球比赛场地长为 90 ～ 120 m、宽为 45 ～ 90 m。两条较长的边界线叫边线，两条较短的线叫端线。所有线的宽度不超过 12 cm，角旗杆不低于 1.5 m。在场地外，距角球弧 9.15 m 且垂直球门线处做一个标记，以保证踢角球时能观察距离。

比赛时间为上、下半场各 45 min，中场休息不得超过 15 min，因故损失的时间应补足。

2. 上场球员与换人

每队上场队员不得超过 11 人，其中必须有一名守门员。每队不足 7 人时不得继续比赛。更换守门员必须经过裁判员同意，否则死球后有关队员将受警告。

替补队员须在死球时，经裁判员同意方可上场，被换下的队员不得重新上场。正式比赛（除规程另有规定外）每队最多可以使用 3 名替补队员。教练员可以在比赛中向队员传达战术

指示，但必须在指定的技术区域内。

3. 越位

以下情况同时发生时会被判罚越位：① 在对方半场。② 在球的前面。③ 与对方球门线之间不足两名对方队员。④ 干扰比赛、干扰了对方队员或取得了利益，那么在同队队员踢或触及球的一瞬间（传球），则判其越位。

4. 直接与间接任意球

以下几种犯规将被判罚直接任意球：踢或企图踢，绊摔或企图绊摔，跳向、冲撞、打或企图打、推、拉扯对方队员，为了得到对球的控制而抢截对方队员时于触球前触及对方队员，向对方吐唾沫及故意手球。

以下几种犯规将被判罚间接任意球：危险动作、阻挡守门员发球、阻挡对方队员、守门员用手控球在发出球之前持球超过 6 s、两次持球、接回传球、接队友的界外球。

5. 点球

当比赛进行中，一个队在本方罚球区内由于出现了可判为直接任意球的犯规动作之一而被判罚任意球的，应执行罚点球。罚点球时除主罚队员及守门员外，其他队员都应在比赛场地内、罚球区外、罚球点后及罚球弧外。守门员保持在本方球门柱间的球门线上。

6. 计胜方法

（1）球的整体从球门柱间及横梁下越过球门线，而此前未违反“规则”，即为进球得分，进球多的队为胜队；进球数相等或均未进球则为平局。

（2）若比赛结束为平局，须按“规则”的规定，采用加时赛或其他方法决定胜者。

5.2 力量与魔幻的游戏——篮球

篮球运动从产生、传播与发展，其内涵与外延不断扩展。它不仅是一种健身娱乐方式，同时也是一种社会文化现象。作为一种载体，它凝聚着力与美、智慧与情感的人生体验，同时也展现出团结协作与个性张扬的人生内涵，通过此项运动，对完善自我与超越自我具有重要的锻炼价值。

5.2.1 运动特点和锻炼价值

1. 运动特点

（1）简单易行。篮球运动场地设备简单，比赛规则容易掌握。可单人、多人同时练习，运动量可大可小，适合于不同年龄、不同性

受儿童游戏启发的运动

篮球运动是1891年由美国马萨诸塞州体育教师詹姆士·奈·史密斯（J.N.Smith）发明的。这项运动的发明得益于当地儿童所做的向桃筐（当地盛产桃子，各户备有桃筐）里投球游戏的启发。当时正值寒冷的冬天，不便在室外进行活动，为了提高学生的体能，奈·史密斯便想在室内开展一些具有竞争性的锻炼活动。他想起了这个游戏，于是找来两只水果篮子，将其钉在墙上，学生分两队拿一只皮球进行对抗性投篮比赛，哪个队投进的球多就算哪个队赢。1892年3月11日，学校举行了一场正式比赛，这场比赛被认为是篮球史上最早的正式比赛。令人激动的篮球运动从此开始了。其实发明并不难，只要你留心观察身边的事物，并勤于思考就可能创造出奇迹。

> **篮球运动对思维的影响**
>
> 篮球比赛是集体协作、直接对抗项目。首先，比赛中要求运动员要在摆脱对方防守的同时，必须全面观察场上的局势变化，并根据当时的变化瞬时做出正确决策，或寻找良好的位置，或把球进行恰当的处理，且要对传球的方向、力度、速度进行有效地控制，以保证同伴在最有利的位置顺利接到球，并获得进攻机会。其次，在投篮时，必须对篮圈的位置、出手的角度和出手力量进行准确判断从而提高命中率。因此，在瞬息万变的篮球赛场上，运动员只有冷静应对各种变化的情况，才能取胜。若能经常在这种复杂多变的激烈对抗中接受训练，可以有效改善和提高人的思维能力、判断能力和控制能力。

别、不同体质、不同训练程度的人。

（2）直接对抗。篮球比赛，双方各 5 人上场，有攻有守，攻守交替进行。在场地内有直接的身体对抗；可以用身体保护球、传球、运球、投篮，不能二次运球、不可撞人和阻挡、不得持球 5s 以上不动、更不能抱球跑。这一特点决定了篮球运动的高对抗性。在比赛中，既要有进攻性，又要减少失误。

（3）球进篮筐。从发球开始，场上队员可使用运、传、投、扣、罚等技术，让球进入对方的篮筐。在 3 分线外进球为 3 分，3 分线内为 2 分，罚球进一球为 1 分。

（4）团结和谐。由于比赛中，每队各上 5 人，可以直接进行身体对抗，可以封盖，队员之间只有默契配合，形成和谐的配合才可在局部形成以多打少，有效地攻击和防守，进而获得胜利，因此，篮球运动具有鲜明的配合性和整体性特点。

2. 锻炼价值

（1）提高生理机能，促进和谐发展。篮球运动中，要求练习者有灵活的移动、快速的反应和良好的弹跳，因此，经常参加篮球运动对人的力量、速度、耐力、灵敏、柔韧等几大素质均有显著提高，对改善身体素质、运动能力以及身体各器官机能具有重要价值。

（2）发展心理素质，提高认知能力。篮球运动各种技术都具有多重性的特点，这就要求队员比赛当中必须具备良好的自我调控能力和高度的注意力，时刻使自己处于最为有利于进攻或防守的位置上，不要畏惧对手身材的高大与强壮，要用己之长，攻敌之短，树立良好的信心。一旦受阻，要马上调整心态，稳定情绪，快速自我调节，维持全队高昂的斗志。这一过程对提高自己的心理素质及自我调控能力具有重要锻炼价值。另外，运动中进攻与防守是互相依赖、互相制约的。不论是进攻和防守都要有较强的进攻性、压迫性，以给对方造成心理压力，乱其阵脚。整个比赛就是一个控制与反控制的辨证过程，充满着深邃的哲学内涵。

（3）增强团队意识，提高协作能力。篮球运动要求队员在完成好自己职责的同时，能为同伴创造和提供更多、更好、更有力的机会，并在激烈的对抗竞争中，准确判断、细致观察和合理调整体位与各种技术。队员在具备良好的身体素质和高超的运动技术的同时，必须具有稳定的心理素质和良好的观察与判断能力，才能在高对抗、快速度、大强度的竞技场上驾驭比赛、控制节奏直至取得胜利。

5.2.2 篮球基本技术

篮球基本技术包括：移动、传接球、投篮、运球、持球突破、防守对手、抢篮板球。建议从移动、运球入手开始学习。

1. 准备姿势与移动（见表5-7）

表5-7 准备姿势与移动

动作	图 示	技术要领与用途	注意事项	学练法
准备		两脚开立，与肩同宽，两腿微屈，上体稍前倾，身体重心位于两脚之间，两臂自然弯曲于体侧，两眼注视全场情况	1. 重心不能后坐 2. 不能低头	1. 看信号做向不同方向的跨步、撤步或起动快跑 2. 原地碎步看信号突然起动快跑 3. 做侧身跑、变速跑，结合跨、跳步急停练习 4. 在基本站立姿势的基础上，做双脚起跳练习 5. 学生站成体操队形，看教师手势做侧、前、后滑步、转身等练习 6. 两人一组，全场一对一做徒手攻防练习
滑步	1 2 3 4	1. 侧滑步 2. 前滑步 3. 后滑步	1. 不能低头，要注视目标 2. 屈膝低重心，两脚配合协调、蹬跨有力、重心平稳	
跨步急停	1 2 3	先向前出一大步，脚跟着地过渡到全脚掌抵住地面，迅速屈膝上体后仰，第二步着地时，身体侧转，脚尖内旋，用前脚掌内侧蹬撑地面保持身体平衡	1. 屈膝降重心 2. 体转侧后移	
跳步急停	1 2 3 4 5	单脚或双脚起跳，上体后仰，两脚同时平行落地，用前脚掌内侧有力蹬住地面，两膝弯曲，降低重心保持身体平衡	1. 屈膝重心后移 2. 收腹双脚落地	

2. 传接球（见表5-8）

传接球是篮球比赛中进攻队员之间有目的地转移球的方法，是进攻队员在场上相互联系和组织进攻的纽带，是实现战术配合的具体手段。

表5-8 传接球

动作	图 示	技术要领与用途	注意事项	学练法
双手胸前传球		1. 持球，两手手指自然分开，拇指相对成八字形。两眼注视传球目标 2. 传球时，后脚蹬地，身体重心前移的同时前臂迅速向传球的方向伸出，拇指用力下压，手腕前屈，食中指用力拨球将球传出	1. 手指自然分开，拇指相对成八字形。 2. 肘关节下垂	1. 原地双手持球 2. 原地两人一球，一人成双手持球基本姿势，另一人一只手扶住球的下方，另一只手扶住球的上方 3. 两人一组一球，对面站立，相距3～5 m，一人固定，另一人由远至近，再由近至远传接球 4. 四角传球 5. 两人行进间传接球，可衔接行进间上篮 6. 全场三人按“8”字围绕做传接球练习
单手肩上传球	1 2 3 4 5 6	双手持球于胸前，两脚平行开立，传球时，左脚向传球方向迈出半步，同时将球引至右肩上方，右手托球，手腕后仰，左肩侧对传球方向，重心落在右脚上，右脚蹬地，转体，前臂迅速向前挥摆，手腕前屈，通过食中指拨球将球传出	转体挥臂，扣腕，自下而上发力	
双手接球		1. 两眼注视来球，两臂向来球方向伸出迎球 2. 手指自然分开，当手触及来球时，顺势带球引至胸腹之间	1. 主动迎伸 2. 触球后引	

3. 投篮（见表5-9）

投篮是进攻队员为将球投入篮筐而采用的各种专门动作的总称，也是篮球运动的主要进攻技术，是一种得分手段。

表5-9 投 篮

动作	图 示	技术要领与用途	注意事项	学练法
原地单手肩上投篮	1 2 3 4 5	1. 右手五指分开，向后屈腕，屈肘持球于肩上（或高些），左手扶球，右脚稍前，左脚稍后，重心放在两脚之间，上体稍前倾，两膝微屈，上体肌肉放松，目视投篮目标 2. 投篮时，用力蹬地，伸展腰腹，抬肘，手臂上伸，手腕、手指前屈，指端拨球，用中指食指将球投出，手臂向前自然伸直	1. 拨球旋转 2. 弧度适中 3. 髋部发力	1. 原地徒手模仿投篮技术 2. 两人一组一球，相距4～5 m进行投篮练习 3. 在罚球线后做原地单手肩上投篮练习 4. 在篮下做左、右侧碰板投篮练习。距离可不断调整 5. 运球，做行进间单手高手、单手低手投篮练习 6. 近距离传、接球，做行进间高手和低手投篮练习 7. 原地模仿跳投练习 8. 自抛自接球后做急停跳投练习 9. 在传、接球中做急停跳投练习 10. 运球、传球、投篮组合练习 11. 在消极防守和积极防守情况下做各种投篮练习
双手胸前投篮	1 2 3 4	1. 双手持球于胸前，肘关节自然下垂（不要外展），上体稍前倾，两膝微屈，身体重心放在两脚之间，目视投篮目标 2. 投篮时，两脚蹬地，腰腹伸展，两臂上伸，拇指向前压送，两手腕同时外翻，指端拨球，用拇指、食指、中指投出，腿、腰、臂自然伸直	要掌握好屈膝蹬地、腰腹伸展、手臂上伸和球出手时手腕、手指用力的连贯性、协调性和一致性	
行进间单手高手投篮	1 2 3 4 5 6 7	1. 右脚跨出一大步的同时接球，接着左脚跨出一小步并用力蹬地起跳，举球于肩上 2. 右腿屈膝上提，当身体接近最高点时，右臂向前上方伸直，手腕前屈，食、中指用力拨球，通过指端将球投出	1. 一跨二跳球举高 2. 指腕柔和用力巧	
行进间单手低手投篮	1 2 3 4 5	1. 右脚跨出一大步的同时接球，接着左脚跨出一小步并用力蹬地起跳，右腿屈膝上抬 2. 双手向前上方举球，当身体在上升期时，左手离球，右手托球向球篮方向伸出，用手腕上挑、手指拨球将球投出 3. 球出手后略有前旋	1. 一跨二跳接球牢 2. 挑拨球时力要巧	

4. 运球

运球是持球队员在原地或移动中，用手连续按拍借助地面反弹起来的球的动作。它是个人摆脱防守进行进攻的方法，也是组织全队进行战术配合的桥梁。在中学我们已学过此技术，这里不再介绍。

5. 持球突破（见表5-10）

持球突破是持球队员运用脚步动作和运球技术快速超越对手的一项攻击性很强的技术。

表5-10 持球突破

动作	图示	技术要领与用途	注意事项	学练法
交叉步持球突破	1 2 3 4 5	1. 两脚左右开立，两膝微屈，身体重心降低，持球于胸腹之间 2. 突破时，左脚前脚掌内侧迅速蹬地，上体稍右转，左肩向前下压，重心向右前方移动，左脚向右侧前方跨出，将球引于右侧，接着运球，中枢脚蹬地向前跨出迅速超越防守	蹬跨积极，转体探肩保护球	1. 模仿练习注重跨步、转体、探肩动作 2. 原地持球突破练习，进一步体会跨步、转体、探肩、护球、蹬地、加速各环节协调配合 3. 持球突破行进间投篮练习 4. 自抛自接球突破练习 5. 突破防守行进间投篮练习 6. 一对一持球突破，结合跳投或行进间投篮练习
顺步（同侧步）持球突破	1 2 3 4 5	1. 准备姿势和突破前的动作要求与交叉步相同 2. 突破时，右脚向右前方跨出一步，向右转体探肩，重心前移，右手运球，左脚前脚掌迅速蹬地，向右前方跨出，突破防守	1. 蹬跨积极，转体探肩保护球 2. 第二次加速蹬地	

6. 防守对手（见表5-11）

防守对手是防守队员根据球与对手的情况，合理地运用脚步移动和手臂动作，积极地抢占有利位置，阻挠和破坏对手进攻，以争夺控制球权的一种个人防守动作。

表5-11 防守对手

动作	图示	技术要领与用途	注意事项	学练法
防守无球队员	④ ⑥ ⑧	1. 防守位置的选择。做到人球兼顾，站位于对手与球篮之间偏向球一侧的位置 2. 防守姿势的选择。防守距离球较近的对手时，经常采用面向对手侧向球的斜前站立姿势。防守距离球较远的对手时，经常采用面向球，侧向对手的站立姿势	防守队员要根据球和人的移动，合理运用上步、撤步、滑步、交叉步、碎步和快跑等脚步动作，并配合身体动作抢占有利防守位置，堵截其摆脱移动路线	1. 防投切选位练习 2. 无球防守选位练习。一攻一守，半场内可安排两组同时进行 3. 两人一组，进攻队员在离篮6 m左右，防守队员传球给他后立即进行防守。 4. 防横切和防溜底线 5. 防与篮板成45°角区域内的接球和外策应 6. 防纵切。教练员做策应 7. 全场一防一练习
防守有球队员		1. 防守位置的选择。应站位于对手与球篮之间的位置上 2. 平步防守时，两脚平行站立，两手臂侧伸不停地挥摆，适合于防运球和突破 3. 采用斜步防守时，两脚前后站立，前脚同侧手臂向前上方伸出，另一手臂侧伸，适合于防守投篮	要及时抢占对手与球篮之间有利的防守位置	

7. 抢篮板球（见表5-12）

篮球比赛中，抢篮板球是获得控制球权的重要手段之一，双方队员在空间争抢投篮未中，从篮板或篮圈反弹出的球，统称为抢篮板球。

表5-12　抢篮板球

动作	图　示	技术要领与用途	注 意 事 项	学 练 法
单手抢篮板球		1. 跳起达最高点时，指端触球后，迅速屈指、屈腕、屈肘收臂，将球下拉 2. 另一手扶球，护球于胸腹部位	1. 正确判断篮板球的反弹方向、距离，抢占有利位置 2. 两腿屈膝，重心降低，上体稍前倾，两脚用力蹬地，两臂上摆并向上伸，腰、腹协调用力，身体充分伸展，准备抢球	1. 起跳和抢球练习：原地双脚起跳模仿抢篮板球的动作 2. 自己向头上抛球，跳到最高点时，手臂伸直，用双手或单手抢篮板球练习 3. 三人一组，一人罚球，另两人一对一抢篮板球练习
双手抢篮板球	1　2	1. 指端触球瞬间，双手用力握球，腰腹用力，迅速将球拉入胸腹部位 2. 同时两肘外展，以保护球		

篮球练习应摒弃的不良行为

由于篮球是集体运动项目，必须依靠队员之间的相互配合才能获得胜利。因此，要求练习者必须具有团结协作的良好品质和大局意识，那种以自我表现为主的个人英雄主义，甚至场上队员之间相互勾心斗角，相互拆台，必将涣散军心导致比赛失败，也失去了篮球作为集体项目的意义和锻炼价值。

5.2.3　篮球基本战术

篮球战术是比赛中队员个人技术的合理运用和队员之间相互协调配合的组织形式。基础战术配合指两三人之间组成的简单的战术配合，它是组成全队攻、守战术配合的基础。

1. 进攻战术基础配合

（1）传切配合。传切配合是利用传球和切入组成的简单配合，它包括一传一切和空切。

（2）突分配合。突分配合是持球队员运用突破打乱防守布置或吸引防守，并及时将球传给同伴，使同伴获得进攻的配合方法。

（3）掩护配合。掩护配合是进攻队员通过合理的行动，用自己的身体挡住防守同伴者的移动路线，使同伴借以摆脱防守的一种配合方法。根据掩护的位置和方向不同，掩护可分为前掩护、侧掩护和后掩护三种。

2. 防守战术基础配合

防守战术基础配合是两三名队员在防守中运用协同防守配合的方法，它包括挤过、穿过、交换防守、“关门”、夹击、补防等防守配合，是组成全队防守战术的基础。

（1）交换防守配合。交换防守是当对方进行掩护或策应时，两名防守队员及时交换自己防守对手的一种配合方法。

（2）“关门”配合。“关门”是当进攻队员持球突破时，防守突破的队员向侧后滑步。同时，临近突破一侧的防守队员迅速向进攻队员的突破路线滑动，与防守突破的队员靠拢，像两扇门一样关起来，堵住持球突破队员的一种配合。

3. 全队战术配合

（1）快攻。快攻是防守队获球后转为进攻时，以最快的速度，创造人数、区域上的优势，进行快速而有组织的反击的一种进攻配合方法。

（2）防守快攻。防守快攻是防守中的重要环节，当对方在防守中获球后，应首先封堵第一传，使第一传受阻，接应困难，借机及时组织全队防守。

（3）半场人盯人防守与进攻半场人盯人防守。半场人盯人防守指由进攻转为防守时全队迅速退回后场进行人盯人防守的战术。进攻半场人盯人防守指当采用半场人盯人防守的队由攻转守时，全队立即快速撤回后场。因此，进攻队可在无人防守的情况下，将球顺利推进到前场，按预定战术配合进行攻击。

5.2.4 规则与欣赏

1. 比赛场地与器材

篮球比赛球场地长 28 m、宽 15 m，由中线分成前后两个半场的长方形平面。长边的界线称为边线，短边的界线称为端线。场内有中圈、限制区和 3 分投篮区。场地的各条线宽均为 5 cm。

2. 球队

每个队不得超过 10 名队员，其中 1 名为队长。教练员 1 名，每队允许有助理教练员 1 名。在竞赛中，如每队须比赛 3 场以上，队员人数可增加至 12 名。同队所有队员应穿前后相同颜色的背心、相同颜色的短裤。必须使用 4 ～ 15 号的号码。

3. 得分

比赛除了 3 分投篮区投中篮计 3 分外，2 分投篮区投中篮计 2 分，1 次罚球投中篮计 1 分，球投入本方球篮算对方得分。

4. 比赛事项

（1）比赛方法。每场篮球比赛有两队参加，每队出场 5 名队员。比赛的目的是将球尽可能地投入对方球篮，并阻止对方获得球或得分。比赛中可将球向任何方向传、投、拍、滚或运，但应受篮球规则的限制。

（2）比赛时间。比赛分 4 节，每节 10 min。第一节和第二节，第三节和第四节中间休息时间分别为 2 min。中场休息时间为 15 min。

（3）比赛开始。上、下半时和决胜期（任一决胜期）在中圈跳球开始比赛。第二节和第四节由拥有掷球权的队在记录台对侧的中线外，骑跨中线延长线掷界外球开始比赛。如果某队上场比赛的队中不满 5 名，则比赛不能开始，比赛开始时间超过 15 min 后，某队仍未到场或上场的队员不足 5 名，即判该队弃权，对方获胜。

5. 暂停与换人

（1）暂停。对于 4×10 min 的比赛，在上半时（第一节和第二节）

篮球练习对职业技能的促进作用

篮球运动是由跑、跳、投、平衡等多种动作组成的快速、激烈、综合性的运动。研究表明，篮球运动可以提高神经肌肉的协调调节能力、神经系统的灵活性和均衡性以及快速反应能力、感觉能力、神经分化能力、前庭功能稳定性、视觉能力、控制能力等。经常参加篮球运动，能有效促进手指灵活性、反应灵敏性、精细操作的准确性和空中感觉能力。对诸如描图、仪表、化验、财务、文秘、钟表、家电维修、建筑、装潢等专业的职业技能具有良好的促进作用。

中国“长城”屹立于世界之巅

中国篮球运动员已有多人入选世界顶级篮球联赛NBA和WNBA球队，其中，姚明已成为他们中的典范，在国际上也很有名。篮球运动于1895年前后传入我国天津。现今中国男、女篮球在世界大赛中均取得了优异的成绩，国内的篮球氛围也日益高涨，篮球运动不但能够强身健体，而且对培养人顽强的意志品质、良好的文明行为和合作精神有着其他运动无可比拟的作用。我国成功的篮球运动员向世人昭示中华健儿可在各领域取得优异成就。

的任何时间可准予 2 次要登记的暂停；在下半时（第三节和第四节）的任何时间可准予 3 次要登记的暂停，以及决胜期中准予 1 次要登记的暂停。未用过的暂停不得遗留给下一个半时或决胜期。

（2）换人。在同一替换时间内，已被替换出场的队员和已成为队员的替补队员不能重新进入比赛或离开比赛，直到已出现一个比赛的钟表运行片断之后再次成死球为止。在下列情况下，该队有替换机会：①球成死球且比赛计时钟停止，以及当裁判员报告犯规或违例已结束了和记录台的联系时。违例后，只有掷界外球的队可要求替换队员。替换被允许后，对方也可要求替换。②在第四节或任一决胜期的最后 2 min 内某队已请求了替换，对方队投篮得分时。

5.3 空中飞球——排球

随着排球运动的传播与发展，其内涵与外延不断扩展，它不仅是一种健身娱乐方式，同时也是一种社会文化现象。作为一种载体，它凝聚着力与美、智慧与情感的人生体验，同时也展现出团结协作与个性张扬的人生内涵，通过此项运动，对完善自我与超越自我具有重要的锻炼意义。

5.3.1 运动特点和锻炼价值

1. 运动特点

（1）简单易行。排球运动场地、设备简单，比赛规则容易掌握，既可在球场上比赛和训练，亦可以在一般空地上活动，运动量可大可小，适合于不同年龄、不同性别、不同体质、不同训练程度的人。

（2）隔网对抗。排球比赛，在自己半场内，可以自由支配球，但不能使球落地、不得持球、连击。这一特点决定了排球运动的高度技巧性。在处理球过程中，既要有攻击性，又不能失误。

（3）空中飞球。从发球开始，场上队员可使用垫、传、扣、拦、吊球等技术，让球在空中“飞来飞去”，但不能使球落地，谁使球落地谁失分。

（4）团结协作。由于比赛中，每人不能连续击球两次，且必须三次击球过网，只有队员的默契配合，形成和谐的集体才可能获胜，因此，排球运动具有鲜明的斗智斗勇和严密的集体性特点。

2. 锻炼价值

（1）改善生理机能，提高身体素质。排球运动中，要求练习者需要有灵活的移动、快速的反应和良好的弹跳，因此，经常参加排球运动对人的力量、速度、耐力、灵敏、柔韧等几大素质均有显著的提高，对改善身体素质、运动能力以及身体各器官机能状况具有重要价值。

（2）促进心理发展，提高认知水平。排球运动的多种技术都具

由托篮球胆游戏演变来的运动

排球运动起源于1895年，由美国麻省好利诺城青年会干事威廉·摩根发明。开始是用篮球胆在网球网两边托来托去，参加的人数和托球次数都不受限制，很长一段时间没有列入体育运动竞赛项目，仅作为休闲、消遣的一种游戏。

排球运动最早为16人制比赛，后来逐渐改为12人制，再到9人制，20世纪50年代演变成现在的6人制。1905年排球运动传入中国。排球的英文为volleyball，原意为“空中截球”，但我国称其为“排球”。起初我国称其为“队球”，1925年在广东省的第九届运动会上，才取其分排站立之意，改称为排球。

排球运动对思维的影响

由于排球比赛具有集体性、隔网对抗、短时判断决策等特点，且赛场上形势多变，紧张激烈，只有冷静沉着地应对，才能取得优势。若能经常在这种激烈的场合中接受考验，可以改善人的思维方式，提高练习者的判断和决策能力。

排球练习中应摒弃的不良行为

由于排球是集体运动项目，必须依靠队员之间的相互配合才能获得胜利。因此，要求练习者必须具有团结协作的良好品质和大局意识，决不能不顾全局，以自我为中心，造成队伍不和谐，导致比赛失败，失去了排球的锻炼价值。

有双重性的特点，成功则得分，失误则丢分。这就要求队员处理球时必须具备良好的自我调控能力。当被拦或自身失误时，如何通过自我调节，尽快抛弃自责和沮丧情绪，使自己恢复到最佳心理状态，这一过程对提高自己的心理素质及自我调控能力具有重要锻炼价值。另外，运动中进攻与防守是互相依赖、互相制约的。你扣球得分轰轰烈烈，我巧妙吊球更显睿智。相同的人员不同的组合与打法，常常收到截然相反的效果。整个过程充满着深邃的哲学内涵，对启发人的思维，提高对事物的认知能力和思辨能力有重要作用。

（3）增强责任意识，提高社会能力。排球是集体项目，场上既有分工，又要协作。在位置分工上，需要队员有较强的责任意识，敢于承担任务；在整体配合上，要求队员要有服从大局，为同伴创造有利条件的服务意识。因此，排球运动可提高练习者的责任意识、团队意识、服务意识以及凝聚、严谨、务实的良好品质。

排球练习对职业技能的促进作用

排球主要是用手进行的运动项目，对促进人体的功能能力方面主要体现在灵活手指、提高反应速度等。因此它对手指灵活性和快速反应要求较高的专业的职业技能具有良好的促进作用。例如，伏案型和运动型。

5.3.2 排球基本技术

排球基本技术分为无球技术和有球技术。无球技术包括：准备姿势、移动、起跳等，有球技术包括发球、垫球、传球、扣球、拦网。有球技术建议从垫球、传球入手开始学习。

1. 准备姿势与移动

这部分讲四个基本技术：准备姿势、滑步、交叉步和跨步。

（1）准备姿势（见表 5-13）。

表5-13 准备姿势

动作	图 示	技术要领与用途	注意事项	学练法
准备姿势	1 2 3	两脚开立与肩宽，曲膝下蹲肩前探，脚跟提起膝前倾，重心落在两腿间，收腹含胸眼前看，注视来球随球转，两手自然放腰间。便于快速启动，便于协调用力	1. 重心不能后坐 2. 不能低头，要目视目标	1. 原地做准备姿势的模仿练习 2. 从准备姿势开始快速移动后回复成准备姿势

（2）滑步（见表 5-14）。

表5-14 滑 步

动作	图 示	技术要领与用途	注意事项	学练法
滑步	2 1	如向右滑步时，右脚先向右迈出一步，左脚迅速并上，落在右脚的左侧，如此连续做即为滑步。向前滑步时前脚先迈出一步，后脚迅速跟上落于前脚之后，同样如此连续做。主要用于垫球、传球、拦网技术	1. 不能低头，要注视目标 2. 滑步时两脚不能并上，移动中重心保持平稳	1. 从准备姿势开始做左右、前后的滑步移动 2. 滑步动作由慢到快

（3）交叉步（见表 5-15）。

表5-15 交叉步

动作	图示	技术要领与用途	注意事项	学练法
交叉步	2 1	向右移动时，上体稍向右转，左脚从右脚前面向右交叉迈出一大步，右脚再迅速向右跨步落于左脚的右边。同时，身体转向来球的方向，保持击球前的准备姿势。用于处理距身体两侧两步距离来球时	1. 不能低头，要注视目标 2. 滑步时两脚不能并上，移动中重心保持平稳	1. 从准备姿势开始做左右交叉步移动 2. 移动速度由慢到快

（4）跨步（见表 5-16）。

表5-16 跨 步

动作	图示	技术要领与用途	注意事项	学练法
跨步	1 2	同侧脚向移动方向跨出一大步，屈膝，异侧脚用力蹬地；上体前倾，身体重心移到跨出腿上。来球较低，距离身体1 m左右时采用	跨出步子要在重心控制范围内，两腿撑住	1. 从准备姿势开始做不同方向跨步移动 2. 步幅由小到大

2. 发球

发球最基本的技术包括：正面下手发球、正面上手发球。

（1）正面下手发球（见表 5-17）。

表5-17 正面下手发球

动作	图示	技术要领与用途	注意事项
准备姿势		1. 准备：面对球网，两脚前后开立，两膝微屈，左手持球于腹前 2. 抛球：左手在体前右侧抛球，右臂以肩为轴向后摆动 3. 击球：右腿蹬地，右臂随重心向前摆动，在腹前以手掌击球后下部。动作简单，易掌握，准确性高，适用于初学者，但进攻性差	1. 抛球要垂直 2. 抛球高度保持1～2球 3. 挥臂时注意蹬摆协调用力 4. 击球点保持在腰部腹前位置

（2）正面上手发球（见表5-18）。

表5-18 正面上手发球

动作	图示	技术要领与用途	注意事项	学练法
准备姿势		1. 准备：面对球网，左手持球于体前两脚前后开立 2. 抛球：将球平稳抛至体前右侧头上方，随之右侧大小臂折叠，上体右转重心移至后脚 3. 击球：用蹬腿转腰力量带动手臂向前上挥击 4. 适用于男生或有一定基础的女生。动作难度较大，但攻击力强	1. 抛球要垂直 2. 挥臂时注意用腰腹发力带动手臂挥击 3. 挥臂时肩肘放松 4. 用全掌击球的后中部且打满球	正面下手发球和正面上手发球学练时要注意： 1. 抛球练习：注意使球垂直平稳起落 2. 引臂挥臂练习：抛球同时做引臂并挥臂击球动作，但不将球击出 3. 对墙发球或两人一组近距离相互发球，体会抛球和挥臂击球动作 4. 近距离发球过网，体会发球用力和身体协调动作 5. 发球区内发球，发直线、斜线、前场、后场以及指定区域的球，发球后进场

3. 垫球

垫球技术主要用于接发球和后排防守时使用。它作为由守到攻的首要环节，在整个比赛中发挥着非常重要的作用，它是完成各种战术配合的前提条件。垫球技术主要包括：正面双手垫球、侧面双手垫球、单手垫球、挡球、背垫球、鱼跃、滚翻等技术。其中正面双手是最基础的动作。

（1）正面双手垫球（见表 5-19）。

表5-19 正面双手垫球

动作	图 示	技术要领与用途	注 意 事 项
正面双手垫球技术		1. 基本站立姿势 2. 手形：叠掌式 3. 触球部位：腕关节以上10 cm处 4. 击球点：腹前膝关节处 5. 正确用力顺序：蹬腿、提腰、夹、抬臂 6. 用于接发球和后排防守	1. 注意发力时机（球至身体2～3球时） 2. 手臂插入球下并垫击球的后下方 3. 注意缩肩夹臂，用腿腰来控制球的方向

（2）侧面双手垫球（见表 5-20）。

表5-20 侧面双手垫球

动作	图 示	技术要领与用途	注 意 事 项
侧面双手垫球技术		1. 手形、触球部位与用力顺序与正面双手垫球基本相同 2. 与正面双手垫球不同点：击球点在体侧；击球时需要用蹬腿转腰的力量来送球；身体两侧的来球，来不及移动时使用 3. 特点：范围大、不易控制球、准确性相对较低	1. 横跨出脚和伸臂要快马加鞭 2. 利用蹬腿转腰的力量来控制球

（3）单手垫球（见表 5-21）。

表5-21 单手垫球

动作	图 示	技术要领与用途	注 意 事 项	学 练 法
单手垫球技术		1. 向来球方向跨出一大步，重心向跨出腿倾斜，同侧手臂伸出，用自己习惯的、合适的手法去垫击来球 2. 来球快、距离远、来不及双手垫球时采用 3. 特点：控球范围大、动作快。但触球面积小、控球能力差	尽量不用此技术	1. 一抛一垫：一人抛球，另一人垫球。抛球由到位向不到位变化，抛球弧线视垫球者水平而定 2. 自垫：自己连续向上方垫球，高度约1 m，培养良好控球能力 3. 前后左右徒手垫球练习，体会步法、手法和全身协调用力动作 4. 两人对垫：由相距4 m到相距7 m，由不隔网到隔网，由原地到移动进行垫球练习体会全身协调用力，提高垫球效果

4. 传球

传球是通过手指手腕的弹力来完成的击球动作。由于手指的控制能力强，因此，传球的准确性较高，该项技术多用于二传组织进攻。现代排球比赛中，除正面传球外，背传、侧传、跳传球技术被广泛采用。这里重点介绍正面传球技术（见表5-22）。

表5-22 正面传球

动作	图示	技术要领与用途	注意事项	学练法
正面传球技术		1. 两拇指和两食指相对呈“三角”型；两手间保持一定距离；以拇指内侧、食指全部、中指的第二三指节触球的后下部；无名指和小指的一个指节适当触球，辅助控制传球方向 2. 主要用于二传组织进攻使用 3. 特点：控制球能力强，准确性高	1. 传球保持好手形最关键 2. 击球点保持在头前上方 3. 传球的底部 4. 注意正确的用力顺序及传球方向	1. 双手对墙或对地传球，体会传球用力。手形正确，手与球吻合好 2. 抛、传球练习 3. 对墙传球练习 4. 三人三角传球 5. 传、垫、扣结合练习

5. 扣球

扣球是最有效的进攻方法，是得分的主要手段，在比赛中占有重要地位，排球比赛中，一切防守的努力及战术配合，都是为了实现有效的扣球为目的。它是体现一个队实力强弱的重要标志（见表5-23）。

表5-23 扣 球

动作	图示	技术要领与用途	注意事项	学练法
扣球		1. 助跑：分一步、两步和多步助跑 2. 起跳：两臂由后下方迅速向前上挥摆，带动两腿快速蹬伸 3. 腾空：起跳后，右臂屈肘，展腹转体，左手置于胸前，右手成勺形 4. 击球：迅速转体收腹，以肩为轴带动小臂向上做弧形挥击，全手掌击球后上部 5. 落地：落地时，两腿屈膝、收腹，控制下落力量 6. 得分的主要手段技术难度大，对身体素质要求高	1. 助跑前注意判断二传球的方向、速度、弧度 2. 起跳时最后落地脚注意横放制动，防止前冲 3. 击球时，保持好人球距离，在最高点击球 4. 击球时，手掌要包住球，打满球	1. 按不同方向做助跑起跳练习，掌握助跑起跳的节奏 2. 对墙自抛自扣 3. 扣固定球：将球悬挂或举在网上，进行扣球 4. 一人抛球，其他人轮流助跑、起跳、扣球 5. 两人传、扣、垫结合练习

6. 拦网

随着现代排球运动的快速发展，网上争夺已成为比赛的焦点。拦网不仅可以直接得分，更重要的是整个防守反攻系统的第一道防线，成功的拦网，可以有效地减弱对手的进攻威力，为本方创造防守反攻的有利条件（见表5-24）。

表5-24 拦 网

动作	图 示	技术要领与用途	注 意 事 项	学练法
拦网		1. 近网站位，起跳时两臂伸直，提肩、含胸、收腹控制身体平衡，两手成球状，大小以不漏球为宜 2. 阻拦对方的进攻，减缓本方的防守压力，获得防守反攻机会反	1. 注意判断：一传判断战术；二传判断起跳时机与地点；攻者特点判断线路与具体对策 2. 拦击时手要伸过网一侧	1. 两人一组隔网站立，一人向网的上沿抛球，一人起跳拦网 2. 向一侧跨一步起跳拦网 3. 三号位移动拦网

5.3.3 排球基本战术

排球比赛时运动员在场上的轮流站位是有规则的，战术就是要依据运动员的技术特点和站位来确定的。排球场上的位置如图5-5(a)所示，2、3、4为前排位置，1、6、5为后排位置，后排位置的运动员不能在三米线以前起跳将高于球网的球击入对方场区，如要将高于球网的球进只能在三米线以后起跳攻击。图5-5（a）、（b）、（c）是比赛时在组织战术进攻时，常见的阵形变化。战术即进行战斗的原则和方法。它是以所掌握的技术为基础，有意识、有目的、有组织的个人行动和集体配合。它是克敌制胜，夺取胜利的重要手段。它包括个人战术与集体战术，两者相辅相成，互相促进。

> **中国女排精神对我们的启示**
>
> 中国女排自20世纪80年代，在袁伟民教练的带领下获得“五连冠”（1981年排球世界杯赛、1982年世界女排锦标赛、1984年洛杉矶奥运会排球赛、1985年女排世界杯赛、1986年世界女排锦标赛）后，对我国各行各业起到了强烈的震撼作用，在国内掀起了向中国女排学习的热潮，“拼搏精神”成为中国女排的光辉形象，中国女排也成为全国各族人民学习的榜样。

1. “中一二”进攻阵形

前排中间的3号位队员作二传，把球传给两边的2、4号位队员扣球，这种进攻的组织形式就叫“中一二”进攻战术阵形，见图5-5（b）。如果二传队员轮转到2、4号位时，可以在对方发球后换到3号位来，见图5-5（c）和图5-5（d）。“中一二”进攻战术阵形比较简单，适合初学者采用。一传向网中间垫比较简易，二传队员的网前接应一传的移动距离也比较近，向2、4号位传球的距离较短，因此有利于组成进攻。但进攻战术的变化比较少。而且有一点进攻在二传的身后，需要二传转身传球或做背传，不易控制。

2. “边一二”进攻阵形

前排2号位队员作二传，把球传给3、4号位队员进攻，这种进攻的组织形式就叫“边一二”进攻战术阵形，见图5-5（e）。“边一二”进攻阵形的两点进攻都在二传队员的前面，有利于配合，进攻战术的变化也比较多，进攻队员在扣球时也比较顺手。但二传队员要

排球运动中易出现的运动损伤及预防

1.手指挫伤。原因：接球手形不正确，出现某手指和球碰撞而出现挫伤。预防：反复练习正确手形。

2.小腿肌肉拉伤。原因：突然启动跨步接球，造成蹬伸腿小腿后群肌拉伤。预防：做好充分的准备活动，特别是腿部柔韧性练习。

在偏 2 号位的地方传球到 4 号位距离较长，需要有一定的力量和较好的控制球能力。同时接发球时，5 号位队员要把球垫到 2、3 号位之间有一定难度。

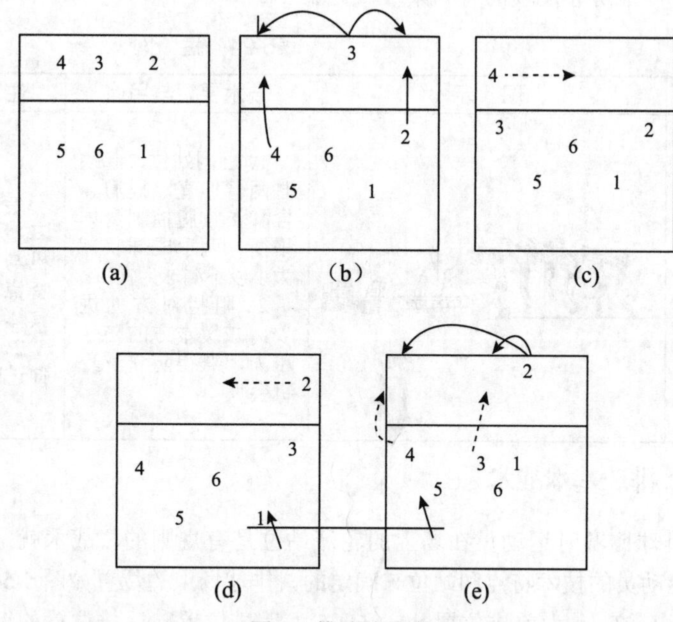

图5-5 排球阵形变化

5.3.4 规则与欣赏

1. 比赛场地与器材

场地：排球比赛场地包括比赛场区和无障碍区。比赛场区为 18 m×9 m 的长方形，端线与边线包括在场内。球网高度：男子 2.43 m，女子 2.24 m。

2. 球队

每队由 12 名队员组成，两队各派 6 名队员上场比赛。在发球队员击球时，双方队员必须在本场区内各自站位。发球队员不受场上位置的限制，在发球后，队员可以在本场区和无障碍区的任何位置上。

3. 自由防守队员

排球比赛，各队可以在 12 名队员中选 1 名自由防守队员。自由防守队员身着区别于其他队员颜色的服装。在任何位置上（包括比赛场区和无障碍区）都不得将高于球网的球直接击入对方场区完成进攻性击球。自由防守队员不得发球、拦网或试图拦网。

4. 比赛方法

比赛由发球开始，每队可击球 3 次（拦网触球除外），将球击回对方场区，直至落地得分。

得分：比赛中，某队胜 1 球，即得 1 分。接发球队胜 1 球时得 1

分，同时获得发球权，并且队员按顺时针方向轮转一个位置。

胜负判断：排球比赛采用五局三胜制。每局比赛（决胜局第五局除外）先得 25 分并同时领先对手 2 分的队胜一局。当比分为 24:24 时，比赛继续进行至某队领先 2 分为止。决胜局先得 15 分并同时领先对手 2 分的队获胜。当比分为 14:14 时，比赛继续进行至某队领先 2 分为止。

5. 暂停与换人

暂停：每局每队可以请求两次暂停，一次暂停的时间为 30 s。此外，在前 4 局比赛中，当比分至 8 分和 16 分时，每局还分别有两次技术暂停，时间为 1 min。

【思考题】

1. 试述足球脚背内侧踢球的动作技术要领。
2. 足球常用的停球方法有哪些？
3. 结合图示说明足球直传斜插二过一的配合。
4. 如何判罚足球越位？
5. 篮球运动于何时、何地、由谁发明？何时传入我国？简述篮球运动的特点及其锻炼价值。
6. 简述篮球双手胸前传接球、行进间单手高手投篮的技术动作要点和练习方法。
7. 试述传切、掩护的进攻战术配合，并画图说明。
8. 4×10 min 的比赛中，每节比赛如何开始？5 s 的限制有几种？
9. 上网查找 NBA 中的中国球员的资料，从他们的历程中我们可以借鉴什么？
10. 简述排球运动的特点及排球技术由哪些部分组成。
11. 排球比赛基本站位及轮转的方法。
12. 如何发挥排球运动的价值，促进自己全面发展？
13. 查找中国女排比赛资料，了解女排精神，并说明自己应如何向中国女排学习。

源于自然的跑文化

跑在人类历史和奥运文化历史上具有重要地位，在古希腊阿尔菲斯河岸的峭壁上刻有三行字：

你想强壮吗？跑步吧！

你想健美吧？跑步吧！

你想聪明吗？跑步吧！

这说明跑对人类的生存发展具有深刻意义。

第6章 体育竞技之母——田径运动

通过本章的学习，你将能够：

1. 运用走、跑、跳、投等的基本技术、方法进行自主锻炼和参加比赛。
2. 为学习其他体育项目打下良好的体能基础。
3. 提高自我超越的信心，并养成吃苦耐劳、拼搏进取精神。
4. 成为欣赏田径运动比赛的内行。

田径运动是一项古老的体育运动，作为运动之母它有着丰富的内涵，不仅本身历史悠久，还作为其他运动发展的基础，在体育的发展过程中有着举足轻重的作用。在奥运会历史中，田径运动作为核心项目一直伴随着奥运会的发展。在田径竞赛中，对自我的超越、对对手的超越、最后对竞赛纪录的超越，体现出人类社会的创造性和对社会发展的影响性。田径运动中的各个项目都起源于劳动实践，发展于游戏，演变成竞技，应用于健身，最终积淀为文化成为整个体育文化的组成部分。通过此项运动，对全面发展身体素质、提高生理机能、提升自信心以及塑造自我具有重要意义。

6.1 人类的基本运动方式——跑

1. 运动特点

（1）简单易行。跑步是人类的基本运动方式，运动场地和比赛规则简单易行，可以单人练习，也可以多人合练，参加者无人数限制，或多或少，灵活方便。

（2）内容丰富。跑的练习方法多达几十种，如：短距离的快跑、加速跑、追逐跑等；中长距离场地、公路、自然环境等形式的慢跑、快跑、变速跑；蛇形跑等。项目多，选择余地大，不同人群可选择自己的项目进行练习。

（3）快速灵敏。短距离跑和蛇形跑等形式的跑，动作快而灵活，身体动作速度快，位移速度快，而且动作轻快灵巧；中长距离跑，动作协调，上下肢配合好，呼吸均匀，用力动作合理，向前的效果好。

2. 锻炼价值

（1）促进生理机能和身体素质发展。短距离跑要求反应速度、动作速度以及周期性运动中的位移速度较快，因此通过练习可以发展速度素质和快速奔跑的能力。中、长距离跑是发展有氧代谢能力的有效方法，对提高心肺功能、肌肉耐力有很好效果。蛇形跑、障碍跑等形式的跑对提高灵敏素质也有很好的效果。

（2）促进心理和认知水平发展。经常进行跑步练习，是不断挑战自我的过程，也是进行比较和合作的个体体验过程，可以促进人的感知觉能力的发展，调整大脑皮层的神经功能，协调中枢神经的兴奋和抑制过程，促使大脑皮层神经的均衡性和灵活性加强，增进大脑皮层对环境的判断分析能力，提高大脑反应的灵敏性，促进认知能力的提高。通过成功和失败的体验，可以增强竞争意识，胜不骄，败不馁，改善自己的情绪状态，提高情绪的调节能力。

（3）锻炼意志品质和社会适应能力。短跑时的快速神经反应和速度感，长跑时在与“极点”的抗衡中，当“第二次呼吸”来到时的成功体验，可以在当今社会的瞬息万变中，培养不畏艰苦，不怕困难，果断机智，勇敢顽强的意志品质。通过跑步锻炼，培养竞争意识、磨炼意志品质和增强自信心，激励人们奋发向上，不断进取，提高心理承受能力，适应社会发展。

6.1.1 短跑及基本技术

短跑是田径运动项目中距离短、速速快、在缺氧状况下完成的极限强度的周期性运动，也是最古老的运动项目，在古代奥运会就有短跑比赛。短跑还具有较高健身价值，能提高神经兴奋和抑制的调节能力，提高神经反应的灵活性，能改善肌肉物质代谢，提高人体在缺氧条件下的工作能力，能发展速度、力量、灵敏度等身体素质，提高快速奔跑能力，能培养竞争意识和坚毅、顽强的意志品质。

短跑技术可分为起跑、起跑后的加速跑、途中跑和终点跑四个紧密相连部分。

1. 起跑

表 6-1 列出了起跑技术要领与注意事项等内容。

表6-1 起 跑

动作	图 示	技术要领与用途	注 意 事 项	学 练 法
起跑		起跑分为站立式和蹲踞式起跑技术，依图示进行。口令依次为各就位、预备、跑三阶段，主要通过听觉、视觉和触觉等不同形式进行练习，达到对练习者的反应能力的培养	既要注意力高度集中又要避免过度紧张	1．反应练习：看手势、旗语等信号练习；听口令、哨声、数字（如：单数跑，偶数不动）等信号练习；用手触身体不同部位练习 2. 进行各种形式起跑练习，练习者之间相互观看和纠正错误动作

2. 起跑后的加速跑

表 6-2 列出了起跑后的加速跑技术要领与注意事项等内容。

表6-2　起跑后的加速跑

动作	图　示	技术要领与用途	注 意 事 项	学 练 法
起跑后的加速跑		加速起跑后的跑，第一步应尽量小，脚着地后迅速转入后蹬。最初几步，两脚沿着两条相距不宽的直线前进，随着跑速的加快，两脚着地点，就逐渐合拢到假定的一直线两侧。加速跑的距离，一般为25～30 m	上体过早抬起和起跑停顿现象	1. 采用描点跑，由两条线逐渐汇聚成一条线形式练习 2. 结合起跑做10 m、20 m、30 m的加速跑练习 3. 追逐跑：两人一组，前后间隔2～3 m进行追逐练习

3. 途中跑

表 6-3 列出了途中跑的技术要领与注意事项等内容。

表6-3　途 中 跑

动作	图　示	技术要领与用途	注 意 事 项	学 练 法
途中跑		后蹬动作速度要快，力量要大，后蹬角度要小，摆动腿和两臂快速有力和大幅度向前摆动。摆动腿积极下落，支撑腿蹬离地面快速折叠前摆。支撑腿快速扒地过渡，减少支撑反作用力，摆动腿快速折叠，为下一周期前摆做好准备	整个动作做到放松自然，直线性和平稳性好才能取得良好的效果	1. 练习摆臂技术，可在原地、慢跑、快跑中进行个人和集体反复练习 2. 分组进行小步跑、高抬腿跑、后蹬跑和车轮跑的专门练习 3. 反复进行60～80 m中速跑、50～80 m加速跑、30～50 m的行进间和计时跑等练习

4. 终点跑

表 6-4 列出了终点跑的技术要领与注意事项等内容。

表6-4　终 点 跑

动作	图　示	技术要领与用途	注 意 事 项	学 练 法
终点跑		终点跑力求在疲劳情况下保持途中跑的正确技术，技术要求上体适当前倾，加强后蹬和两臂的用力摆动，用躯干部位撞终点线	跑过终点后应逐渐减速，不要突停，以免跌倒受伤	1. 原地练习，站在终点线约一步距离的地方，练习双臂后摆，上体前倾的撞线动作 2. 分成若干小组，每组一根终点带，在走和慢跑中反复练习撞线动作 3. 中速跑和快速跑30～40 m，练习撞线动作

6.1.2 中长跑及基本技术

中长跑是以有氧代谢为主的耐力性和周期性运动项目，一般比赛项目的距离是800～10 000 m之间。中长跑是一种具有较大锻炼价值的运动，不仅可以提高呼吸系统和心血管系统的功能，发展耐力素质，增强抗疲劳的能力，还可以培养坚毅、顽强的意志和克服困难的精神。

中长跑技术可分为起跑和起跑后的加速跑、途中跑和终点跑。

1. 起跑和起跑后的加速跑

表6-5列出了起跑和起跑后的加速跑技术要领与注意事项等内容。

表6-5 起跑和起跑后的加速跑

动作	图示	技术要领与用途	注意事项	学练法
起跑和起跑后的加速跑		“各就各位”口令后，走或慢跑到起跑线后，两脚前后开立，眼向前看3～5 m处，身体保持稳定姿势，听到枪声或“跑”的口令时，两臂配合两腿动作做快而有力的摆动，使身体快速向前跑出	1. 注意力集中 2. 尽力占据有利位置 3. 避免踩伤别人和被别人踩伤	1. 依照图示做起跑姿势模仿练习 2. 以组为单位，做站立式起跑“各就各位”口令后的起跑预备姿势若干次 3. 以组为单位，按起跑和起跑后加速跑要领站立式起跑30～80 m

2. 途中跑

表6-6列出了途中跑的技术要领与注意事项等内容。

表6-6 途中跑

动作	图示	技术要领与用途	注意事项	学练法
途中跑		上体姿势是正直或稍前倾，头部自然，眼平视，后蹬动作速度要快、大，后蹬角度要小，摆动腿和两臂快速有力向前摆动	1. 跑的动作和呼吸方法正确，步伐和呼吸协调配合 2. 用意志力克服“极点”现象	1. 中等速度匀速跑80～100 m。 2. 场地或自然地形下，定时（或定距）跑，男生跑6～8 min（1 000～1 500 m）；女生跑3～5 min（500～1000 m） 3. 变速跑（或走跑交替）：100m中速跑加100 m慢跑（或走）；200 m中速跑加100～200 m慢跑（或走）；300 m中速跑加100～200 m慢跑（或走）。总距离：男生1 500～2 000 m，女生800～1 000 m

3. 终点跑

表6-7列出了终点跑的技术要领与注意事项等内容。

中长跑练习中的八不宜

一不宜在汽车来往频繁的路边活动，以免直接吸入灰尘和汽车废气，对身体造成负面影响。

二不宜张口呼吸，长跑运动时吸气最好用鼻不用口，以免吞咽进冷空气，引起胃肠痉挛，导致运动性腹痛。

三不宜穿得太厚、太臃肿，以免妨碍身体的运动，加重身体的负担，以致出汗太多，使风寒乘浑身毛孔张开之时，侵入身体导致感冒等疾病。

四不宜在烟雾多的庭院或街道胡同里锻炼。烟雾、废气都会直接损害人体健康，引发急性支气管炎、肺炎、哮喘等呼吸系统疾病。

五不宜在大风、大寒、大雪、大雾中锻炼，以免发生危险。这一点对于老年人、体质较弱的人尤其重要。

六不宜到偏僻的地方锻炼，以免出现意外时无人救助。

七不宜超强度运动，运动时应量力而行，不能逞强好胜，使体力透支，引起危险。

八不宜在运动后立即饮水，停止运动20～30 min后，可适当饮用淡盐水或温开水，以补充体内因运动而失去的水分和盐分。

表6-7 终点跑

动作	图　示	技术要领与用途	注意事项	学练法
终点跑		终点跑是临近终点的一段加速跑，运动员要以顽强的意志，加快摆臂，加强腿部的蹬摆，竭尽全力冲刺跑。终点跑的距离应根据项目、个人训练水平、战术要求、个人特点和临场情况而定	1. 根据综合情况决定终点跑的距离 2. 跑过终点后注意不要突停并注意安全	1. 按水平分组，由站立式起跑出发，进行200 m、400 m或600 m的中速重复跑，在最后50～150 m处开始适当加速，冲刺跑过终点 2. 按水平分组，由站立式起跑出发，进行男生1 200 m和女生600 m的中速匀速跑，在最后100～200 m处开始适当加速，冲刺跑过终点 3. 按个人体力分配方案：男生1 200～1 500 m，女生600～800 m

6.1.3 蛇形障碍跑及基本技术

蛇形障碍跑是一项在快速跑中培养人的协调性和灵敏性的特殊运动项目。由于本身的趣味性，经常在体育课、运动训练和身体锻炼中运用，对神经反应灵敏性和身体协调性的培养极有意义，健身价值很高。

起跑和终点跑技术同短跑，不再赘述，途中跑技术见表6-8。

表6-8 途中跑

动作	图　示	技术要领与用途	注意事项	学练法
途中跑		依次绕过前后有一定间距的障碍标志物，要求及时调节和改变身体重心及移动姿势。主要锻炼人体的协调性和灵敏性	避免远离标志物，又要避免碰撞障碍标志物	1. 学生模仿教师练习 2. 自由分组，追逐练习 3. 变换为往返或圆周等方式进行练习

6.2 扩大行动自由空间的运动——跳

1. 运动特点

（1）方式简便。跳跃运动是人类的基本活动方式，运动场地和比赛规则简单易行，无须从头学习运动技术，只要掌握一定的练习方法，就能自我锻炼。

（2）内容丰富。跳跃的练习方式很多，如：跳高、跳远、纵跳、跳绳、跳台阶、跨步跳、单足跳、立定跳远、三级及多级跳远、蛙跳等。

（3）爆发协调。跳跃运动要求快速爆发用力，在上下肢的协调配合下，完成各种形式的跳跃练习，有利于培养协调跳跃能力。

2. 锻炼价值

（1）促进生理机能和身体素质发展。跳跃运动主要反映人的爆发力、协调性、速度和力量，经常从事跳跃练习可以有效地提高神经系统的灵活性和支配肌肉收缩与放松能力，改善位觉（平衡感觉）器官和前庭器官的机能，提高平衡与协调能力。

（2）促进心理和认知水平发展。通过跳跃运动的练习，感受扩大和超越自由空间的快感及成功感，强化练习者对动作的空间感知和时间顺序感，对身体的精确控制能力，培养练习者在复杂多变的条件下迅速、准确、协调做出相应动作的能力，有助于发展人的认知、思维、动手能力。

（3）锻炼意志品质和社会适应能力。在一次一次跨越和克服逐渐增加的高度以及远度时，体会成功的喜悦，增强自信心，在失败中感受挫折，在挫折中磨炼意志，提高心理承受能力。从而培养坚韧不拔、积极进取、果断机智、顽强拼搏的意志品质。

跳跃运动的起源与发展

跳跃运动是古人类生存和生活的基本活动方式。

跳高和跳远是人体克服自身重量，征服高度和远度，扩大自由空间的运动项目。蕴蓄了人类勇于探索的丰富的文化内涵。我国早在春秋战国时期就用“愈高超距”作为挑选和训练士兵的手段。非洲和欧洲也曾利用木头、石头跳板以及马匹进行过跳跃练习。

6.2.1 跳高及基本技术

跳高是一项克服人体自身重量，征服垂直高度的运动项目。人体起跳以后像一条飞虹，腾空越过高高的横杆，给人无尽的美感。经常进行跳高练习，不仅能增强人的腿部力量，发展灵巧和协调性，还能培养勇敢、坚定、沉着、果断的意志品质，是一种很好的体育锻炼项目。跳高的过杆方式从跨越式、剪式、滚式、俯卧式到背越式，大致经历了五个时期。本节以背越式为例介绍跳高技术。

跳高技术（背越式）分为助跑、起跳、过杆和落地四个部分。

1. 助跑

表 6-9 列出了助跑的技术要领与注意事项等内容。

表6-9 助 跑

动作	图 示	技术要领与用途	注意事项	学练法
助跑	起跳点 70° ① ② ③ ④ ④ 起跳点 ①走五步 ②走六步 ③走七步 ④跑四步	一般采用8至12步助跑，分直线助跑段与弧线助跑段。直线助跑近似于短路途中跑技术。弧线助跑时身体要逐步内倾。助跑要有节奏，速度要与自身的起跳能力相适应，为准确踏上起跳点做好准备	节奏与速度的控制	1. 圆圈跑，体会身体的内倾感；划定助跑线路，在助跑线上慢跑 2. 连续8步在弧线上节奏跑 3. 在步骤2的基础上加轻起跳练习

2. 起跳

表 6-10 列出了起跳的技术要领与注意事项等内容。

表6-10 起 跳

动作	图 示	技术要领与用途	注 意 事 项	学 练 法
起跳		单脚起跳，当起跳脚（身体侧对横杆，远离横杆的为起跳脚）踏上起跳点时，双臂和非起跳腿做快速的向上摆动，离地瞬间使身体背对横杆	蹬摆协调配合，向上跳跃，避免过早倒杆	1. 在划定的弧线上做放脚起跳练习 2. 小弧线两步助跑起跳练习，节奏为“嗒嗒！” 3. 小弧线四步助跑起跳练习，节奏为“嗒—嗒—嗒嗒！”

3. 过杆

表 6-11 列出了过杆的技术要领与注意事项等内容。

表6-11 过 杆

动作	图 示	技术要领与用途	注 意 事 项	学 练 法
过杆		身体向横杆上方腾起后，头后仰、展体挺髋，小腿放松下垂，形成杆上“桥”的动作，在挺髋基础上，大腿上抬，小腿上伸，从而使身体依次腾跃横杆	身体要背对横杆，注意展体挺髋，避免坐着过杆	1. 练习者躺在铺有海绵垫的矮高台上，体会杆上“桥”的动作 2. 加四步助跑跳上铺有海绵垫的矮高台上，依次体会头后仰、展体、挺髋、小腿肚的肌肉感觉和用力方式

4. 落地

表 6-12 列出了落地的技术要领与注意事项等内容。

表6-12 落 地

动作	图 示	技术要领与用途	注 意 事 项	学 练 法
落地		当身体依次跃过横杆后，重心下落时，低头含胸，屈髋伸膝，以肩背部着垫	注意肩背着垫，避免用头部着垫和双手撑垫	1. 背对横杆（可采用橡皮筋充当），原地跳起做过杆落地练习 2. 四步助跑过低杆落地练习 3. 全程助跑练习背越式跳高技术

6.2.2 跳远及基本技术

跳远是最古老的运动项目之一，在古希腊奥林匹克的“五项运动”中就有跳远。它是表现人体基础跳跃能力的一种方式，通过双脚、单脚踏跳腾跃一定水平距离的运动项目，经常练习可以很好地发展力量、速度、灵敏度等身体素质，培养果敢和积极进取的意志品质。跳远技术依照起跳后的动作姿态，分为蹲踞式、挺身式、走步式跳远，本节以挺身式跳远为主，介绍跳远技术。

跳远技术（挺身式）可分为助跑、起跳、腾空和落地四个部分。

1. 助跑

表 6-13 列出了助跑的技术要领与注意事项等内容。

表6-13 助 跑

动作	图 示	技术要领与用途	注 意 事 项	学 练 法
助跑		助跑同短跑技术基本相同，要做到速度可控，助跑稳定，准确跑上踏板	稳定、可控、有节奏	1. 确定助跑步数或距离，进行加速练习 2. 进行助跑加轻跳结合练习，建立跑跳结合的意识

2. 起跳

表 6-14 列出了起跳的技术要领与注意事项等内容。

表6-14 起 跳

动作	图 示	技术要领与用途	注 意 事 项	学 练 法
起跳		起跳脚踏上起跳板，非起跳脚迅速上摆，双臂配合两腿向前上方摆动	蹬摆协调配合	1. 原地跳起体会蹬摆配合的起跳技术 2. 助跑2步起跳练习 3. 助跑4步起跳练习

3. 腾空

表 6-15 列出了腾空的技术要领与注意事项等内容。

表6-15 腾 空

动作	图 示	技术要领与用途	注 意 事 项	学 练 法
腾空		起跳结束后形成摆动腿在前，起跳腿在后的“腾空步”动作。然后摆动腿和双臂下放，两腿靠拢，挺胸送髋微呈反弓形。继而收腹举腿，身体折叠，准备落地	注意挺身时机，避免身体前旋	1. 走动中进行挺身式模仿练习 2. 助跑4～6步进行起跳和腾空步练习 3. 利用高台或跳板进行挺身式跳远练习

4. 落地

表 6-16 列出了落地的技术要领与注意事项等内容。

表6-16 落 地

动作	图 示	技术要领与用途	注 意 事 项	学 练 法
落地		两脚前伸落地，两腿迅速屈膝，使身体重心移过落点	避免身体后坐和踝膝受伤	1. 立定跳远，进行落地练习 2. 助跑4～6步，利用跳板进行跳远练习 3. 全程助跑练习挺身式跳远完整动作

6.2.3 纵跳

纵跳是一项发展跳跃协调能力的形式，一般表现为原地双脚向上跳起，克服自身重量，获得尽可能高的垂直距离或连续垂直跳跃（见表6-17），如纵跳摸高、跳绳等。

表6-17 纵 跳

动作	图 示	技术要领与用途	注 意 事 项	学 练 法
纵跳技术	1 2 3 4	上下肢协调一致发力，通过上肢的摆动，下肢缓冲和蹬地，向上跳起	蹬摆协调配合	1. 单、双摇跳绳练习 2. 提踵、跳台阶、半蹲跳练习 3. 纵跳摸高练习

6.3 从狩猎和生存技能演化来的运动——投

6.3.1 运动特点和锻炼价值

1. 运动特点

（1）内容丰富。投掷项目的练习内容丰富，如投掷实心球、铅球、垒球、手榴弹等，练习者可根据实际情况选择不同的练习器材，从而达到健身的效果。

（2）形式多样。练习形式多种多样，如推掷，肩上投掷，头上投掷，双手投掷和体侧投掷等，可以最大限度地调动身体各部位的运动能力，促进全身协调发展。

（3）简单易行。投掷项目规则简单易于掌握。一般空地就可进行练习，运动量可大可小，适合于不同年龄、不同性别、不同体质、不同训练程度的人。

（4）协调身体。投掷项目练习过程中，如预摆过程中的“燕式平衡”，“滑步”过程中左右腿的摆蹬，不仅锻炼了平衡性，同时也练习了稳定性，投掷练习通过全身协调用力，大大改善身体的协调性。

2. 锻炼价值

（1）促进认知能力的提高。投掷练习中可以强化练习者对动作的空间感知和时间顺序感，又能在复杂多变的条件下进行身体本体的精确控制，迅速、准确、协调地做出相应的动作，有助于发展人的运动认知和运动思维，促进认知能力的提高。

（2）培养良好的意志品质。投掷练习不仅需要克服肌肉酸痛、培养勇敢顽强的毅力，而且在对抗性活动中还能够果断机智地分析，克服并抑制消极情绪和冲动行为，磨炼人的意志品质，促进良好个性的形成。

（3）提高心理承受能力。投掷练习可以使练习者体会竞争与合作，感悟自我，能够使练习者在练习活动中体验成功，在成功中培育自信，在失败中感受挫折，在挫折中磨炼意志，提高心理承受能力。

6.3.2 铅球

推铅球是在2.135 m直径的投掷圈内，将球握好，持于锁骨窝处，贴紧颈部，站立在投掷圈的后部，经过滑步或旋转，在双脚支撑的情况下，用全身的力量，以最快的速度，把球从肩上推出，铅球落在34.92°的扇形投掷区内，以远度决定成绩的比赛项目。

完整的推铅球技术可分为以下七个步骤：握持铅球、滑步前的预备姿势、预摆和准备滑步、滑步、过渡阶段、最后用力和铅球出手后维持身体平衡。本书以右手推球为例来描述背向滑步推铅球的技术。

1. 握、持球方法

表6-18列出了握持球的技术要领与注意事项等内容。

表6-18 握持球方法

动作	图 示	技术要领与用途	注意事项	学练法
握持球	正面观 侧面观 握球 持球	握球方法：五指自然分开，把球放在靠近食指、中指和无名指的指根处，拇指和小指扶在球体两侧，掌心空出，手腕背屈 持球方法：握好球后，将球放在肩上锁骨窝处，贴紧颈部，掌心向内，右臂屈肘，大臂与躯干夹角约为90°，躯干保持正直	1. 动作自然放松 2. 掌心空出	1. 原地做握、持球的模仿练习 2. 由基本姿势到握持球的转换练习

2. 滑步前的预备姿势

表6-19列出了滑步前的预备姿势的技术要领与注意事项等内容。

表6-19 滑步前的预备姿势

动作	图 示	技术要领与用途	注意事项	学练法
预备姿势	高姿 低姿	高姿势：背对投掷方向站立于投掷圈内沿，体重落于右脚掌上，左脚脚尖点地于右脚跟后方20～30 cm处，上体与头部正直，两眼平视，两肩与地面平行 低姿势：背对投掷方向站立于投掷圈内沿，体重落在弯曲的右腿上，左腿伸向圈中心，以脚尖点地或小幅度上摆等方式作为预摆	1. 保持良好的身体姿态 2. 控制好重心	1. 原地做预备姿势的模仿练习 2. 由站立到准备姿势的转换练习

亚洲第一位世界田径赛冠军

黄志红，生于1965年，身高1.74 m。籍贯：浙江兰溪。在巴塞罗那举行的第五届世界杯田径赛上，以20.73 m的成绩，荣获女子铅球冠军，成为我国及亚洲田径史上第一个获得世界冠军的选手，实现了亚洲选手在世界杯田径赛历史上金牌零的突破。黄志红不仅为中国夺得有史以来的第一个世界田径赛冠军，而且还成为第一位夺得世锦赛冠军的亚洲选手。

3. 预摆和准备滑步

表 6-20 列出了预摆和准备滑步的技术要领与注意事项等内容。

表6-20　预摆和准备滑步

动作	图　示	技术要领与用途	注 意 事 项	学 练 法
预摆和准备滑步		做好预备动作后，上体前屈与地平行，同时右腿屈膝下蹲，左臂自然下垂，回收左腿并向右小腿靠拢，身体重心控制在右脚支撑点上方，形成团身状态。低姿势的团身由左腿伸向圈中心后方，直接回收至右膝成团身状态	1. 控制好身体平衡 2. 右膝把握正确的屈膝，防止重心过高	1. 原地模仿练习 2. 预摆团身练习 3. 燕式平衡练习 4. 双人拉手团身启动练习

4. 滑步

表 6-21 列出了滑步的技术要领与注意事项等内容。

表6-21　滑　步

动作	图　示	技术要领与用途	注 意 事 项	学 练 法
滑步		团身后体重稍后移，在身体重心将要失去平衡的瞬间，左腿向投掷方向伸摆，并以脚内侧落地于投掷圈中线偏左10 cm处，同时右腿积极蹬伸，膝关节接近伸直，上体保持原来背向姿势	1. 两腿动作的协调配合 2. 把握好摆腿蹬地的时机和方向	1. 小幅度的滑步练习 2. 持轻器械滑步练习 3. 利用斜坡滑步模仿练习 4. 利用橡皮筋限定高度的滑步练习

5. 过渡阶段

表 6-22 列出了过渡阶段的技术要领与注意事项。

表6-22　过　渡

动作	图　示	技术要领与用途	注 意 事 项	学 练 法
过渡阶段		滑步动作完成后，右脚以前脚掌内侧着地，不停顿地向内转蹬右脚，左脚低而快地以前脚掌内侧贴紧抵趾板内下沿处压插着地。左脚尖与右脚跟在一条直线上，整个身体成一个良好的“侧弓形”姿势	1. 肩、髋扭紧 2. 形成“侧弓形”	1. 原地模仿练习 2. 持轻器械或标准器械练习

6. 最后用力

表 6-23 列出了最后用力的技术要领与注意事项等内容。

表6-23 最后用力

动作	图 示	技术要领与用途	注 意 事 项	学 练 法
最后用力		滑步结束时，右脚比左脚先着地。右脚着地后，右腿积极蹬伸，推动右髋向投掷方向转动。上体在转动中逐渐抬起，左臂和左肩高于右肩，铅球尽可能保持较低位置，体重大部分仍在弯曲而压紧的右腿上。 右腿蹬伸，进一步将右髋向投掷方向送出，右臂迅速而有力地将球推出。铅球快出手时，手腕稍向内转同时屈腕，快速而有力地拨球，使铅球从手指离开	1. 注意用力顺序 2. 形成良好的“反弓形”姿势 3. 注意左侧支撑	1. 原地徒手练习 2. 原地持轻器械或标准器械练习

7. 出手后维持身体平衡

表 6-24 列出了出手后维护持身体平衡的技术要领与注意事项等内容。

表6-24 出手后维持身体平衡

动作	图 示	技术要领与用途	注 意 事 项	学 练 法
出手后维持身体平衡		铅球离开后，两腿弯曲或交换，降低重心，缓冲向前的冲力，维持身体平衡，防止出圈犯规	1. 控制好出手角度 2. 维持身体平衡	1. 原地维持平衡模仿练习 2. 投掷圈内维持身体平衡模仿练习

铅球运动起源

相传，在公元1150年左右，希腊雅典举行过一次规模宏大、声势浩大的掷重圆石比赛。根据规定，大力士们把圆石高高举起投向远方，以投掷距离的远近来决定优劣胜负。这可说是铅球运动的前身。大约在公元1340年，希腊开始出现了火炮，而炮弹是用圆形铅制成的。为了使得炮手作战时装填炮弹熟练、迅速、敏捷，以提高军队的战斗能力，希腊人就在日常训练中让士兵用同炮弹重量大小相当的石头练习，并进行比赛。后来又用废弃的铅制炮弹代替石头进行模拟训练。这是现代铅球的直接起源。之后，这一训练从部队流入民间，慢慢地变成了投掷铅球的游戏，并很快得以传播，成为广受群众欢迎的体育竞赛项目。1896年，铅球成为第一届现代奥运会上投掷比赛的正式项目。从它诞生之日起，就一直是大力士的钟爱。它使得各国大力士能一展雄风。

6.3.3 实心球

实心球是一项集力量性和动作速度为一体的运动项目，是以力量为基础，以动作速度为核心的投掷项目。影响实心球成绩的有三个因素，实心球的出手初速度、出手角度及出手高度，其中出手初速度是最重要的因素。

投掷实心球的基本技术包括四个部分：握球和持球、预备姿势、预摆、最后用力。

1. 握球与持球

表 6-25 列出了握球与持球的技术要领与注意事项等内容。

表6-25　握球与持球

动作	图　示	技术要领与用途	注意事项	学练法
握持球		握球的方法：两手十指自然分开把球放在两手掌，两手的食指、中指、无名指和小指放在球的两侧将球夹持，（男生两食指接触，女生两食指中间距离为1～2 cm），两大拇指紧扣在球的后上方成“八”字，以保持球的稳定	1. 球应握稳，两臂肌肉放松 2. 在动作过程中能控制好球并充分发挥两臂、手指和手腕的力量	1. 原地做握、持球的模仿练习 2. 由基本姿势到握持球的转换练习

2. 预备姿势

表 6-26 列出了预备姿势的技术要领与注意事项等内容。

表6-26　预备姿势

动作	图　示	技术要领与用途	注意事项	学练法
预备姿势		两脚前后开立，前脚掌离起掷线20～30 cm，前后脚距离约一脚掌，左右脚间距离半脚掌，后脚脚跟稍微离地，两手自然持球，身体肌肉放松，重心落在两脚中间偏前，眼睛看前上方	1. 身体放松正直，重心在两脚间 2. 双手自然持球，放松	1. 徒手预备姿势练习 2. 持器械预备姿势练习 3. 基本姿势到预备姿势之间的转换练习

3. 预摆

表 6-27 列出了预摆的技术要领与注意事项等内容。

表6-27　预　摆

动作	图　示	技术要领与用途	注意事项	学练法
预摆		预摆是为最后用力提高实心球的初速度创造良好条件，预摆次数因人而定，一般是一至二次。当最后一次预摆时，球依次从前下方经过胸前至头后上方，加速球的摆速。此时上体后仰，身体形成反弓形，同时吸气	1. 上体切勿过分后仰 2. 双手持球充分拉伸身体	1. 原地预摆模仿练习 2. 连续多次预摆模仿练习

4. 最后用力

表 6-28 列出了最后用力的技术要领与注意事项内容。

表6-28　最后用力

动作	图　示	技术要领与用途	注 意 事 项	学 练 法
最后用力		最后用力是投掷实心球的主要环节，动作是否正确直接影响球的初速度及抛球角度。最后用力动作是当预摆结束时两手用力握球，积极从后上方向前上方前摆，此时的动作特点是蹬腿、送髋、腰腹急振用力，两臂用力前摆并向前拨指和腕，旨在提高手臂的速度	1. 注意出手的时机和高度 2. 注意用力顺序	1. 徒手模仿最后用力练习 2. 持器械模仿最后用力练习 3. 持器械最后用力投远和投准练习

远古投掷运动

铅球是世界田径赛场上的传统项目。在远古时期，面对严酷的自然环境和原始低下的生产力，人类要在地球上生存延续下去，不仅要跑得快，或迅速跳越障碍去追捕各种动物，或逃避猛兽的袭击，还要学会利用工具把石头、梭标、鱼叉等投得又远又准，以便击中猎物而获得食物。奴隶制时期，随着人类的进化、社会的进步，掷重石已成为重要的作战方法。为了提高各自的战斗力，掷重石就被当作重要的训练手段。古希腊时期，曾一度流传着投掷石块的比赛，并将此作为选拔大力士的重要标准。

【思考题】

1. 短跑全程跑包括哪几个阶段？
2. 当代短跑技术发展有哪些特点？
3. 中长跑的特点和锻炼价值是什么？
4. 什么是“极点”和“第二次呼吸”现象，怎样克服“极点”？
5. 蛇形跑的健身价值有哪些？
6. 背越式跳高分为哪几个技术阶段？其基本要求是什么？
7. 跳远助跑、起跳技术和挺身式空中姿势的基本要求是什么？
8. 跳跃运动的健身价值何在？
9. 纵跳对发展跳跃协调能力有何意义？
10. 背向滑步推铅球的完整技术分为哪几个部分？
11. 决定投实心球成绩的主要因素有哪些？
12. 如何发挥投掷项目的价值，促进自己全面发展？

第7章　力与美的和谐——体操运动

通过本章的学习，你将能够：

1. 运用器械体操的各种技术进行有效的锻炼。
2. 有效发展身体素质，特别是灵活性、柔韧性和力量素质。
3. 有效发展心理素质，提高勇敢、果断、机智等意志品质。
4. 成为欣赏竞技体操比赛的内行。

休操运动的起源与发展

体操是一种徒手或借助器械进行各种身体操练的体育项目。体操源于古希腊语，其意大利语为“裸体技艺”，因为他们当时都是赤身裸体进行操练的。“体操”的含义和内容随着时代的变迁而有所不同。

现代体操的正式名称是竞技体操，它是体操的一个分支，又简称为体操，是一项在规定的器械上，完成复杂、协调的动作，并根据动作的分值或动作的难度、编排与完成情况等给予评分的运动。现代体操起源于18、19世纪的德国、瑞典、丹麦等欧洲国家。1952年赫尔辛基奥运会把体操列为正式比赛项目。

体操，在我国历史悠久，在文献和出土文物中多有记载。据专家研究，我国古代体操有两类：一类是强健筋骨预防疾病的体操，其中，最有代表性的是古代药学名著《内经》中的“导引养身术”。出土的导引图，距今已有2 100多年之久，不仅年代早，而且内容丰富，有肢体运动、呼吸运动、器械运动等。另一类存在于古代乐舞、杂技、戏剧和流传于民间的技巧运动中。

体操运动是通过徒手、持轻器械和在器械上正确完成各种类型的不同难度动作的练习，并要求有一定艺术性的体育项目。体操运动项目较多，内容丰富，便于普及。合理地选择体操运动的项目与内容，坚持经常锻炼，就能全面增强各运动器官、内脏器官的功能，提高神经系统的灵敏性，促进人体的全面发展。

7.1　运动特点与锻炼价值

1. 运动特点

(1)广泛的群众性。体操内容丰富，不同人群可以根据年龄、性别、职业、身体条件、训练水平以及不同的设备条件，因人、因时、因地选择适合自己的项目和动作进行练习，达到健身锻炼的目的。因此，体操的内容适用于所有人群。

(2) 运用保护与帮助。保护与帮助不仅是一项安全措施，而且是体操学练中特有的手段。对一些难度较大的或技术较为复杂的动作，采用保护与帮助既可以预防伤害事故的发生，又能加速建立正确的动作技术概念，相互之间的保护与帮助还能培养练习者团结互助的良好作风。

(3) 较强的艺术性。体操中包含着许多有较强艺术性的内容。体操练习不仅要完成技术动作，还要根据技术动作完成质量和身体姿态评定成绩。因此，体操中无论是单个动作还是成套练习，都要求协调、准确、优美、舒展地完成。

2. 锻炼价值

(1) 提高生理功能，促进全面发展。体操的内容丰富，完成动作的方法灵活多样，如倒立、转体、屈伸、支撑、悬垂、滚翻和翻腾等，合理地选择锻炼项目和内容并坚持锻炼，能全面增强人体运动系统、内脏器官和神经系统的功能，促进人体的全面发展。同时，还可以针对性地锻炼身体的某些部位或发展某种身体素质，如肩关节的灵活性、腿的柔韧性、臂部的力量等，都可以通过选用专门性的练习，达到锻炼身体的目的。

（2）培养良好姿态，矫正不良姿势。体操练习对身体的基本姿态要求非常严格。身体要挺拔，两臂要舒展，两腿要求伸直，脚面要绷平，动作幅度要大，屈伸要有节奏感。体操的对称练习能防止有些项目单侧肢体过度用力的现象，如引体向上、双臂屈伸等练习可促使身体匀称协调地发展，能矫正驼背及左右臂粗细不一，起到矫正形体，使身体正常发育的作用。

（3）促进心理发展，提高认知能力。技巧运动对提高前庭器官的分析机能有特殊作用。体操运动主要的基本功之一由倒立和各种经倒立的翻转动作组成，初学时有可能产生头晕、恶心等不良反应。但只要经常做倒立、滚翻及翻转，不仅改善大脑的血液循环和脑机能，而且对提高大脑的聪慧，增强记忆力，提高逆向思维都是有好处的。

（4）培养意志品质，提高适应能力。体操有很大的危险性，特别是初学者，没有一定的胆量是很难完成各种复杂动作的。体操通过翻腾、转体、平衡、腾越等动作练习，可以较好地锻炼人的勇敢、果断、沉着、机智，以及勇于克服困难，敢于跨越人生各种障碍的良好品质，从而有效提高对未来社会的适应能力。

体操运动对思维的影响

体操技术动作，主要是人身体各部分相互运动的配合，是身体与器械的相互位移变化，以及时间、空间的多样变换等。其技术操作难度较大，同时还要求动作协调、自然、舒展大方、姿态优美。因此，体操练习需要有良好的空间思维、形象思维和逻辑思维能力，长期练习对这些思维能力均有较好的影响，同时还可以有效地提高练习者的观察力、判断力、想象力等。

7.2 体操技术

7.2.1 技巧

技巧运动是广大群众和青少年十分喜爱的体操项目之一，系统地练习技巧运动对于提高前庭器官的分析机能，训练肌肉放松和紧张的协调能力，增强关节韧带和骨骼系统，都有良好的作用，并能培养勇敢、果断、机智等意志品质。

1. 滚翻

表 7-1 列出了滚翻的技术要领与注意事项。

表7-1 滚 翻

动作	图 示	技术要领	注意事项
团身前滚翻		由蹲的姿势开始，两手向前撑地，两脚蹬地（腿伸直），同时提臀、臂，低头，使头后部、背、腰和臀部依次着地。当背部着地时，屈膝团身，两手抱小腿，上体迅速紧跟大腿，向前滚动成蹲的姿势	保护者蹲立在练习者的侧前方，当滚动到臀部着垫时两手扶腰托背，助其滚动成蹲立姿势

续表

动作	图　示	技术要领	注意事项
团身后滚翻	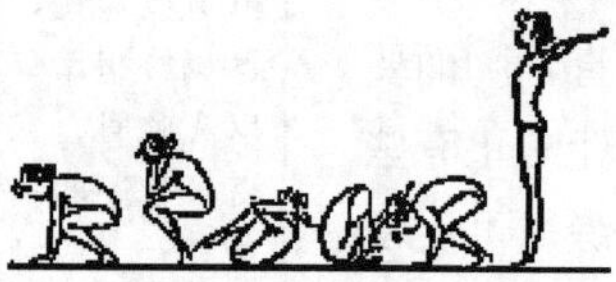	由蹲撑姿势开始，身体稍向前移，随即两手推地，使身体迅速向后移，接着低头团身向后滚动，同时两手放在肩上，手指向后，掌心向上，使臀部、腰和背部依次着地。当向后滚动至肩和头部着地时，两手迅速用力推地，抬头，两脚着地成蹲撑姿势	保护者蹲立在练习者的侧后方，当滚至肩部着地时，一手托肩，一手拨臀助其翻滚，成蹲立
鱼跃式前滚翻	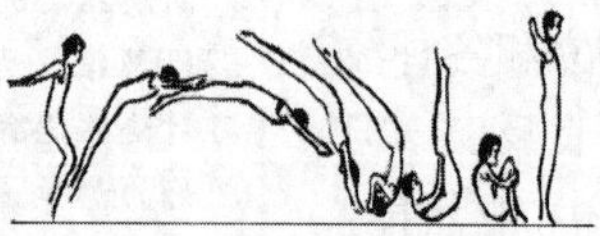	由两臂后举半蹲姿势开始，两臂前摆，同时两脚用力蹬地向前上方跃起。当手撑地后，缓冲屈臂，低头屈体前滚，到肩背着地时，迅速团身屈膝，经蹲成直立姿势	保护者站在练习者的体前侧，当跃起后一手托肩，一手托大腿，帮助腾空翻转注意及时扶垫
跪跳起		从跪撑举臂开始，屈髋后坐两臂后摆，上体稍前倾，接着两臂用力前摆（提肩）至水平位置时制动，同时两脚背用力推垫伸膝，快速展髋，提膝收腹成蹲立	保护者站在练习者的侧方，随其摆臂展髋提拉上臂使之成蹲立姿势

2. 手翻

表 7-2 列出了手翻的技术要领与注意事项。

表7-2　手　翻

动作	图　示	技术要领	注意事项
侧手翻		由右脚站立、左腿侧举、两臂侧举的姿势开始，上体向左侧倒，左脚落地；接着右腿蹬地向侧上方摆起，左手撑地（手指稍向左后方），左脚用力蹬地；然后右手撑地经分腿倒立姿势，左手推离地面，右脚落地；接着右手推离地面，左脚落地成分腿站立姿势。整个动作应使身体沿垂直面、手脚落点在直线上进行	
头手翻		由两臂上举直立姿势开始，上体迅速前屈，两腿稍屈蹬地，用两手和头的前上额撑地（头手成三角形），经屈体头手倒立；当臀部超过支撑垂面时，两腿猛力向前上方伸展髋关节，同时两手用力推离地面。身体在腾空时，尽量保持向后屈体，直至两脚落地成直立	

3. 倒立

表 7-3 列出了倒立的技术要领与注意事项。

表7-3 倒 立

动作	图 示	技术要领	注意事项
肩肘倒立		由直角坐姿开始，向前滚动，收腹举腿翻臀，两臂用力撑地，接着向上伸展两腿的同时，两手撑于腰背的两侧（两肘内夹），成肘、头和肩支撑的倒立姿势	保护者站在练习者的背侧后方，当练习者后倒举腿时，两手握其脚腕(也可用小腿和膝顶住背腰部)向上提拉或扶住，使其倒立正直静止一定时间
头手倒立		由蹲撑姿势开始两手与肩同宽在体前撑地，接着用前额上部在两手前撑地，头和手成等边三角形支撑。然后两腿蹬直提臀，当臀部在支撑点的垂直面时，伸直髋关节成倒立姿势	保护者站在练习者的前侧方，双手先扶腰部，当成倒立时再扶腿部

4. 劈腿

表 7-4 列出了劈腿的技术要领与注意事项。

表7-4 劈 腿

动作	图 示	技术要领	注意事项
前后劈腿		有前后分腿站立开始，后脚或前脚滑落成前后分腿坐的姿势，两臂侧平举	
左右劈腿		由左右大分腿立撑开始，两脚向左右滑落成左右分腿坐的姿势，两臂侧平举，使大腿的内侧接触地面	

7.2.2 单杠

单杠是竞技体操男子项目之一。单杠上的动作都是动力性动作，包括有摆动、屈伸、回环、转体、腾越、换握、空翻等，多以身体绕杠旋转的形式完成，作为比赛的成套动作不能有停顿。经常进行单杠练习，可以培养勇敢、顽强的意志，增强上肢、肩带、躯干肌肉的力量和柔韧性，提高身体的协调性以及前庭分析器官的平衡能力。

1. 单杠的握法

表 7-5 列出了单杠的握法的技术要领与注意事项。

表7-5 单杠的握法

动作	图 示	技术要领	注意事项
正握		两拇指相对握杠	拇指要与食指、中指扣紧。但不要扣得太死
反握		两臂外旋，两手的大拇指向外握杠	同上

2. 单杠技术

表 7-6 列出了单杠技术的技术要领与注意事项。

表7-6 单杠技术

动作	图示	技术要领	注意事项
直臂起摆	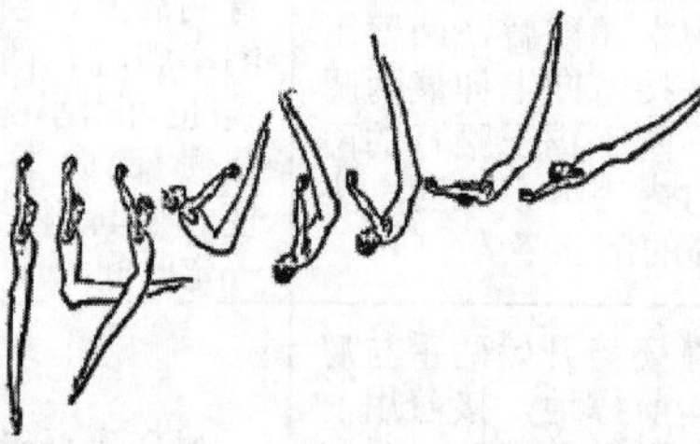	正握悬垂，收腹举腿至水平位置后，两腿后摆，向前振胸；接着上体后倒，两臂伸直压杠，迅速收腹举腿沿杠向上伸展。当身体前摆肩过杠下垂直部位后，两腿向前上方沿弧线伸出，送髋，两臂伸直向后带杠，拉开肩角，身体伸直自然后摆	
单脚蹬地翻身上成支撑	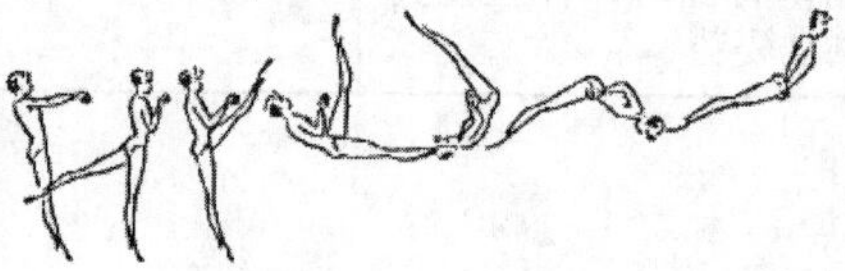	由直臂正握杠站立开始，接着屈臂，左腿迅速经前后向前上方摆起，右脚蹬地后与左腿并拢；同时屈臂用力引体，倒肩，腹部靠杠。当身体翻转两腿至杠后水平部位时，制动两腿，抬上体，翻腕撑杠，两臂伸直成支撑	保护者站在练习者的侧前方，一手托臀，一手托肩，当翻成正撑时，随即换成扶肩托腿
支撑单腿摆越成骑撑		由支撑开始，左手反握杠，直臂顶肩，重心左移，右手推杠，右腿摆越成骑撑	保护者站在练习者的左侧方，两手握上臂帮助移动重心及越杠平衡
骑撑后倒挂膝上		由右腿骑撑开始，两臂伸直撑杠，身体重心后移，接着左腿稍后摆，右腿屈膝挂杠，上体后倒。身体前摆时，髋左侧挺直。当左腿摆至杠前水平位置时，迅速制动。当身体后摆至杠下垂直部位时，两臂和右腿同时用力压杠，左腿继续后摆成骑撑	保护者站在练习者的前侧方，一手握臂，一手压大腿帮助划弧并固定姿势
骑撑前回环	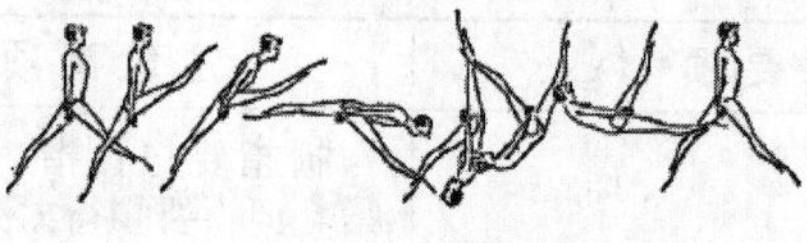	由右腿骑撑两手反握开始，两臂伸直撑杠，身体重心前移，左大腿上部靠杠，右腿举起向前跨出，同时上体挺直迅速前倒。当上体回环至杠后水平位置时，右腿压杠、屈髋，左腿继续后摆，同时向上挺胸，两臂伸直压杠、翻腕成骑撑	站在练习者侧前方，一手从杠下翻握手腕，一手托腿帮助前跨，当回环过杠下垂直部位时，另一手换托背，帮助成骑撑

续表

动作	图示	技术要领	注意事项
骑撑转体180°成支撑		由腿骑撑右手反握开始，体重移在右臂上，左手松杠，上体稍向右后倒；同时以右臂为轴向右转体，髋左侧始终伸开。转体时，以上体的转动带动左腿摆越过杠，然后左手换握成支撑	站在练习者前面，两手握右腿帮助转体和维持平衡
支撑后回环		由支撑开始，两腿稍前摆，接着用力后摆，两臂伸直撑杠，在身体下落腹部贴紧杠的同时上体迅速后倒，两腿前摆稍屈髋，当回环肩过垂直面时抬头翻腕挺胸成支撑	帮助者站在杠后侧方，当练习者两腿后摆时一手握肩，一手托大腿，当回环时一手扶背，一手托大腿帮助回环及固定支撑
支撑后摆转体90°下		由支撑开始，腿先前摆，肩稍前倾，接着借前摆时杠的反弹力两腿用力向后上方摆起，当摆至接近极点时，左手推杠向右转体90°下	帮助者站在杠后侧方，后摆时一手握臂，一手托腿帮助后摆转体
后倒弧形下		由支撑开始，梗颈上体后倒，同时两腿前摆并向前上方举起，稍屈髋，当肩摆至杠下垂直部位时，两腿迅速向前上方沿弧线伸出送髋，两臂推直向后用力带杠，拉开肩角后松手，接着两腿下压，身体经弧形挺身腾空下落	保护者站在杠前侧方，手从杠下翻握练习者的手腕，另一手在其后倒时托腰部，帮助身体靠近杠，并前送至腾空落地

7.2.3 双杠

双杠是男子竞技体操项目之一，通过支撑和悬垂来完成各种摆动、摆越、屈伸、弧形、回环、空翻、转体及各种静止用力动作（见表7-7）。经常进行双杠练习，对发展上肢、肩带、腹背力量都有显著效果。能培养练习者坚毅、勇敢、果断的优良品质。

表7-7 双杠技术动作

动作	图示	技术要领	注意事项
支撑摆动		支撑摆动时两臂伸直顶肩，以肩为轴，随着身体的前后摆动，肩部前后移动幅度应尽量减小。身体摆至杠下垂直位置时腹部和腰部要稍放松，以便腿做向前或向后的加速摆动	保护者站在杠侧，一手握练习者的上臂以稳固支撑，另一手在前摆时托背，后摆时托腹（或大腿），助其摆动

续表

动作	图示	技术要领	注意事项
分腿坐前进		由分腿坐开始，推手挺身，腿蹬直，两腿内侧夹杠前转髋，臂平举随身体前移，两手体前稍远处握杠，同时用大腿弹杠，后摆进杠并腿，再向前分腿坐	保护者站在杠侧，当练习者两手撑杠后摆时，一手握其上臂，一手托大腿
分腿坐前滚翻成分腿坐		由分腿坐开始，两手于靠近大腿处握杠，上体前倒，顺势提臀、屈体，同时两肘分开屈臂，两肩以三角肌处撑杠。当臀部前移过肩上方时，并腿前滚，两手迅速向前换握杠。臀部接近杠面时，两腿分开大些并下压，两臂压杠撑起成分腿坐	保护者站在练习者侧方，一手扶腿另一手杠下托肩帮助提臀屈体，随其前滚后，两手迅速换至杠下托背部和臀部
分腿坐成肩倒立前滚翻成分腿坐		由分腿坐开始，上体前倒同时提臀弯腰低头，双手在体前靠近大腿处握杠，当肩触杠时，两肘向外张开，两肩或大臂在手前撑杠，并腿上举伸髋，紧腰成直体倒立姿势。停止3 s，然后推手屈体向前滚翻成分腿坐	保护者站在练习者腿前侧方，一手从杠下托肩，另一手在杠上扶背，当倒立时扶肩扶背，稳定倒立，当前滚翻时其保护方法同前滚翻
右外侧坐向左越两杠直角下		外侧坐时，左腿屈膝，小腿后伸，右腿向后伸直。摆越两杠时，两臂撑直，肩左移稍后倒，利用压杠的反弹力两腿迅速向左上方摆起并拢，接近最高点时制动腿，右手推杠，换撑左杠，接着左手推杠侧举、腿下压、挺身落地	保护者站在右杠外侧方，右手扶练习者上臂，左手从杠上托他的腰或臀部，帮助摆腿越过杠
前摆下		由支撑摆动开始，当身体前摆过垂直部位时，稍屈髋，加速向前上方摆动，腿摆出杠面后身体重心稍左移，两腿也主动向左外移，脚摆动到最高点时制动，右手顶肩推杠，换握左杠，接着两腿下压，左手推杠至侧举，挺身落地	保护者站在练习者的左侧后方，左手握其左上臂，右手托其臀部，帮助出杠

7.2.4 支撑跳跃

支撑跳跃是一项锻炼价值较大的体操项目。有正向腾越、侧向腾越、手翻腾越、空翻转体等。它主要用两腿和两臂的力量，经过两手有力的推撑越过器械并具有一定的高度和远度，

作出分腿、屈腿、手翻、空翻等动作，可以发展臂、腿部肌肉力量，同时可以培养勇敢、果断和克服困难的意志品质。

支撑跳跃的技术结构：支撑跳跃的动作技术可分为助跑、踏跳、第一腾空、推手、第二腾空和落地几个部分。

（1）助跑。助跑是为了获得一定的水平速度。助跑时要有节奏，沿直线逐渐加速，距离约 20 m。两臂配合腿的动作自然摆动，上板前的一步两臂向后下方弧形摆动。

（2）踏跳。踏跳是将助跑所获得的水平速度转变为向前上方腾起的速度。踏跳多采用单脚起跳，双脚落板的技术。助跑的最后一步摆动腿低而迅速前摆，蹬地腿蹬地后快速与摆动腿并拢向前下方伸出，使两脚落板时赶在身体前面而产生制动作用，踏跳要快速有力，两臂向前上方摆起。

（3）第一腾空。脚蹬离跳板至手触器械为第一腾空。要求有一定的高度和远度，蹬离跳板后要稍含胸，微屈髋关节，两臂前伸，两腿伸直向后摆起。

（4）推手。手触器械到离器械。推手要短促有力、及时。要求两臂伸直顶肩，两手猛力地向前下方推离器械，使身体获得较大的支撑反作用力，再次向前上方腾起。

（5）第二腾空。从手推离器械到落地为第二腾空。要求两臂向前上方摆起，上体急振，伸展髋关节，保持挺身姿势。

（6）落地。落地时，用前脚掌先着地，很快过渡到全脚掌。髋、膝、踝各关节弯曲缓冲成半蹲，两臂斜上举，全身紧张，努力做到身体平衡。当身体稳定后，成站立姿势。

支撑跳跃学习的重点是助跑、踏跳和推手（见表 7-8）。

体操运动对职业技能的影响

体操运动对肌肉工作的节奏性、精确的时空感、神经系统的兴奋与抑制在空间和时间上的协调能力，以及对前庭器官均有良好的影响。适合于灵活性强、空间作业、精细分化操作等职业，如描图、仪表、化验、财务、文秘、钟表、家电维修、建筑、装潢等。

体操运动应摒弃的不良行为

体操运动多数在器械上完成，即便是技巧运动也有翻腾动作，因此有较大的危险性。练习中禁止相互打闹，以免发生危险和伤害事故。另外，体操要求练习者有较高的表现力，若不注意辩证地把握这一特点，容易使人形成虚浮自傲的性格。

表7-8　支撑跳跃

动作	图　示	技术要领	注意事项
横马（箱）斜进直角腾越		从右侧斜进助跑，左脚在前踏跳，同时上体稍后仰，右手撑马，右腿向前上方摆起，左脚踏板后，迅速与右腿并拢，左手在体后撑马，接着右手推离马，两腿向前下压，展髋挺身落地。成左手扶器械，右手斜上举站立	保护者站在练习者落地的一侧，右手扶其右上臂，左手托臀部帮助腾越过器械
山羊分腿腾越		快速助跑，积极踏跳，领臂含胸，髋稍屈，向前上方腾起，两臂主动向前伸，空中紧腰固定髋关节，手扶山羊，同时稍提臂，腿向两侧分开，两手积极有力推离山羊立即制动腿，上体急振，抬上体挺身落地	保护者站在山羊前，两手握练习者的上臂，帮助推手挺身

续表

动作	图示	技术要领	注意事项
横马(箱)分腿腾越		助跑踏跳后，身体向前上方跃起，两臂主动前伸，稍含胸、紧腰，手扶马，接着提臀，两臂用力向前下方顶肩推手，两腿向两侧分开。推离器械时（肩不超过支点）两臂斜上摆，带动身体上振，挺身落地	同上

如何克服体操学习中的恐惧心理

体操把空间位置变化与器械大小结合起来，是在支撑、悬垂、跳跃或转体等各种复杂和多变的条件下进行的，因此初学体操时，练习者容易受动作难度和器械高度的影响而产生恐惧心理。而恐惧心理的出现会引起大脑皮层发生保护性的抑制（即防御性反射），从而降低了高级神经活动的兴奋性，并且会产生一系列的动作与生理的异常变化：如肌肉僵直、动作不协调、出现多余动作的干扰、临场心率过速、呼吸困难、出虚汗、血压升高，从而影响动作技能、技术的掌握和完成，因此必须克服。一般采用以下措施：重视体操专项素质训练，打好基础；加强保护与帮助，消除防御性反射；降低动作难度和器械高度，使练习者树立信心，增强勇气。

【思考题】

1. 体操有哪些锻炼价值？

2. 体操为什么能够培养人的果敢、顽强和吃苦耐劳的意志品质？

3. 上网查找我国体操健儿训练和比赛的资料，我们应向他们学习什么？

4. 如何克服体操学习中的恐惧心理？

第8章　中华武术与防卫运动

> **武术的起源与发展**
>
> 原始人类在猎取食物过程中总结发展了技击之术，因此说“民物相攫而有武矣”。军事战争促进了武术的快速发展，直至明代才逐渐形成近代武术运动的雏形。中华武术的发展演进始终充满着中华民族的智慧，在长期的文化熏陶和社会实践中，逐渐形成了独具东方文化特色的民族体育运动形式，蕴含着深邃的哲学思想和道德观念，并融儒、释、道、医、兵、艺于一体，构成了庞大的民族文化体系，堪称中华民族优秀传统文化的代表。
>
> 武术发展过程中演化出许多流派，如少林、武当、峨眉、南拳等为武术主要的四大流派，四大流派内部，又有许多支派，各支派中某一套路如有显著特色，又可能发展为新的支派。在四大流派之外，有数量更多的较小一些的派别，犹如满天繁星，形成了中华武术文化的大观。

通过本章的学习，你将能够：

1. 运用武术的基本理论、基本技术进行有效的健身锻炼，提高身心素质。
2. 运用武术与防卫运动技法进行实战搏击和防身自卫。
3. 以武术为载体体悟优秀的民族传统文化，激发爱国热情。
4. 养成坚韧不拔、勇敢顽强、吃苦耐劳、团结合作的良好品质。
5. 成为欣赏武术表演和比赛的内行。

8.1　博大精深的中华武术

中华民族历史久远，在五千多年的发展过程中，形成了独特的文化形态和深邃的文化内涵，同时也孕育出了许多独具民族风格特色的体育活动方式，其中武术就是在源远流长的历史长河中形成的一种独特的文化和运动形式。“止戈”为武，即“以武力降伏武力的方法”，因此，“搏杀”是武术的本质，在古代主要用于战争和防卫。随着社会的不断进步和发展，以及冷兵器时代的过去，武术逐渐朝着体育方向转化，并发挥着文化承载、健身娱乐、防身自卫等功能价值。中华武术是民族文化瑰宝，深受世界人民喜爱，并备受国际友人的青睐，成为传播文化、增进友谊的媒介。

8.1.1　运动特点

1. 承载文化

武术无论从拳理拳法，还是具体动作，甚至名称，都能强烈地感受到中国传统文化的气息。比如太极拳、五行拳、八卦掌，其拳理就是从阴阳、五行、八卦思想中直接生发出来。实际上，中国所有武术都讲究阴阳变化。故拳家常说：能动能静、拳道之圣。所谓“能动能静”，讲的就是阴阳变化。阴阳变化是中国传统文化的基本思想，这在儒、释、道、医、兵中均有体现。武术在中国传统文化的环境里发展、完善，充分凝聚了中国传统文化的内涵，并体现中国传统文化特征。在美国有句“名言”：不懂武术，则不知中国人。从这句话可以看出，武术已是“中国人”的象征，是中华文化的代表，是中华民族精神所在，是文化的延续。

武术中应该摒弃的不良行为

通过武术练习可以有效提高身体素质和攻防技击能力。因此，我们一定要把武术作为体悟中华民族文化的载体和作为健身防身的手段来对待，绝对不可把武术当作逞强斗狠、恃强凌弱的工具。习练武术要讲究武德，尊师重道，遵守社会公德，不能为了个人私利而习武或利用习练的功夫去违反法律或社会公德。另外，武术流派众多，拳种各异，无论习练哪个拳种，要想有所成，都需要抛开门户之见，广学博采，才能真正感悟博大精深的中华武术。

2. 攻防技击

武术动作的攻防技击性是武术的本质特性，离开这一特点，将不能称之为武术。武术动作都蕴含着格杀的内涵，尽管随着表演武术的出现，通过编排，很多套路中有些动作有夸大的表现形式，但也都能够表现出动作的攻防技击意向。因此，为了掌握真正的武术，在练习中必须加强攻防技击意识的培养。

3. 内外合一

武术运动以整体统一的观念作为训练和应用的准则。武术理论认为：人体内在的，无形的意、气、劲，与外部有形的肢体是不可分割的整体，要求意、气、劲、形统一，即“内外合一”。内指心、神、意、气、劲等内在的心志活动、气息和劲力的运行；外指手、眼、身、步等外在的形体活动。内与外的和谐统一是武术的基本要求。如太极拳要求“以心行气，以气运身”“其根在脚，发于腿，主宰于腰，形于手指，由脚而腿而腰，总须完整一气”。形意拳讲究六合，即“心与意合，意与气合，气与力合，手与足合，肘与膝合，肩与胯合”。其他器械的练习也要求“身心相契”协调配合，内外完整统一。

4. 内容丰富

武术流派繁多，内容丰富多彩，运动形式多种多样。按照运动形式，武术可分为套路运动、功法运动和搏斗运动。三种运动锻炼形式不同，但相互联系、相互为用。而且练习者可根据自己的实际情况选择不同内容练习，不受身体状况的影响。

8.1.2 锻炼价值

1. 壮内强外，颐养身心

武术强调内外兼修，形神兼备。武术谚语有：“内练精气神，外练手眼身”“外练筋骨皮，内练一口气”等。武术内外俱练，以求壮内强外，获得身心全面发展，对人体外部形态和各内部器官都有良好的影响。现代科学研究表明：武术对人体器官机能的影响是广泛的，经常习武的人，其灵敏、柔韧、力量、耐力等身体素质都能得到提高；骨骼抗折、抗弯、抗压、抗扭能力加强；呼吸系统和心血管系统机能得到加强；神经系统的灵活性和均衡性得到改善。实践证明，武术对外能利关节、强筋骨、壮体魄；对内能理脏腑、通经脉、调精神；另外，武术修炼中强调调息行气和意念活动等心法练习，而心法练习都以“心静”为基本要求，这些对调节内环境的平衡，调养气血，平和心境，调整心理状态十分有益。总之，武术在调节人的身心健康方面具有其他体育项目无法代替的作用。武术颐养身心的价值已成为中华武术熠熠生辉和广为流传的基础，同时也逐步形成了中华民族特有的健身文化。

2. 防身御侵，磨炼品质

从武术的起源及发展史来看，武术是作为人类生存的手段之一被加以广泛传播，直接表现为武术的防身御侵价值。经常习练武术，可以使人们防身制敌、主持正义、有备无患。另外，武术的防身御侵价值还能激发人们习武的积极性，增强格斗意识。尤其在当今社会中，处处存在着竞争和挑战，没有良好的意志品质很难实现自身的发展，习武练功是苦差事，它需要习练者具有坚强的意志，俗话说“要练武不怕苦”“冬练三九、夏练三伏”。因此，习武不但能培养练习者战胜困难的意志，而且能增强人们的竞争意识，有利于在竞争中立于不败之地。

3. 提高认知，培育精神

在练习过程中，要学会思考，对技术动作进行琢磨，并将各种内容记入大脑里，这对人脑的记忆能力是很好的锻炼，长期练习，能够减缓记忆力衰退，能够提高人的认知水平。

文以心评，武以德显。通过习武可以培育学生养成坚毅、果敢、豁达和尚武崇德的精神。而这种精神正是中华民族精神在武坛的缩影。“尚武”能培育“自强不息”的精神。能使尚武者养成见恶不畏、见强不惧、勇于拼搏的良好意志品质，这正是“自强不息”精神的具体体现。“崇德”能培养“厚德载物”的气度。武术传习中，强调武德教育，要求习武者讲手德、口德和公德。手德即较技时不以武力伤人，就是对坏人，也以擒拿、点穴等制服敌人为尚；口德即不出言不逊用语伤人；公德即遵守社会道德规范，不做扰乱社会治安的事。这些崇尚道德的修养，能逐步使习武者养成与人友善、淳厚处世、宽以待人的气度，这正是“厚德载物”的具体体现。而“自强不息”和“厚德载物”正是数千年来中华民族自立于世界民族之林的民族精神。

当代社会要把习武同培养正确的社会主义荣辱观，发扬祖国的灿烂文化，热爱祖国，弘扬民族精神和爱国主义联系起来，当代大学生尤其要加强民族自豪感和提高民族自信心，维护中华民族的尊严，要见义勇为、疾恶如仇、维护国家和人民利益；尊老爱幼、尊师重道、乐于助人；更要通过习武来磨炼自身的德、勇、智、恒的坚定意志。

抱拳礼

古代习武者相见，以抱拳为礼。此礼有中国民俗特色。习武者不以握手为礼，意在避对方猜疑也避对方可能暗藏杀机（擒拿中有趁伸手相握之机擒住对方的手法）。自1986年起，武术竞赛中实行抱拳礼，制定了统一的抱拳礼规则，赋予其新的含义。

方法：右手握拳，左手拇指屈回，其余四指并拢掩掌于右拳上。拳掌距胸20～30 cm，两臂屈圆与胸齐平。行抱拳礼时，要求下肢并步站立，头正身直，目视受礼者。

含义：右手握拳喻“尚武”“以武会友”。以左掌掩右拳，喻“止戈为武”，拳由理来；屈左拇指，喻不自大。左掌四指并拢，喻四海武林同道团结齐心，发扬武术。

8.2 武术基本功与基本动作

武术基本功和基本动作是初学者入门的基础。武术谚语 “练武不练功，到老一场空”中的“练功”就有基本功的含义，因此说武术基本功是非常重要的。武术基本功，是以武术运动中具有共性的基础训练为运动内容、以获得和运用武术技法必备的各种根本能力为锻炼目的的一类武术运动形式。它包括以提高体能为主的功法部分和提高技能为主的单操部分。“功法”练习可以按身体部位分为头功、臂功、腰功、裆功、腿功等；单操练习通常以基本动作和典型动作为操练内容。武术基本功是保证武术运动具有好的体能，以及使技能水平

武术运动对思维的影响

武术是以中国传统文化为理论基础，以徒手和器械的攻防动作为主要锻炼内容，以套路、技击（散手）、功法为运动形式的中国传统体育项目。它融儒、释、道、医、兵、艺于一体，无论是套路、功法练习，还是技击实战，都强调运用传统文化中的哲学观、整体观、天人合一观等进行指导。因此长期练习武术，会对人的思维产生良好的影响，如果能将这些良好的思维方式运用到学习、工作和生活当中，必将对自身的发展大有裨益。

不断提高的有效手段，同时基本功的练习能够有效防止运动损伤的发生。武术典型技术动作中最简单的基础动作，称为武术基本动作，一般以构成完整动作的任一武术技法环节为一个基本动作。例如：弓步冲拳包括弓步和冲拳两个基本动作。

武术基本功可分为：上肢练习、下肢练习、腰部练习、跳跃练习、平衡和跌扑练习、基本动作组合练习等，下面讲解部分练习。

1. 上肢练习

（1）手形（拳、掌、勾），见表 8-1。

表8-1 手 形

名称	图 示	技术要领与用途	注 意 事 项	学 练 法
拳	拳背 拳眼 拳面 拳轮 拳心	五指卷紧，拇指压于食指、中指第二指节处。以拳面进攻对方	拳面要平，不屈腕 太极拳中的拳要求自然握实，不可用力握紧	1. 原地模仿练习，然后采用手形变换法进行练习 2. 配合攻防含义进行练习
掌	掌指 掌背 掌外沿 掌心 掌根	长拳的掌：四指伸直并拢，拇指弯曲紧扣于虎口处。主要用于推掌和亮掌 太极拳的掌：五指自然微分，手指向掌心侧微曲不伸直，指肚微向手背撑张，虎口撑圆，掌心内凹	长拳：四指伸直，掌心舒展不紧扣 太极拳：掌要自然伸直，掌心微含空，形如荷叶状。感觉用意时两手指手心有热胀感，前臂有沉重感	
勾	勾顶 勾尖	五指撮拢成勾，屈腕。主要用于拦截	五指捏紧，手腕扣紧	

（2）手法（见表 8-2）。

表8-2 手 法

名称	图 示	技术要领与用途	注 意 事 项	学 练 法
冲拳		以右拳为例：两脚左右开立，两拳抱于腰间，拳心朝上；右拳从腰间旋臂向前猛力冲出，力达拳面，目视前方	拧腰、顺肩、急旋臂，肘贴肋间，拳要内旋冲出	1. 从预备姿势开始，模仿动作练习，体会动作的技击含义 2. 动作由慢到快，可以配合步型步法练习
架拳		以右拳为例：两脚左右开立，两拳抱于腰间，拳心朝上；右拳向右上方架起，拳眼向下，目视左方。主要用于架挡头上之进攻	松肩，肘微屈，前臂内旋，力达前臂外侧	
推掌		以右掌为例：预备姿势动作同冲拳；推掌时，右拳变掌，以掌外沿为力点向前猛力推出，目视前方。主要用于击打对方	沉腕，翘掌，力达掌外沿	
亮掌		预备姿势动作同冲拳；亮掌时，抖腕亮掌，臂成弧形举于头上，目视左方	抖腕、亮掌、转头动作要同时完成	

（3）压肩（见表 8-3）

表8-3 压 肩

名称	图 示	动作说明	注意事项	学练法
压肩		单人手握肋木做上体前俯的下振压动作；或两人面对站立，互相扶按肩部，做体前驱的振动压肩动作，也可由助手协助做搬压肩部的练习	振压力点要集中于肩部，力量要由小到大，振幅由小到大	模仿动作，体会动作要领

（4）臂绕环（见表 8-4）。

表8-4 臂绕环

名称	图 示	动作说明	注意事项	学练法
单臂绕环		右臂向后绕环一周	臂伸直、肩放松、划立圆，速度逐渐加快，腰部协调配合	1. 模仿动作进行练习，体会动作要领 2. 练习动作，速度由慢到快
前后绕环		左臂前绕环，右臂后绕环	同单臂绕环	
左右绕环		两臂同时从右向左划立圆绕环	同单臂绕环	
交叉绕环		两臂分别向前、向后绕环	同单臂绕环	

（5）抡拍（见表 8-5）。

表8-5 抡 拍

名称	图 示	动作说明	注意事项	学练法
仆步抡拍又称乌龙盘打		成左弓步，同时右掌向前下方伸出，左掌心朝前，插于右肘关节处，上动不停，成左弓步，同时右臂抡至右上方，左掌下落至下方，随即上体右后转，同时右臂抡至后下方，左臂抡至前上方；继而，上体左转成右仆步，同时右臂抡至右腿内侧拍地，左臂停于左上方；目随右手	上抡贴近耳朵，下抡贴近腿，肩部放松，抡臂呈立圆，抡臂与重心转换要协调配合	1. 模仿动作练习，体会动作要领 2. 逐渐加快练习速度

仆步抡拍

2. 下肢练习

（1）步型（弓、马、仆、歇、虚），见表8-6。

表8-6 步 型

名称	图 示	动作说明	注意事项	学练法
弓步		前脚掌微内扣，双脚均全脚掌着地，前腿大腿与地面水平，小腿垂直地面，后腿挺直	1. 双脚不能离地 2. 上体不能前俯后仰 3. 后腿不能弯曲	模仿练习，逐渐加强动作幅度，提高动作质量
马步		两脚左右开立约为脚长3倍，脚尖正对前方，屈膝半蹲，大腿成水平，眼看前方	1. 脚尖不能外撇 2. 两脚距离不能过大或过小 3. 上体不能弯腰，膝盖不能向前跪	
虚步		后脚尖斜向前，屈膝半蹲，大腿接近水平，全脚掌着地；前腿微屈，脚面绷紧，脚尖虚点地面	1. 挺胸、立腰 2. 虚实要分明	
仆步		一腿全蹲，大腿和小腿靠紧，臀部接近小腿，全脚掌着地，脚和脚尖稍外展；另一腿平铺接近地面，全脚掌着地，脚尖内扣	1. 挺胸、立腰、开髋 2. 平铺腿要伸直，脚外侧不能掀起 3. 全蹲腿要蹲到底，脚跟不能提起	
歇步		两腿交叉屈膝全蹲，前脚全脚掌着地，脚尖外展；后脚跟离地，臀部外侧紧贴后小腿	1. 两腿要贴紧，后腿膝关节穿过前腿膝腘窝 2. 前脚尖要充分外展，加强动作稳定性	

（2）直摆性腿法（见表8-7）。

表8-7 直摆性腿法

名称	图 示	动作说明	注意事项	学练法
正踢腿		左脚上步直立，右腿挺膝，脚尖勾起向前额处猛踢，目向前平视	挺膝、立腰、收腹。脚尖勾起绷落，支撑脚脚跟不能离地	模仿练习，动作幅度和动作力量逐渐增加
斜踢腿		勾脚尖向异侧耳方向猛踢	同正踢腿	
侧踢腿		右脚上步，脚尖外展，左脚跟稍提起，身体略右转，两臂后举，重心前移，左腿勾脚尖向左侧耳际踢起，右臂上举亮掌，左臂立于右肩前，眼睛平视	开髋、侧身、猛收腹	
外摆腿		右脚上步，左脚尖勾紧，向右侧上方踢起，经面前向左侧上方摆动，直腿落在右脚旁，眼睛平视。双掌可在面前依次迎击脚面	展髋，腿在体前成扇面摆动，幅度要大	

续表

名称	图　示	动作说明	注意事项	学练法
里合腿		动作同外摆腿，只是方向由外向里合	同外摆腿	同上
拍脚		左脚上步，右腿挺膝、绷脚面向上猛力踢摆时右拳变掌，于前上方迎击右脚面；眼睛平视	踢腿高度要过胸，击拍脚面要准确、响亮，支撑脚脚跟不能离开地面	

（3）屈伸性腿法（见表 8-8）。

表8-8　屈伸性腿法

名称	图　示	动作说明	注意事项
弹腿		支撑腿直立或稍屈，另一腿由屈到伸向前弹出，脚面绷平，力达脚尖	1. 弹击腿要屈伸明显 2. 弹击要有寸劲，力达脚尖
蹬腿		动作同弹腿，只是脚尖勾起，力达脚跟	同弹腿
侧踹腿		右腿支撑伸直；左腿由屈到伸，脚尖里扣，用脚掌猛力踹出，高于腰平，上体倾斜，目视左侧方	挺膝、开髋、猛踹，脚外侧朝上，力达脚掌

（4）扫转性腿法（见表 8-9）。

表8-9　扫转性腿法

名称	图　示	动作说明	注意事项	学练法
伏地后扫腿		弓步，两掌向前推出；成右仆步，上体前俯，两掌撑地，左腿全蹲；右腿伸直，脚尖内扣，以左脚掌为轴贴地后扫一周	1. 向右转体速度要快 2. 扫转过程中，脚尖不能离开地面	1. 先体会以腰带动扫腿的旋转动作 2. 练习以左脚掌为轴的向后旋转练习 3. 逐渐降低重心，加快旋转速度

3. 腰部练习（见表8-10）

表8-10 腰部练习

名称	图示	动作说明	注意事项	学练法
前俯		上体前俯，两掌心尽量贴地	腿部不能弯曲，练习幅度要逐渐加大，时间逐渐加长	1. 先保持一定高度做翻转练习 2. 配合上肢动作体会翻转感觉以及两臂抡绕的路线，逐渐加快速度
后仰		以腰、髋关节为轴，上体后屈甩腰，两臂随之后摆	做练习时动作要快速、紧凑、富有弹性	
涮腰		以髋关节为轴，上体前俯，两臂随之向左前方伸出，既而向后绕环一周	两脚抓地，两臂随着腰部动作放松绕动，尽量增大上体环绕幅度，绕动速度由慢到快	
翻腰		上体前俯，沿纵轴向左翻转一周，同时两臂先左后右依次抡绕成左歇步双摆掌	上体必须沿纵轴翻转，快而有力，两臂要抡呈立圆。重心不能起伏太大	

4. 基本动作组合练习（五步拳）

表 8-11 列出了基本动作组合练习图解。

五步拳

表8-11 基本动作组合练习

图解	
动作名称	并步抱拳　弓步冲拳　弹腿冲拳　马步架打　歇步盖冲拳
图解	
动作名称	提膝仆步穿掌　虚步挑掌　并步抱拳
学练法	1. 先掌握单个动作，然后再练习两个以上动作的组合，并逐渐过渡到整套组合动作的练习 2. 熟练动作后，自己能够将动作的左右势进行互换，重复练习

8.3 动如涛、静如岳的武术——长拳

长拳是新中国成立后，在吸取查拳、华拳、炮拳、红拳、少林拳等传统拳种之长的基础上发展起来的新拳种。它把长拳类型的手形、手法、步型、步法、腿法、平衡、跳跃、跌仆、滚翻等动作规格化，按照长拳运动方法编成各种拳械套路，具有动作姿势舒展大方、动作灵活快速、出手长、跳得高、蹦得远、刚柔相济、快慢相间、动迅静定、节奏分明的运动特点。长拳在武术运动中影响较大，有广泛的群众基础，尤其适合青少年练习。它既有适合于基础训练的一面，又有适合于竞赛、提高的一面，是全国武术表演和比赛项目之一。

长拳动作包括闪、展、腾、挪，练习时要求劲力充足、精神饱满，因此，对练习者的力量、柔韧、耐力、灵敏等身体素质有着很高的要求。经常练习，不仅能够使身体素质得到提高，而且通过坚持不懈的练习，能够磨炼人吃苦耐劳的意志品质。

长拳的呼吸方法

练习长拳时，动作和呼吸的配合，讲究“提、托、聚、沉”四种方法。一般情况下，由低动作进入高动作或跳跃动作时，应该运用“提”法（吸气，重心提高）；当静止性动作出现时，应该运用“托”法（短暂地停止呼吸，稳定重心）；当刚脆、短促发力动作出现时，应该运用“聚”法（呼气过程）；由高动作转入低动作时，应该运用“沉”法（呼气后短暂停吸，重心下降）。这些呼吸随动作变化，运用时要在自然呼吸的基础上，慢慢体会，在反复实践中逐步掌握。

8.3.1 初级长拳（第三路）

初级长拳（第三路）是中国武术段位制初级段位“三段”的规定长拳套路（见表 8-12 ～表 8-25）。其内容丰富，编排合理，包括弓步、马步、仆步、歇步、虚步等五种基本步型；拳、掌、勾基本手形；以及冲拳、劈拳、砸拳、挑拳、击掌、摆掌、穿掌、亮掌等手法；肘法有盘肘；腿法有屈伸性、直摆性腿法；跳跃包括大跃步前穿、腾空飞脚等。整个套路动作路线是直来直往，进退、起落、转折基本上在一条线上，它以快速移动的步法、灵活多变的手法，配合起伏转折、蹿蹦跳跃和造型优美的定式动作，一气呵成，给人以明快、大方、干净利落的美感。本套路共分四段，每段包括八个动作。

表8-12 初级长拳套路解析（一）

图解			
动作名称	预备势	虚步亮掌	并步对拳
动作要求	头正、挺胸、立腰、收腹	动作连贯，虚步重心放在右腿，左腿微屈，脚尖虚点地面	对拳、并步、转头动作要同时完成

表8-13 初级长拳套路解析（二）

图解			
动作名称	弓步冲拳	弹腿冲拳	马步冲拳

续表

动作要求	右腿充分蹬直，脚跟不能离地，冲拳时要拧腰顺肩	支撑腿可微屈，弹出腿要快速有力，力达脚尖	两脚要平行，脚跟外蹬，挺胸、立腰
攻防含义	以左小臂格挡对方的攻势，随即出右拳攻打对方的胸、腹部	上虚下实，主要用右腿弹击对方的腹部或裆部	用右拳击打对方的胸、腹部

表8-14　初级长拳套路解析（三）

图解			
动作名称	弓步冲拳	弹腿冲拳	大跃步前穿
动作要求	同上	同上	跃步要远，落地要轻，注意手眼身法的配合
攻防含义	同上	同上	伏身闪躲对方的攻击，并用右腿铲击对方的脚

表8-15　初级长拳套路解析（四）

图解			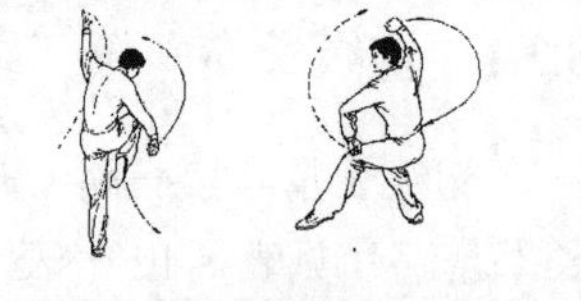
动作名称	弓步击掌	马步架掌	虚步栽拳
动作要求	右腿猛力蹬直，勾手与推掌动作要协调一致	成马步、右手立掌、左手抖腕亮掌、右转头要协调一致，同时完成	虚步要挺胸、立腰、右腿实、左腿虚，虚实分明，左手臂内旋
攻防含义	以左手推开对方的来腿，随即出右掌击打对方的胸、腹部	以左手掌向前上方穿击对方的喉部、面部或上架以解脱对方抓握之手	以提膝、右勾手往下格挡住对方的攻击，右手上架保护头部

表8-16　初级长拳套路解析（五）

图解			
动作名称	提膝穿掌	仆步穿掌	虚步挑掌
动作要求	支撑腿与右臂充分伸直，右手臂不能过高	前手低、后手高，两臂伸直，上体向左侧方倾斜	重心移动要快，成虚步要稳，重心在左腿
攻防含义	以左拳变掌向前、向下盖压住对方的进攻，随即出右掌穿击对方的喉部或面部	一方面可以闪躲对方的攻击；另一方面可以伺机而动	以右掌推开对方的攻击

表8-17　初级长拳套路解析（六）

图解			
动作名称	马步击掌	叉步双摆掌	弓步击掌

续表

动作要求	收拳和击掌动作要同时完成	两臂要划立圆，幅度要大，摆掌与后插步要配合一致	撤步成弓步与勾手、推掌同时完成
攻防含义	以右掌外旋格开或抓握对方的手腕用力回拉，随即左脚上步，出左掌击打对方的胸、肋部	以右脚向左腿后插步来锁住对方的前腿，同时用两掌摆击对方的胸部	以右掌向外格开对方的攻击，随即出左掌猛击对方的胸、腹部

表8-18 初级长拳套路解析（七）

图解		
动作名称	转身踢腿马步盘肘	歇步抡砸拳
动作要求	两臂抡动要划立圆，动作连贯，盘肘速度要快，右肩向前顺	抡臂动作要连贯，划立圆，两拳心相对，目视左拳
攻防含义	以左、右手交替抡臂格开对方的进攻，并以左手抓拉对方右臂，随即用右盘肘猛力击打对方的胸、肋部	用左拳下砸对方的脚或腿

表8-19 初级长拳套路解析（八）

图解		
动作名称	仆步亮掌	弓步劈拳
动作要求	撤步、提膝穿掌、成仆步动作要连贯，成仆步时上体挺胸、立腰，微左转	左脚和右脚上步时要略带弧形，向下劈拳时拳背向下，左手掌托住右小臂
攻防含义	用右掌格开或下压对方的攻击，随即出左掌穿击对方喉部或面部，下落成仆步可闪躲或伺机而动	用左手向外格开对方的攻击，随即出右拳猛力劈打对方的头部

表8-20 初级长拳套路解析（九）

图解	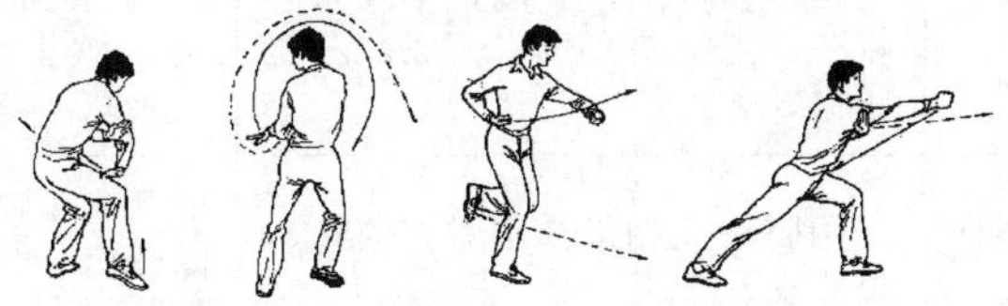		
动作名称	换跳步弓步冲拳	马步冲拳	马步下冲拳
动作要求	换跳步动作要连贯、协调。右脚向下震脚时腿要弯曲，全脚掌着地，左脚离地不能过高	冲拳与甩头同时完成	拧腰、顺肩、向前下方冲右拳，左手握拳，外旋上架
攻防含义	用右拳向下挂开对方的腿，随即换跳步出右拳猛力击打对方胸、肋部	出左拳击打对方的胸、腹部	以左拳上架格开对方的攻击，随即出右拳猛击对方的下腹部

长拳练习对职业技能的促进作用

长拳练习对肌肉工作的节奏性、精确性、时空感觉，以及对神经系统兴奋与抑制在空间和时间上的协调能力有很好的促进作用；同时能很好地发展身体的灵敏性和柔韧性，并可使力量充足。因此，武术长拳对那些要求灵活性高、分工精细、反应灵敏性强的职业具有很好地促进作用。如建筑装潢、机电工、制模等。

表8-21　初级长拳套路解析（十）

图解		
动作名称	叉步亮掌侧踹腿	虚步挑拳
动作要求	插步时上体微向右倾斜，腿、臂的动作要协调一致。侧踹腿不能低于腰，大腿内旋，力点在脚跟	虚步与挑拳的动作要协调一致
攻防含义	用左手勾挂对方的来拳，随即出左腿猛力侧踹对方的胸、腹部或肋部	用左拳挑打对方的下颌部

表8-22　初级长拳套路解析（十一）

图解		
动作名称	弓步顶肘	转身左拍脚
动作要求	交换步时不要过高，但动作要轻快，手眼配合	转身抡臂要划立圆，用右掌拍脚时，手掌微横过来，拍脚要准而响
攻防含义	用左肘尖猛力击打对方的胸、肋部	用左腿摆踢，击打对方的下颌部

表8-23　初级长拳套路解析（十二）

图解			
动作名称	右拍脚	腾空飞脚	歇步下冲拳
动作要求	击拍要准、响	蹬地要向上，要高，不要太向前冲，击响要在空中完成，左腿屈膝尽量上提	右掌抓握动作要快速。歇步与左拳的动作要一致
攻防含义	用右腿摆踢，击打对方的下颌部	用腾空飞脚来弹击对方的胸、腹部或下颌部	用右手抓握对方的腿，随即出左拳猛力击打对方的腹部或小腿胫骨

表8-24　初级长拳套路解析（十三）

图解			
动作名称	仆步抡劈拳	提膝挑掌	提膝劈掌弓步冲拳

续表

动作要求	转身抡臂要划立圆，后落步，下劈拳动作协调一致	抡臂划立圆，右臂伸直向上，掌心向内	左搂手动作要快，右弓步与左冲拳的动作要协调一致
攻防含义	以仆步右劈拳格挡住对方的腿	用左右手抡臂格挡住对方的拳	用右劈掌的动作格挡住对方的腿，再用手推开对方的拳，随即出左拳猛力击打对方的胸、肋部

表8-25　初级长拳套路解析（十四）

图解		
动作名称	虚步亮掌	并步对拳
动作要求	甩头、亮掌、成虚步动作要协调一致	后退步动作要轻快，精神饱满

长拳欣赏

长拳的特点是姿势舒展大方，动作灵活快速，出手长，跳得高，蹦得远，刚柔相济，快慢相间，动如涛静如岳，节奏分明。能表现出长拳的这些特点也并非一日之功，在欣赏套路的同时，要用心去感受表演者坚强的意志品质，“冰冻三尺非一日之寒”，每一个成功都是需要不断地学习和练习的。另外，长拳种类繁多，各拳种有其自身的特点，要对各拳种有所了解才能更好地欣赏套路。

8.3.2　剑术

剑，有很古老的历史，素有“百兵之君”的美称。剑开始作为格杀使用的兵器，而后剑又具有了其他的价值，如象征着权力和地位、被僧或道作为法器、文人学士用来作为配饰以示高雅不俗等。现代武术运动中也将剑的各种套路运动泛称为“剑术”。剑作为兵器之首，剑法内容丰富，以刺、点、崩、撩、挂、劈、截等为主要方法。剑术在演练时呈现身法矫捷、刚柔相兼、富有韵律等特点。古有拳谚将刀与剑相对应，称“刀如猛虎，剑似飞凤”，这也反映了演练这两种器械时的不同风格。

1. 基本剑法

表 8-26 列出了基本剑法套路。

表8-26　基本剑法套路解析

名称	方　法	图　示	要　点
刺剑	立剑或平剑向前直出为刺，力达剑尖，臂与剑成一直线。平刺剑尖高与肩平；下刺剑尖高与膝平；探刺剑前臂内旋，手心朝外，经肩上向前上方或前下方立剑刺出，上体和持剑手臂顺势前探		刺剑时要使剑尖向刺出方向直出，刺剑时前段可均匀加速，在臂将要伸直时应猛然加速发力，力达剑尖
劈剑	立剑由上向下为劈，力达剑身，臂与剑成一直线。抡劈剑沿身体右侧或左侧绕以立圆；后抡劈剑要与身体后转协调一致		劈剑虎口向上为劈，劈剑时为立剑，加速发力，力达剑刃下方，手要调整握法
点剑	立剑、提腕，使剑尖猛向前下为点，力达剑尖，臂伸直		提腕，食指和拇指松活，猛然发力，力达剑尖

续表

名称	方法	图示	要点
崩剑	立剑，沉腕，使剑尖猛向前上为崩，力达剑尖，臂伸直或微屈，剑尖高不过头，平剑，手心向上，剑向右做崩剑为平崩剑		沉腕，手腕充分外展，手腕和手指动作应协调快速，猛然发力，力达剑尖
挂剑	立剑，使剑由上向下为挂，力达剑身前部，挂剑时应适当扣腕，使剑和前臂之间保持约90°。抡挂剑时贴身立圆挂一周		挂剑时虎口向下，扣腕，手腕外展，剑贴身走立圆，配手与剑走势相配合
撩剑	立剑，由下向前上方为撩，力达剑身前部。反撩剑前臂须内旋		虎口向下，撩剑时剑贴身走立圆，配手与剑走势相配合
抹剑	平剑，由前向左（右）弧形抽回为抹，高度在胸腹之间，力达剑身。左抹手心向上，右抹手心向下		剑由前向后弧形回抽，一般不猛然发力，力法较沉稳柔顺，力点在前面的剑刃上
斩剑	平剑向左（右）横出，高度在头与肩之间为斩，力达剑身，臂伸直	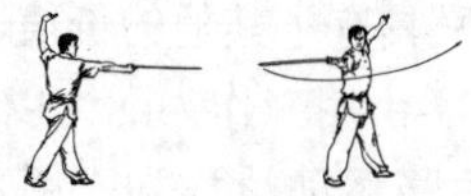	剑向左（右）横出，没有回抽的动作，斩出使力点在前面的剑刃上，力度较为刚劲
截剑	剑身斜向上或斜向下为截，力达剑身前部。上截剑，剑斜向前上方截出；下截剑，剑向前下方截出	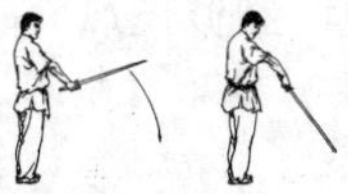	截剑时右臂斜向前上方或前下方伸出，同时手腕有一个内收的动作，配合右臂的动作协同用力，力法较为脆快短促，力点在剑刃前部
挑剑	立剑，由下向上为挑，力达剑尖，臂与剑成一直线	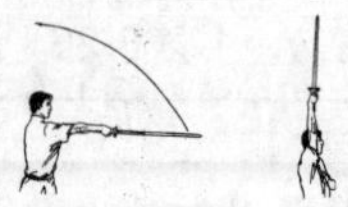	由下向上，虎口向上，力法较为沉稳柔顺
云剑	平剑，在头顶或头前上方平圆绕环为云。左云剑在头顶或头顶前上方向左后绕环；右云剑在头顶或头前上方向后绕环，剑在头上绕环时要仰头		云剑绕环时剑要走平圆，绕环时应以前臂为轴
扫剑	平剑，向左（右）横出，与踝关节同高为扫，力达剑身		扫剑要平，力点在前面的剑刃上
抱剑	右手抱剑于胸前，剑尖朝右为横抱剑；剑尖朝上为立抱剑；剑尖朝前为平抱剑		抱剑要稳，剑身要平

续表

名称	方 法	图 示	要 点
架剑	立剑，横向上为架，剑高过头，力达剑身		剑身要平，并配合右前臂外旋（或内旋）的动作使力点在上面的剑刃上
剑指	中指与食指伸直并拢，其余三指屈于手心，拇指压在无名指第一指节上		——

2. 初级剑术

预备势：包括并步右侧指、并步左前指、弓步背剑、虚步交剑。

第一段：包括弓步直刺、回身后劈、弓步平抹、弓步左撩、提膝平斩、回身下刺、挂剑直刺、虚步架剑。

第二段：包括虚步平劈、弓步下劈、带剑前点、提膝下截、提膝直刺、回身平崩、歇步下劈、提膝下点。

第三段：包括并步直刺、弓步上挑、歇步下劈、右截腕、左截腕、跃步上挑、仆步下压、提膝直刺。

第四段：包括弓步平劈、回身后撩、歇步上崩、弓步斜削、进步左撩、进步右撩、坐盘反撩、转身云剑、收势。

图 8-1 为初级剑术套路图。

图8-1 初级剑术套路图

图8-1　初级剑术套路图（续）

眼观六路，耳听八方

六路指前、后、左、右、上、下。八方指正方（东、南、西、北）、四斜角（东南、西南、东北、西北）。“六路”“八方”亦泛指自身的周围。眼观和耳听是泛指利用感觉器官来洞察周围变化。简单地说，与人格斗时，既要用两眼专注对方某部，还要用眼的余光，耳的听力，皮肤对周围气流变化的感触，与对手接触部位对其力向、力度和虚实变化的感知等，综合察觉周围情况，进行分析判断，作出相应反应。

8.3.3　刀术

刀是短兵器的一种（见图 8-2），现在使用的刀由古代兵器演变而来。现代武术运动中，把刀的各种套路运动泛称为刀术。这里指的是单手使用单刀为主的刀术，主要技法有：劈、砍、缠头、裹脑、撩、扫、崩、抹、截、云、挑等。武术种类和流派众多，各派一般均有自己独特的刀术，风格和特点也随着拳种和流派的不同发生变化。

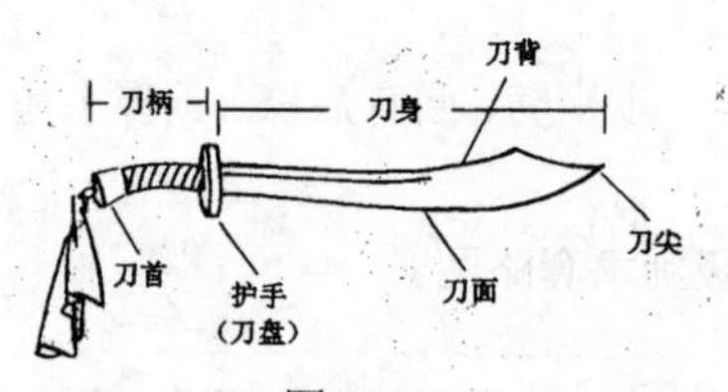

图8-2　刀

1. 基本刀法

表 8-27 列出了基本刀法套路。

表8-27　基本刀法套路解析

名称	方　法	图　示	要　点
抱刀	左手持刀，左臂下垂，刀尖向上，刀背贴于左臂为立抱刀；刀柄超前，两手相交，刀背贴于左臂，向前平举为平抱刀		食指和中指夹住刀柄，食指和拇指扣住刀刃侧护手盘，中指、无名指和小指托住护手盘
握刀	右手虎口贴靠护手盘，五指屈握刀柄		手腕要灵活自然，随刀法变换，适当调整握力
缠头刀	右手持刀，右臂内旋上举，刀尖下垂，刀背沿左肩贴背绕过右肩，向左平扫至左肋，刀刃向外，刀尖向后		肩要松沉，以腕的转动引导肘关节上提，使刀背贴靠肩背，同时左手需协调配合
裹脑刀	右手持刀向右平扫，顺势臂外旋屈肘上提，使刀尖下垂，刀背向身后经右肩向左肩外侧绕行		与缠头刀相同，只是绕转方向相反

续表

名称	方法	图示	要点
劈刀	右手持刀由上向下为劈，力达刀刃，臂与刀成一直线，刀沿身体右侧抡一立圆为右抡劈，沿身体左侧抡立圆为左抡劈		臂与刀成一条直线，力达刀刃前部
砍刀	右手持刀向左（右）下方斜劈为砍，力点在刀刃后部		刀尖稍翘起，以刀根部带动刀身向左下方或右下方斜劈
截刀	右手持刀，臂内旋，刀刃斜向下截至身体右侧，力达刀刃中前部。刀尖朝前，使臂与刀身成一夹角		以短促的爆发力使刀向斜下猛击，力达刀刃中前部
撩刀	右手持刀，刀刃由下向前上为撩，力达刀刃前部。正撩前臂外旋，手心朝上，刀沿身体右侧贴身弧形向前撩至体前上方，刀刃向上；反撩前臂内旋，刀沿身体左侧贴身弧形撩出		撩刀时手腕要松活，以腰带臂，用力较柔和，力达刀刃前部
挂刀	右手持刀臂内旋，刀尖向下，向左贴身挂出，力达刀背前部。向左为右挂到，向上为上挂刀，贴身立圆挂一周为抡挂刀		转腰、扣腕、左挂刀时五手指屈握住刀柄，右挂刀时用拇指与食指钳握刀柄，腕部放松
扎刀	刀尖向前直刺为扎，力达刀尖，臂与刀成一直线。根据扎刀的高度分为上扎刀、平扎刀、下扎刀		快速有力，力贯刀尖，刀臂成一直线
斩刀	右手持刀，使刀刃朝右（左），向右（左）横砍为斩，高度在头与肩之间，臂要伸直		发力要迅猛，力达刀刃中前部
扫刀	右手持刀，使刀刃向左（右）、向左（右）横砍，与踝关节同高为扫，力达刀刃。旋转扫刀要求旋转一周或一周以上		刀身要平，刀刃朝左（右），与踝关节同高，臂要伸直，动作轻快，力达刀刃
挑刀	刀背由下向上为挑，力达刀尖，臂与刀成一直线		手握刀背，虎口朝上，臂伸直与刀成一直线向上挑起，力达刀尖或刀背前段
按刀	右臂外旋，刀向上弧形下按，刀刃朝下，刀尖向左，高于腰平为平按刀；接近地面为低按刀		左手附于刀背或右腕以助力
藏刀	刀身横平，刀尖朝后，刀刃朝外，藏于左腰后为拦腰藏刀；刀身竖起藏于左肩外为立藏刀；刀尖斜向下藏于右髋侧为后藏刀		尽量利用身体将刀藏于身后

续表

名称	方 法	图 示	要 点
背刀	右臂上举，刀背贴靠后背右侧为背后背刀		拇指与食指钳住刀柄，其余三指松握，刀背要紧贴背部
推刀	右手持刀，刀尖朝下，刀刃朝前，左手附于刀背前部向前推出为立推刀；刀尖朝左为平推刀		刀身竖直，左手助推刀背
架刀	刀刃朝上，由下横向上为架，刀高过头，力达刀身，手心朝外或朝里		举刀要高过头，刀身保持横平
带刀	刀尖朝前，刀刃朝左（或右），由前向侧后抽回为带刀		以腰带臂，以肘带刀，动作柔和，力点由刀身根部前移

2. 初级刀术

初级刀术由四段组成：

第一段：包括弓步缠头、虚步藏刀、弓步前刺、并步上挑、左抡劈、右抡劈、弓步撩刀、弓步藏刀。

第二段：包括提膝缠头、弓步平斩、仆步带刀、歇步下砍、左劈刀、右劈刀、歇步按刀、马步平劈。

第三段：包括弓步撩刀、插步反撩、转身挂劈、仆步下砍、架刀前刺、左斜劈、右斜劈、虚步藏刀。

第四段：包括旋转扫刀、翻身劈刀、缠头箭踢、仆步按刀、缠头蹬踢、虚步藏刀、弓步缠头、并步抱刀。

图 8-3 所示为初级刀术套路图。

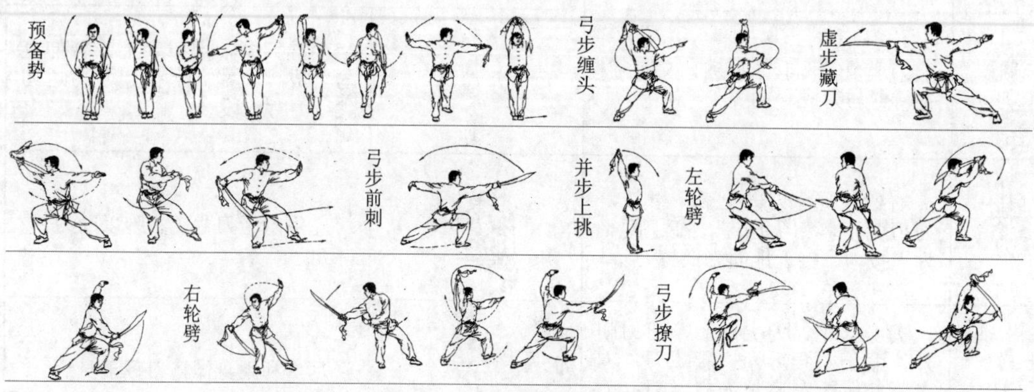

图8-3　初级刀术套路图

弓步藏刀　提膝缠头　弓步平斩

仆步带刀　歇步下砍　左劈刀

右劈刀　歇步按刀　马步平劈

弓步撩刀　插步反撩　转身挂劈

仆步下砍　架刀前刺　左斜劈

右斜劈　虚步藏刀　旋转扫刀

翻身劈刀　缠头箭踢　仆步按刀

缠头蹬踢　虚步藏刀

弓步缠头　并步抱刀

图8-3　初级刀术套路图（续）

8.4　刚柔并济、绵里藏针的武术——太极拳

8.4.1　运动特点和锻炼价值

太极拳（见图8-4）自身蕴含的丰富哲理和文化内涵，使这一民族文化瑰宝呈现出了夺目的奇光异彩，有人称它为“哲拳”和“东方芭蕾”，有人称它是“用东方特有的运动方式诠释着一种神秘”。太极拳之所以受到广大人民群众的喜爱，是由于其深邃的内涵和特有的螺旋缠绕式运动，给人类身心健康提供了极佳的锻炼方式。正如拳论中所说

图8-4　太极拳

长拳运动中易出现的运动损伤及预防

长拳动作刚猛有力，高低起伏，节奏变化鲜明，练习时可能会出现以下损伤：

肌肉和韧带拉伤。原因：练习时准备活动不充分，做动作不能循序渐进。预防和治疗：在大运动量练习前，一定要做好各关节和韧带的准备活动，避免出现损伤；一旦出现损伤，要根据伤情采取停练或边练边治疗的形式。

扭伤。原因：一些跳跃动作，由于动作方法不对或注意力不集中或场地不平整等，在落地过程中可能出现关节扭伤。预防：要加强基本功练习，增强关节韧带的强度；掌握正确动作要领，规范动作；在平坦的地面练习。

器械伤。原因：在练习过程中，运用器械不得当，出现划伤等。预防：熟悉器械特性，练好基本功，掌握器械运动方法。

“详推用意终何在？延年益寿不老春。”太极拳具有这么高的价值，主要是它承载了丰富的哲学内涵和民族文化传统。

太极拳崇尚自然，是一种充分体现东方特色的柔性文化、和谐文化的代表。它用刚柔并济、动静相间的运动特点，强调一种自强不息、厚德载物的民族精神；它用舒缓柔和、洒脱大方的螺旋式运动诠释一种天人合一、人与自然和谐共处的自然状态；它用不偏不倚、过犹不及的中庸思想表达了一种对立统一的运动发展观;它用虚实转换、柔可克刚、弱能胜强的哲理表现了迂回取胜的战略思想。总之，太极拳运动充分体现了内外兼修、形神合一以及人与自然高度和谐统一的民族文化特点。太极拳的这些文化特点，对当今社会以及人的发展有着独特的促进作用。我们做人之道当如太极之道。

随着社会的不断发展，太极拳已从过去的搏杀技术逐渐向健身方向发展，并作为一种体育运动方式而固化下来。现代科学研究表明：太极拳在调节人的身心健康方面具有其他体育项目无法替代的作用。太极拳培育精神、承载文化、颐养身心等价值已成为其熠熠生辉和广为流传的基础，同时也逐步形成了中华民族特有的健身文化。太极拳强身健体、修身养性的独特形式和内涵，是其高于其他体育项目健身效应的关键所在。太极拳合理解决了掌握技击技能与健身壮体并存的关系，合理解决了物质和精神的辩证关系。另外，太极拳与中医同在一个自成体系的文化区域内发展，宏大、缜密的中医学理论对太极拳的发展影响深远。“拳起于易，理成于医”这句武术谚语是对这种影响的精辟概括。太极拳对一些身心病症的显著疗效作用已被现代科学研究所证实。同时太极拳在培养人和教化人方面有着独特的作用。

8.4.2 太极拳练习要求

1. 整体要求

（1）心静体松，圆活连贯。“心静”，就是在思想上应排除一切杂念，不受外界干扰；“体松”，是指在练拳时保持身体姿势正确的基础上，有意识地让全身关节、肌肉以及内脏等达到最大限度的放松状态，而不是全身松懈疲沓。“圆活连贯”中的“连贯”是指以腰为枢纽带动肢体动作的连贯，即“节节贯穿”。以及动作之间的衔接，即“势势相连”，前一动作的结束就是下一个动作的开始，势势之间没有间断和停顿。“圆活”是在连贯基础上的进一步要求，意指活顺、自然。

（2）虚实分明，呼吸自然。太极拳的每一个动作都是在虚实变化中进行。只有分清虚实，才能稳定地把握身体重心，求得轻灵。如果虚实变化不清，进退变化就不灵，就不能达到“迈步似猫行，运劲如抽丝”的轻灵沉着的境界。一般来说，下肢以主要支撑体重的腿为实，辅助支撑或移动换步的腿为虚；上肢以体现动作主要内容的手臂为实，辅助配合的手臂为虚。总之虚实不但要互相渗透，还需在意识指导下变化灵活。太极拳的呼吸方法有自然呼吸、腹式顺呼吸、腹式逆呼吸和拳势呼吸。无论采用哪一种，都应自然、匀细，徐徐吞吐，要与动作自然配合。初学者一般采用自然呼吸法。

（3）内宜鼓荡，外示安逸。“鼓荡”是对内在精神所提的要求，是精神振奋的意思。“内宜鼓荡”是说内在的精神要振奋，然而这种振奋的外在表现则是沉着的，“神宜内敛”的，并不流于形色，神态是安逸的。

（4）运动如抽丝，迈步如猫行。太极拳运动要像抽丝那样既缓又匀、又稳又静，迈步又要像猫那样轻起轻落，提步、落步都要有轻灵的感觉。练太极拳首要的条件就是要做到心理安静，排除杂念，使精神完全集中到运动上来。心静，才能“用意不用力”，使运动像抽丝那样安静。太极拳讲究“用意识引导动作”，是一种“会意”的运动。“缓以会意”，只有徐缓的活动才能会意，因此，它要求运动像抽丝那样徐缓不躁。太极拳又讲究速度均匀，要求保持适当的等速运动，又要像抽丝那样均匀地抽拉。其步法必须相应地像猫捕鼠那样迈步轻灵、敏捷。

2. 对身体各部位的要求

（1）虚领顶劲。即“顶头悬”，练拳时讲究头顶正直，头顶的百会穴处要用意虚灵，下颌微收。顶劲不可过分用力，要有自然虚灵之意。做到虚领顶劲，精神才提得起来，动作才能沉稳、扎实。

（2）含胸拔背。胸要含蓄，不可外挺，也不要过分内缩，应保持自然，含胸气才能下沉。背部肌肉自然放松，背要舒展拔伸，不可弓背。含胸拔背是互相联系的，这样才能收到“往来气贴于背”“力由脊发”的锻炼效果。

（3）松腰敛臀。松腰不仅帮助沉气和下肢的稳固，更主要的是对动作的进退旋转，用躯干带动四肢的活动及动作的完整性，起着主导作用。敛臀或溜臀，则是在含胸拔背和松腰的基础上使臀部稍作内收。敛臀时，可尽量放松腰、臀部肌肉，使臀肌向外下方舒展，然后轻轻向前、向里收敛，像用臀把小腹托起来似的。

（4）圆裆松胯。裆即会阴部位。头顶百会穴的“虚灵顶劲”要与会阴穴上下相应，这是保持身法端正、气贯上下的锻炼方法。裆要圆，又要实。胯撑开，两膝微向里扣，裆自圆。会阴处虚上提，裆自会实，加上腰的松沉、臀的收敛，自然产生裆劲。太极拳要求步法轻灵稳健，两腿弯曲轮换支持身体进行活动。因此髋部关节须放松，膝关节须灵活，才能保证上体旋转自如，踢腿、换步灵便。

（5）松肩垂肘。太极拳在松肩的前提下要求沉肩坠肘，两臂由于肩、肘的下垂会有一种深重的内劲感觉，这就是上肢内在的遒劲。两肩除松沉之外，还要有些微向前合抱的意思，这能使胸部完全涵虚，使脊背团成圆形。两肘下垂之外，也要有一些微向里的裹劲。这样的松肩垂肘，才能使劲力贯上肢手臂。

太极拳起源与发展

关于太极拳的起源，众说纷纭，大致有唐朝许宣平、六朝韩拱月、宋朝张三峰、明朝张三丰、清朝陈王廷和王宗岳等几种不同的说法。据中国武术史学家唐豪等考证：太极拳有两大分支，一支传承于武当派武术之中，秘不外传；另一支最早传习于河南温县陈家沟，创始人是陈王廷，后来逐渐从陈氏太极拳演化出当今社会广为流传的杨式、吴式、武式、孙式等太极拳流派。

太极拳又名太极十三势，也就是说太极拳主要是由十三种劲法组成，包括：掤、捋、挤、按、採、挒、肘、靠；前进、后退、左顾、右盼、中定。前者称为八法，后者称为五行，因此太极拳也成为八门五步功夫。

太极拳对职业技能的促进作用

太极拳主要是通过身体运动、呼吸与意念相配合的形式表现出来，完成好动作练习，需要神经过程有很好的均衡性、协调性以及神经的分化能力和身体的稳定能力。因此，经常练习太极拳，对于那些需要精细分化操作、需要手指灵活性以及需要稳定能力较强的职业，如医护防治、驾驶等，具有较好的促进作用。

二十四式太极拳

（6）舒指坐腕。舒指是指自然伸展，坐腕是腕关节向手背、虎口的一侧自然屈起。掌的动作是整体动作的一部分，许多掌法都是与全身动作连成一气的。因此，舒指坐腕，实际是将周身劲力通过“其根在脚，发于腿，主宰于腰，形于手指”，完整一气。

（7）尾闾中正，是关系身躯、动作姿势“中正安舒”“支撑八面”的准星。因此，太极拳运动极重视尾闾与脊椎成直线，处于中正状态。更重要的是，尾闾中正还影响着下盘的稳固。

8.4.3 二十四式简化太极拳

新中国成立后，我国为了推广太极拳运动，原国家体委于 1955 年组织部分太极拳专家，在继承传统杨式太极拳的基础上去繁从简，按照由易到难、由简入繁、循序渐进的原则，突出太极拳的健身性和大众普及性，并经过反复修订创编了二十四式简化太极拳。简化太极拳是第一套由国家统一规定、国际标准的太极拳套路。简化太极拳在 1956 年正式公布推广，1959 年由著名太极拳家李经梧示范，八一电影制片厂拍摄了二十四式《太极拳》教学片，对国内外太极拳运动的普及和发展，起到了巨大的推动作用。现今，简化太极拳早已是享誉中外，深受世界各国人民喜爱的太极拳套路。图 8-5 为二十四式简化太极拳套路图。

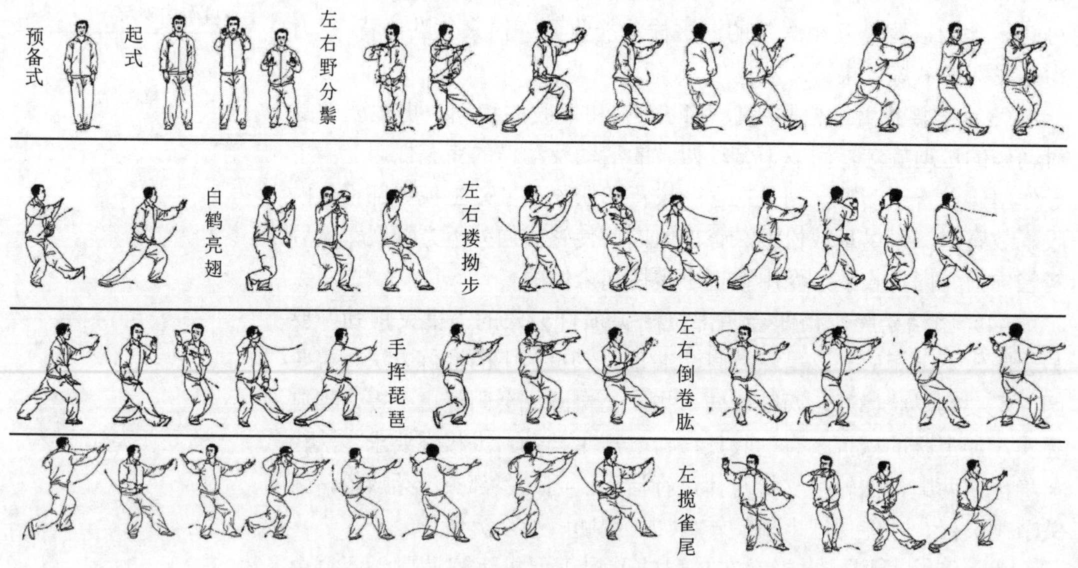

图8-5 二十四式简化太极拳套路图

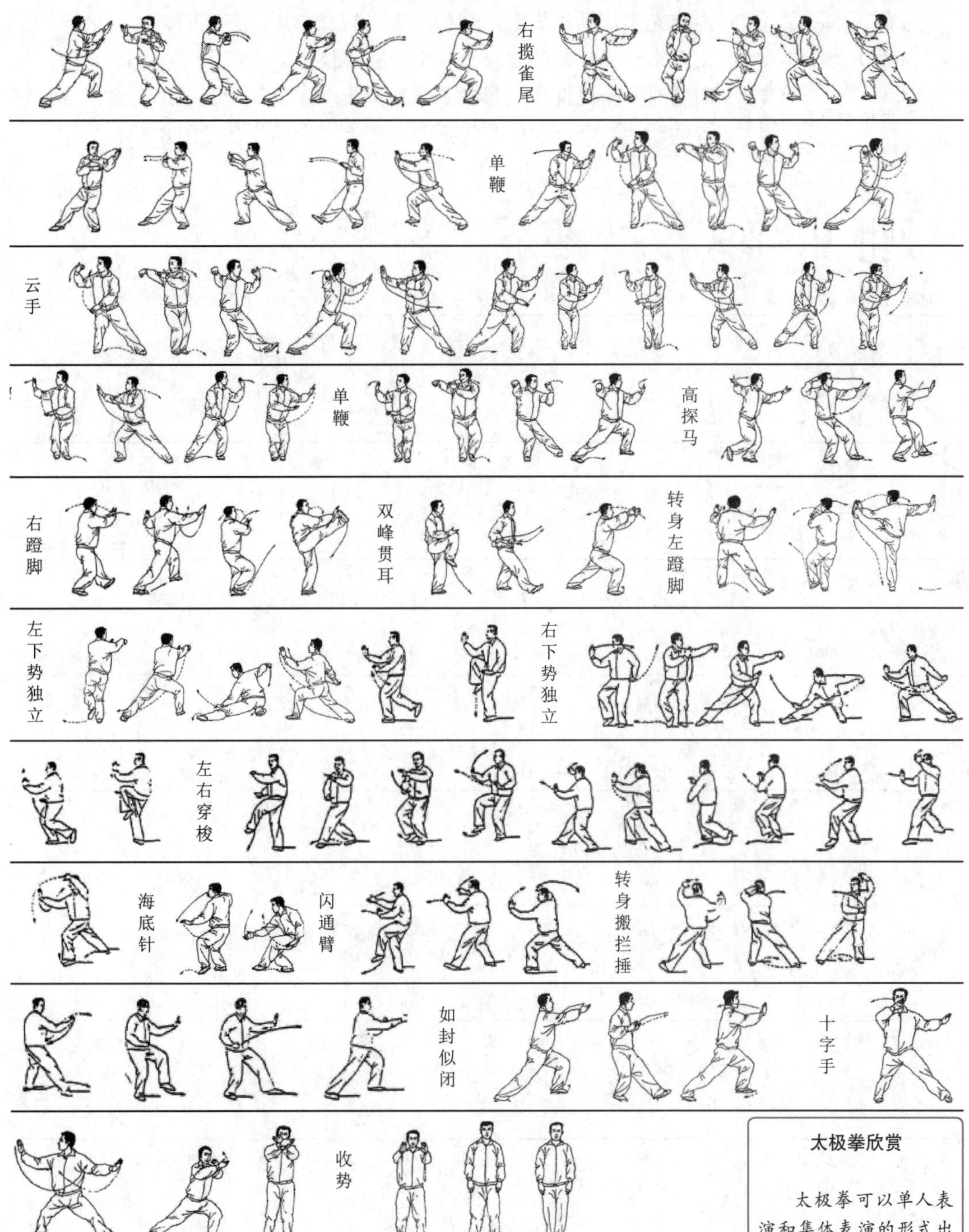

图8-5 二十四式简化太极拳套路图（续）

8.4.4 四十二式太极拳

四十二式太极拳以杨式太极拳为主，吸收陈式太极拳的发劲动作，吴式太极拳的平圆动作以及孙式太极拳的舒展圆活动作编排而成。动作气势舒展大方，劲力刚柔并重，速度快慢有变。这套太极拳

太极拳欣赏

太极拳可以单人表演和集体表演的形式出现。欣赏时可从两个角度去看：单人表演体现个人功力，可以从表演者的动作稳定性、路线是否清晰等方面看；集体表演需要整齐划一，尤其是上万人的表演，气势磅礴，不仅需要每个人有较好的能力，也

需要每个表演者互相协调，不能只想表现自己。另外，还要熟悉各个不同太极拳拳种的风格特点。

内容充实，动作规范，结构严谨，布局合理，在时间、内容上均符合太极拳比赛规则的要求。这个套路不仅推动、规范了太极拳竞赛套路，而且对于全民健身也起到了一定的推动作用，受到了广大太极拳爱好者的欢迎。全套动作共包括四段四十二个动作（见图 8-6）。

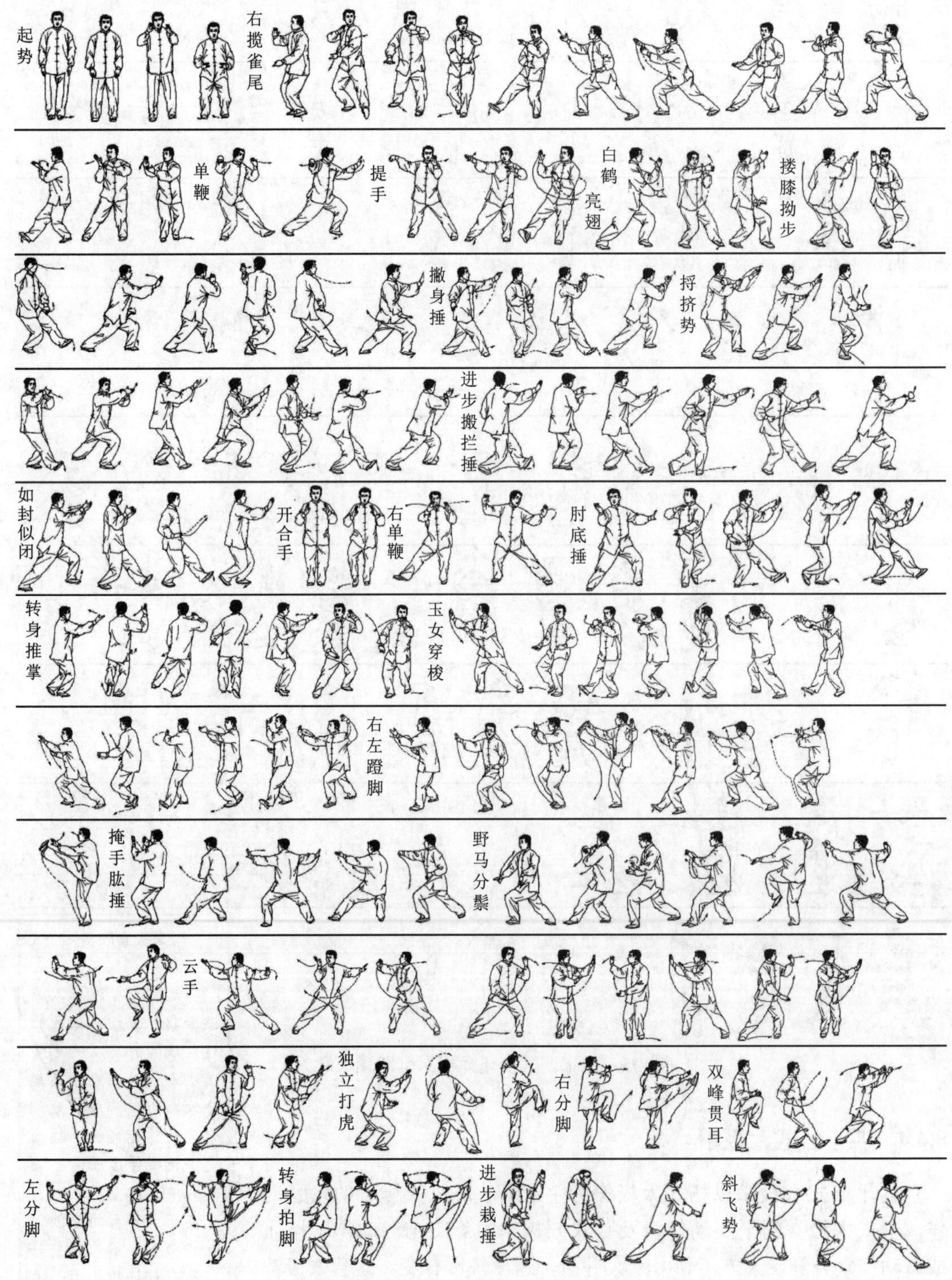

图8-6　四十二式太极拳套路图

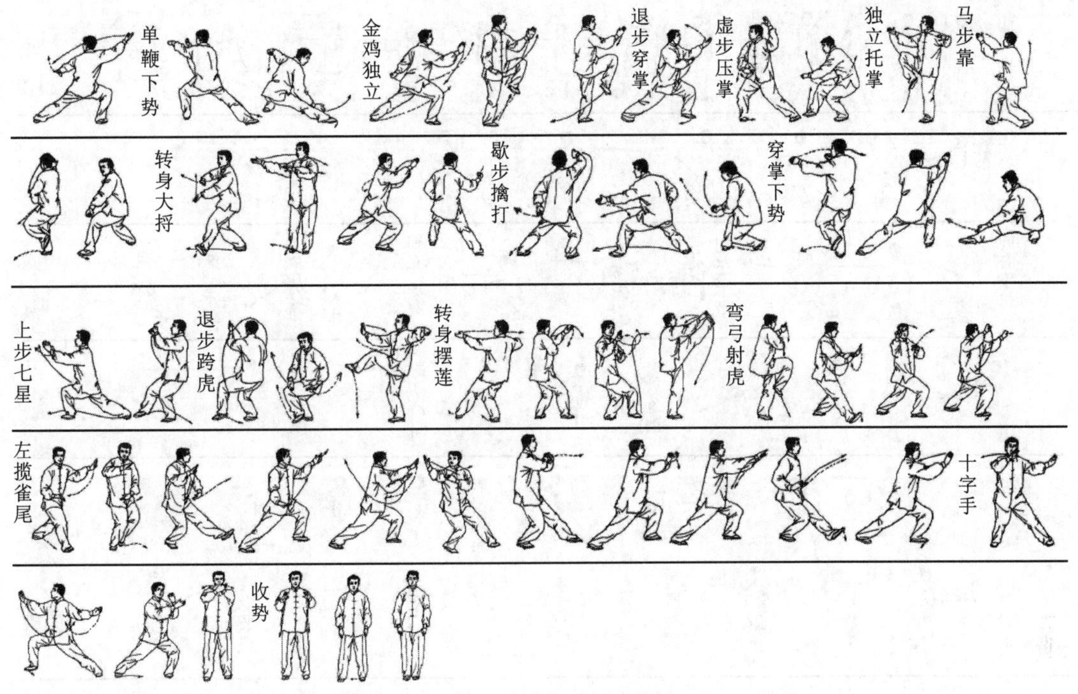

图8-6 四十二式太极拳套路图（续）

8.4.5 三十二式太极剑

太极剑兼有太极拳和剑术两种运动风格。既要表现出太极拳轻松柔和、缠绵不断的特点，又要表现出剑法清晰准确，身剑协调，身形优美的特点。三十二式太极剑内容精炼充实，包括抽、带、撩、刺、点、劈等主要剑法，动作规范，易学易练，易于推广，深受广大太极剑爱好者的喜爱。

1. 动作名称

预备式：起势，包括旭日东升、仙人指路、三环套月。

第一段：并步点剑（蜻蜓点水）、独立反刺（大魁星式）、仆步横扫（燕子抄水）、向右平带（右拦扫）、向左平带（左拦扫）、独立抡劈（探海势）、退步回抽（怀中抱月）、独立上刺（宿鸟投林）。

第二段：虚步下截（乌龙摆尾）、弓步刺剑（青龙出水）、转身斜带（风卷荷叶）、缩身斜带（狮子摇头）、提膝捧剑（虎抱头）、跳步平刺（野马跳涧）、左虚步撩（小魁星式）、右弓步撩（海底捞月）。

第三段：转身回抽（射雁式）、并步平刺（白猿献果）、左弓步拦（迎风掸月）、右弓步拦（迎风掸月）、左弓步拦（迎风掸月）、进步反刺（顺水推舟）、反身回劈（流星赶月）、虚步点剑（天马行空）。

第四段：独立平托（挑帘式）、弓步挂劈（左车轮剑）、虚步抡劈（右车轮剑）、撤步反击（大鹏展翅）、进步平刺（黄蜂入洞）、丁步回抽（怀中抱月）、旋转平抹（风扫梅花）、弓步平刺（指南针）、收势。

2. 套路图解

三十二式太极剑套路如图 8-7 所示。

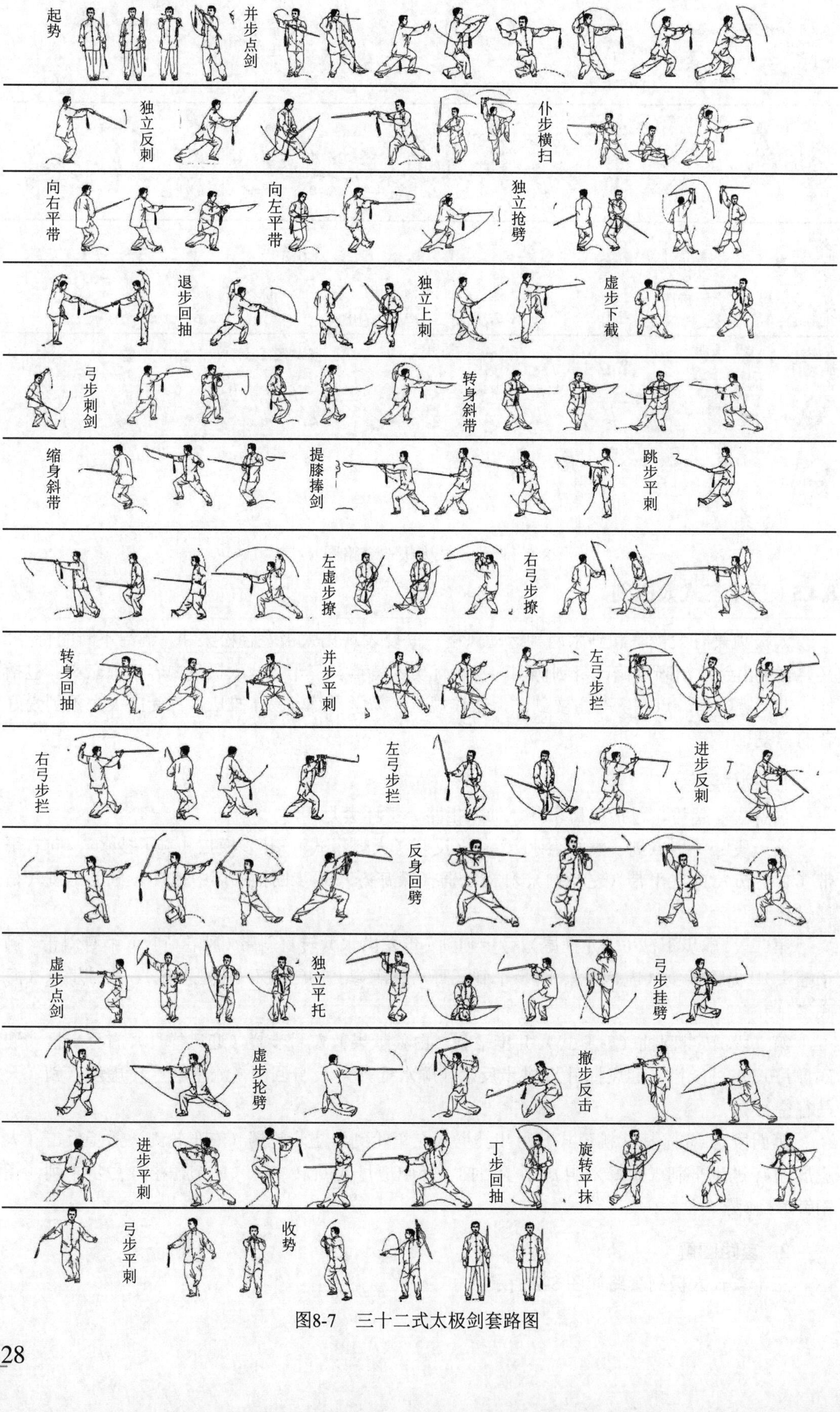

起势 并步点剑

独立反刺 仆步横扫

向右平带 向左平带 独立抡劈

退步回抽 独立上刺 虚步下截

弓步刺剑 转身斜带

缩身斜带 提膝捧剑 跳步平刺

左虚步撩 右弓步撩

转身回抽 并步平刺 左弓步拦

右弓步拦 左弓步拦 进步反刺

反身回劈

虚步点剑 独立平托 弓步挂劈

虚步抡劈 撤步反击

进步平刺 丁步回抽 旋转平抹

弓步平刺 收势

图8-7　三十二式太极剑套路图

8.4.6 四十二式太极剑

四十二式太极剑，是 1991 年由中国武术研究院组织编写的太极剑竞赛套路，适合于有一定基础的爱好者进一步改进技术，提高训练和竞赛水平。全套动作，路线清楚，布局合理，剑法齐全，充分展现太极剑的风格特点。

> **太极拳运动中易出现的损伤及预防**
>
> 膝关节疼痛。原因：练习过程中重心移动过多，使膝关节超过脚尖。预防：注意动作要求，反复练习，膝关节不能过脚尖。

1. 动作名称

第一段：起势、并步点剑、弓步削剑、提膝劈剑、左弓步拦、左虚步撩、右弓步撩、提膝捧剑、蹬脚前刺、跳步平刺、转身下刺。

第二段：弓步平斩、弓步崩剑、歇步压剑、进步绞剑、提膝上刺、虚步下截、右左平带、弓步劈剑、丁步托剑、分脚后点。

第三段：仆步穿剑、蹬脚架剑、提膝点剑、仆步横扫、弓步下截、弓步下刺、右左云抹、右弓步劈、后举腿架剑、丁步点剑、马步推剑。

第四段：独立上托、挂剑前点、歇步崩剑、弓步反刺、转身下刺、提膝提剑、行步穿剑、摆腿架剑、弓步直刺、收势。

2. 套路图解

四十二式太极剑套路如图 8-8 所示。

图8-8 四十二式太极剑套路图

图8-8　四十二式太极剑套路图（续）

8.4.7　太极拳典型动作用法介绍

太极拳作为一种特殊的运动形式，许多人认为它没有技击价值。其实不然，太极拳自古以来就是以上乘武功展现在世人面前的。它的技击形式，不以一招一式为最终目的，而是把掤、捋、挤、按、採、挒、肘、靠;前进、后退、左顾、右盼、中定等 13 种劲法进行综合运用，以发放术为上乘。但是太极拳又是以招法练劲法，通过招法攻防含义的训练，从而达到综合运用 13 种劲法的目的。下面介绍太极拳典型动作的招式用法（见表 8-28）。

表8-28 太极拳典型动作的招式用法

动作	图解	要点
野马分鬃		对方用右顺步冲拳进攻时，我方右手粘接对方，同时上左脚管住对方的前腿，并和左手形成㧐劲，将对方击倒
白鹤亮翅		对方用右顺步冲拳进攻时，我方左手粘接对方，同时上右脚管住对方的前腿，右手迅速从其腋下穿过发劲，将对方击倒
搂膝拗步		对方用右拗步冲拳进攻时，我方右手粘接对方猛力下採，同时上右脚管住对方的前腿，左掌猛力击打对方的右肩，使对方跌出
手挥琵琶		对方用右顺步冲拳进攻时，我方用右手接其腕，左手迅速发合劲击打其肘关节
倒卷肱	 	对方从后面抱我方时，我方用左肘向后击打对方胸腹部，对方手脱开时，迅速将手后展锁对方咽喉
单鞭		对方用左顺步冲拳进攻时，我方右手粘接对方左腕，迅速上左步出左掌攻击对方胸部

太极拳对认知能力的影响

太极拳运动以多个不同的套路运动形式出现，在练习过程中，需要掌握每一个套路的顺序，因此，经常习练太极拳，能够提高人的信息加工速度和容量，提高记忆力和注意力。另外，受动作特点影响，练习太极拳能使人的时间、空间和运动感知等方面的能力得到提高。

续表

动 作	图 解	要 点
云手	 	用法1：对方用右顺步冲拳进攻时，我方用左手截其右臂，同时右手从下方击打对方裆部 用法2：对方用右顺步冲拳进攻时，我方用左手从其内侧接其右腕，同时上右步于对方右腿后侧，并用左手拿其肘部，将对方击倒
高探马		对方用左顺步冲拳进攻时，我方左手粘接对方右腕，右手迅速前推进攻对方面部或锁喉
蹬脚		对方用左顺步冲拳进攻时，我用右臂掤开对方左臂，同时起右脚蹬击对方腰胯部
双峰贯耳		对方突然上步来抱我方，我方用双拳贯击对方太阳穴或耳门
金鸡独立		对方用右顺步冲拳进攻，我方用左手接其右手腕处下採，同时提右膝攻击其裆部，右手攻击其下颌处
玉女穿梭		对方用右拗步冲拳进攻，我方上左步管住对方右腿，同时左臂上掤其左拳，右掌推击其左腋部，使其跌出
海底针		对方用左拗步冲拳进攻，我方用左手接其右手腕处下採，同时用右掌插击对方裆部或腹部

续表

动 作	图 解	要 点
闪通背		对方用右顺步冲拳进攻，我方用右臂掤架其右臂，同时上左步于其右脚后侧，并用左掌推击其右腋下将其击出
搬拦捶		搬：对方用右顺步冲拳进攻，我方用左臂下按其右臂，同时右脚踹其右小腿，右拳进攻其面部 拦、捶：对方右拗步冲拳，我方上左步同时左臂拦截对方右拳，同时右拳进攻对方胸部

8.5 武术实战——散打

散打运动对思维的影响

由于散打比赛具有身体直接对抗、激烈多变等特点，因此场上运动员必须时刻保持高度的注意力，冷静而敏锐地观察对手，然后瞬时判断其意图并做出正确决策，勇猛果断地予以进攻或防守，方能战胜对手。若能经常在这种环境中接受考验，可以使人的思维变得更加敏捷，提高人的注意力、观察力，心理状态也更加稳定。

散打是两人按照一定的规则，运用武术中的踢、打、摔等技击方法进行徒手对抗的现代竞技体育项目。它是中国武术的重要组成部分。作为现代的格斗项目，散打继承和表现了武术中传统的徒手技击思想与方法，并从竞技体育的安全性考虑，制定了规范的规则，从而使运动员在赛场上激烈地斗智、较技，为大众所喜爱。

8.5.1 运动特点和锻炼价值

1. 运动特点

（1）以一敌一。散打运动同其他格斗类项目的比赛方式一样，都是一对一的较量。与其他类型的体育项目相比较，它不需要集体作战时的团队协作意识，而必须具备的是单兵对抗时勇猛果敢、随机应变的独立个性。

（2）体重分级。在比赛前，运动员将公开称量体重，按规定的体重级别参加比赛。同级别的选手被分在同一组里，这样既显示出竞赛的公平性，又给比赛的结果增加了悬念，提升了观赏性。

（3）对抗激烈。散打运动有别于其他类型的体育项目，双方运动员会直接进行身体碰撞，你来我往地使出踢、打、摔等各种技法，

想方设法地克制对手，或以得点取胜，或以击倒获胜，其激烈程度不亚于拳击、跆拳道等项目。

（4）简单易行。散打运动场地、器材相对简单，比赛规则容易掌握，练习时即便没有陪练，也可自我训练，运动量便于调节，适合广大中、青、少年习练。

2. 锻炼价值

（1）强身健体。科学开展散打运动，能改善人体运动系统、心血管系统、呼吸系统、神经系统等机能，并全面提高速度、力量、灵敏度、耐力、柔韧等身体素质。

（2）防身自卫。散打是一项搏击运动，通过习练，我们不仅可以掌握各种技击方法，提高身体的灵活性和反应能力，持之以恒地练习，还能增长劲力、抗击摔打，克敌制胜，具备防身自卫的能力。

（3）锻炼品质。习练散打的每个阶段，都对人的意志品质有不同程度的考验和锻炼。因此，长期的训练不仅可以培养我们吃苦耐劳的精神，还能磨炼出沉着冷静、勇敢顽强的心理品质。

8.5.2 散打基本技术

散打基本技术有预备姿势、基本步法、拳法、腿法、摔法以及基本防守技术等。

1. 预备姿势

散打预备姿势（见表 8-29）是指为完成进攻与防守动作所采取的最有利的姿势。基本姿势虽因人而异，但应具有身体重心稳固，暴露给对方的面积较小，利于防守和启动，便于发力，利于进攻等特点。

表8-29 预备姿势

动作	图示	技术要领	注意事项	学练法
准备姿势		以左式为例：两脚前后开立，前脚跟与后脚尖距离一脚半，两脚间横向距离稍宽于肩。前脚尖略内转；后脚尖朝斜前，脚跟稍离地。两膝稍弯曲，身体重心落在两腿之间。两臂肘部下垂屈于体前，左肘夹角约90°，拳眼朝斜上，略低于眼；右肘夹角小于90°，拳略高于下颌。身体侧立，稍含胸收腹，略低头，闭嘴合齿，目视前方	1. 两肘自然下垂，注意保护两肋 2. 左肩和左腹侧向对手，暴露给对手打击的有效部位尽量缩小 3. 两膝弯曲度以利于自己灵活启动为准	1. 原地做准备姿势的模仿练习 2. 从准备姿势开始做各种移动后回复成准备姿势

2. 基本步法

散打步法（见表 8-30）指为保持与对手间的距离，实施进攻与防守的动作，或破坏对手的进攻与防守的意图而进行的脚步移动的方法。步法的运用要合理、灵活、快速。基本步法有滑步、垫步、闪撤步等。

表8-30 基本步法

动作	图示	技术要领	注意事项	学练法
滑步		以前滑步为例：后脚蹬地，前脚向前移动，落地时以前脚掌先着地，随之后脚跟进，落地后与原预备姿势相同	1. 移动要快速、平稳 2. 上体和上肢姿势始终保持不变	1. 自己单独做各种单个步法练习 2. 自己单独做各种连续步法练习

续表

动作	图示	技术要领	注意事项	学练法
垫步		以前垫步为例：前脚蹬地，后脚前移，在前脚里侧处落地的同时前脚前移，落步后成预备姿势	除与滑步要求相同外，另外注意两脚交换要快，两腿不可交叉	3．看信号做各种方向的步法练习 4．两人一组做攻防步法练习
闪撤步		以右闪撤步为例：以左脚掌为轴，脚跟外展碾地旋转，右脚随之向左脚后撤步，上体右转成预备姿势	以腰带腿，撤步要快速、平稳	

3. 基本拳法

散打的拳法（见表8-31）较多，常见的基本拳法有冲拳、掼拳、抄拳等。手臂是人体最灵活的部位，它变化多，速度快，准确性高，因此是主要的进攻和防守的武器。

表8-31 基本拳法

动作	图示	技术要领	注意事项	学练法
冲拳		左冲拳：右脚蹬地，左脚跟稍外转，重心移至左脚，上体略右转；同时左臂顺肩伸肘，使拳面向前直线冲出，力达拳面，拳心朝下。右拳置于下颌处，目视左拳。然后左拳直线回收成预备姿势 右冲拳：右脚蹬地，并外转脚跟，重心移向左脚，向左拧腰转体的同时顺肩伸肘，使拳面向前直线冲出，力达拳面，拳心朝下。左拳收至右肩前，目视右拳。然后还原	1．出拳应与蹬地、拧腰之力完整一致 2．出拳前不可先收拳，以免预兆太明显 3．上体不可前倾过多 4．快打快收	1．原地做各种拳法的空击练习，注意由慢到快 2．原地做各种拳法的击靶或打沙包练习 3．配合步法做各种拳法的空击练习 4．配合步法做各种拳法的击靶或打沙包练习 5．做拳法的连击练习 6．两人一组，始终保持不接触对方身体的距离做一攻一守的拳法练习
掼拳		左掼拳：右脚蹬地，身体重心移至左脚，上体略右转，左脚跟离地外转，上体右转。同时左臂内旋，抬肘与肩平，使拳由左向右横击，高于肩平，力达拳面，拳心朝下。右拳置于下颌前。目视左拳。然后还原 右掼拳：右脚蹬地，脚跟略抬外转，前脚掌碾地，身体重心移向左脚，上体左转。同时右臂内旋，抬肘与肩平，使拳由右向左横击，高于肩平，力达拳面，拳心朝下。左拳置于下颌前，目视右拳。然后还原	1．击打前拳不可后拉 2．出拳时身体不可向两侧倾斜 3．边击拳边抬肘 4．挥拳幅度不要过大，应注意防守	
抄拳		左抄拳：右脚蹬地，重心移向左脚，左脚跟略抬外转，上体左转，略下沉后，左膝及上体瞬间挺伸，并向右转体。同时左臂外旋由下向上击拳，拳面朝后，力达拳面。右拳置于下颌前，目视右拳。然后还原 右冲拳：重心稍下沉，右膝略屈后，随即向上挺伸，上体左转。同时右臂外旋由下向上击拳，拳面朝上，拳心朝后，力达拳面。左拳收置下颌前，目视右拳。然后还原	1．屈臂的角度根据与对方的距离及击打部位而定 2．上体不可前倾过多	

4. 基本腿法

腿法（见表8-32）是散打技术中最重要的技法之一，在比赛中使用率较高。腿较臂长，可发挥“一寸长，一寸强”的效果。腿较粗壮有力，并且攻击面积大，容易得手，攻击对方下盘比较隐蔽，因此拳家常说“手似两扇门，全凭脚打人”“三分拳七分脚”等，可见腿法在散打运动中的重要地位。基本腿法有蹬腿、踹腿、边腿等。

表8-32 基本腿法

动作	图示	技术要领	注意事项	学练法
蹬腿		前腿正蹬：身体重心移至后腿，后腿略屈。前腿屈膝上抬，含胸收腹，大腿贴近胸部，脚底朝前下，随即左腿由屈而伸向前上方蹬出，力达脚跟。左拳自然下落，目视前脚。随后落脚还原 后退正蹬：后退蹬地使身体重心移至略屈的前腿，并屈膝上抬，含胸收腹，大腿贴近胸部，脚底朝前下，随即左腿由屈而伸向前上方蹬出，力达脚跟。右拳自然下落，目视前脚。然后还原	上体不可过分后仰，屈膝上抬和向前蹬伸要连贯	1. 原地做各种腿法的空击练习，注意由慢到快 2. 原地做各种腿法的击靶或打沙包练习 3. 配合步法做各种腿法的空击练习 4. 配合步法做各种腿法的击靶或打沙包练习 5. 做拳法配合腿法的连击练习 6. 两人一组，始终保持不接触对方身体的距离做一攻一守的腿法练习
边腿		前边腿：重心移至后腿，膝微屈。前腿屈膝上抬高过腰。上体右转，略倾，同时膝略内收，小腿略外翻，随即挺膝，使小腿从外向上向前向内弧形弹击，脚面崩平，力达脚背或胫骨处，目视前脚。然后还原 后边腿：重心移至前腿，膝微屈。后腿屈膝上抬高过腰。上体左转，略倾，同时膝略内收，小腿略外翻，随即挺膝，使小腿从外向上向前向内弧形弹击，脚面崩平，力达脚背或胫骨处，目视前脚。然后还原	1. 要借助拧腰切垮之力加大力度 2. 支撑腿膝伸直并以脚掌为轴碾地，脚跟内收	
踹腿		前腿侧踹：重心移至后腿，膝略屈，脚跟内收。前腿屈膝上抬，膝高过腰，脚底朝前下。随即小腿外翻，脚底朝向攻击点，挺膝踹出，力达脚底。同时后腿挺直，上体后倾，目视前脚。然后还原 后腿侧踹：重心移至前腿，身体左转，膝略屈，脚跟内收。后腿屈膝上抬，膝高过腰，脚底朝前下。随即小腿外翻，脚底朝向攻击点，挺膝踹出，力达脚底。同时后腿挺直，上体后倾，目视前脚。然后还原	1. 提膝时上体略向支撑腿侧转动 2. 身体后倾的程度随攻击点的高度变化	

5. 基本摔法

散打的技术特点是远踢、近打、贴身摔。摔法（见表8-33）在近距离实战中应用很广，不仅可以用主动摔攻击对手，也可以在被动情况下，以接招摔败中取胜，给对手以心理上的压力。散打的摔法有特定的规定而不同于摔跤、柔道等项目，比赛中必须发挥传统的快摔术，才能取得效果。常见的摔法有抱别、切、抹、靠、勾等方法。

表8-33 基本摔法

动作	图　示	技术要领	注意事项	学练法
抱腿拖压		抱住对方左腿后，用肩部下压左大腿，同时向后拖带	下潜快，抱腿紧，两臂回拉，肩顶有力	1．两人一组，练习一种摔法，一方施技，一方配合被摔，注意由慢到快 2．两人一组，进行多种摔法相结合的配合练习 3．两人一组，进行条件实战下的互摔练习
夹颈勾腿		左手抄抱对手右腿向上，右手夹住对手右颈部向后下拉。同时右脚勾住对手左脚	拨颈，勾踢要协调有力	

6. 基本防守技术

散打技术（见表8-34）由进攻和防守两个部分组成。比赛中运动员既要充分发挥进攻技术，也应善于应用防守技术，保护自身才能更好地进攻，防守不是被动的，要在防中寓攻。因此要选用有利于防守反击的技术，要有防中有攻的战术意识。防守技术较多，有接触性防守、闪躲性防守等。

中国武术散打王争霸赛

2000年3月25日，由中国武术协会、国家体育总局武术运动管理中心主办，湖南电视台和北京国武体育交流股份有限公司负责承办的中国武术散打王争霸赛，在国家奥林匹克体育中心举行。现代化的灯光、音响、音乐和舞美，把紧张激烈的赛事渲染得极富观赏性。第一次起用现代导演概念的散打王争霸赛，将体育竞技娱乐化、市场化，武术的力与美真实地再现于人们面前。中国武术向产业化、商业化行进的改革步伐，得到了全社会的肯定，同时也掀起了一股强劲的“散打热”。

表8-34 基本防守技术

动作	图　示	技术要领	注意事项	学练法
接触性防守		1. 前臂内旋格开对手冲拳的前臂 2. 前臂内旋格开对手边腿的小腿部 3. 前臂外旋格开对手蹬腿的小腿部 4. 屈膝上抬格开对手边腿的小腿部	时机要把握准确，并做好随时反击的准备	1. 两人一组，按规定的一种动作相互配合练习，注意由慢到快 2. 两人一组，进行专门的各种拳法或腿法的防守练习 3. 两人一组，进行拳腿组合进攻的防守练习 4. 两人一组，互相进行自由攻防练习
闪躲性防守		1. 身体下潜闪避对手的冲拳击头 2. 身体下潜闪避对手的边腿击头	身体位移距离要准确，并做好随时反击的准备	

8.5.3 规则与欣赏

1. 比赛场地

比赛场地为高80 cm、长800 cm、宽800 cm的擂台，台面上铺有软垫，台面边缘有5 cm宽的红色边线，台面四边内90 cm处画

散打比赛服装护具

竞赛规则中规定每名参赛者必须穿戴大会规定的拳套、护头、护齿、护裆、护腿、赤脚穿护脚背，并且穿与比赛护具颜色相同的背心和短裤，护裆必须穿在短裤内。比赛的护具分红、黑两种。其中拳套的重量：65 kg及以下级别的拳套为230 g；70 kg及以上级别的拳套为280 g。

散打运动损伤和预防

（1）做好准备活动，能使肌肉的应激性上升，关节柔韧性增大，减轻紧张感，避免肌肉撕裂、跟腱断裂、腰痛等情况的发生。

（2）坚持使用护具，可较大程度地保护耳部、齿、后脑、裆部、胫部等易受伤部位，使运动损伤的发生率明显降低。

（3）规范技术动作，使技术更加合理化，不仅能提高运动水平，同样也能防止运动损伤的发生。

（4）加强肌力训练，可预防因肌肉力量不够，或肌群肌力不平衡等引起的运动损伤。

（5）增强防范意识，从心理上加以保护，往往是最重要的措施。不仅在实战比赛时，就是日常训练中同样不可忽视。

有 10 cm 宽的黄色警戒线。台下四周铺有高 30 cm、宽 200 cm 的保护软垫。

2. 比赛方法

（1）比赛包括循环赛、单败淘汰赛、双败淘汰赛。

（2）每场比赛采用三局两胜制，每局净打 3 min，局间休息一分钟。

3. 进攻方法与得分标准

（1）得分部位：头部、躯干、大腿、小腿。

（2）禁击部位：后脑、颈部、裆部。

（3）禁用方法：① 用头、肘、膝或反关节动作进攻。② 用转身后摆腿进攻对方头部。③ 用迫使对方头部先着地的摔法或有意砸压对方。④一方倒地，另一方用脚进攻对方头部。

（4）得 3 分：① 用主动倒地的动作致使对方倒地，而自己迅速站立者，得 3 分。② 用转身后摆腿击中对方躯干部位而自己站立者，得 3 分。

（5）得 2 分：① 使对方倒地（两脚以外任何部位接触台面），而自己站立者得 2 分。② 用腿法击中对方躯干部位。③ 被强制读秒一次，对方得 2 分。④ 受警告一次，对方得 2 分。

（6）得 1 分：① 用手法击中对方得分部位。② 用腿法击中对方头部、大腿和小腿。③ 运动员消极 8 s，即被指定进攻后，8 s 内仍不进攻，对方得 1 分。④ 主动倒地超过 3 s 不起立，对方得 1 分。⑤受劝告一次，对方得 1 分。

（7）不得分：①方法不清楚，效果不明显。②双方倒地或下台。③双方互打互踢。④ 用方法主动倒地，对方不得分。⑤ 抱缠时击中对方。

4. 例外的胜负判定

① 在一局比赛中，先完成三个3分动作者获胜。② 在比赛中，双方实力悬殊，台上裁判员征得裁判长的同意，判技术强者为该场胜方。③ 被重击（侵人犯规除外）倒地不起达10 s，或虽能站立但知觉失常，判对方为该场胜方。④ 一场比赛中，被重击强制读秒（侵人犯规除外）达3次，判对方为该场胜方。⑤ 比赛中，运动员出现伤病，经医生鉴定不能继续比赛者，判对方为该场胜方。

5. 散打比赛欣赏

（1）首先熟悉竞赛规则，特别是规则中得分分值及不得分情况的规定。

（2）赛前了解清楚比赛双方的身体数据、技术特点及战绩等资料。

（3）比赛开始，看双方运动员如何试探对手，摸清对方技、战术特点。

（4）比赛处于僵持状态时，看运动员如何打开局面，争取主动。

（5）看处于优势一方运动员如何保持领先势头。

（6）看处于劣势一方运动员如何改变战术，挽回局面。

（7）预测哪方运动员何时能发起猛烈攻势击倒对手。

（8）看教练员的临场指导能力。

（9）看裁判员的执法是否合理。

8.6 跆拳道

跆拳道（takewondo）被称为韩国的国技，是由韩国人推向世界的一项体育运动，它通过竞赛、品势和功力检验等运动形式，使练习者达到增强体质、培养坚韧不拔意志品质的目的。经过40多年的发展，现在已经形成完全独立的国际组织和正规的国际比赛项目。

8.6.1 运动特点与锻炼价值

1. 跆拳道的特点

由于跆拳道动作相对比较简单易学，且能达到防身自卫、强身健体的作用，深得人的喜爱。随着这项运动在世界范围内的不断推广与发展，跆拳道已基本上朝着两个方向发展：一是国际跆拳道联盟倡导的以跆拳道品势演练为主；另一个方向是通过实战的不断发展，完善为现代竞技体育运动，即成为奥运会上正式的比赛项目，也就是世界跆拳道联盟倡导的竞赛跆拳道。

（1）腿法为主，拳脚并用。由于竞赛的需要、规则的限制和跆拳道的攻击方法的需要，使得跆拳道主要是以脚法攻击对方为主。进攻时注重送髋，力求出腿的力度和击打的效果。在比赛中虽然可以使用拳的得分技术，但往往只起到防守、格挡的作用。进攻时则主要是运用腿法攻击对方头部（以面部为主，不允许攻击后脑）和被护具所保护的胸腹部。

（2）强调气势，发声扬威。无论品势跆拳道还是竞赛跆拳道，都要求在气势上给人以威严，多以发出洪亮并带有威慑力的声音来显示自己的能力。尤其是在竞赛跆拳道比赛中，双方队员都会在规则允许的情况下，以发声来提高自己的斗志，借以在气势上压倒对手，甚至在出击时配合击打效果使裁判得以认可，争取先在心理上战胜对手，所以跆拳道练习者都要进行专门的发声练习。

（3）礼始礼终，道德为先。跆拳道给人们留下的较深印象是练习者在不同的场合行礼鞠躬。这是因为跆拳道练习者始终把“礼”作为训练内容。强调“礼始礼终”，即练习活动都要从礼开始，以礼结束。要求跆拳道练习者在练习技术的同时，在道德修养方面也要不断地提高自己。通过用行礼的方式向长辈、教练、教师、队友鞠躬施礼，使跆拳道练习者养成发自内心的礼貌习惯，以养成恭敬谦虚、友好忍让的态度和互助互学的作风，并培养其坚韧不拔的意志品质。

（4）以刚制刚，直来直往。在跆拳道比赛中，运动员使用的技

源于中国武术的韩国国粹

跆拳道渊源于中国少林派之拳术，韩国以我国明朝戚继光少保之《纪效新书》为依据，加以研究揣摩，并取其精简招式创造了跆拳道，其各种腿法及技法均由少林三十二长拳演变而来。

现代跆拳道1955年由崔弘熙创立，由基本技术、品势、实战、防身自卫术四部分内容组成。它是以技击格斗为核心，修身养性为基础，磨炼人的意志、振奋人的精神为目的，将人类生存意识通过躯体表现出来，并将人的精神需求具体化的一项现代体育运动。

跆拳道中应摒弃的不良行为

由于跆拳道属于对抗类运动项目，且更注重精神和礼仪的培养，因此要求练习者必须以德以礼为先，关注品格与道德修养，绝对不能以争强斗狠为目的，以胜负来衡量技法高低，否则便失去了跆拳道的精髓所在，失去了其内在的价值。

> **跆拳道对人格的影响**
>
> "以礼始，以礼终"，是跆拳道精神实质。无论训练或比赛始终在充满"尚礼"和"仁爱"的气氛中进行，跆拳道将"智、信、仁、勇、严"作为人生的信条。跆拳道要求在练习过程中，要严格遵守道德规范，增强法制观念；要有为正义和扶助弱者的自我牺牲的精神；要在尊重前辈、尊重他人、遵守规则的前提下磨炼技术。跆拳道极力提倡培养练习者具有高尚的道德品质，磨炼成刚强不屈的意志，培养健全和完美的风度以及蓬勃向上的体育精神。除了在道馆和训练中要讲求礼仪，在日常生活中也要求以礼待人。这种严格的礼仪教育模式，使练习者在训练中不知不觉受到熏陶，潜移默化，将礼仪形式转化成心理动力，使练习者养成良好的礼仪风度和优良的道德品质，进一步塑造自我，完善人格。

术多是以刚制刚、以直接接触为主，方法比较硬朗简练。进攻时都采用直线的连续进攻，以快速连贯的腿法组合打击对手；而防守时也是以直接的格挡为主，讲究以硬抗硬，以快制快。

2. 跆拳道的锻炼价值

（1）增强体质，提高防身自卫能力。通过学习跆拳道技术技法的练习，能够提高中枢神经的灵活性、提高中枢神经协调支配各器官的能力，并促进人体的力量、速度、灵敏度、柔韧性、耐力等身体素质的全面发展。通过长期的练习，掌握各种踢法和拳法，提高身体的灵活性和反应能力，形成一定的技能，具备防身自卫的能力。

（2）锻炼意志，培养高尚道德品质。跆拳道推崇"礼始礼终"的尚武精神。其宗旨是礼义廉耻，忍耐克己，百折不挠。通过跆拳道的学习与训练，可以培养练习者坚韧不拔，勇敢无畏，顽强坚毅的意志品质，使练习者从开始就养成谦虚、宽容、礼让的高尚品德和尊师重道、讲礼守信、见义勇为的情操，并影响社会。

（3）娱乐观赏，提供全新视觉享受。跆拳道是一项很具有观赏性的运动项目。在功力测验中，练习者轻松击破木板、砖瓦，使人为之惊叹。而竞技跆拳道则是两人激烈的对抗，双方选手斗智斗勇，比赛中常有凌空飞腿和组合腿法令人眼花缭乱，具有极高的观赏价值，给人以美的享受。

8.6.2 跆拳道基本技术

根据动作的功能，跆拳道技术大致分为进攻技术、防守技术和反击技术三大类。进攻技术有横踢、劈腿、双飞踢和拳的进攻等，防守技术主要通过手臂的格挡、脚步的移动来表现；反击技术有后踢、后旋踢和拳的反击等。这种分类有时候也是相对的，在训练和教学中，通常以身体不同部位进行划分，包括：腿法、步法和格挡技术，其中以腿法技术为核心技术，以手臂格挡及步法移动技术为辅助技术。建议初学者从基本步法、基本腿法入手。

1. 准备姿势与基本步法

这部分所讲的基本技术包括准备姿势、前进与后撤步、前滑与后滑步、原地跳换步、侧移步、前后交叉步（见表 8-35）。

表8-35 准备姿势与基本步法

动作	图 示	技术要领与用途	注意事项	学练法
准备姿势		以左势为例（左脚在前为左势，右脚在前为右势），两脚开立步站立，两脚朝斜方向大约35°，两脚开立与肩同宽。两手握拳，左拳在前，右拳在后，左手臂弯曲，肘关节夹角在80°～100°之间，左拳与鼻同高，右手臂弯曲，肘关节夹角小于80°，大小臂靠近右侧肋部，重心在两脚之间，两手紧护躯干以上部位	气下沉，紧腰、收腹、含胸	1. 模仿练习，掌握动作基本要领

续表

动作	图示	技术要领与用途	注意事项	学练法
前进步与后撤步		1. 准备姿势开始，以前（后）脚为轴，后（前）脚蹬地向前（后）迈步，身体成另一侧准备姿势，此步法称为前进（后撤）步 2. 前进步常用于逼迫对方后撤，或引诱对方进攻 3. 后撤步常用在对方使用前横踢时，后撤步接前腿侧踢或下劈阻击对方	出脚时用力蹬地，速度要快，并且迈步时水平于地面，身体重心忌起伏过大	2. 两个配合练习，一人练进攻步法，一人练防守步法 3. 将两个以上的步法组合起来进行练习
前滑步与后滑步	 a b 前滑步 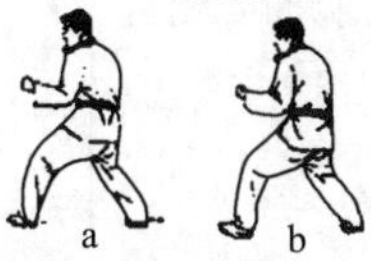 a b 后滑步	1. 准备姿势开始，前（后）脚掌蹬地后，前（后）脚沿地向前（后）滑行上步，后（前）脚随即同样向前（后）滑行上一步跟上叫前（后）滑步 2. 前滑步常用在快速接近对方以使用步踢或下劈等进攻动作 3. 后滑步常用在对方进攻，而我方快速与对方拉开距离	滑步时两脚稍离地面，身体重心平稳，忌上下起伏	
原地跳换步	 a b	1. 从准备姿势开始，两脚同时蹬地使身体腾空，空中两脚前后交换，同时转体，落地时身体姿势成另一侧的实战姿势 2. 原地跳换步常用于与对方的准备姿势相同或相反时，使用自己优势腿而遏制对方优势腿时采用	重心不宜起伏过大，尽量使重心平稳移动，两脚稍离地即可	
侧移步		1. 由准备姿势开始，两脚前脚掌同时向左（右）侧蹬地，使身体向右（左）侧移动，离开原来的位置。向左移称为左移步，向右移称为右移步 2. 侧移步在主动进攻时使用，用于诱使对方进攻并在其来不及调整重心而不好反击时，或在对方进攻时，使用侧移步与对方贴近	移动要快，动作迅速	
前后交叉步	 a b	准备姿势开始，后（前）脚向前（后）与前（后）脚交叉的同时，前（后）脚蹬地向前（后）迈（退）步，仍成原来的实战姿势	注意前后交叉步时，脚交叉的前后方向	

2. 基本腿法

腿法（见表8-36）是跆拳道基本技术中的核心技术。跆拳道以其变幻莫测，优美潇洒的腿法闻名于世，被世人称为踢的艺术，特别在比赛中腿法运用高达70%以上，其最基本腿法技术包括：前踢、横踢、侧踢、下劈、后踢、后旋踢等。

表8-36 基本腿法

动作	图 示	技术要领与用途	注意事项	学练法
前踢		1. 准备姿势开始，左势站立，重心移至左腿 2. 提起右大腿同时髋部略向左转，膝盖朝前，脚面稍绷直，双手握拳自然垂放在身体两侧 3. 继续将髋部向前送，右大腿向前抬提，当大腿抬至水平或稍高时，向前弹出小腿，用脚面击打目标 4. 直接向右转髋使右小腿折叠快速收回原位，然后后撤右腿还原为左势准备姿势 5. 用前踢主要攻击对方的面部、下颌	1. 提起右腿时，两大腿内侧之间的距离应尽量小，右腿尽量直线出腿 2. 髋部要尽量向上向前送，击打脚面要绷直	1. 空踢模仿练习，掌握动作基本要领 2. 熟练掌握动作要领后，进行踢靶练习，逐渐提高速度和力量，以及准确性 3. 将两种以上的腿法组合起来进行练习 4. 配合各种步法，进行腿法练习
横踢	a b c d e	1. 左势站立，重心移至左腿 2. 提起右大腿同时髋部向左转，膝盖朝前，大小腿折叠，脚面绷直 3. 继续将右大腿向前提高，左脚向外侧转动，右腿快速踢出小腿，膝盖朝向左侧 4. 击打后，右脚自然下落成右势，然后后撤右脚，还原成左势准备姿势 5. 横踢腿主要踢击对方的胸腹部、头部及两肋部	1. 提起右腿时，两大腿内侧距离应尽量小，右腿尽量直线出击 2. 击打时脚面要绷直，但踝关节要放松 3. 提膝与转髋同时进行，左腿积极配合转髋，转动时可稍踮起	
侧踢	a b c d e f	1. 左势准备姿势站立，重心移至左腿，同时以左脚前脚掌为轴，腿跟内旋 2. 直线提起右腿，弯曲小腿同时向左转髋，身体右侧对对方 3. 膝关节朝内，勾脚面，展髋，走直线平蹬出右腿，用脚掌外侧攻击对方 4. 右腿自然落下，并自然撤回原位 5. 侧踢主要攻击对方的两肋部及胸腹部，常用侧踢晃骗对方，再立即使用横踢进攻	1. 注意勾脚面 2. 踢击时腿与身体要充分伸展	

续表

动作	图 示	技术要领与用途	注 意 事 项	学 练 法
下劈	 a b c d	1. 左势准备姿势站立，重心先移至左腿 2. 提起右大腿，同时略转髋向左并向上送髋，使右腿膝盖与胸部尽量贴近，身体重心向上 3. 右腿高举过头，右脚伸直贴紧上体，上体保持正直或稍前俯，重心向上 4. 右脚脚面绷直，右腿快速下压（如刀劈木块一样），用脚掌或脚跟下砸对方的头部，身体重心移至右腿上，身体要稍后仰来控制重心 5. 下劈主要攻击对方面部。常用动作横踢加下劈	1. 下劈时，身体重心向前移 2. 上提右腿时，脚面不需要绷直，自然放松，下劈时稍绷直脚面，且下劈迅速有力	同上
后踢	 a b c d e	1. 左势准备姿势站立，重心移至左腿 2. 以左脚尖为轴，左脚跟外旋，身体向右后方转动，同时提起右大腿，使大小腿几乎折叠，脚尖勾起，头部稍向右后方转动 3. 右脚向后平伸后蹬，在蹬直前膝关节稍外翻（向右侧），用脚跟部位击打对方腹部和胸部 4. 击打后，右脚自然落下成左架，然后后撤右脚还原成左势准备姿势 5. 后踢主要攻击对方的胸腹部、头部和两肋部，在对手进攻时使用后踢反击	1. 为保持身体重心，旋转时以转脚、转膝、转髋为先行带动身体的转动 2. 提起右腿时，两大腿内侧之间的距离应尽量小，右腿擦着左腿起腿	
后旋踢		1. 左势准备姿势站立，以左脚尖为轴，左脚跟外旋，重心移至左腿 2. 身体向右后方转动，同时提起右大腿向斜后方向40°左右蹬伸，头部向右后方转动 3. 身体继续旋转，右腿借旋转的力量，向后划水平半圆弧线，快速屈膝用脚掌击打对方头部 4. 击打后，身体重心依然在左腿，右脚自然落下，还原成左势准备姿势 5. 后旋踢主要用于攻击对方的头部	1. 右腿划弧时，应有一个向斜后方向蹬伸的动作 2. 小腿在开始时要自然放松，在接触对方头部瞬间绷紧脚面，用脚掌呈水平弧线击打	

跆拳道练习中易出现的运动损伤及预防

1.韧带拉伤。原因：柔韧性差，踢腿过程中不能很好地控制出腿的角度和力量。预防：做好充分的准备活动，特别是腿部的柔韧性练习，加强腿部力量练习。

2.踝、髋关节扭伤。原因：踝、髋关节不灵活，准备活动不充分，动作不规范。预防：做好充分的准备活动，规范动作，加强踝关节、髋关节等灵活性的训练。

跆拳道"十级""三品""九段"的划分

跆拳道有着严格的技术等级考核制度。修炼者水平的高低，以"级""品""段"来划分。"级"分为十级至一级，十级水平最低，一级较高。一级以后入"段"，段位从低到高分为一至九段。未成年选手达到一至三段水平，则授予"一品"至"三品"。

腰带的颜色则代表着选手的技术水平，从低到高依次为白带（十级）、白黄带（九级）、黄带（八级）、黄绿带（七级）、绿带（六级）、绿蓝带（五级）、蓝带（四级）、蓝红带（三级）、红带（二级）、红黑带（一级、一品至三品）、黑带（一段至九段）。

3. 基本格挡技术

格挡技术（见表8-37）是跆拳道防守技术之一，按照防守方向划分为下段格挡、中段格挡和上段格挡。常在以下两种情况下使用：①一般在对方进攻速度较快，自己已来不及使用闪躲、贴近等方法时，下意识使用。②已预测到对方所采用的技术后，有针对性的运用格挡技术，迅速作出反击动作，使格挡成为攻防转化的连接技术。

表8-37　基本格挡技术

动作	图　示	技术要领与用途	注意事项	学练法
下段格挡		1. 左势准备姿势开始，右脚向后成左弓步，同时左臂由屈到伸向斜下外截，用手腕格挡，右拳置于腰间 2. 下段格挡主要防守对方击打腹部的横踢进攻	1. 手臂要用力，动作幅度要小 2. 要防止对方借力使用高腿击打头部	1. 徒手模仿练习 2. 配合腿法，一人用腿法进攻，一人运用各段格挡防守腿法练习
中段格挡		1. 左势准备姿势开始，当对方的拳或脚攻向自己中段部位时，用左臂向内或向外格挡对方的来拳或来脚 2. 中段格挡主要防守对方击打腰部以上头部以下的部位的横踢、侧踢、后踢等	同上	
上段格挡		准备姿势开始，当对方的上劈拳或劈腿自上而下击向自己的头顶时，自己的左（右）手臂屈肘自下而上，横向联合架于头顶之上，阻挡来拳或来脚的攻击	1. 向上格挡时，手臂要有一个向上并向外横拨的动作，防止对方借力 2. 抬臂要迅速，头部尽量后仰，以免对方力量过大，不能有效格挡而面部受伤	

【思考题】

1. 如何理解武术的博大精深？
2. 为什么说武术是中华民族文化的典型代表？
3. 武术基本功的价值有哪些？
4. 长拳的手形和太极拳的手形有何区别？
5. 长拳练习中如何运用呼吸方法提高练习效果？

6. 如何运用“四击”“八法”“十二型”来欣赏长拳表演？
7. 如何理解武术是中华民族传统文化的缩影？
8. 太极拳是怎样产生和发展的？
9. 上网查找资料，说明邓小平同志为什么要给太极拳题词“太极拳好”。
10. 上网查找资料，说明太极拳的锻炼价值。
11. 上网浏览太极拳推手视频，说明太极拳的技击特点。
12. 散打的实战预备姿势有哪些要求？
13. 如何判定散打比赛的胜负？
14. 查找散打经典赛事的录像，试分析双方运动员的战术特点。
15. 跆拳道的锻炼价值有哪些？
16. 简述跆拳道基本技术及其攻防含义。
17. 如何将跆拳道的精神融入自己的生活和学习中？
18. 查找相关资料，谈谈你对跆拳道的“道”与中国武术的“德”的联系与区别的理解。

第9章 健美操、体育舞蹈、有氧操及简易健身运动

通过本章学习，你将能够：

1. 形成正确的身体姿态。
2. 运用健美操、体育舞蹈、有氧操基本知识和技术进行健身锻炼。
3. 改善和提高身体、心理素质，提高社会适应能力。
4. 提高团队意识、人际交往及管理能力。
5. 培养良好的节奏感、韵律感和表现力。
6. 成为欣赏健美操、体育舞蹈、有氧操比赛的内行。

9.1 富有青春活力的健美操

健美操运动是将身体艺术、体育美学、时尚音乐三者融为一体的现代体育运动。其赏心悦目的音乐、充满现代活力的肢体语言以及科学的锻炼方法越来越受到广大学生的青睐。如果你了解并掌握了健美操运动，将为你增添更多的激情、自信与美的享受。

9.1.1 运动特点和锻炼价值

1. 运动特点

（1）鲜明的时代气息。健美操把体操、舞蹈、音乐巧妙地熔于一炉，成为具有鲜明特色和强烈时代感的新型体育项目，吸引了无数学生加入锻炼的行列。

（2）高度艺术享受。健美操锻炼者在有节奏的音乐伴奏下，充分展示健美的体魄，表现高超的技术，舞动流畅的韵律，显露充沛的体力、宣泄满腔的激情。这种健与美结合的崭新的体育艺术形式，备受青年的青睐。

（3）易于推广普及。健美操运动不受时间、地点、场地、天气的影响，也不受性别、年龄、体质状况和健康水平的限制，更不受参与人员的技术水平、运动能力的制约。其练习形式纷繁多样，运动量可大可小，动作有难有易，时间可长可短，易于推广。

（4）超强健身效果。健美操练习强度不大，所以可以坚持较长时间的有氧锻炼。持续一定时间的有氧健美操练习，可以消除体内多余的脂肪，维持人体吸收与消耗的平衡，降低体重，保持健美体型。

2. 锻炼价值

（1）改善生理机能，提高身体素质。健美操锻炼能使人具备健康所必需的身体素质：

心肺耐力、肌肉力量，平衡性、灵敏性和柔韧性。

（2）塑造完美体形。通过长期的健美操练习能减掉多余的脂肪，有益于肌肉、骨骼、关节点匀称与和谐发展；有利于改善不良的身体姿态，形成优美的体态，给人以朝气蓬勃、健康向上的感觉。

（3）促进心理健康发展。在轻松优美、有活力的健美操锻炼中，练习者的注意力从烦恼的事情上转移开，忘掉失意与压抑，尽情享受健美操运动所带来的欢乐，得到内心的安宁，从而具有更强的活力和最佳的心态，是缓解精神压力的一剂良方。

（4）提高社会交往能力。健美操是一种群体运动，在集体场所进行练习，使练习者体验到个人与集体的关系，起到协调人与人之间关系的作用。有利于增进友谊，结交朋友，提高人际交往能力。

3. 分类

根据不同的目的，健美操可以分为健身健美操和竞技健美操。其中健身健美操可分为徒手健美操、轻器械健美操和特殊场地健美操。竞技健美操可分为单人操（男单、女单）、混合双人操、三人操和六人操（见图 9-1）。

徒手健美操

轻器械健美操

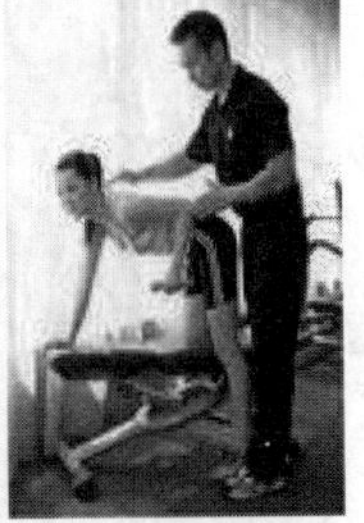
特殊场地健美操

女单

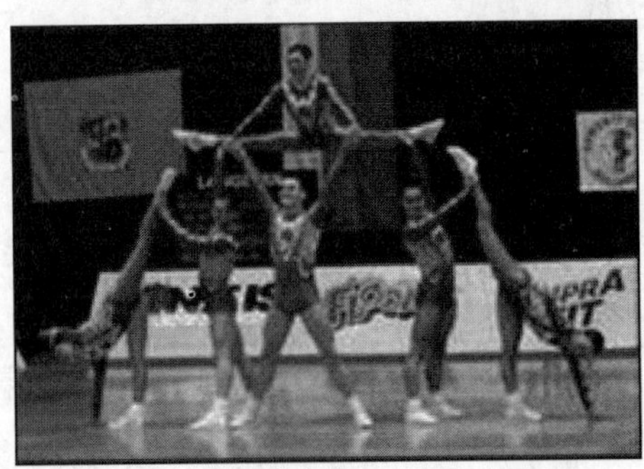
六人操

图9-1 健美操分类

9.1.2 健身健美操基本动作

1. 基本手形

表 9-1 列出了基本手形技术要领及要求。

健美操的起源

健美操源于英文Aerobics，意为“有氧运动”“有氧健美操”。最早是美国太空总署为太空人所设计的室内体能训练内容。20世纪60年代，医学博士库伯尔（Coper）在设计身体动作时，为避免枯燥，逐渐增加了符合动作节奏的音乐伴奏和太空人需要的紧身衣，从而形成了具有独特体系的运动。后来Aerobics更多强调“有氧运动”的重要性，并且以训练心肺功能为主要目的。20世纪70年代末美国健身、影视明星简·方达根据自己的健身经验和体会大力推广有氧健美操的运动。我国于20世纪80年代初开始引进并迅速发展。

对职业技能的促进作用

健美操是肢体与眼耳高度协调的运动项目，对促进人体的功能方面主要表现在身体协调，增强观察能力以及充分展现自我，因此它对要求身体协调，快速反应较高以及观察能力、创造能力较强的职业技能具有良好的促进作用。

健美操练习中应摒弃的不良行为

健美操是时尚性和动感性很强的运动项目，有助于形成热情、开朗、自信的性格，但如果表现不当，则会给人以高傲、自负、得意忘形、目中无人的感觉，从而影响到自己的公众形象。因此，同学们在练习时既要充分展现自我，又要控制自己的动作与神形不要过激。

健美操运动对思维的影响

健美操是一项动作新颖多样、在锻炼的过程中需要学员仔细观察和快速模仿，身、心、脑高度一致的运动项目。因此对参与者的注意力、创造力、思维能力以及控制能力有很大促进作用，使其在社会中能够快速适应新环境，更完美地展现自我。

表9-1 基本手形解析

动作	图 示	技术要领	要 求
手形	分掌 合掌 屈指掌 实心拳 空心拳	1. 掌 （1）分掌：五指用力分开并伸直 （2）合掌：五指并拢伸直 （3）屈指掌：手掌用力上屈，五指用力弯曲 2. 拳 （1）实心拳：五指弯曲紧握，大拇指压在食指弯曲部位 （2）空心拳：拇指捏住四指，有空隙	1. 合掌、分掌：手腕伸直使手臂成一条直线。腕关节与掌指关节适度紧张 2. 实心拳手心中间无空隙，空心拳有空隙

2. 头、颈、肩部动作

表 9-2 列出了头、颈、肩部动作技术要领及要求。

表9-2 头、颈、肩部动作解析

动作	图 示	技术要领	要 求
头颈肩部	前屈 后屈 左屈 右屈 左转 右转 绕 绕环	1. 屈：指头颈关节角度的弯曲。包括向前、后、左、右的屈 2. 转：指头颈部绕身体垂直轴的转动。包括向左、右的转 3. 绕和绕环：指头以颈为轴心的弧形和圆形运动。包括左、右绕和左、右绕环	做各种形式头颈动作时，上体保持正直，速度要慢，头颈移动的方向要准确，颈部被动肌群充分伸展
肩部	前提肩 双提肩 沉肩 单肩前后绕 双肩前后绕 单肩绕环 双肩绕环	1. 提肩、沉肩：肩关节沿垂直轴做上下运动 2. 绕肩：以肩关节为轴做向前、后大于180° 小于360° 的弧形运动 3. 绕环：以肩关节为轴做向前、后等于360° 或大于360° 上的运动	提肩时要尽力向上，沉肩时要尽力向下，动作幅度大而有力。绕肩时上体不能摆动，颈与头不能前探

3. 手臂主要动作

表 9-3 列出了手臂主要动作技术要领及要求。

表9-3 手臂主要动作解析

动作	图示	技术要领	要求
举	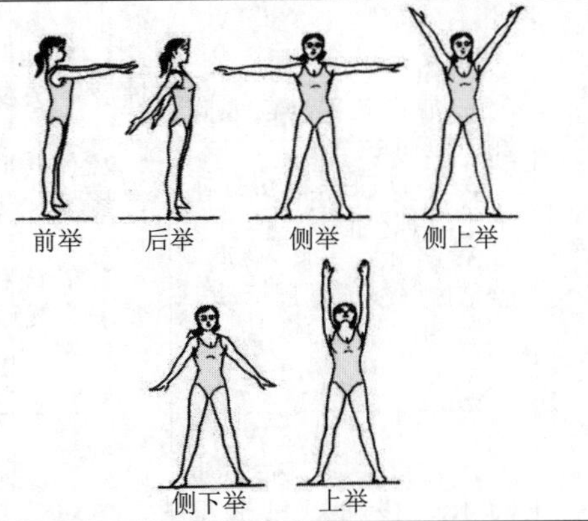 前举 后举 侧举 侧上举 侧下举 上举	举指以肩为轴，肩的活动范围不超过180°而停止在某一部位的动作，包括单臂的前举、后举、侧举、侧上举、侧下举等	动作到位、路线清晰、有力度
屈伸	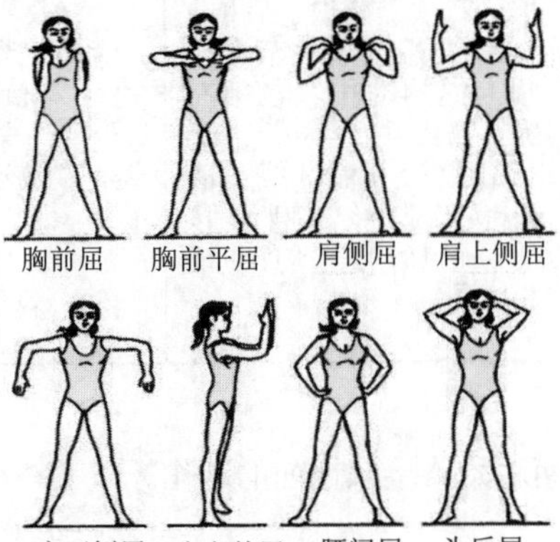 胸前屈 胸前平屈 肩侧屈 肩上侧屈 肩下侧屈 肩上前屈 腰间屈 头后屈	肘关节由弯曲到伸直或由伸直到弯曲的过程	关节做有弹性的屈伸
绕和绕环	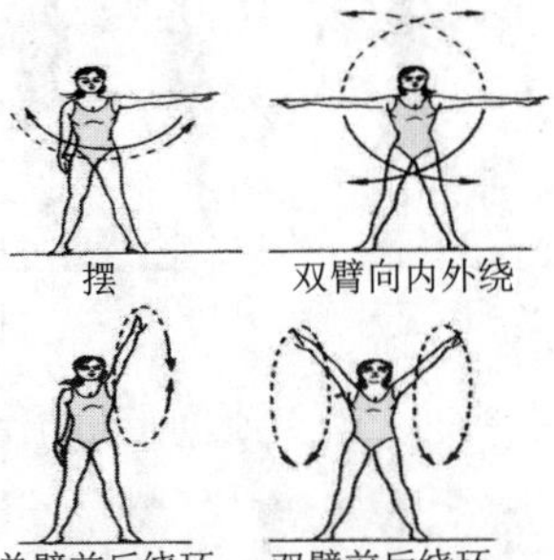 摆 双臂向内外绕 单臂前后绕环 双臂前后绕环	1. 绕：指双臂或单臂向内、外、前、后做180°以上，360°以下弧形运动 2. 绕环：臂以肩为轴，单臂或双臂向不同方向做圆形运动	1. 做臂的摆动时，起与落要保持弧形 2. 上体保持正直，位置准确，幅度要大，力达身体最远端 3. 路线清晰，起始和结束动作位置明确

4. 胸、腰、髋部动作

表 9-4 列出了胸、腰、髋部动作技术要领及要求。

表9-4 胸、腰、髋部动作解析

动作	图示	技术要领	要求
胸部动作	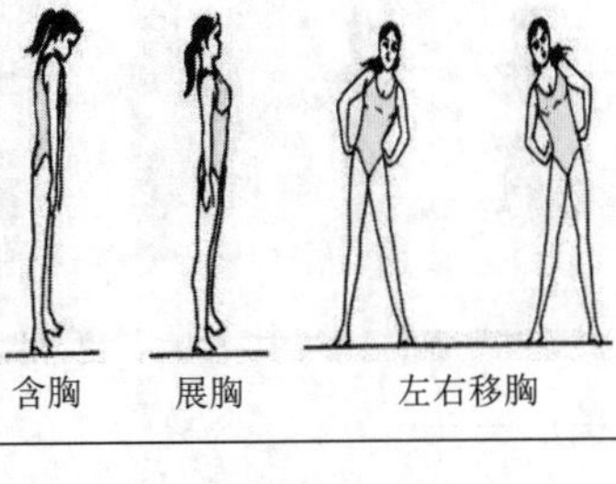 含胸 展胸 左右移胸	1. 含胸：两肩内合，缩小胸腔 2. 展胸：两肩外展，扩大胸腕 3. 移胸：髋部固定，做胸左、右的水平移动	1. 含胸时身体放松，但不松懈；展胸时，身体紧张但不僵硬 2. 移胸时髋部固定，腰腹带动胸部移动

续表

动作	图 示	技术要领	要 求
腰部动作	前屈 后屈 左侧屈 右侧屈 左转 右转 绕 绕环	1. 屈：腰部向前或向侧做拉伸运动 2. 转：腰部带动身体沿垂直轴左右转动 3. 绕环：下肢不动，腰部做弧线或圆周运动	1. 做屈时要充分伸展，运动速度不宜过快 2. 做转时身体保持紧张，腰部灵活转动 3. 做绕和绕环时要求路线清晰，动作圆滑
髋部动作	左顶 右顶 后顶 前顶 左提 右提 绕 绕环	1. 顶髋：关节做急速的水平移动，包括左顶、右顶、前顶、后顶 2. 提髋：髋关节向一侧上提的动作，包括左提、右提 3. 绕髋和髋环绕：髋关节做弧形、圆形移动，包括向左、右的绕和绕环	髋关节做顶、提、绕和环绕时应平稳、柔和、协调，稍带弹性

5. 健美操基本步伐

（1）无冲击步法（见图 9-2）。此类动作是指两腿始终接触地面的动作。

图9-2 无冲击步法

（2）低冲击步法（见图 9-3）。指在做动作时一脚着地，另一脚离地的动作。

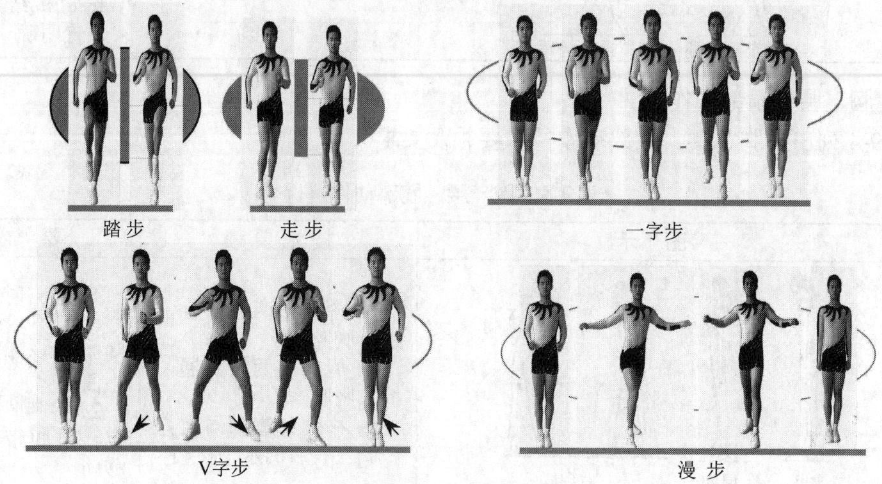

图9-3 低冲击步法

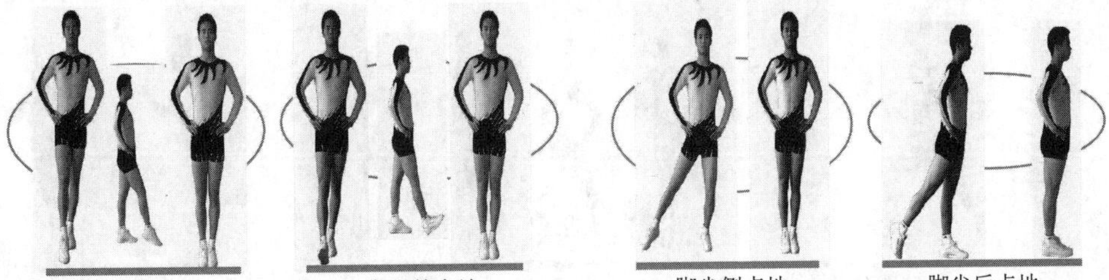

脚尖前点地　脚跟前点地　脚尖侧点地　脚尖后点地

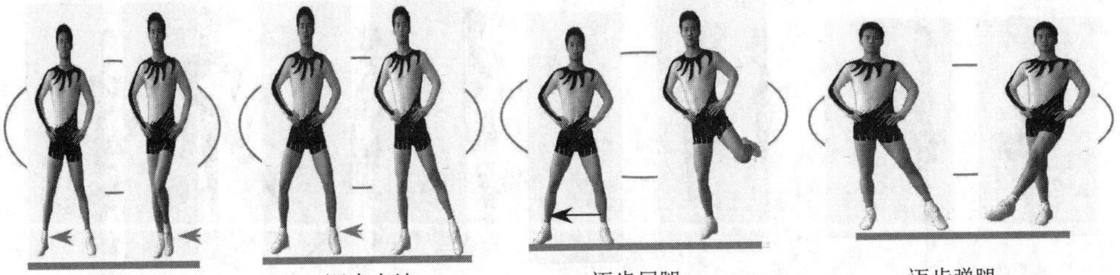

并 步　迈步点地　迈步屈腿　迈步弹腿

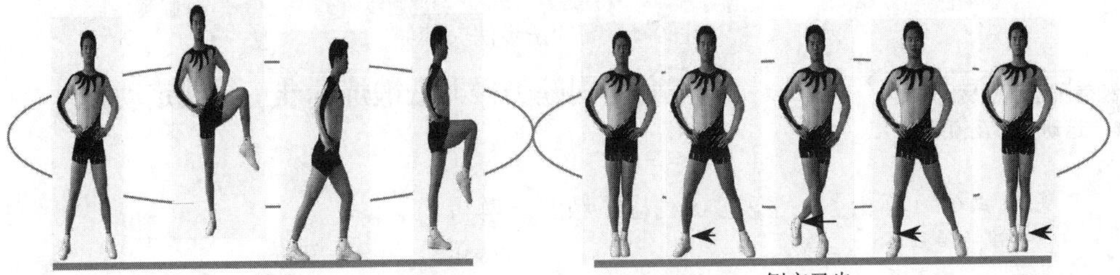

迈步吸腿　侧交叉步

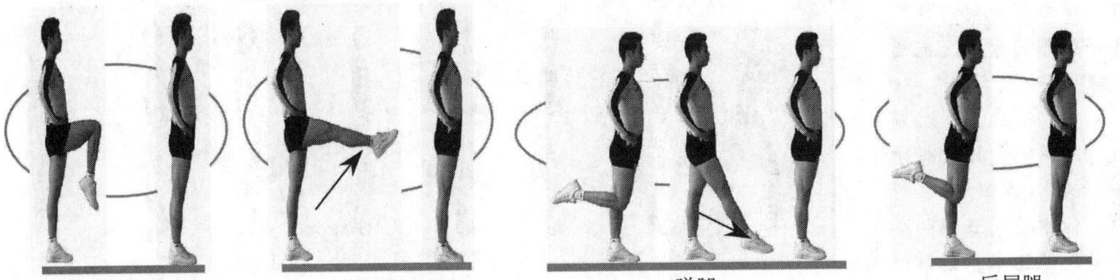

吸腿　踢腿　弹腿　后屈腿

图9-3　低冲击步法（续）

（3）高冲击步法（见图 9-4）。指做动作时双脚都离地的动作。

并步跳　迈步吸腿跳　迈步后屈腿跳

并腿纵跳　分腿半蹲跳　并步滑雪跳

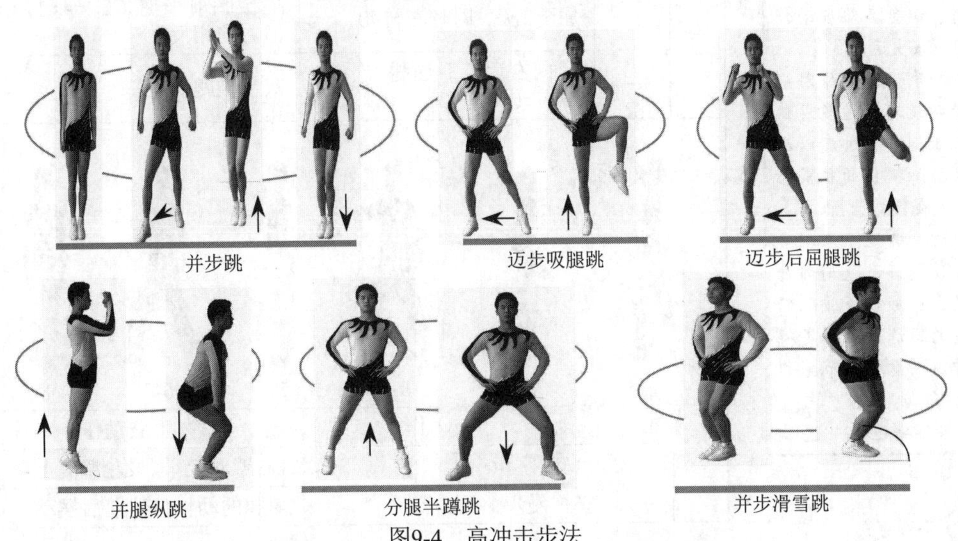

图9-4　高冲击步法

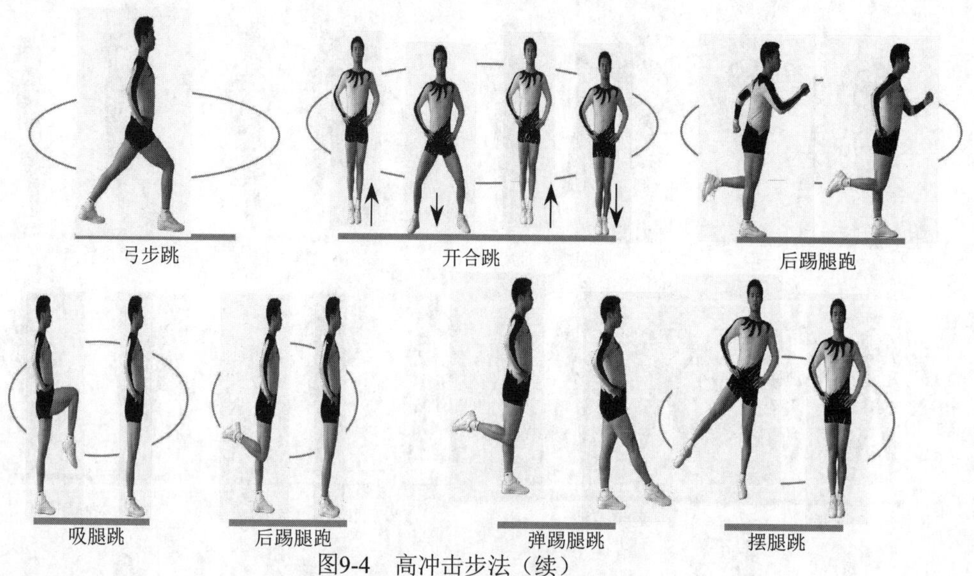

图9-4　高冲击步法（续）

健美操运动中易出现的运动损伤及预防

踝关节扭伤的原因：运动前准备活动不充分，脚着地技术不正确；跳起落地时身体失去平衡等因素都可能造成踝关节扭伤。

预防措施：运动前做好踝关节周围韧带准备活动。在跑跳练习中，注意使用正确的脚掌着地的技术，落地时要由前脚掌过渡到全脚着地，屈膝、屈髋缓冲；当身体处于疲劳状态时，避免高难度动作练习，减少运动负荷。

髌骨劳损的原因：由于跑跳动作过多或膝关节长期负担过度以及多次微细损伤的积累，都可造成髌骨劳损。

预防措施：合理安排运动量，避免局部负荷过大；加强下肢肌肉力量的锻炼，在做半蹲动作时注意膝关节弯曲的方向与脚尖方向一致，但不要超过脚尖。

9.1.3　第三套全国健美操大众锻炼标准三级规定动作

1. 组合一

表 9-5 列出了组合一解析。

表9-5　组合一解析

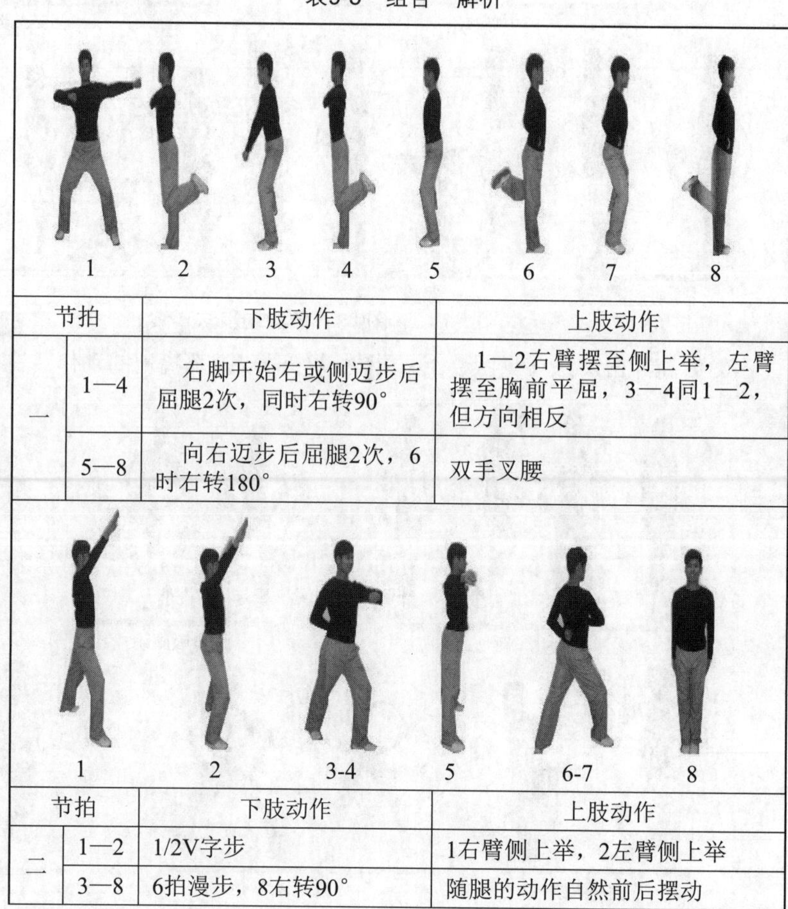

节拍		下肢动作	上肢动作
一	1—4	右脚开始右或侧迈步后屈腿2次，同时右转90°	1—2右臂摆至侧上举，左臂摆至胸前平屈，3—4同1—2，但方向相反
	5—8	向右迈步后屈腿2次，6时右转180°	双手叉腰

节拍		下肢动作	上肢动作
二	1—2	1/2V字步	1右臂侧上举，2左臂侧上举
	3—8	6拍漫步，8右转90°	随腿的动作自然前后摆动

> 肌肉拉伤的原因：在完成各种动作时，由于肌肉主动用力过猛或被动抻拉造成肌肉拉伤。
>
> 预防措施：充分做好热身运动；采用循序渐进的锻炼方法对易伤肌群进行韧性及力量的锻炼。

续表

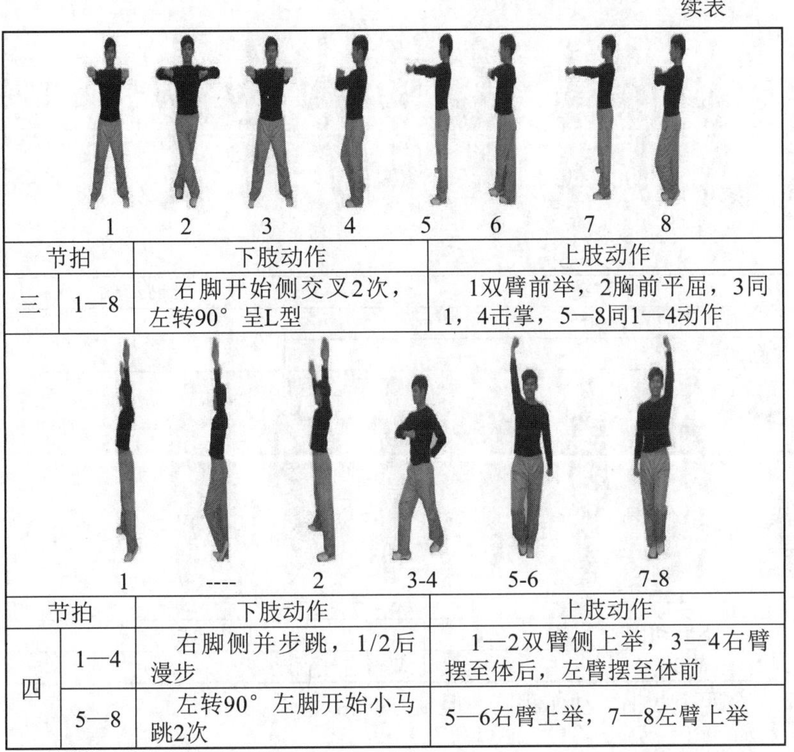

节拍		下肢动作	上肢动作
三	1—8	右脚开始侧交叉2次，左转90°呈L型	1双臂前举，2胸前平屈，3同1，4击掌，5—8同1—4动作

节拍		下肢动作	上肢动作
四	1—4	右脚侧并步跳，1/2后漫步	1—2双臂侧上举，3—4右臂摆至体后，左臂摆至体前
	5—8	左转90°左脚开始小马跳2次	5—6右臂上举，7—8左臂上举

第五至八个八拍与第一至四个八拍，动作相同，但是方向相反。

2. 组合二

表9-6列出了组合二解析。

表9-6　组合二解析

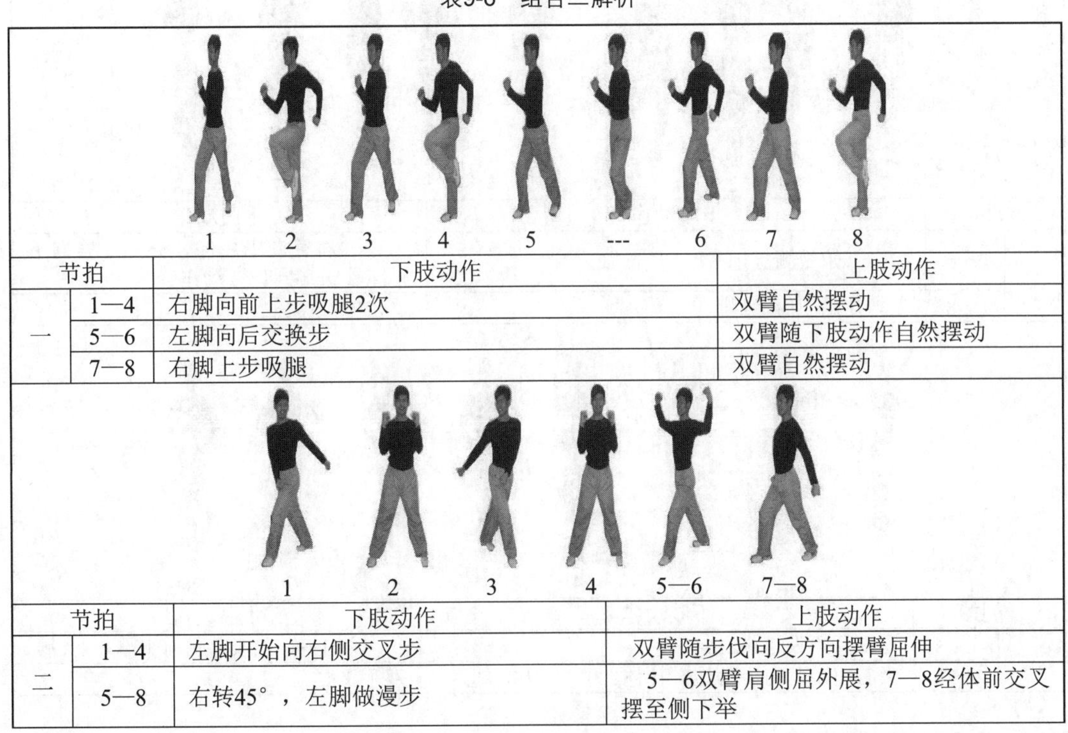

节拍		下肢动作	上肢动作
一	1—4	右脚向前上步吸腿2次	双臂自然摆动
	5—6	左脚向后交换步	双臂随下肢动作自然摆动
	7—8	右脚上步吸腿	双臂自然摆动

节拍		下肢动作	上肢动作
二	1—4	左脚开始向右侧交叉步	双臂随步伐向反方向摆臂屈伸
	5—8	右转45°，左脚做漫步	5—6双臂肩侧屈外展，7—8经体前交叉摆至侧下举

续表

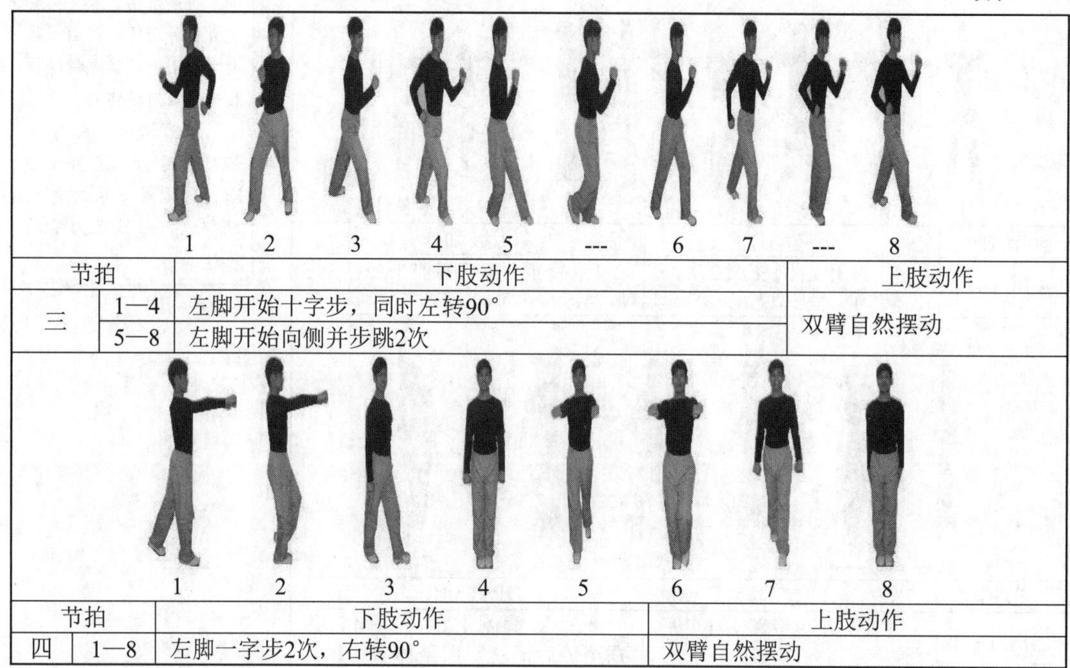

节拍		下肢动作	上肢动作
三	1—4	左脚开始十字步，同时左转90°	双臂自然摆动
	5—8	左脚开始向侧并步跳2次	

节拍		下肢动作	上肢动作
四	1—8	左脚一字步2次，右转90°	双臂自然摆动

第五至八个八拍与第一至四个八拍，动作相同，但是方向相反。

3. 组合三

表 9-7 列出了组合三解析。

表9-7　组合三解析

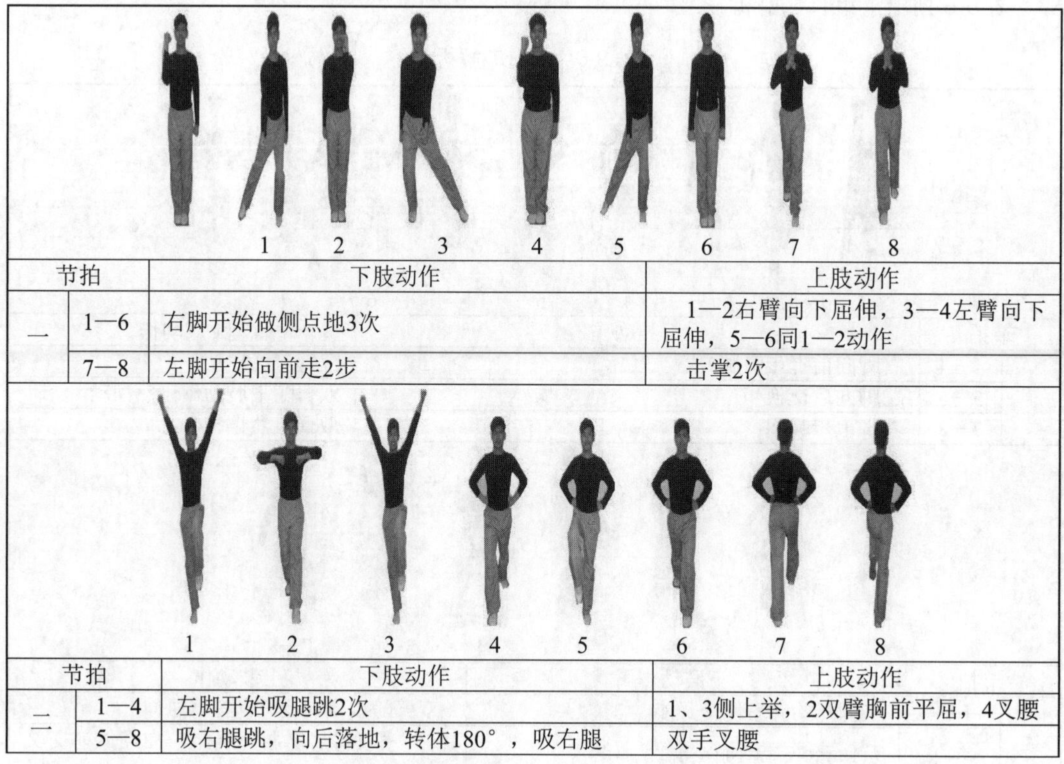

节拍		下肢动作	上肢动作
一	1—6	右脚开始做侧点地3次	1—2右臂向下屈伸，3—4左臂向下屈伸，5—6同1—2动作
	7—8	左脚开始向前走2步	击掌2次

节拍		下肢动作	上肢动作
二	1—4	左脚开始吸腿跳2次	1、3侧上举，2双臂胸前平屈，4叉腰
	5—8	吸右腿跳，向后落地，转体180°，吸右腿	双手叉腰

续表

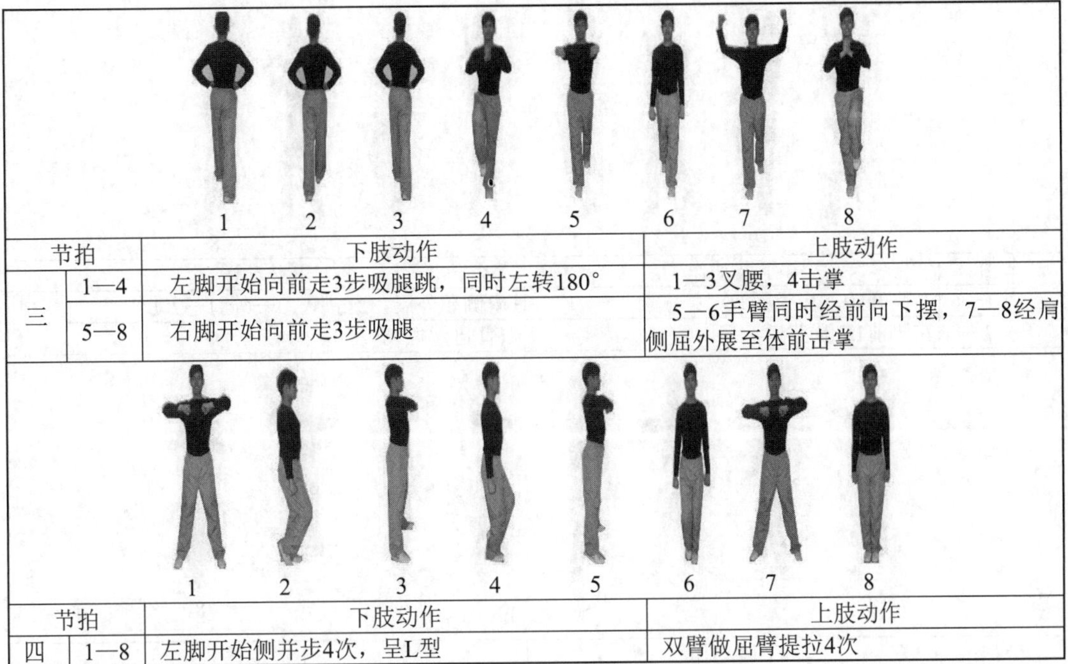

节拍		下肢动作	上肢动作
三	1—4	左脚开始向前走3步吸腿跳，同时左转180°	1—3叉腰，4击掌
	5—8	右脚开始向前走3步吸腿	5—6手臂同时经前向下摆，7—8经肩侧屈外展至体前击掌
四	1—8	左脚开始侧并步4次，呈L型	双臂做屈臂提拉4次

第五至八个八拍与第一至四个八拍，动作相同，但是方向相反。

4．组合四

表 9-8 列出了组合四解析。

表9-8 组合四解析

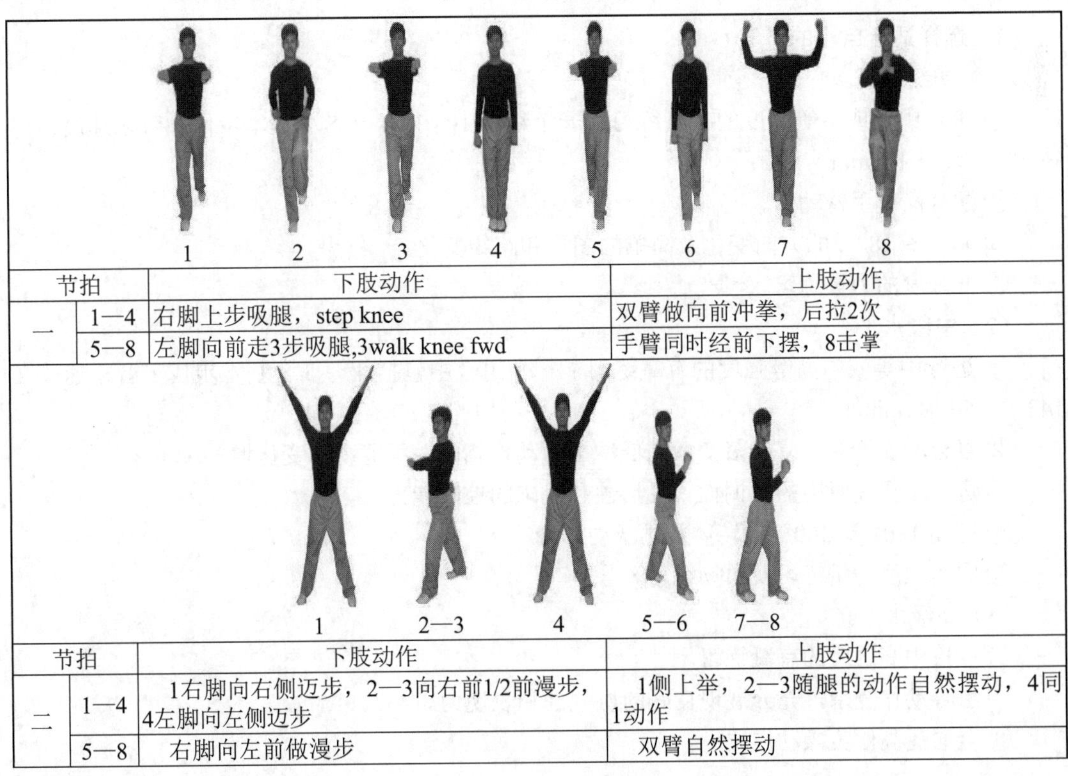

节拍		下肢动作	上肢动作
一	1—4	右脚上步吸腿，step knee	双臂做向前冲拳，后拉2次
	5—8	左脚向前走3步吸腿,3walk knee fwd	手臂同时经前下摆，8击掌
二	1—4	1右脚向右侧迈步，2—3向右前1/2前漫步，4左脚向左侧迈步	1侧上举，2—3随腿的动作自然摆动，4同1动作
	5—8	右脚向左前做漫步	双臂自然摆动

续表

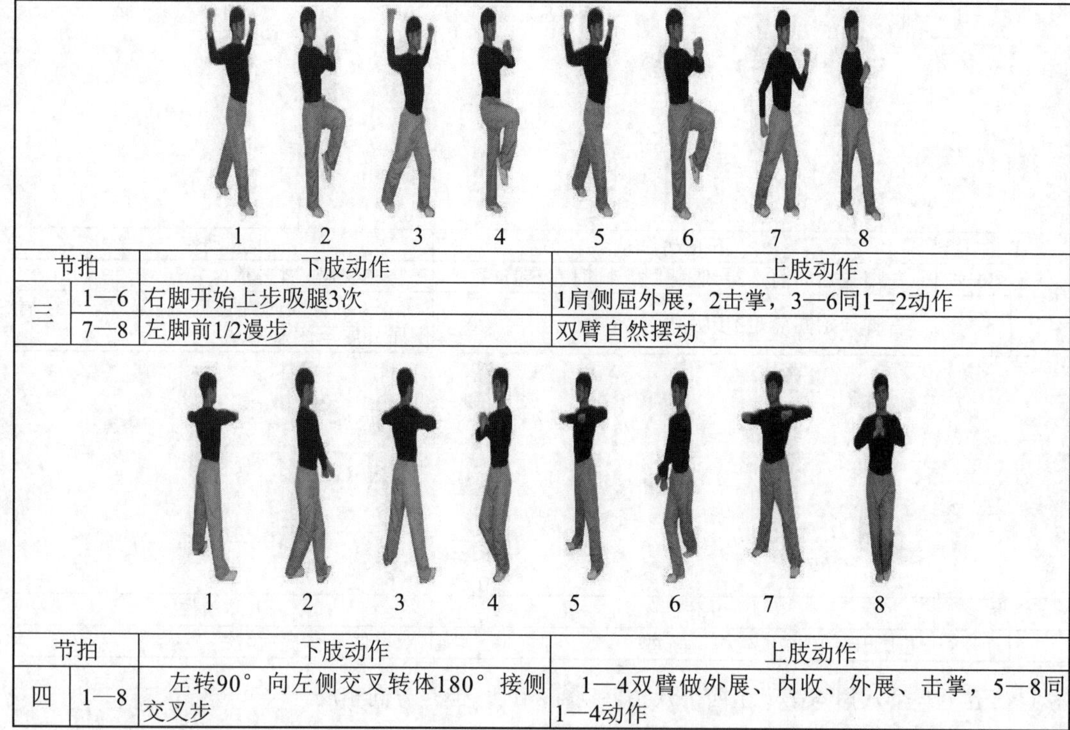

节拍		下肢动作	上肢动作
三	1—6	右脚开始上步吸腿3次	1肩侧屈外展，2击掌，3—6同1—2动作
	7—8	左脚前1/2漫步	双臂自然摆动

节拍		下肢动作	上肢动作
四	1—8	左转90°向左侧交叉转体180°接侧交叉步	1—4双臂做外展、内收、外展、击掌，5—8同1—4动作

第五至八个八拍与第一至四个八拍，动作相同，但是方向相反。

9.1.4 健身健美操的创编与实践

1. 选择适合自己的方案

（1）初级水平。

① 进行中低或中等强度的有氧练习；一个组合中包括 4 ～ 5 个基本步伐；音乐速度一般在 132 ～ 135 拍 /min。

② 配合简单手臂动作。

③ 90° ～ 180° 的方向变化及简单的图形和路线变化。

④ 低强度的力量练习。

（2）中级水平。

① 进行中等或中高等强度的有氧练习；一个组合中包括 4 ～ 5 个基本步伐；音乐速度在 143 ～ 150 拍 /min。

② 复合动作增多、复杂多变，高低冲击力动作相间；手臂动作变化增多。

③ 进一步提高肌肉的协调性、灵活性和肌肉的控制能力。

④ 增加 180°、360° 的转体及跳跃动作。

⑤ 中等强度力量练习及柔韧练习。

（3）高级水平。

① 保持中高强度的有氧练习。

② 组合动作复杂，充分展现良好的协调性和表现力。

③ 全面提高健美操动作质量。

④ 音乐速度 150 拍 /min。

2. 如何进行健美操的创编

（1）明确健美操基本动作的节拍。

例如：1 个踏步 = 1 拍，1 个 8 拍可做 8 次；

1 个并步 = 2 拍，1 个 8 拍可做 4 次；

1 个交叉步 = 4 拍，1 个 8 拍可做 2 次；

（2）组合动作（32 拍），见表 9-9。

基本动作：A = 踏步、B = 一字步、C =V 字步、D = 交叉步、E = 点地、F= 漫步、G= 并步、H= 迈步后屈腿、I= 吸腿、J= 小马跳、K= 弹踢腿、L= 开合跳。

表9-9　组合动作（32拍）

节 拍	初 级	中 级	高 级
	BC D F G L	GD CD KL H	CE AIJ DF HAL
第1个八拍	1一字步+1 V字步	2并步+1交叉步	1 V字步+2点
第2个八拍	2交叉步	1V字步+1交叉步	3踏步+1吸腿+2小马跳
第3个八拍	1漫步+2并步	2弹踢腿+2开合跳	1交叉步+2漫步
第4个八拍	4开合跳	4迈步后屈腿	2迈步后屈腿+2踏步+1开合跳

9.1.5　竞技场上的健美操

1. 健身健美操比赛的评判标准

健身健美操比赛分规定动作比赛（强调动作的准确性、熟练性以及精神面貌、动作整齐一致性的团队精神）与自选动作比赛（除动作的完成之外，更注重成套编排突出艺术性以及编排的创意与安全性）。其中艺术性包括主题健康，充满活力，富有激情；编排新颖，有创意；动作的转换自然流畅；队形变化新颖；充分利用场地和空间。安全性指成套动作中没有对身体造成伤害的因素；不鼓励在成套动作中出现竞技健美操 0.3 以上的难度动作，如果出现也不加分，并对出现的错误扣分。

2. 竞技健美操规则

竞技健美操是健美操的“提高”，观看高水平的竞技健美操比赛是一种力与美的欣赏与享受。

（1）比赛项目。

国际体联正规的健美操比赛分为男子单人、女子单人、混合双人、三人、六人共计五个比赛项目，其中三人与六人没有性别的规定。

（2）比赛时间。

竞技健美操 1'45"，并有加减 5" 的宽容度。

（3）比赛场地。

竞技健美操比赛场地要求有高 80 ～ 140 cm 的赛台，赛台不得小于 14 m×14 m，后面有背景遮挡。竞赛的地板必须是 12 m×12 m，并清楚地标出 7 m×7 m 的单人以及 10 m×10 m 的混双、三人、集体六人比赛场地。标记带必须是 5 cm 黑色带，标记带是场地的一部分。

健美操锻炼常识

合理安排运动量。可用公式（220−年龄）×60%～80%计算出最佳心率范围。

控制好锻炼次数。每次锻炼30 min左右，可每天锻炼，若60 min以上可隔天锻炼，每周不少于3次。

锻炼前后30 min要适当饮水。

锻炼时要穿透气性好、宽松或有弹性的健美操服装；要穿慢跑鞋或专业健美操鞋。

健美操锻炼效果的评价

自我体力感觉：精神饱满，体力充沛，渴望参加活动，每次练习后稍有疲劳和肌肉酸累感，但经过休息能很快恢复。

排汗量：在气温、饮水量和训练程度等外界条件相同的情况下，随着训练水平的提高，排汗量可减少。

脉搏、血压：运动对人体机能引起的变化，即使是大运动量也会在2～3天内恢复。晨脉变化每分钟应不超过正常的3～4次，血压变化范围在10 mL汞柱以内。

食欲：在一次大运动量活动后，食欲可能会暂时下降，但很快就能恢复。

睡眠：良好的睡眠状态应当是入睡快，醒后感到精力、体力旺盛。

健美操赛场上的观赏点

1. 音乐的旋律与动作的和谐一致，这是人体运动之美。

2. 运动员所有动作的幅度、力度、速度的协调一致，整齐划一；以及高难技巧动作会让人感到无限的震撼与惊奇。

3. 运动员亮丽的服饰和他们由内向外迸发出的自信、激情与活力，给人带来视觉的冲击和心灵的碰撞。

4. 整套动作的编排风格与无穷的队形变化，是另一个欣赏点。它将所有的时尚元素表现得淋漓尽致，使人仿佛置身于多彩的现代世界。

体育舞蹈的起源与发展

体育舞蹈的前身是交际舞，起源于欧洲、拉丁美洲，由圈舞、对舞、集体舞等民间舞蹈演变而来，成为流传广泛的社交舞蹈。

1924年，英国皇家舞蹈教师协会在广泛研究传统宫廷舞、交谊舞和拉美国家各式土风舞的基础上，对此进行了规范和美化加工，于1925年正式颁布了华尔兹（慢三步）、探戈、狐步、快步等舞种的步伐，总称摩登舞。1950年，英国摩登舞国际理事会（ICBD）主办了首届世界性的大赛——黑池舞蹈节，并把规范后的舞蹈命名为国际标准交谊舞，我国简称“国标”。1960年又将拉丁舞蹈纳入国际标准交谊舞范畴，形成了具

（4）比赛音乐。

音响设备必须达到专业水准，并拥有常规的播放设备，磁带卡座录音机或CD机。音乐要录在磁带或CD的A面开头，一碟一曲，并清楚地标明运动员的姓名、项目、国名与出场顺序。

（5）比赛着装。

参赛运动员必须穿白色健美操鞋和袜。女运动员着一件套带有肉色袜的比赛服，不允许穿两件套服装。头发必须固定在头上，允许化淡妆。男装不允许有长袖。服装上禁止使用松散或附加的饰物。禁止佩戴首饰。

（6）全套动作内容。

成套动作必须表现出健美操动作类型（高和低动作的组合），风格和难度动作的均衡性。健美操动作的姿态要求是躯干直，呈一直线，手臂和腿动作有力、外形清晰。动作编排要合理利用全部空间，合理安排地面以及空中动作。按规则规定，每套比赛动作必须包括难度动作、操化组合与过渡连接动作三部分，每部分都有具体的规定。例如选择的难度必须含有四组难度类型，即动力性力量组（俯卧撑、旋腿等）、静力性力量组（支撑与水平）、跳与跃组、平衡与柔韧组，每缺一组动作就要扣去1分。

9.2 培养绅士风度的体育舞蹈

体育舞蹈又称“国际标准交谊舞”，是一项具有很高审美价值和健身娱乐价值的综合性艺术，是融舞蹈、音乐、服装、风度和形体美于一体的高雅体育项目。它横跨体育、艺术、教育三大领域，具有强烈的时代气息和良好的锻炼价值，是一种促进国标交流的不可忽视的运动。

9.2.1 运动特点和锻炼价值

1. 运动特点

（1）律动性与规范性。在特定节奏风格的舞曲音乐引导下，人们翩翩起舞。时而端庄典雅，时而顿挫磊落，时而婀娜柔媚，时而奔放激越……，用合着音乐节律的舞动来表现各舞种的风格特性是体育舞蹈的基本特点。另外，体育舞蹈是一个完整的经过数百年历史锤炼和几代人加工而成的舞蹈系统，技术动作清晰规范，严格到多一分则过，少一点则不足。

（2）观赏性与艺术性。体育舞蹈融音乐、舞蹈、服装、风度、体态美于一体，既有很高的艺术观赏价值，又有参与的可能。舞蹈者可在优美动听的音乐伴奏下，自由地发挥想象力、创造力和表现力，使其动作能够表现出音乐的情感和意境，从而表现出更大的艺术感染

力。因此，体育舞蹈被认为是一种“真正的艺术”，并以它相对稳定的高雅文明形态步入世界舞坛。

(3)社交性与国际性。体育舞蹈仍然继承交谊舞“舞会舞蹈形式”的特征，从而成为很好的社会交际活动工具。同时，舞蹈都具有民族性，而愈是民族化的舞蹈，愈能步入国际舞坛。体育舞蹈是一种国际上通用的“形体语言”，是全世界统一标准的舞蹈。

(4)娱乐性与群众性。体育舞蹈的本质属性就是娱乐。它使舞者愉悦身心，使观者赏心悦目。它是人们娱乐生活的产物，并在娱乐活动中得到丰富和发展。同时，体育舞蹈具有广泛的群众性，它时而以娱乐运动形式出现在娱乐厅，时而以锻炼形式出现在广场、公园、运动场等，是群众性体育运动的重要组成部分。

2. 锻炼价值

(1)发展身体素质，培养良好身体姿态。

长期坚持体育舞蹈锻炼的人，无论在身体的平衡能力、柔韧性、力量还是灵敏性、反应速度方面，均能得到有效的改善和提高。在体育舞蹈训练中，要求参加者保持抬头、挺胸、收腹、立腰、沉肩、膝放松、大腿和臀部夹紧上提，使整个身体呈舒展、挺拔、优雅、大方的姿态。

(2)发展心理素质，提高情绪调节能力。

学习体育舞蹈是一个对技术掌握从不会到会，对理论从不理解到理解，男、女同学动作配合从不协调到协调的过程。练习者享受到成功喜悦的同时，在学习过程中也会出现技术掌握不好、男女同学动作配合失调，完不成动作要求，互相责难甚至弃对方而去的现象。这一切都会使学生在情绪上承受压力。因而可以培养和提高学生面对压力的能力，并提高情绪的调节能力。

(3)增强协作意识，提高人际交往能力。

在优美的舞姿和轻快的乐曲相伴下，舞场中的融洽、和谐、高雅的气氛能增强人们的沟通和交往意识，改变一个人孤独少言、消极离群的性情，使心胸变得更宽阔，形成平易近人、与人为善的性格，能提高参加者的人际交往能力。

(4)增强美学意识，提高审美情趣

体育舞蹈的美产生在舞姿和舞曲节奏的配合之中，它是动作和舞曲相互协调的美，能表现出男性的阳刚之美，也能体现出女性的娇柔之美。同时审美情趣可以在体育舞蹈中得到升华，提高大学生对美的欣赏水平和审美修养，陶冶情操。

9.2.2 拉丁舞之恰恰舞的基本舞步及套路训练

恰恰舞（用C表示），拉丁舞项目之一。节奏为4/4拍，每分钟

有统一舞步的两大系列十个舞种的国际标准交谊舞。

目前国际上有世界舞蹈及体育舞蹈理事会（WDDSC）和国际体育舞蹈联合会（IDSF）两个国际体育舞蹈组织，并且二者拟合并成立世界舞蹈运动联合会（WDSF）。国际标准交谊舞于20世纪30年代传入中国。

体育舞蹈中应摒弃的不良行为

体育舞蹈是一项表现欲很强的运动，这也是舞蹈的本身特点。但是这一特点运用得好，对人的社会交往会大有裨益，若运用得不好，则会出现过分表现自己、心理浮躁、锋芒毕露的现象，从而招来非议，对自身发展不利。另外，在体育舞蹈练习过程中，还应摒弃那些不礼貌、不道德、不文明的行为。

体育舞蹈对思维的影响

体育舞蹈的学习需要全身心投入，它可使注意力稳定在辨别音乐的节奏、领悟音乐的意境上。舞动过程既要男士女士的配合，又要反应准确、敏捷；它调动了大脑对音乐的记忆和视觉的提前预测等能力。整个过程体现了大脑对各种感官的支配和对肌体的精细调节能力，可培养专注、敏捷、协调等能力，而这些也正是高层次人才所需的能力。

体育舞蹈对职业技能的促进作用

体育舞蹈对促进人体的综合能力方面主要体现在手脚协调、思维敏捷、善于表现自我等。因此它对身体协调性和思维敏捷及表现力要求较高的职业，如管理型、社交型的职业技能具有良好的促进作用。

30～32 小节。每小节四拍，强拍落在第一拍。四拍走五步，包括两个慢步和三个快步。第一步踏在第二拍，时间值占一拍；第二步占一拍：第三、四两步各占半拍；第五步占一拍，踏在舞曲的第四拍上。胯部每小节向两侧摆动六次。舞曲热情奔放，舞步花哨利落，步频较快，诙谐风趣。恰恰舞源于非洲，后传入拉丁美洲，在古巴得到发展。

1. 舞姿训练

表 9-10 列出了舞姿训练技术要领。

表9-10 舞 姿 训 练

动作	练习内容	技 术 要 领
舞姿训练	主要是闭式舞姿、开式舞姿和扇式舞姿的训练	闭式舞姿男女相对站立约20 cm，重心可在任一只脚上。男士的右手放在女士的左肩胛骨上，女士的左臂轻轻放在男士的右臂上，男士的左臂稍抬起，与眼睛齐平，女士的右手轻轻放在男士的左手中 开式舞姿男女相距一臂长、面对面站立，重心可落在任一只脚上。二人相握的手平举于胸骨略下的位置，微微弯曲；另一只手臂自然弯曲 扇形舞姿女士在男士左侧约一臂距离处；女士的身体重心落于左脚，男士的身体重心落于右脚；男士的左手轻搭在女士的右手手背上

2. 基本舞步训练

表 9-11 列出了基本舞步训练技术要领。

表9-11 基本舞步训练

动作	练习内容	技 术 要 领
恰恰舞步动作训练	基本步	（1）男士左脚前进，女士右脚后退 （2）男士重心移回右脚，女士重心移回左脚 （3）男士左脚横步，女士右脚横步 （4）男士右脚向左并步，女士左脚向右并步，踮脚跟，双膝弯曲 （5）男士左脚横步，直膝，女士右脚横步，直膝 （6）男士右脚后退，女士左脚前进 （7）男士左脚原地踏一步，女士右脚原地踏一步 （8）男士右脚横步，女士左脚横步 （9）男士左脚向右脚并步，女士右脚向左脚并步，踮脚跟，双膝弯曲 （10）男士右脚横步，女士左脚横步，均直膝
	纽约步	闭式舞姿开始： （1）男士右转1/4周，左脚前进，左肩并肩位，女士左转1/4周，右脚前进，右肩并肩位 （2）男士右脚原地踏一步，后半拍准备左转，女士左脚原地踏一步，后半拍准备右转 （3）男士左转1/4周，左脚横步；女士右转1/4周右脚横步 （4）男士右脚并左脚，女士左脚并右脚 （5）男士左脚横步，准备左转；女士右脚横步，准备右转 （6）男士左转1/4周，右脚前进；女士动作方向性反，右肩并肩位 （7）男士左脚原地踏一步，后半拍准备右转，女士右脚原地踏一步，后半拍准备左转 （8）男士右转1/4周，右脚横步，女士左转1/4周，左脚横步 （9）男士左脚并右脚，女士右脚并左脚 （10）男士右脚横步，女士左脚横步

续表

动作	练习内容	技术要领
恰恰舞步动作训练	臂下右转	从纽约步（5）结束后开始，节奏为慢、慢、快、快、慢 （1）男士右脚后退，女士左脚进右脚交叉，脚跟离地 （2）男士左脚原地踏一步，左手上举带女士右转，女士双脚掌为轴，右转时，重心先偏向左脚，然后重心在右脚 （3）男士右脚横步，女士右转1周后与男士相对，左脚横步 （4）男士左脚并右脚，女士右脚并左脚 （5）男士右脚横步，女士左脚横步
	手对手	（1）男士左转1/4周，左脚后退，左手向旁打开与女士成右肩并肩位 （2）男士右脚原地踏一步，在后半拍时准备右转 （3）男士右转女士与男士动作方向相反；男士左脚横步，左手与女士右手相拉或指尖向上，掌心相贴 （4）男士右脚并左脚，女士左脚并右脚 （5）男士左脚小横步，女士右脚小横步 （6）男士右转1/4周，右脚后退，左手与女士相拉，右手向旁打开成左肩并肩位 （7）男士左脚原地踏一步，后半拍准备左转 （8）男士左转1/4周，右脚横步，双手与女士相拉 （9）男士左脚并右脚 （10）男士右脚横步，然后再重复左脚后退 所有动作女士均与男士相同，方向相反
	原地左转	原地左转从手对手（10）结束后开始，步伐节奏：慢、慢、快、快、慢 （1）男士左脚后退，右手上举，引领女士左转；女士右脚前交叉于左脚，左转1/4周 （2）男士右脚原地踏1步，女士以右脚为轴左转1/2周，然后重心移至左脚 （3）男士左脚横步稍前，女士右脚横步，左转1/4周与男士相对 （4）男士右脚向左并步，踮脚跟双膝稍弯，女士左脚向右脚并步，踮脚跟双膝稍弯 （5）男士左脚横步，直膝，女士方向相反
	开式扭胯转	（1）男士左脚前进，女士右脚后退 （2）男士重心移回右脚，女士重心移回左脚 （3）男士左脚后退，女士右脚前进 （4）男士右脚向左并步，踮脚跟双膝稍弯，女士左脚前进交叉于右脚后，踮脚跟双膝稍弯 （5）男士左脚横步，右转1/8周直膝，女士右脚前进，直膝拧胯，右转1/4周 （6）男士右脚后退，带女士转身；女士左脚前进，左转1/8周 （7）男士右脚原地踏1步，左转1/8周；女士右脚横步稍后，继续左转1/4周

3. 恰恰舞套路训练

表 9-12 列出了恰恰舞套路。

表9-12 恰恰舞套路训练

舞步顺序	舞步名称	舞步英文名称	节奏（小节）
1	基本动作	Close Basic Movement	2
2	纽约步	New York	3
3	臂下右转	Underarm Turn to Right	1
4	手对手	Hand to Hand	3
5	原地左转	Spot Turn to Left	1
6	开式基本步(前进后退各加2次锁步）	Open Basic Movement（Bwd +2Locks，Fwd + 2Locks）	4

9.2.3 摩登舞之华尔兹的基本舞步及套路训练

华尔兹舞（waltz）用 w 表示，也称“慢三步”，摩登舞项目之一。舞曲旋律优美抒情，节奏为 3/4 的中慢板，每分钟 28 ～ 30 小节。每小节三拍为一组舞步，每拍一步，第一拍为重拍，三步起伏循环。其动作如流水般顺畅、潇洒自如、典雅大方，享有“舞中皇后”的美称。

1. 舞姿训练

表 9-13 列出了舞姿训练技术要领。

表9-13 舞姿训练

动作	练习内容	技术要领
舞姿训练	主要是闭式舞姿和开式舞姿的握姿训练	闭式舞姿： （1）男士、女士均直立，沉肩，立腰，两脚并拢松膝，女士上体稍后屈25° （2）男士左手与女士右手掌相对互握，虎口朝上，前臂与上臂的夹角约130°，高度于男士眼左侧方向的延长线上 （3）男士右手五指并拢，置于女士左肩胛骨下端，右前臂与女士的左前臂轻轻接触。女士左手放于男士右肩三角肌线处 （4）男士头部自然挺直，目光从女士的右耳方向看出。身体向女士右侧移动约半个身位，右髋部与女士左髋部相对。女士头部略向右倾斜 开式舞姿： 在闭式舞姿的基础上，男女舞伴的上身均向外闪开大半部分，面向前方，目光通过相握的手，髋部动作同闭式舞姿一样，仍轻轻接触

2. 身体动作训练

表 9-14 列出了身体动作训练技术要领。

表9-14 身体动作训练

动作	练习内容	技术要领
升降练习	可进行单人或双人的练习，首先在站立位置上做升降动作；再结合前进、后退、侧向运步做升降动作	升降技术掌握膝盖的屈伸和脚跟的提起与下落的关系。身体上升时，先脚跟提起，然后再直膝上顶。躯干不要主动上升，要保持向下的压力。在下降时，先屈膝再过渡到脚跟落下，而躯干不要主动下落，要保持向下的感觉
反身练习	在并腿直立或半蹲站立位上做反身动作；在前、后弓步下做反身动作；结合向前、向后出步后做反身动作；结合舞步组合做反身练习	反身技术要求做反身动作时肩部和髋部保持水平，收腹立腰，夹臀立躯干保持挺身姿势。拧转时要求以身体中心为轴，并且使头、肩、髋与两腿在同一垂直面上
摆荡和倾斜练习	在并立位做摆荡和倾斜练习；再增加向右、向左转动的摆荡和倾斜练习；结合舞步组合进行练习	摆荡时要求髋部与身体形成一个整体直线摆动。完成倾斜动作时要控制好身体，避免躯干前倾、后仰或左右侧屈

3. 舞步动作训练

表 9-15 列出了舞步动作训练技术要领。

表9-15 舞步动作训练

动作	练习内容	技术要领
华尔兹舞步动作训练	左脚并换步	（1）男士左脚前进，女士右脚后退 （2）男士右脚经左脚横步稍前，女士左脚经右脚横步稍后 （3）男士左脚并右脚，女士右脚并左脚
	右转步	（1）男士右脚前进开始右转，女士左脚后腿开始右转 （2）男士左脚经右脚横步1—2转1/4周，女士右脚经左脚横步1—2转3/8周，身体稍转 （3）男士右脚并左脚2—3转1/8周，女士左脚并右脚，身体完成稍转 （4）男士左脚后退4—5转3/8周，女士右脚前进继续右转 （5）男士右脚经左脚横步，身体稍转，女士左脚经右脚横步稍前4—5转1/4周 （6）男士左脚并右脚，女士右脚并左脚5—6转1/8周
	扫步	（1）男士左脚前进，着地时先脚跟后脚掌，女士右脚后退，着地时先脚掌后脚跟 （2）男士左脚横步稍前着地时用脚掌，女士左脚斜后退，着地时用脚掌 （3）男士左脚在右脚后交叉，着地时先脚掌后脚跟，结束时成开式舞姿，女士动作要领与男士同，方向相反
	侧行追步	（1）男士右脚前进并交叉于反身位置，着地时先脚跟后脚掌，女士左脚前进并交叉于翻身动作位置，着地时先脚跟后脚掌，开始左转 （2）男士左脚横步，着地时用脚跟，女士左脚并右脚，着地时用脚掌，1—2转1/8周 （3）男士左脚并右脚，着地时用脚掌，女士左脚并右脚，着地时用脚掌，2—3转1/8周，身体稍转 （4）男士右脚横步稍后，着地时先脚掌后脚跟，女士右脚横步稍后，着地时先脚掌后脚跟
	右旋转步	（1）男士右脚前进开始右转，女士左脚后退开始右转 （2）男士左脚经右脚横步1—2转1/4周，女士右脚经左脚横步1—2转3/8周，身体稍转 （3）男士右脚并左脚2—3转1/8周，女士左脚并与右脚身体完成稍转 （4）男士左腿后退保持在反身动作位置中右转1/2周，过渡到跟、掌转，女士右脚前进（轴转）右转1/2周 （5）男士右脚前进继续右转跟掌，女士左脚后退，并向左侧继续右转跟掌 （6）男士左脚横步稍后5—6转3/8周，女士右脚经左脚斜进5—6转3/8周，均掌跟

续表

<table>
<tr><th>动作</th><th>练习内容</th><th>技术要领</th></tr>
<tr><td rowspan="5">华尔兹舞步动作训练</td><td>迂回步</td><td>（1）男士右脚前进并交叉于反身动作及侧行位置，着地时先脚跟后脚掌；女士动作要领与男士同，方向相反
（2）男士左脚经右脚横步稍前左转1/ 8 周；女士右脚经左脚横步稍前1—2转3/ 8 周，着地时均用脚掌
（3）男士右脚横步，着地时先脚掌后脚跟；女士左脚横步，着地时先脚掌后脚跟
（4）男士左脚后退沿后肩转1/ 8 周，着地时先脚掌后脚跟；女士右脚外侧前进3—4转1/8周，着地时先脚跟后脚掌
（5）男士右脚横步稍后左转1/8周；女士左脚横步稍前左转1/4周，着地时用脚掌
（6）男士左脚横步成开式舞姿，着地时先脚掌后脚跟；女士右脚经左脚横步成开始舞姿，着地时用脚掌</td></tr>
<tr><td>踌躇步</td><td>（1）男士左脚前进开始左转；女士右脚后退开始左转，着地时均先脚掌后脚跟
（2）男士右脚横步1—2转1/4周，着地时用脚掌；女士左脚横步1—2转1/4周，着地时用脚掌
（3）男士左脚并右脚2—3转1/8周（掌跟重心在右脚）；女士右脚并左脚2—3转1/8周（掌跟重心在左脚）</td></tr>
<tr><td>后退锁步</td><td>（1）男士在反身动作位置中左脚后退，着地时先脚掌后脚跟；女士在反身动作及外侧舞伴位置中，右脚前进，着地时先脚跟后脚掌
（2）男士右腿后退，着地时用脚掌；女士左脚稍向左，着地时用脚掌
（3）男士左脚交叉于右脚后，着地时用脚掌；女士交叉于左脚后侧，着地时用脚掌
（4）男士右脚后退稍向右；女士左脚前进稍向左；着地时均先脚掌后脚跟</td></tr>
<tr><td>右脚并换步</td><td>动作要领与左脚并换步同，方向相反</td></tr>
<tr><td>左转步</td><td>动作要领与左转步同，方向相反</td></tr>
</table>

4. 华尔兹套路训练

表 9-16 列出了华尔兹套路。

表9-16　华尔兹套路训练

<table>
<tr><th>舞步顺序</th><th>舞步名称</th><th>舞步英文名称</th><th>节　奏</th></tr>
<tr><td>1</td><td>左脚并换步</td><td>L.F Closed Change</td><td>123</td></tr>
<tr><td>2</td><td>右转步</td><td>Natural Turn</td><td>123 123</td></tr>
<tr><td>3</td><td>右脚并换步</td><td>R.FClosed Change</td><td>123</td></tr>
<tr><td>4</td><td>左转步</td><td>Reverse turn</td><td>123 123</td></tr>
<tr><td>5</td><td>叉形步</td><td>Whisk</td><td>123</td></tr>
<tr><td>6</td><td>追步自并进位</td><td>Chasse From P.P</td><td>12&3</td></tr>
<tr><td rowspan="2">7</td><td>右旋转步</td><td>U/T Natural Spin Turn</td><td>123 123</td></tr>
<tr><td>左转步（456）</td><td>456Reverse turn</td><td>123</td></tr>
</table>

9.2.4 体育舞蹈的比赛规则

1. 竞赛种类

体育舞蹈比赛主要分为锦标赛、公开赛和邀请赛等。比赛分为预赛、复赛、半决赛和决赛，半决赛为淘汰赛，决赛为名次赛。根据参赛人数录取名次，通常录取前 6 名。

2. 竞赛场地

体育舞蹈的比赛场地一般为23 m×15 m，运行方向原则上必须按照逆时针方向运行，交换舞程线时必须过中线。

3. 竞赛服装

摩登舞，男选手穿燕尾服，女选手着不过脚踝的长裙；拉丁舞服装应有拉美风格，男女选手服装必须相协调，男选手下身穿紧身裤或“萝卜”裤、上身穿宽松式长袖衣，女子穿露背、露腿的短裙。男、女舞鞋应与服装颜色保持一致。摩登舞男选手一般穿黑色舞鞋，女选手穿5～8 cm高的高跟船鞋，且鞋面可镶嵌亮饰。男选手的拉丁舞鞋同摩登舞鞋，女选手穿高跟有襻凉鞋，鞋亦可加亮饰。

4. 竞赛装饰

男选手可留分头，头发前不遮耳，后不过领，不能留长发、长须；女选手可留短发或长发盘髻，可加头饰，不可披长发。

5. 竞赛评分

体育舞蹈主要按照以下几个方面来评分：选手的基本技术为40%（脚步动作、姿态、手臂稳定和移动各占10%）；对音乐的表现为20%；对体育舞蹈风格的表现为15%；体育舞蹈编排为10%；临场表现为10%；现场效果为5%。

9.2.5 体育舞蹈比赛的欣赏

1. 观赏形体美

在比赛中，选手不仅技艺超群，而且其优美的形体外貌使裁判和观众为之倾倒。优美的身体造型与音乐的协调配合极大地满足人类的审美心理要求。因此，在这样一个较量美的运动项目中，优美的身体形态也就成为夺取好成绩的必要条件。

2. 欣赏音乐美

音乐是体育舞蹈的重要组成部分。它以声音来表达创造者和表演者的内心世界。因此，我们在观赏时，可以随着音乐的旋律产生联想与想象，进而在自己头脑形成富有一定情感的臆想，在情绪中受到感染和陶冶。我们观看体育舞蹈比赛时要欣赏音乐与动作的有机结合，欣赏编者如何根据音乐的特点，巧妙地把技术动作、乐曲的旋律、节奏以及个人的风格和谐地组织起来。

3. 观赏动作美

由动作、技术和战术综合表现的动作美是观赏体育竞赛的核心内容。当代体育舞蹈的发展，要求运动员在不同的舞种表演中寻求和表现不同的风格。体育舞蹈比赛中，运动员利用自己的身体条件和表演风格，把具有特色的动作表演得娴熟、把难度动作组合表演得精彩，做到动中有静，静中有动，舒展流畅，连绵不断，使外表的动作与内

体育舞蹈运动中易出现的运动损伤与预防

1.踝关节扭伤。原因：准备活动不充分，鞋、场地不符合要求。预防：做好准备活动，穿适宜于体育舞蹈运动的鞋，在符合标准的场地进行练习。

2.慢性疲劳损伤。由于过度用脚踝、膝关节和小腿的胫、腓骨，极易引发踝部腱鞘炎、髌骨劳损、疲劳性骨膜炎等。预防：根据个人特点和自身水平制定合理的训练计划，合理安排运动量，切忌急于求成，贪多求全。

有氧操的原理

人的生命活动是需要能量的。人体的能量来源于体内的三种营养素：糖、脂肪、蛋白质。这些营养素好比是人体的“燃料”，在人体中经过十分复杂的生物化学过程产生能量。我们知道，燃烧需要氧气，人体中的营养素释放出能量，也是跟氧气作用的结果。人体中储藏着各种“燃料”。人只是定时地进餐，却需要一刻不停地呼吸氧气。在一般情况下，如学习、慢跑、轻体力劳动等，氧气的供给是足够的。此时，人体内的营养素如葡萄糖，发生的是需气呼吸，1g葡萄糖产生约16 kJ的能量，产物是二氧化碳和水。同样，在做有氧操时，人体内虽然耗能较大，但仍保持着有氧代谢的水平。

有氧操对身体协调性的影响

有氧操的种类繁多，内容多样，动作变化丰富，规律性不强，而多数动作都涉及小关节和小肌肉群。为了增加动作的动感和美感，身体各个部位的配合动作也较多，节奏变化忽快忽慢，很多动作出现在音乐的弱拍上（一拍两动），需要练习者全力调动全身各部位肌肉。可以说，有氧操的练习过程对改善人的协调能力是非常有效的。

在的情感融为一体，令人陶醉在美的艺术之中，充分得到美的享受。

4. 观赏服饰美

体育舞蹈的摩登舞与拉丁舞由于舞蹈风格不同，需要不同款式的服饰来衬托。摩登舞男士服装多为V形设计，男士身着深沉高雅的燕尾服，颈系白领结，脚穿平跟系带皮鞋，发型整齐，处处保持着绅士风度；女士服装则为A形设计，女士穿露背式晚礼长裙，使得女士们的身材更加优雅、迷人，旋转起来像盛开的莲花。而拉丁舞则追求人体运动中的曲线美，男士着紧身衣裤，显示男士外在美的阳刚之气；女士身穿露背、露腿的草裙式短裙，以便展示背、腰、臀、胯、腿部动作的优美线条，身体凹凸有致的曲线。这些恰到好处的设计将服饰之美推到了最高境界。

9.3 现代时尚的有氧操

有氧操（aerobics）是具有“有氧运动”特点的健身操，即在音乐的伴奏下能够锻炼全身的健身运动，由美国著名健身专家表尼斯库珀博士首先提出。有氧操要求运动连续时间至少12 min以上，它是一种运动强度恰到好处的体操，非常适合于心肺功能和肌肉力量的逐步增强，同时确保营养素的需氧呼吸，避免人体内的“燃烧”的浪费。有氧操现已风靡世界，成为继跑步热之后的又一个热点运动项目。近年来，我国不仅接受了欧美健美操的模式，而且把传统的气功、武术和民间舞蹈等与有氧操融为一体，创造了具有中国特色的有氧操。

9.3.1 运动特点与锻炼价值

1. 运动特点

（1）简单性与有效性。有氧操的音乐风格多样，节奏分明，易于分辨。另外，有氧操的内容丰富多样，被吸纳的动作也是经过简化分解的。这些动作直观，且运动要求也只限于用力的顺序与用力位置的正确，一般人都能够完成这些练习。此外，它不强调复杂的动作组合，而且运动中的变化特别是方向变化也较少，便于学习和掌握。有氧健身操的优点在于能锻炼心、肺，使心血管系统能更有效、快速地把氧传输到身体的每一个部位。而且有氧操较其他运动更有趣味性，动作简单、易学，音乐节奏鲜明，有较强的愉悦身心和增强身体健康的实效性。

（2）安全性与全面性。有氧操是遵循有氧健身锻炼原则进行的，因此，有氧运动可以使人的各个循环系统得到锻炼从而加强其功能，使身体健康并增强抵御疾病的能力。同时有氧锻炼可以有效地消耗能量，减少体内多余的脂肪达到减肥的目的。有氧操的强度适中，运动量易于控制，动作的选择也是以增进健康与避免伤害为原则。

（3）挑战性与娱乐性。有氧操是在不同风格的音乐下，大家一起做整齐而有节奏的动作，活动气氛非常热烈。在这种氛围下的练习，热情也将极大提高。它使锻炼成为一种娱乐，原本艰难的锻炼过程变得轻松愉快。

2. 锻炼价值

（1）提高生理机能，促进和谐发展。有氧操运动能改善和提高大脑和中枢神经系统的功能，改变大脑的供血、供氧状况，使人头脑清醒，兴奋性增强，抑制加深，神经过程的均衡性与灵活性提高，思维敏捷，综合分析能力增强，中枢神经系统对身体各器官系统调节作用提高。有氧操运动能促进人体心脏出现运动性增大、心肌收缩力增强，心脏容积增大，每搏输出量增大，安静时频率变慢，从而出现心脏工作“节省化”现象;肺活量增大,呼吸深度加深,肺通气量增大。有氧操运动还能提高肌体的免疫功能，长期坚持有氧操练习的人，其血清免疫球蛋白增多，免疫调节功能增强，N K细胞活性增强。这有利于提高肌体应激能力，增强对疾病的免疫力和病后康复能力，并能推迟人体衰老的生理过程，从而达到防病治病，延年益寿的效果。

（2）发展心理素质，培养情感意识。有氧操运动可以调节人的情感，健身本来是件很枯燥的事情，但有氧操可以增加它的趣味性，尤其音乐和动作间散发出的热情，利于大学生释放学习压力、放松自己。这种热情奔放、自由随意的健身方式就成了一种享受。练习者可以从中体会各种不同风格有氧操的优美与节奏。特别是那些自己擅长的组合动作，与音乐内容非常和谐的动作表现，可以使练习者获得非常微妙的快感，满足现实生活中得不到的成就需要和尊重需要，使学习和生活所带来的紧张、焦虑、疲劳等不良情绪得到有益的调节与放松。

（3）增强团队意识，提高社会适应能力。有氧操运动能提高人们对社会和自然环境的适应能力。经常参加有氧操活动，可以提高人对学习、对集体和社会的适应力。使人具有团结合作的精神，豁达合群的性格，愉快乐观的情绪，从而适应各种人际关系，胜任各种社会角色。在严寒、酷暑等环境条件下进行有氧操运动，还能提高人对自然环境的适应能力。

有氧舞蹈

有氧舞蹈是配合音乐有节奏地舞动的有氧运动。有氧舞蹈一方面能消耗较多热量，一方面能把许多舞蹈动作健美操化，通过有氧健美操的锻炼形式，反复或进行组合练习。有氧舞蹈动作不像健美操动作比较操化。有氧舞蹈有许多风格，并且音乐与舞蹈结合紧密，锻炼时能愉悦身心，同时人的创造、想象、表现和艺术修养等综合能力都能达到提高。

有氧舞蹈根据动作、音乐的不同特点分为：aerobic dance，hip-hop，funk，salsa等许多风格。有氧舞蹈在中国还出现了扇子舞等许多风格。跳有氧舞蹈并不一定要去舞蹈教室，在家也能跳，可配合年龄编舞，有较大的自由性。

9.3.2 有氧操主要种类

1. 有氧踏板操

有氧踏板操作为有氧健美操的一种，要求练习者在供氧充足的状态下进行长时间的、中低强度的运动。因为踏板本身所具有的高度，加上运动的强度，完成同样一个动作所消耗的能量要比在平地上多，从而使腿部更结实，肌肉线条更优美，能有效地解决臀部下垂的问题。这种有氧操主要强调的是对下半身的锻炼,刚开始运动,双腿会有酸、痛的反应。

2. 有氧搏击操

有氧搏击操，英文名为kickboxing，最早是由一名搏击世界冠军创造的，近几年才在我国发展起来。其具体形式是将拳击、空手道、跆拳道、功夫和一些舞蹈动作混合在一起，在激烈的音乐中，进行一些拳击和跆拳道的基本拳法和腿法练习。在出拳、踢腿的过程中，随着音乐挥动双拳，动作刚劲有力，可以尽情地发泄，尽情地流汗。

3. 有氧拉丁操

有氧拉丁操是在拉丁舞和健美操的基础上创编而成的一项新颖的运动。它把伦巴、桑巴、斗牛、牛仔、恰恰等拉丁舞的基本舞步，与优美的健美操动作科学、巧妙地结合起来，具有浓郁的异国情调，动作优美，热情奔放。其动作强调髋部的摆动，因此对于腰部两侧的训练有特别的效果，具有娱乐与健身的双重功效。它的锻炼侧重在腰和髋部，同时使大腿内侧得到充分锻炼，所以对腰腹的锻炼和减肥有很好的效果。

9.3.3 有氧操的基本技术

1. 有氧踏板操

踏板操主要有三大基本技术：重心移动、缓冲及身体控制。

（1）重心移动。要顺畅完成板上、板下的过渡，身体重心及时、准确地移动是这项练习的前提和基础。为实现身体重心的移动，首先要靠双腿的交替用力，以及躯干及时向运动方向跟进，两者同步，才能使整个身体重心完整移动，达到练习的要求。

（2）缓冲。缓冲技术是踏板操，甚至是有氧健身练习的基础技术。合理的缓冲技术能够保证身体的安全。对于踏板操，缓冲能为完成下一个动作积蓄力量。缓冲可以通过两种途径来实现：第一，增加缓冲的距离，如下踏板时，先前脚掌触地，再过渡到脚跟并配合膝、髋关节的弯曲，就可以使下板时对身体的冲击降低许多。第二，积极主动地退让。踏板操经常会出现单腿在板上支撑完成动作的情况，因此大腿前群肌及臀大肌经常在收缩对抗后马上转入被动拉长的退让动作，这样保证动作的连贯及安全。

（3）身体控制。人体是一个完整的系统，整体的运动需要身体各部分运动器官的协调配合。在踏板操中最重要的是腰腹的控制，特别当身体重心在踏板上时，腰腹的控制能起到平衡固定身体的作用，为下肢完成各种动作打好基础。控制身体的动作要靠相关肌肉收缩来实现，而肌肉长时间处于紧张收缩状态，必然使肌肉僵化，从而也使整体动作僵化。所以，调整各部位肌肉的用力强度及掌握时机就显得很有必要。

有氧踏板操的基本步法如表 9-17 所示。

表9-17 有氧踏板操基本步法解析

<table>
<tr><th>基本步法</th><th>技 术 要 领</th><th>注 意 事 项</th></tr>
<tr><td>基本步</td><td>开始位置：站在踏板前方的中心处（面向学员）
简单说明：左上右上，左下右下
分解动作：左脚上板，右脚跟上，左脚下板，右脚跟上，站在地面</td><td rowspan="2">1. 身体要保持正直，腹部和臀部收紧，保持身体平衡
2. 上板时，身体重心要处于板的正上方，不能脚在板上而身体重心在后</td></tr>
<tr><td>V字步</td><td>开始位置：踏板前方的中心处（面向学员）
简单说明：与基本步相像，但在板上时两脚分开
分解动作：左脚上板，位于板中心偏左，右脚上板，位于板中心偏右，使两脚成V字形；左脚下板，右脚下板，成开始姿势</td></tr>
</table>

续表

基本步法	技术要领	注意事项
A字步	开始位置：站在板的前方，面向一侧 简单说明：这是一种象A的基本步的变形步 分解动作：起始脚上板，站在踏板中心，另一只脚紧跟上，放在起始脚的旁边，起始脚向后下板，另一只脚紧跟下板	3. 在板上时全脚掌要在板上，不能让脚尖或脚跟悬于踏板边缘 4. 上板时，脚跟触板后再过渡到全脚掌 5. 下板时，脚掌先触地缓冲过渡到全脚掌 6. 上下板时，不能双脚同时跳上跳下 7. 上板时，支撑腿不可扭转，以免对膝关节造成伤害 8. 单腿在板上时，支撑腿保持一定的弯曲度 9. 在做弓步或重复踏板时，人体重心要在板上的前腿 10. 保持呼吸，不要屏气。膝盖保持一定的弹动，以减少对腿部的损伤、减轻背部紧张 11. 任何以前有膝关节问题的练习者在上踏板操课前必须进行体格检查。 12. 身体侧对板时，先上靠近板的一侧腿，不要交叉腿上板
旋转步	开始位置：在板的前方，面向一边 简单说明：在板的一侧开始，在转身的同时，做基本步的变形 分解动作：左脚上板，右脚紧跟上板，同时转向左边；左脚下板，稍向左转，右脚下板至地面，放在左脚旁边；右脚上板，同时转向右边；右脚下板，稍向右转，左脚下板至地面，放在右脚旁边	
Z字步	开始位置：站在板前的中心 简单说明：形如字母Z的基本步的变形步 分解动作：左脚上板，放在踏板的左边，右脚上板，放在左脚旁边（两脚同时在踏板左边），右脚跨至踏板右侧，左脚跟上放在右脚旁边（两脚同时在踏板的右边），左脚斜向下板至地面，右脚紧跟放在左脚旁边（这时两脚都在板前的左边地面上），右脚跨至板前右侧地面上，左脚紧跟上，放在右脚旁边（两脚都在板前右侧的地面上）	
X步	开始位置：跨板站立 简单说明：跨板的位置在板的末端 分解动作：右脚上板至踏板中心，左脚跟上，放在右脚旁边，右脚向前迈出下板，放在踏板另一边的地面上，左脚下板，放在踏板开始端左边的地面上，右脚向后上板至踏板中心，左脚跟上，放在右脚旁边，右脚向后下板，放在踏板末端右侧的地面上，左脚下板，放在踏板末端左侧的地面上	

2. 有氧拉丁操

有氧拉丁对动作的细节要求不高，不强调基本步法，而强调能量消耗，追求身体线条，注重对髋、腰、胸、肩部关节的活动（见表9-18）。

表9-18　有氧拉丁操解析

动作	技术要领	注意事项
胸腔平移	双腿站立，收紧腿部肌肉和臀部，放松双肩，收腹，把意念点放在腋下附近，背部中下部肌肉和腹部前方肌肉用力将胸腔向一侧挪动，头胸同步，髋部一定稳定不动，双肩确保放松	1. 人体的上半身，尤其是肩部应保持挺立不动，体现了西班牙人的高贵，是拉丁舞中白人文化的体现 2. 腰部和胯部则应尽情地扭动。这来源于热情奔放的非洲文化 3. 充分活动胸、腰、髋、臀等部位的每一处肌肉，腿和脚的动作起源于印第安人的文化 4. 要求力度、神态的全面配合
脊椎摇摆	分腿站立，屈膝下蹲，颈椎、胸椎、腰椎、尾椎同时向前屈曲，身体成C字形。慢慢伸直膝关节，臀部向后向上推，收紧下背，上半身重心前压，头部下潜，随着胸椎的伸展，头部自然抬起至脊椎，整体最大程度地伸展并保持住，同时上半身缓缓后仰，脊椎渐渐从上至下向前屈曲至起始位置	
桑巴摇摆	并腿站立，完成动作时，一直保持膝关节微曲，髋关节松弛（腹股沟处），臀部后翘（尾椎后伸）。右侧腿外移一个肩宽距离，身体重心同步外移（保持在双腿中轴处）并下压，髋部自然向外横摆（勿顶髋），右脚掌根据节奏将身体推回，同时左侧腰用力将髋部拉回，回到起始位置	
Check	并腿站立，压肩，微扩胸，收腹提髋，左腿发力，向后绷直膝关节，收腹翘臀（尾椎后伸展）将身体重心前推，躯干整体朝前，右脚落在左脚正前方，伸直膝盖支撑身体，上半身微微前倾，双臂自然展开在躯干正前正后，呈120°左右，后高前低，注意肩部放松，掌心向下，手指前伸。右侧腰发力协调收回身体至初始姿势	

3. 有氧搏击操

搏击操的基本拳法、腿法都来自于竞技搏击类项目，因此在发力感觉上完全与之相同，出拳要快，踢腿要狠。出拳快即击出后要靠自身马上将拳收回，踢腿狠即攻击对方某部位力量要重。在音乐伴奏下练习时，只要注重发力的感觉，所有动作都在于出拳，踢腿的过程，不必考虑用全力击出。这个过程是很顺畅的，完全在肌肉配合控制下进行，所以它能充分锻炼到每部分肌肉，尤其对腰腹肌的针对性更强（见表 9-19）。

表9-19　有氧搏击操解析

动作	技 术 要 领	注 意 事 项
直拳	站立姿势：面向目标 下颚紧收 瞄准目标的后面 前两个指关节与目标成一线 手臂和肩部成一直线 从腰部发力，到肩膀，到拳 目标：鼻子正下方，胸骨以下神经交汇处	1. 腹部、下颚收紧，两手握拳于脸前(防御姿势）保持呼吸，不屏气
摆拳	站立姿势：面向目标 下颚紧收 瞄准目标的后面 前两个指关节与目标成一线 手臂和肩膀成一弧形 从腰部发力，到肩膀，到拳 目标：鼻子正下方，胸骨以下神经交汇处	2. 侧踢时不向前扭胯会导致压力集中膝部，绷脚尖会扭伤膝盖，应向脚尖方向扭胯以减轻膝盖的侧压力
勾拳	左腿在前，拳击姿势 重心在前脚 手臂成90°夹角，整个身体迂回向前，左右脚替换出拳时，手臂延伸通过身体的前方 尽可能地延长拳至斜上方 右手保持防御姿势 目标：下颚，肋骨，鼻子	3. 膝盖不要僵直，以减轻缓冲。在转身时要抬起膝盖，否则会扭伤十字韧带
前踢腿	一脚在前与另一只脚距离8～12 in 两脚与肩同宽 重心在后脚 看着目标 抬膝至最高的位置 上身微向后仰 伸展腿部，但膝关节不要伸直过度 用前脚掌踢目标 出击腿回到开始位置 目标：胫部、膝盖骨正下方、鼠蹊，腰部以上可以给提高班的同学做目标	4. 击拳时要由肩部带动出拳，在完成击拳和踢腿动作前一直看着目标
左右侧踢	两脚开立，与肩同宽 重心在右腿 目视左侧目标 抬起左膝，向身体靠 上身微向右倾斜 右脚脚尖转离目标（收回时放松膝盖） 保持站姿 向外延伸左腿，不要过分伸直膝部 右臂放低，保持平衡 用脚侧缘攻击，脚尖朝下 踢出左腿，回到侧面 目标：胫部（正对时）、膝盖骨侧面（正对时）、鼠蹊（正对时）、大腿骨侧面（正对时）、腰部以上可以给提高班的同学做目标	5. 避免肘、膝部用力过猛；避免进行闪躲或猛击动作时由于动作过大而脱臼，避免扭转动作

续表

动作	技 术 要 领	注 意 事 项
摆踢	右侧为目标，两脚开立，与肩同宽 重心在右腿 屈前腿 目视右侧目标 抬起左膝，向身体靠 扫向目标，重心在前腿 动作完成时，放松膝盖，身体向右微倾 右脚脚趾转离目标 左膝弯曲，指向目标 伸展左腿，但不要过分伸展膝部 右臂放低，保持平衡 用脚侧缘攻击，脚尖朝下 左脚放下时，两脚距离比肩宽 最终站位左侧为目标（与开始时相反） 目标：膝盖骨侧面（正对时）、大腿骨侧面（正对时）、腹部两侧（肾脏区域）、腰部以上可以给提高班的同学做目标	

9.4 简易健身运动

简易健身运动是通过徒手或利用常见健身器械，运用科学的动作方式和方法进行锻炼，以发达肌肉、增长体力、改善形体和陶冶情操为目的的运动项目，如图 9-5 所示。它简单易行、适用性强，能有效地增强体质，增进健康。

图9-5 健身运动

由于简易的健身运动具有普适性，因此有很强的吸引力，它可以使瘦弱者变强壮，使肥胖者变结实，使少儿健康成长，使老年人健康、长寿。

9.4.1 运动特点和锻炼价值

1. 运动特点

（1）无时间地点限制。健身运动在一年四季的任何时间里均可进行。同时它既可在运动场、体育馆、健身房练习，也可以在宅院或卧室里练习，甚至还可以在火车、轮船和飞机上练习。这对于大学生、旅游者、外出者或比赛的运动员保持体力、坚持锻炼及培养最佳身体状态来说，都提供了极好的条件。

（2）无年龄性别限制。健身运动中以自身抵抗力进行锻炼，是男女老少每个人都能承受的。因此不论年龄性别都可以由易到难、由浅入深、由轻到重地进行系统性练习。不但能使健康人更健壮，使青少年的发育更兴旺，同时也适宜于一些体质虚弱者进行体力增强和体形改进。

（3）自练为主、随意可行。健身运动主要是利用自身的抵抗力进行锻炼（若有同伴一同进行，亦可按锻炼方法的要求两人同做对抗练习），它不受人数的限制，也不为他人所拘束，只要根据自己的时间和身体情况，随时随地都可进行，还可随时掌控运动量。

健身运动小常识

亚里士多德曾说：“运动太多和太少，同样地损伤体力；饮食过多与过少，同样地损害健康；唯有适度可以产生、增进、保持体力和健康。”可见，健身还是应该遵循规律和科学之道的，否则会适得其反，损害健康。

2. 锻炼价值

（1）改善生理机能，提高身体素质。经常从事健身运动，对心血管系统、呼吸系统和消化系统等内脏器官的功能产生良好的影响。

（2）改善身体形态，矫正畸形。体形主要是指全身各部位的比例是否匀称、协调、平衡、和谐，以及主要肌肉群是否具有优美的线条。健身运动促进骨骼的正常生长和发育，保持正确的身体形态。

（3）促进全身肌肉协调发展，塑造完美体形。通过健身运动，有益于练习者肌肉、骨骼、关节点匀称发展，形成优美体态，给人朝气蓬勃、健康向上的感觉。

（4）促进心理健康发展，提升个人魅力。练习者在健身运动中尽情释放自己，转移注意力，尽情享受运动带来的快乐，调节心态缓解精神压力，同时也提升了个人形象气质，提高自信心。

（5）提高社会交往能力。参加健身运动可以提高人们对社会和自然环境的适应能力，培养豁达和群的性格和愉快乐观的情绪，从而能够适应各种人际关系，提高人际交往能力。

9.4.2 锻炼方式方法

可以采用各种徒手练习，如俯卧撑、仰卧起坐等各种自抗力动作，也可以采用各种不同的运动器械进行各种练习，如哑铃、杠铃、壶铃等举重器械，单杠、双杠、绳、杆等体操器械，以及弹簧拉力器、滑轮拉力器、橡筋带和各种特制的综合力量练习架等力量训练器械，还有功率自行车、台阶器、平跑机、划船器等有氧训练器材，如图 9-6 所示。

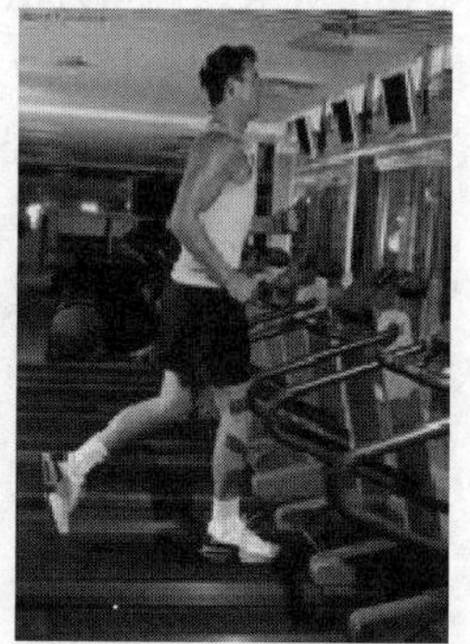

图9-6　健身锻炼方式

9.4.3 简易健身运动的基本动作

简易健身运动中徒手健身的基本动作如表 9-20 所示。

表 9-20　徒手健身的基本动作

动作	图示	技术要领	要求
俯卧撑		手肘弯曲，朝两侧打开，身体降低至肩膀与手肘同高即可。吐气，回到开始位置，重复	双手与肩同宽，手指朝前，以双手及脚尖朝地，身体保持一直线，收腹、臀部夹紧、手肘微弯
背部伸展		上体充分抬起，两脚夹紧，脚趾充分接触地面。恢复到水平位置，重复	双手抱头，保持放松；抬起时手臂放松，腰背充分发力。两腿并紧

续表

动作	图示	技术要领	要求
仰卧起坐		脚底平放在地上，两膝分开与肩同宽，膝部屈曲约90°，膝盖要弯曲	上提抬起身体离地15~30 cm后，应稍作停顿并收紧腹部肌肉，然后徐徐地躺下，回复原位。当背部着地时，开始下一个仰卧起坐，如此循环动作
侧卧平板式抬腿		侧躺，以手肘支撑上半身，不要耸肩，双脚伸直并拢	以腹部收紧的力量，将上半身离开地面，保持颈部到脚跟成一直线，若要增加强度，可将上侧手臂往上延伸，停留10～12 s后换边

【思考题】

1. 简述健美操运动的基本步法。
2. 如何发挥健美操运动的价值，促进自身的全面发展？
3. 通过网络查询并观看健美操表演及比赛的相关视频，结合自身的锻炼，试述如何通过健美操运动展现自我。
4. 简述体育舞蹈的特点及锻炼价值。
5. 如何通过体育舞蹈学习，提升自己终生锻炼的意识？
6. 观看体育舞蹈相关视频资料，加深对美的理解，并说明应如何更好地表现自我。
7. 简述有氧操的特点及锻炼价值。
8. 如何通过有氧操的学习提升自己终生锻炼的意识？

第10章 乒乓球、羽毛球、网球

通过本章的学习，你将能够：

1. 运用乒乓球的基本技术进行健身锻炼和比赛。
2. 有效提高反应、灵敏、协调和操作思维能力。
3. 改善和提高心理素质。
4. 培养团结协作、勇敢顽强、机智果断的品质。

10.1 “小球推动大球”的乒乓球

乒乓球是一项集健身性、竞技性和娱乐性为一体的运动，具有较高的锻炼价值。作为一项全身运动，乒乓球所特有的速度快、变化多的特点决定了参与者在以下方面均可受益：一是全身的肌肉和关节组织得到活动，从而提高了动作的速度和上下肢活动的能力。二是极有效地发展反应力、灵敏性、协调性和操作思维能力。三是由于该项运动极为明显的竞技性特点和娱乐功能，又使其成为一项培养勇敢顽强、机智果断等品质和保持青春活力、调节神经的有效运动。

10.1.1 运动特点和锻炼价值

乒乓球运动是智能、技能、体能三者兼容以智能为主隔网对抗的运动项目。运动员挥拍打出的每一个球，都包含有速度、旋转、力量、弧线和落点五个竞技要素。比赛得分是按规则将球击中对方桌面迫使对手回球出界或落网。其特点是球小、速度快、变化多、技巧性强、趣味性高，设备比较简单，不受年龄、性别和身体条件的限制，在室内外都可进行，运动量可大可小，具有广泛的适应性和较高的锻炼价值，比较容易开展和普及。

1. 运动特点

（1）器材设备简单。室内外均可进行活动，运动量可大可小，不受年龄、性别和身体条件的限制，很容易被大众所接受。

（2）速度快变化多。要求练习者在瞬间对来球有较强的反应能力和应变能力。它能提高人体神经系统的灵敏性和协调性。

（3）隔网对抗。在运动中隔网进行，没有身体对抗，身体素

中国乒乓球的辉煌

乒乓球被称为中国的“国球”。中国乒乓球成绩始终处在世界前列，即使稍有挫折，中国乒乓球队也总能在最短的时间内找到最有效的办法。乒乓球运动员们创造了许多经典的战例和不败的神话，涌现出了一批又一批优秀健儿，对中国体育乃至各行各业，都产生了深远的影响。中国乒乓球队所取得的辉煌成绩，是其他项目迄今难以企及的。

由网球演变来的运动

乒乓球运动起源于英国，由网球运动派生而来。19世纪末，欧洲盛行网球运动，但由于受到场地和天气的限制，英国有些大学生便把网球移到室内，以餐桌为球台，书作球网，用羊皮纸做球拍，在餐桌上打来打去。故乒乓球又称为“桌上网球”（table tennis）。“乒乓球”的名称是因为后来使用赛璐珞球击球时发出的“乒乓”声而得名。

最初的球拍是块略经加工的木板。后来有人在球拍上贴一层羊皮。随着现代工业的发展，欧洲人把带有胶粒的橡皮贴在球拍上。20世纪50年代初，日本人又发明了贴有厚海绵的球拍。最初的球是一种类似网球的橡胶球。1890年，英国运动员吉布从美国带回一些作为玩具的赛璐珞球，用于乒乓球运动。

质是掌握各项技术的基本，同时也是比赛中运用技术和完善战术的前提。

（4）趣味性强。打乒乓球使用技术多样，左推右挡，搓削挑弹，引人入胜。

（5）邦交友谊的纽带。著名的“小球推动大球”的“乒乓外交”，打开了中美外交的大门，也使无数人之间建立友谊。

（6）对心智能力的影响显著。在乒乓球比赛中对运动员的心智能力要求较高，需要灵活善变，以便应付和处理比赛场上各种复杂情况出现。

乒乓球项目设有单项、双打、团体项目，所以乒乓球项目可以培养独立思考、单独作战及集体主义精神。

20世纪初，乒乓球运动在欧洲和亚洲蓬勃开展起来。1926年，在德国柏林举行了国际乒乓球邀请赛。后被追认为第一届世界乒乓球锦标赛。同时成立了国际乒乓球联合会。乒乓球运动的出现告诉我们任何运动的出现都源于生活。认真观察生活中的点滴事物你会发现更多。

乒乓球运动对思维的影响

乒乓球运动绝不只是简单的肌活动，而是涉及一系列复杂的心理活动。尤其在比赛中对心理活动的依赖更强。在这一系列复杂的心理活动中，最重要的一部分就是思维。

2. 锻炼价值

（1）增强身体素质。长期参加乒乓球运动，随着水平的提高，活动范围的增大，运动量也就相应增加，这就相应地提高了力量素质、速度素质和身体灵敏性、协调性，从而达到使肌肉发达、身体健壮、关节更加稳固的效果。

（2）调节和改善神经系统灵活性。由于乒乓球在空中飞行速度比较快，正手攻球只需 0.15 s 就可到达对方台面。在这短暂的时间内，要求运动员对高速运动的来球方向、落点、旋转、力量等因素进行全面观察并进行判断，及时采取对策，调整击球位置与拍面角度，进行合理还击。经常从事乒乓球运动，可大大提高神经系统的反应速度。

（3）改善心血管系统和呼吸系统的功能。经常参加乒乓球运动，可以使心血管系统的结构和机能得到改善，心肌变得发达有力，心容量加大，每搏输出量增多。心搏徐缓和血压降低，提高心脏工作效率，有利于身体的新陈代谢，提高整个身体机能水平。

（4）提高心理素质。乒乓球运动是竞技项目，对抗激烈，比分更改速度快，运动员情绪状态非常复杂。经常经受这些变幻莫测、胜负难料的激烈竞争的锻炼，同时在比赛中要对对方战术意图进行揣摩，因此使练习者的心理素质得到了很好的锻炼。

（5）促进交流，增进友谊。通过参加乒乓球运动，可以相互交流经验，切磋球技，达到相互学习、增进友谊、共同提高的目的。

10.1.2　乒乓球基本技术

1. 击球的基本原理

表 10-1 列出了击球的基本原理。

乒乓球运动中应摒弃的不良行为

此运动善攻于心计，将这种运动特点运用得好，则对学习和工作大有好处；若运用得不好，则在日常生活中表现为爱“耍小聪明”，必会影响同事之间的团结和友谊。

运动员在乒乓球比赛中由于输球或是一些争议的判罚容易产生一些不良情绪，做出一些诸如踢挡板、扔球拍、辱骂裁判员等不文明的行为。这势必有害于个人文明修养的养成，同时也有损于乒乓球这项文明的运动。

表10-1　击球的基本原理

动作	图　示	技术要领与用途
击球的部位	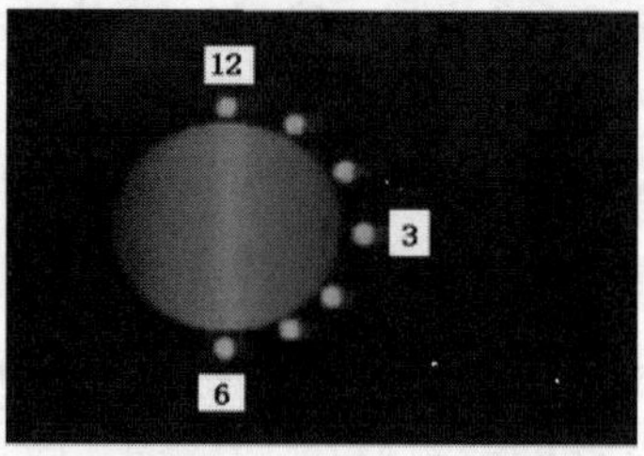 12 3 6	击球部位是指球拍触及球的位置，包括上部、中上部、中部、中下部、下部五种
击球时间	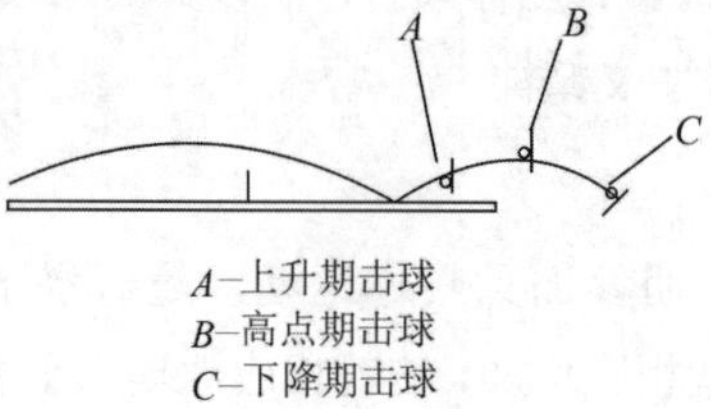 A B C A—上升期击球 B—高点期击球 C—下降期击球	击球时间是指球从台面弹起至回落的那段时间，具体可分为：上升期，即来球从台面弹起在最高点附近的这段时间。还可细分为上升前期与上升后期。高点期，即来球从台面弹起在最高点附近的这段时间。下降期，即球从最高点开始下降以后的这段时间。可细分为下降前期和下降后期
球的旋转	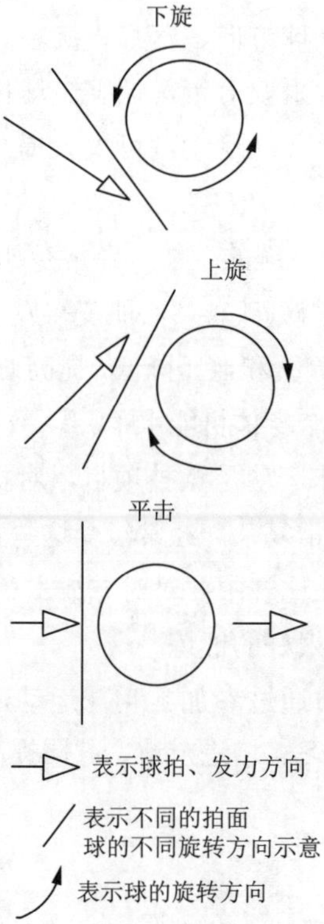 下旋 上旋 平击 表示球拍、发力方向 表示不同的拍面 球的不同旋转方向示意 表示球的旋转方向	旋转是乒乓球运动的主要制胜因素之一 上旋：击球时，除向前用力外附加向上用力，使球拍向上摩擦球，这样产生的旋转称为上旋 下旋：击球时，除向前用力外附加向下用力，使球拍向下摩擦球，这样产生的旋转称为下旋侧旋：击球时，除向前用力外，附加向左或向右用力，使球拍向左或向右摩擦球，这样产生的旋转称为侧旋。其中,球拍向左摩擦球所产生的旋转称为左侧旋，反之称为右侧旋 侧上、侧下旋球：在实际击球中，还常常向侧上方或侧下方摩擦球。向侧上方摩擦球而产生的旋转称为侧上旋，其中向左侧上方摩擦球而产生的旋转称为左侧上旋，简称左侧上；反之，称为右侧上旋。向侧下方摩擦球产生的旋转称为侧下旋，其中向左侧下方摩擦球而产生的旋转称为左侧下旋，简称左侧下；反之，称为右侧下旋

2. 握拍方法与准备姿势

表 10-2 列出了握拍方法与准备姿势技术要领与注意事项。

表10-2 握拍方法与准备姿势

动作	图 示	技术要领与用途	注意事项	学练法
直板握拍方法		直拍握拍法（均以右手为例，下同）：拇指第一指节和食指第二指节握拍，拍柄压住虎口（两指间距离适中），背面中指、无名指和小指自然弯曲斜形重叠，中指第一指节顶住球拍的后上部使球拍保持平稳 直拍握法的特点是正反手都用球拍的同一拍面击球，出手快，正手攻球快速有力，攻斜、直线球时，拍面变化不大，对手难以判断	1. 无论哪种握法，握拍都不应过紧或过松。过紧会使手腕僵硬，影响发力时的手腕动作，过松则影响击球力量和击球的准确性 2. 握拍不宜太浅。直握时，食指和拇指构成的钳形不能过大或过小，以免影响手腕动作的灵活性 3. 在变换击球的拍面、调节拍面角度时，要充分利用手指的作用 4. 不应经常变化握拍方法，否则会影响打法类型及风格的形成，尤其是初学者，更应注意易犯错误：全脚掌着地，上体过直，重心偏高；纠正方法：提踵屈膝略内靠，上体前倾	原地模仿练习
横板握拍方法		横式握拍法：中指、无名指和小指自然地握住拍柄，拇指在球拍正面轻贴在中指的旁边，食指自然伸直斜放于球拍的背面，虎口轻微贴拍，击球时拇指和食指帮助手腕调节拍形和加力挥拍作用。正手攻球时食指向上移动，反手攻球时拇指向球拍中部移动帮助手腕下压加大击球力量 横拍握拍法的特点是正反手攻球力量大，攻削球时握法变化小，反手攻球容易发力也便于拉弧圈；但正反手交替击球时，须变换击球拍面，攻斜、直线时调节拍形的幅度大，易被对方识破		
准备姿势		击球前后，身体保持的合理姿势即为准备姿势。合理恰当的准备姿势有助于判断来球，及时移动到位，运用各种基本技术完成击球动作 两脚开立约与肩宽，两膝微屈稍内扣以前脚掌内侧着地，身体重心在两脚中间，上体微前倾，下颌微收，两眼注视来球，持拍手臂自然弯曲手腕放松，球拍自然后仰置于腹前，左手自然弯曲抬起高于台面		

3. 发球

表 10-3 列出了发球的技术要领与注意事项。

表10-3 发 球

动作	图 示	技术要领与用途	注意事项	学练法
正手发平击球	1 2 3 4 5	发球时，近台站位左脚稍前，身体略向右转，两膝微屈上体稍前倾，持拍手自然放于体前。抛球同时握拍手向右后上方引拍，手腕放松，拍面较垂直，待球下落至与网同高时，上臂带动前臂由右后向左前方挥摆，同时腰向左扭转。击球刹那拇指压拍的左侧，手腕同时从后向前使劲抖动，球拍击球的中上部，第一落点本方端线前，第二落点对方右角	1. 抛球不宜太高； 2. 提高击球瞬间的挥拍速度 3. 第一落点要靠近本方台面的端线 4. 击球点与网同高或稍低于网	1. 抛球练习：注意使球垂直平稳抛起16 cm以上 2. 引臂挥臂徒手练习

续表

动作	图　示	技术要领与用途	注意事项	学练法
正手发左侧上（下）旋球	1 2 3 4 5 弹上 侧下	站位左半台，抛球同时持拍手迅速向右上方引拍，身体随即向右转，手臂自右上方向左下方挥摆，球拍从球的右侧中下部向左侧面摩擦，若发左侧下旋球时，手臂自右上方向左前下方挥摆，拍从球的右侧中部向左侧下部摩擦，第一落点本方端线附近 特点：左侧上（下）旋转力较强，对方挡球时向其右侧上（下）方反弹，一般站在中线偏左或侧身发球	1. 发球时要收腹，击球点不可远离身体 2. 尽量加大由右向左挥动的幅度和弧线，以增强侧旋强度 3. 发左侧上旋时，击球瞬间手腕快速内收，球拍从球的正中向左上方摩擦 4. 发左侧下旋时，拍面稍后仰，球拍从球的中下部向左下方摩擦	1. 发球将球击出，注意第一、二落点的准确，体会球和拍接触时的手臂及手腕的用力动作 2. 注意发球弧线

> **刘国正力挽狂澜**
>
> 2001年日本大阪世乒赛男团半决赛中国队遭遇韩国队，前四盘战成2:2平，决胜盘刘国正先失一局。第二局刘国正19:20落后时，只要金泽洙再得一分，中国队将无缘决赛。此时的刘国正表现出异乎寻常的镇定，从20平到21平，再到22平，最终以24:22击败金泽洙，绝处逢生！决胜局与第二局如出一辙，金泽洙始终处于领先状态，刘国正在15:19落后的情况下再次追到19:20。在随后让人窒息的“赛点”争夺中，21岁的刘国正追成20平、21平、22平、23平，最后凭借顽强的意志力以25：23取得胜利，上演了世界乒坛最经典的一次对决。

4. 攻球技术

表 10-4 列出了攻球的技术要领与注意事项。

表10-4　攻球技术

动作	图　示	技术要领与用途	注意事项	学练法
反手攻球	1 2 3 4	1. 直板推球动作要领：近台偏左站位，右脚稍前，击球时提起前臂上臂后收肘部贴近身体，在上升时期或高点期击球中上部。击球时适当用伸髋转腰动作加大手腕发力，并用中指顶住拍背向前用力 2. 横板反手攻球动作要领：击球前手臂自然弯曲并外旋使拍面稍前倾，上臂、肘部自然靠近身体，手腕微屈和内收，将球拍引致腹前偏左的位置；击球时前臂向前方迎球，当来求跳至上升后期，肘关节内收，前臂加速向前上方发力并外旋，手腕同时作伸和外旋，拍面稍前倾击球中上部；击球后，前臂顺势继续向前上方挥动，然后迅速还原成击球前的准备姿势	正确的拍面，身体的协调配合和准确的线路落点是挡球与推挡球的重点与难点；挡球与推挡球的主要区别： ①前臂前送程度不同 ②手腕下压程度不同 ③拍面倾斜程度不同	1. 练习方两个人左方斜线准备姿势站好 2. 一方发平击球另一方用反手击球动作接球 3. 击球后发球方用手接住。反复练习至接球方击球落点准确 4. 双方反手左方斜线对推

续表

动作	图 示	技术要领与用途	注意事项	学 练 法
正手攻球	1 2 3 4	攻球从大的动作结构来讲，可分为正手和反手攻球两大类。攻球是快速进攻最重要的一项技术，杀伤力强，是解决战斗的关键技术。 动作要领：近台中站位，左脚稍前，身体斜对球台，持拍手自然放松置于腹前，拍半横状。顺来球路线略向右侧引拍，约与台面齐高，拍面与台面约成80º角左右，前臂与台面基本平行。当球从台上弹起，持拍手由右侧向左前上方迅速挥动，以前臂快速内收，带动手腕发力为主，配合手腕内转沿球体做弧线挥动，在上升期击球的中上部，击球位置在身体右前方一臂距离处 特点：动作小，球速快，攻击力强	1. 正手攻球时不敢大胆挥拍，有停顿，弧线不好。纠正方法：用徒手模仿挥拍练习把拍挥够 2. 上臂与身体夹角过小。纠正方法：放松肩部，加大上臂与身体的距离 3. 抬肘抬臂。纠正方法：对做近台快攻练习，强调击球时肘肩向后下方 4. 手腕下垂，球拍与前臂垂直。纠正方法：强调手腕内旋拍柄向左，徒手模仿练习	1. 练习时两个人右方斜线准备姿势站好 2. 一方发平击球另一方用正手击球动作接球 3. 击球后发球方用手接住。反复练习以致接球方击球落点准确 4. 右方斜线一个反手推挡一个正手攻球 5. 正手右方斜线对攻
反手搓球	1 2 3 4	搓球是近台还击下旋球的一种基本技术，特点是站位近、动作小，回球多在台内进行，也是初学者必须掌握的入门技术 动作要领：近台站位右脚稍前，持拍手臂自然弯曲。击球时用前臂和手腕向前下方用力，拍面后仰，在下降期击球中下部 搓球的重点难点:前臂和手腕的挥拍路线和用力方法	1. 引拍不够，致使击球时前臂由上向下动作不明显。纠正方法：持拍练习前臂和手腕从上至下的切送动作模仿练习 2. 击球时拍面后仰不够。纠正方法：在下降期搓对方发来的下旋球，体会拍面后仰前送动作 3. 小臂前送力量不够，击球后动作停顿。纠正方法：两人对练慢搓，体会击球后小臂继续前送的伴随动作 4. 击球点离身体过远，重心偏后，击球部位不准。纠正方法：两人近台站位对练慢搓，在下降期击准球的中下部	

10.1.3 基本战术

1. 发球抢攻

发球抢攻是我国直板快攻打法的“杀手锏”，是力争主动、先发制人的主要战术。各种类型打法的运动员都普遍采用发球抢攻来抢占每个回合的上风。发球抢攻战术运用的效果，主要取决于发球的质量。发球抢攻常用的战术主要有以下几种：

（1）正手发转与不转球抢攻。一般以发至对方中路或右方短球为主，配合左方长球。开始先发短的下旋球为好，以控制对方不能抢攻或抢拉，然后再发不转球抢攻。不转球，一般也先发短的，或发至对方攻势较弱的一面。

乒乓球运动中易出现的运动损伤及预防

1. 肩部韧带拉伤或肌肉拉伤。原因：准备活动不充分或动作不规范。预防：充分做好准备活动、规范动作。

2. 大腿内侧肌肉拉伤。原因：突然跨步接球，造成大腿内侧群肌拉伤。预防：做好充分的准备活动，特别是腿部柔韧性练习。

3. 网球肘亦称肱骨外上髁炎。原因：长时间前臂旋前、旋后的动作引起。易造成这种损伤的如反手拉球动作。预防：加强腕、臂部力量训练，防止前臂肌肉疲劳积累。

(2) 侧身正手发左侧上（下）旋球后抢攻。侧身用正手发左侧上、下旋球的落点为：发至对方中左短、左大角、中左长、中右（向侧拐弯飞行正好至对方怀中）和右短，配合一个直线奔球。左手执拍的选手采用此套发球抢攻的战术，威胁更大。

(3) 运用发球抢攻时应注意的问题。

- 注意发球与抢攻的配合。发球时，应明确对方都可能怎样接、接到什么位置、自己怎样抢攻等。
- 注意发球抢攻与其他战术的配合。当回过来的球很难抢攻时，可先过渡一板，而后再寻找机会抢攻，不能一心只想发球后就抢攻。
- 注意提高发球的质量，将速度、旋转和落点的变化结合起来。
- 积极判断，上手大胆果断。

2. 接发球战术

接发球抢攻战术与发球抢攻战术同样重要，在某种意义上讲，接发球水平的高低可以反映运动员的实战能力以及各项基本技术的应用程度。可有效地对付侧旋、上旋球，从而争取主动。事实上，接发球者只是暂时处在被控制状态，如果破坏了发球者的抢攻意图或者为他制造了障碍，减弱了对方抢攻的质量，也就意味着已经脱离被控制状态，变被动为主动了。常用的接发球战术有：

- 稳健保守法。
- 接发球抢攻。
- 盯住对方的弱点处，寻找突破口。
- 控制接发球的落点。
- 正手侧身接发球。

运用接发球战术需要注意的问题：熟悉对方球性与球路，判断球的落点，上手果断。

3. 搓攻

搓攻战术是进攻型打法的辅助战术之一，主要利用搓球旋转的变化和落点的变化寻求进攻机会，这一战术在基层比赛中被普遍采用。常用的搓球战术有以下几种。

(1) 先搓反手大角，再变直线，伺机进攻：主要用来对付反手进攻较差的选手，可先逼对方反手大角，视其准备侧身攻或将注意力放到反手后，突然变线，攻其正手。

(2) 以快搓短球为主，配合两大角长球，伺机进攻：短球，特别是加转短球，对方抢攻的难度比较大，但光是短的对方又容易适应，所以应注意用两大角长球配合。

(3) 搓中突击：直拍正胶快攻选手，在遇到旋转不特别强烈或位置比较合适的搓球时，应大胆运用搓中突击或快点的技术，由此而转入连续进攻。

4. 对攻战术

对攻战术是进攻型打法在相持阶段常用的一项重要战术。快攻类打法主要依靠反手推挡（或反手攻球）和正手攻球（或正手拉弧圈球）的技术，充分发挥快速多变的特点来调动对方。常用的对攻战术有以下几种。

（1）压对方反手，伺机正手攻或侧身攻：是左半台技术较好的运动员用于对付反手较弱或进攻能力不强的对手。压对方反手时，可用推挡、反手攻或弧圈球。

（2）调右压左：先打对方正手，将其调到正手位并被迫离台后，再打其反手位。适用范围：对方左半台进攻能力较强，压对方反手位不占便宜时；对付正手位进攻能力不很强，或反手位只能近台、不擅离台的直拍快攻选手。这是目前欧洲选手对付不会反手攻球的直拍快攻手的主要战术。

10.1.4　乒乓球裁判规则简介

1. 合法发球

发球时，球应放在不执拍手的手掌上，手掌张开并伸平。球应是静止的，在发球方的端线之后和比赛台面的水平面之上。发球方须用手把球几乎垂直地向上抛起，不得使球旋转，并使球在离开不执拍手的手掌之后上升不少于 16 cm。当球从抛起的最高点下降时，发球方可击球，使球首先触及本方台区，然后越过或绕过球网装置，再触及接发球方的台区。在双打中，球应先后触及发球方和接发球方的右半区。从抛球前球静止的最后一瞬间到击球时，球和球拍应在比赛台面的水平面之上。击球时，球应在发球方的端线之后，但不能超过发球方身体(手臂、头或腿除外）离端线最远的部分。运动员发球时，有责任让裁判员或副裁判员看清他是否按照合法发球的规定发球。

2. 合法还击

对方发球或还击后，本方运动员必须击球，使球直接越过或绕过球网装置，或触及球网装置后，再触及对方台区。

3. 比赛次序

在单打中，首先由发球方合法发球，再由接发球方合法还击，然后两者交替合法还击。在双打中，首先由发球方合法发球，再由接发球方合法还击，然后由发球方的同伴合法还击，再由接发球方的同伴合法还击，此后，运动员按此次序轮流合法还击。

4. 重发球

回合出现下列情况应判重发球：

（1）如果发球方发出的球，在越过或绕过球网装置时，触及球网装置，此后成为合法发球或被接发球方或其同伴阻挡。

羽毛球的起源与发展

羽毛球运动的起源至今仍是众说纷纭，但多数人认为，羽毛球运动是由古代毽子球游戏逐渐演变而来的，而类似羽毛球的毽子球游戏在我国和其他亚洲、欧洲国家都有记载。关于羽毛球由来的主要说法有以下几种：

1. 起源于日本。相传羽毛球最早出现于14—15世纪时的日本，球拍是木制的，球用樱桃核插上羽毛制成。这种球由于球托是樱桃核，太重，球飞行速度太快，使得球的羽毛极易损坏，加之球的造价太高，所以该项运动时兴了一阵就慢慢消失了。

2. 起源于印度。大约18世纪时，印度的浦那出现了一种与早年日本的羽毛球极相似的游戏。据史料记载，1840年英国驻印度浦那的军官有一天酒酣耳热之际，在酒瓶的软木塞上插入羽毛，用酒瓶打来打去，后来这种既能解酒又能竞技的运动在驻印度的军官中流行起来，这也是羽毛球最初起源的一种说法。1873年，英国博福特公爵（Duke of Beaufort）在他的巴德明顿庄园宴请宾客，一些从印度回来的军官做了羽毛球表演，羽毛球运动由此逐渐在英国流行。巴德明顿庄园也因此成为羽毛球运动的发源地，于是羽毛球运动被命名为Badminton。

（2）如果接发球方或同伴未准备好时，球已发出：而且接发球方或其同伴均没有企图击球。

（3）由于发生了运动方无法控制的干扰，而使运动员未能合法发球，合法还击或遵守规则。

5. 如何判定一分

对方运动员未能合法发球；对方运动员未能合法还击；运动员在发球或还击后，对方运动员在击球前，球触及了除球网装置以外的任何东西；对方击球后，该球越过本方端线而没有触及本方台区；对方阻挡；对方连击；对方运动员或他穿戴的任何东两使球台移动；对方运动员或他穿戴的任何东西触及球网装置；对方运动员不执拍手触及比赛台面；双打时，对方运动员击球次序错误。

6. 一局比赛

在一局比赛中，先得 11 分的一方为胜方，10 平后，先多得 2 分的一方为胜方。

7. 一场比赛

一场比赛应采用七局四胜制或五局三胜制，比赛应连续进行，但在局与局之间，任何一名运动员都有权要求不超过两分钟的休息时间。

10.2 简便易行的羽毛球

羽毛球技术的千变万化，使羽毛球运动有较强的观赏性。如猛虎下山的上网技术，蛟龙出水一样的跳起击球，身如满弓的扣杀，犀牛望月似的抢扑救球，进攻时似高屋建瓴、势如破竹，防守时如绵绵细雨、固若金汤。一切都在展示着羽毛球运动的力与美，使观赏者像吟读一首动人的诗，如浏览一幅悦目的画，令人心旷神怡，流连忘返。球的飞翔有快慢、轻重、高低、远近、狠巧、飘转等变化，使这种运动本身充满了丰富的乐趣。

10.2.1 运动特点和锻炼价值

1. 运动特点

（1）简便易行。羽毛球活动对设备的基本要求比较简单，只需两个球拍、一个球和一个羽毛球网即可。它不仅可以在正规的室内运动场进行，也可以在公园、生活小区等处广泛地开展。羽毛球运动游戏性较强，运动量可大可小。不同年龄、不同性别以及不同体质的人都能在羽毛球运动中找到乐趣。

（2）隔网对抗。羽毛球比赛，隔网进行，在自己半场内，可以自由支配球，但不能使球落地或触及身体和其他物体，不得持球、连击。这一特点决定了羽毛球运动的高度技巧性。

（3）娱乐身心。通过不同的羽毛球技术练习，用美妙的身体语言尽情地挥洒自己，表现自我，既在运动中锻炼了身体，又陶冶了情操。羽毛球运动无疑是人们健身娱乐的较好选择。

（4）全身运动。无论是进行有规则的羽毛球比赛还是作为一般性的健身活动，都要在场地上不停地进行脚步移动、跳跃、转体、挥拍，合理地运用各种击球技术和步法将球在场上往返对击，从而增大了上肢、下肢和腰部肌肉的力量，加快了锻炼者全身血液循环，增强了心血管系统和呼吸系统的功能。

2. 锻炼价值

（1）改善机能，增强体质。羽毛球运动可以全面增强人的体质。前场、后场快速移动击球，中后场大力扣杀球，被动时扑救球，双打时换位击球等都需要练习者有较好的力量、速度、耐力、灵敏、柔韧性以及快速的反应能力。经常从事该项体育活动可以发展人体的灵活性，协调性，改善呼吸系统和心血管系统的功能，提高有氧供能和无氧供能的能力。

（2）培养意志，坚定信念。羽毛球运动因其竞争性、对抗性、强度大等特点，使意志品质在该项运动中占有非常重要的地位。羽毛球比赛经常遇到这类情况，即运动员出现了“极点”，表现为喘不上来气、身体无力、眼前发黑、感觉自己再也坚持不下去了。这时就要靠顽强的意志品质和坚定的信念去坚持。

（3）增长智慧，陶冶性情。羽毛球活动包括对对方战术意图的揣摩，对各种战机的把握，对自己运用什么战术的选择等智力因素，因此经常从事该项运动可以使人思维敏捷。同时，由于比赛的紧张、竞争的激烈，使练习者的心理素质得到很好的锻炼，在竞争中，强化进取精神，使人的智、勇、技在竞争与对抗中得到升华。

重大羽毛球赛事简介

1. 世界羽毛球锦标赛是两年举行一次的重要国际赛事之一，共设五个单项。世界羽毛球锦标赛是国际羽毛球联合会在继汤、尤杯赛后，为了适应世界羽毛球运动日益发展的需要而设立的一项以个人单项为竞赛项目的比赛。

2. 尤伯杯赛是当今最重要的羽毛球队团体赛之一，代表当今女子羽毛球的最高水平。1984年开始，改为每两年举行一次，采用五场三胜制。

3. 汤姆斯杯赛是最重要的羽毛球团体赛事之一，每两年举行一次，代表当今男子羽毛球的最高水平。

4. 苏迪曼杯赛是当今最重要的羽毛球团体赛之一，为男女混合团体赛。苏迪曼杯赛采用五场三胜制，由男子单打、女子单打、男子双打、女子双打和混合双打五个项目组成。

5. 奥运会羽毛球比赛是世界上最令人瞩目的一项羽毛球大赛。

10.2.2　羽毛球基本技术

羽毛球技术是指运动员在比赛中所采用的动作方法的总称。羽毛球的基本技术主要包括手法和步法两大类：手法有握拍法、发球法、接发球法和击球法（以右手握拍为例）；步法有基本步法和前后左右移动的综合步法。

1. 握拍法

这部分主要包括正手握拍法、反手握拍法。

（1）正手握拍法（见表10-5）。

表10-5　正手握拍法

动作	图示	技术要领与用途	注意事项	学练法
正手握拍法		虎口对着拍柄窄面的小棱边，拇指和食指贴在拍柄的两个宽面上，食指和中指稍分开，中指、无名指和小指并拢握住拍柄，掌心不要紧贴，拍柄端与近腕部的小鱼际肌平，拍面基本与地面垂直。正手发球、右场区各种击球及左场区头顶击球等，一般都采用这种握法	1．食指切勿伸直，否则击球发力时不利于控制拍面 2．握拍时切勿拳式握拍，掌心没有空隙，会导致握拍不灵活，握拍紧张	1. 通过技术示范进行模仿练习 2. 体验和调整握拍的松紧度 3. 学习正、反手握拍的转换方法

（2）反手握拍法（见表10-6）。

表10-6 反手握拍法

动 作	图 示	技术要领与用途	注意事项	学练法
反手握拍法		在正手握拍的基础上，拇指和食指将拍柄稍向外转，拇指顶点在拍柄内侧的宽面上或内侧棱上，中指、无名指和小指并拢握住拍柄，柄端靠近小指根部，使掌心留有空隙。球拍斜侧向身体左侧，拍面稍后仰。一般说来，击身体左侧的来球，大都先转体（背对网），然后用反手握拍法击球	1. 拇指应抵在拍柄宽面上。把握正确发力方向 2. 拇指切勿贴在拍柄上。会造成发力点较低。发力不容易集中	1. 通过技术示范进行模仿练习 2. 体验和调整握拍的松紧度 3. 学习正、反手握拍的转换方法

2. 发球法

发球是运动员在发球区将球由静止状态，用球拍击出，使之在空中飞行，落到对方的接发球区的技术动作。发球可分为正手发球和反手发球两种。若按球在空中飞行的弧线，又可分为高远球、平高球、平快球和网前球等。

（1）正手发球。这里主要学习的是正手发高远球、正手发平高球和正手发网前球。

① 正手发高远球（见表10-7）。

表10-7 正手发高远球

动 作	图 示	技术要领与用途	注意事项	学练法
正手发高远球	 1 2 3 4 5 6 7	发高远球时，在左手放开球使之下落时，右手转拍由上臂带动前臂，自右后方沿身体向前左上方挥动。当球落到右臂向前下方伸直能够接触到球的刹那，紧握球拍，并利用手腕屈收的力量向前上方发力击球。然后顺势向左上方挥动缓冲	1. 注意挥拍和放球的时机 2. 肘关节尽量伸直，半弧形挥拍击球	1. 原地徒手正手发高远球练习 2. 持球拍正手发高远球挥拍练习 3. 持球拍连续正手发高远球挥拍练习 4. 隔网对区正手发高远球练习

② 正手发平高球（见表10-8）。

表10-8 正手发平高球

动 作	图 示	技术要领与用途	注意事项	学练法
正手发平高球	 1 2 3 4 5 6 7	发平高球时，动作过程大致与发高远球相同，只是在击球的一刹那，前臂加速带动手腕向前上方挥动，拍面要向前上方倾斜，以向前用力为主。注意发出球的弧线以对方伸拍击不着球的高度为宜，并应落到对方场区底线	发平高球时、要充分利用前臂带动屈腕的爆发力向前方用力击球。使球直接从对方肩稍上高度越过落到后场。关键是击球动作要小而快	1. 原地徒手正手发平高球练习 2. 原地持球拍正手发平高球挥拍练习 3. 原地持球拍连续正手发平高球挥拍练习 4. 隔网发正手平高球练习

③ 正手发网前球（见表 10-9）。

表10-9 正手发网前球

动 作	图 示	技术要领与用途	注 意 事 项	学 练 法
正手发网前球	1 2 3 4 5	发网前球时，握拍要放松，上臂动作要小，主要靠前臂带动手腕向前切送，球的弧线要贴网而过，落点在前发球区附近	手腕不能有上挑动作	1. 原地徒手正手发网前球模拟练习 2. 原地持球拍正手发网前球挥拍练习 3. 正手发平高球练习，一人连续发球，一人捡球，连续发5球后交换练习

（2）反手发球法。这里主要学习的是反手发网前球和反手发平快球。

① 反手发网前球（见表 10-10）。

表10-10 反手发网前球

动 作	图 示	技术要领与用途	注 意 事 项	学 练 法
反手发网前球	1 2 3 4 5	面向球网，两脚前后开立（右脚或左脚在前均可），上体稍前倾，身体重心在前脚上。右手臂屈肘，用反手握拍将球拍横举在腰间，拍面在身体左侧腰下。击球时，前臂带动手腕朝前横切推送，使球的飞行弧线略高于网顶，下落到对方前发球线附近	1. 控制手臂不要过分前伸，体会手腕的用力 2. 控制拍面，选好击球点	1.原地徒手反手发网前球动作模拟练习 2.持球拍反手发网前球动作练习 3.隔网反手发网前球技术动作练习

② 反手发平快球（见表 10-11）。

表10-11 反手发平快球

动 作	图 示	技术要领与用途	注 意 事 项	学 练 法
反手发平快球	1 2 3 4 5	右手臂屈肘，用反手握拍将球拍横举在腰间，拍面在身体左侧腰下。左手拇指与食指捏住球的两、三根羽毛，球托朝下，球体或球托在球拍前对准拍面。击球时，前臂带动手腕朝前横切推送，使球的飞行弧线略高于网顶，下落到对方前发球线附近	1. 发球时则要突然发力 2. 拍面要有“反压”动作	1. 原地徒手反手发平快球动作模拟练习 2. 持拍反手发平快球动作练习 3. 隔网反手发平快球动作练习

3. 接发球法

还击对方发过来的球叫接发球。接发球和发球一样，都是羽毛球最基本的技术。在比赛中同样起着重要的作用。对初学羽毛球的人来说，接发球也是不可忽视的技术。

（1）接发球站位与姿势（见表 10-12）。

表10-12 接发球站位与姿势

动 作	图 示	技术要领与用途	注意事项	学练法
接发球站位与姿势		站位于离前发球线1.5 m处。在右发球区要站在靠近中线的位置；在左发球区则站在中间位置。主要是防备对方直接进攻反手部位	1. 接发球时应根据变化进行相应的改变 2. 球拍举得高些，争取最高点击球	1. 原地接发球站位练习 2. 基本姿势和接发球站位姿势的转换练习

（2）接高远球（见表 10-13）。

表10-13 接高远球

动 作	图 示	技术要领与用途	注意事项	学练法
接高远球	1 2 3 接高远球的三种还击球路	对方发来高远球或平高球时，可用平高球、吊球或杀球还击。一般说来，接发高远球是一次进攻的机会，还击得好，就掌握了主动。（图中，虚线为对方发来的高远球，“1”为还击平高球；“2”为还击吊球；“3”为还击杀球。）	1. 判断准确来球的方向与线路 2. 把握进攻机会 3. 根据不同变化进行相应的还击	1. 还击平高球练习 2. 还击吊球练习 3. 还击杀球练习 4. 组合球练习

（3）接网前球（见表 10-14）。

表10-14 接网前球

动 作	图 示	技术要领与用途	注意事项	学练法
接网前球	平高球还击 平推球还击 接网前球的两种还击球路	对方发来网前球时，可用平高球、高远球、放网前球、平推球还击；如对方发球质量不好，也可用扑球还击	1. 还击的落点要远离对方的站位 2. 接发球一定要冷静、沉着	1. 原地接网前球技术动作模仿练习 2. 多球组合练习

4. 击球法

羽毛球击球技术方法，包括击高球、吊球、杀球、搓球、推球、勾球、扑球、抽球、挑球等，每一种技术又可分为正手和反手击球法。根据战术的需要，又可击出直线球或斜线球。下面主要介绍正手击高球、吊球、杀球和搓球技术。

（1）正手击高球（见表10-15）。

表10-15 正手击高球

动作	图示	技术要领与用途	注意事项	学练法
正手击高球	 1 2 3 4 5 6 7	首先要判断好来球的方向和落点，侧身后退，使球处在自己的右肩稍前上方的位置。击球时，右上臂后引，随之肘关节上提高于肩部，将球拍后引至头部，自然伸腕。在后脚蹬地，转体收腹的协调用力下，以肩为轴，上臂带动前臂快速向前上方甩腕，在手臂伸直的最高点击球	1. 左肩冲网，左脚在前，右脚在后，重心在右脚上 2. 击球后，持拍手臂顺惯性往前左下方挥动并收拍至体前	1. 原地徒手侧身展体，引臂技术练习 2. 一人发高远球，一人接发球练习，到练习次数后交换练习

（2）吊球（见表10-16）。

表10-16 吊 球

动作	图示	技术要领与用途	注意事项	学练法
吊球	 1 2 3 4 5 6 7	击球准备和前期动作同正手高球。只是击球时拍面稍向内倾斜，手腕作快速切削下压动作，击球托的后部和侧后部	1. 击球时拍面正对来球，在触球的刹那，突然减速或轻切来球，使球刚一过网即下坠 2. 使球以较平的弧线、较慢的速度越网垂直下坠	1. 原地徒手吊球技术练习 2. 一人发高远球，一人吊球练习，到练习次数后交换练习

（3）杀球（见表10-17）。

表10-17 杀 球

动作	图示	技术要领与用途	注意事项	学练法
杀球	 1 2 3 4 5 6 7	正手杀直线球（侧身起跳），准备姿势和动作要领与正手击高球大体相同。步子到位后，屈膝下降重心，准备起跳。侧身起跳时，向上伸展身体。起跳后，身体后仰挺胸成反弓形。接着右上臂往右后上摆起，前臂自然后摆，手腕后伸，前臂带动球拍由上往后下挥动，前臂内旋，腕前屈微收，闪腕发力杀球	1. 球拍和击球方向水平面夹角小于90° 2. 肘领先，前臂全速挥动	1. 原地分解动作练习 2. 侧身、起跳、腾空挥拍练习 3. 完整技术练习

（4）搓球（见表 10-18）。

表10-18 搓 球

动 作	图 示	技术要领与用途	注意事项	学练法
搓球	3 2 1 5 4	侧身对右边网前，正手握拍。球拍随着前臂伸向右前上方斜举。当球托举至最高点时，前臂向外旋转，手腕由后伸至稍内手闪动，握拍手的食指和拇指夹住托，中指、无名指和小指轻握柏柄，使球拍在手腕和手指的挥摆用力下，搓击来球的右下底部，使球旋转翻越过网	1. 前臂外旋，手腕闪动击球 2. 注意击球部位，防止球飞得过高	1. 原地网前搓球技术练习 2. 两人隔网连续搓球练习 3. 一人网前抛球，一人搓球，达到练习次数后交换练习

5. 步法

羽毛球运动员在单打比赛中，要在本方场区约 35 m^2 的面积内，来回奔跑并完成各种击球动作，如果没有快速而准确的步法，就会顾此失彼，疲于奔命。这里主要介绍上网步法、后退步法、两侧移动步法、起跳腾空步法等基本步法。

（1）上网步法（见表 10-19）。

表10-19 上网步法

动 作	图 示	技术要领与用途	注意事项	学练法
上网步法	1 2 两步交叉步上网	如果站位靠前，可用两步交叉步上网，若站位靠后场，则采用三步交叉跨步的移动方法	1. 脚步移动要迅速 2. 根据站位选择不同的上网步法	1. 原地交叉步上网技术练习 2. 行进间交叉步上网技术练习 3. 半场持拍上网步法练习

（2）后退步法（见表 10-20）。

表10-20 后退步法

动 作	图 示	技术要领与用途	注意事项	学练法
后退步法	2 1 3 三步并步后退	后退步法一般都用侧身后退，以便到位后挥拍击球。如果右脚稍前的站位，则先完成右脚后蹬一髋部右后转一成侧身站位，然后采用三步并步后退或交叉步后退	1. 蹬脚转髋配合练习 2. 反手击球时，必须先使身体向左后转、背向网	1. 原地后退步法练习 2. 半场徒手后退步法练习 3. 半场持拍后退击球练习

（3）两侧移动步法（见表10-21）。

表10-21 两侧移动步法

动 作	图 示	技术要领与用途	注意事项	学练法
两侧移动步法（右侧）	蹬跨步（一步） 垫步蹬跨（两步）	两脚开立，右脚跟稍提起，上体稍例向左侧，左脚掌内侧用力起蹬，右脚同时向右侧蹬跨一大步到位击球。若距来球较远，则左脚可向右垫一小步再起蹬，右脚同时向右跨一大步到位	1. 移动要迅速到位 2. 到位置后注意控制身体重心	1. 原地侧向蹬跨步练习 2. 连续移动侧向蹬跨步练习 3. 半场持拍侧向移动击球练习
两侧移动步法（左侧）	左侧跨步（两步） 蹬跨步（一步）	两脚开立，上体稍倒向右侧用力起蹬，左脚同时向左蹬跨一步到位击球。离球较远时，左脚可先向左移一小步，然后向左转身，右脚向左（前交叉）跨大步（背向网）到位同反手击球	1. 移动要迅速到位 2. 到位置后注意控制身体重心	

（4）起跳腾空步法（见表10-22）。

表10-22 起跳腾空步法

动 作	图 示	技术要领与用途	注意事项	学练法
起跳腾空步法	右侧腾跳突击	在上网、后退和两侧移动中都可运用腾跳步。一般说来，腾跳步较多用于向左、右两侧进行跳起突击	1. 控制起跳的高度与方向 2. 腾空后保持身体重心的稳定	1. 原地起跳腾空步法练习 2. 半场持拍起跳腾空击球技术练习

10.2.3 羽毛球基本战术

1. 单打战术

（1）发球抢攻战术。发球不受对方干扰，发球者可以根据规则，随心所欲地以任何方式将球发到对方接球区的任意一点。善于利用多变的发球术，能先发制人，取得主动。以发平快球和网前球配合，争取创造第三拍的主动进攻机会。

（2）攻后场战术。采用重复打高远球或平高球的技术，压对方后场两角，迫使对方处于被动状态，一旦其回球质量不高，便伺机杀、吊对方的空当。

（3）逼反手战术。一般说来，后场反手击球的进攻性不强，球路也较简单。对于后场反手较差的对手要毫不放松地加以攻击。先拉开对方位置，使对方反手区露出空当。然后把球打到反手区，迫使对方使用反拍击球。例如，先吊对方正手网前，对方挑高球，便以平高球攻击对方反手区。在重复攻击对方反手区迫使其远离中心位置时，突然吊对角网前。

（4）打四点球突击战术。以快速的平高球、吊球准确地打到对方场区的四个角落，迫使对方前后左右奔跑，当对方来不及回中心位置或失去重心时，抓住空当和弱点进行突击。

（5）吊、杀上网战术。先在后场以轻杀配合吊球把球下压，落点要选择在场地两边，使对方被动回球。若对方还击网前球时，便迅速上网搓球或勾对角快速平推球；若对方在网前挑高球，可在其后退途中把球直接“杀”到他身上。

（6）先守后攻战术。这一战术可用来对付那种盲目进攻而体力又差的对手。比赛开始，先以高球诱骗对方进攻，在对方只顾进攻疏于防守时，即可突击进攻。或者在对方体力下降、速度减慢时再发动进攻。这是以逸待劳，后发制人的战术。

2. 双打战术

（1）攻人（二打一）战术。这是一种经常运用的行之有效的战术。当发现对方有一个人的防守能力或心理素质较差，失误率比较高或防守球路单调时，就可采用这种战术，把球进攻到这个较弱者的一边。这种战术可集中优势兵力以多打少，以优势打劣势，造成主动得分；打乱对方防守站位，另一个不被攻的人，由于没有球可打，慢慢地站位会偏向同伴，形成站位上的空当，我方可突击另一线取得成功；有利于造成对方思想上的矛盾而互相埋怨，影响其士气。

（2）攻中路战术。不论对方把球打到什么地方，我方攻球的落点都应集中在对方两人之间的结合部，并靠近防守能力较差者一侧，或在中线上。攻中路战术，可以造成对方抢球或漏球；可以限制对方挑出大角度的球路；有利于我方网前的封网。

（3）攻直线战术。即杀球路线和落点均为直线，没有固定的目标和对象，只依靠杀球的力量和落点来得分。当对方的来球靠边线时，攻球的落点在边线上；当对方的来球在中间区时，就朝中路进攻。这个战术在使用上较易记住和贯彻。杀边线球虽然难度高一些，但效果不错，便于同伴的封网。

（4）攻后场战术。遇到对方后场扣杀能力差的对手，可采用平高球、推平球、接杀挑高球等，迫使对方一人在底线两角移动。一旦其还击被动时，便大力扑杀。如遇另一对手支援时，即可改网前空当。

（5）后攻前封战术。当本方取得主动攻势时，后场队员逢高必杀，前场队员积极移动封网扑打。

（6）守中反攻战术。防守时，对方攻直线球，我方挑对角平高球；对方攻对角球，我方挑直线平高球，以达到调动对方移动的目的。然后可采用挡或勾网前逼近对攻的战术。这在对付网前扑、推、左右转体不灵活的对手，可以很快获得由守转攻的主动权。

10.2.4 规则与欣赏

1. 球场

羽毛球场地是一个长方形，长 13.40 m，单打场地宽 5.18 m、双打场地宽 6.10 m。球场四周 2 m 以内、上空 9 m 以内不得有任何障碍物。场地线的颜色最好是白色、黄色或其他容易辨别的颜色。

2. 运动员

“运动员”指所有参加比赛的人。双打比赛以两名运动员为一方，单打比赛以一名运动员为一方。有发球权的一方叫发球方，对方叫接发球方。

3. 发球站位

发球方的分数为 0 或双数时，双方运动员均应在各自的右发球区发球或接发球。发球方的分数为单数时，双方运动员均应在各自的左发球区发球或接发球。球发出后，由发球方和

接发球方交替对击直至“违例”或“死球”。

4. 计分

每场比赛采取三局两胜制；率先得到21分的一方赢得当局比赛。如果双方比分打成20:20，获胜一方需超过对手2分才算取胜；如果双方比分打成29:29，则率先得到第30分的一方取胜。

5. 暂停

当一方在比赛中得到11分后，双方队员将休息1 min；两局比赛之间的休息时间为2 min。

10.3 略显奢华的网球

网球运动被称为“运动场上的芭蕾”，具有较高的观赏性、健身性、娱乐性以及很好的社会交际价值。仅仅从健身的角度来看，网球运动可以从5岁打到80岁，其活动量和强度完全由自己决定和支配，因此无论男女老少都可以从事网球运动。

10.3.1 运动特点与锻炼价值

网球运动是深受人们喜爱，极富乐趣的一项体育活动。它既是一种消遣，一种增进健康的方式，也是一种艺术追求和享受，当然它还是一种扣人心弦的竞赛项目。网球运动文明、高雅、动作优美，每打出一记好球，都会使人感觉异常兴奋，无比愉快。

1. 运动特点

（1）简单易行。网球运动场地设备简单，比赛规则容易掌握。练习或比赛可单打亦可双打，运动量可大可小，适合于不同年龄、不同性别、不同体质、不同训练程度的人。

（2）隔网对抗。网球比赛，隔网进行，在自己半场内没有身体对抗。身体素质是掌握各项技术的基本，同时也是比赛中运用技术和完善战术的前提。这一特点决定了网球运动的高度技巧性。在处理球过程中，既要有攻击性，又不能失误。

（3）影响心智。在网球比赛中对运动员的心智要求较高，需要灵活善变，应付和处理比赛场上各种复杂情况的出现。

（4）团结和谐。尤其在双打练习和比赛中，只有队员默契配合，形成和谐统一的整体才能有效地攻击和防守，进而获得胜利。因此，网球运动具有鲜明的知趣性和严谨的整体性特点。

2. 锻炼价值

（1）增强体质，促进健康。网球运动是一项男女老少皆宜的运动，运动量可大可小，可以自行调节。练习网球，可以使人们的动作敏捷，判断准确，反应迅速，提高速度、力量、柔韧性、灵敏性等身体素质，

羽毛球观赛礼仪

羽毛球比赛对声音、色彩、光线乃至室内风向要求比较严格。比赛中，观众要相对安静，不能随意发出响声，将手机关闭或调至静音状态。羽毛球赛场的背景一般相对较暗，但是也不能使用闪光灯拍照，因为闪光灯发出的闪光对眼睛的刺激非常大，会闪花运动员的眼睛，从而影响运动员的视线，以至于他们很难判断来球的方向和角度。因此，在羽毛球比赛中禁用闪光灯是观看比赛最起码的要求。此外，运动员发球时，观众不能呐喊助威。为运动员加油鼓劲时，可以呼喊运动员或运动队的名称。对精彩的表演可报以长时间的热烈掌声和喝彩。不应喝倒彩，更不能用带有敌意的语言攻击对方。观赛可穿便装，但不宜穿怪异服装。

网球的起源与发展

网球运动12～13世纪起源于法国开始，他们是在室内进行这种游戏，后来移向室外，在一块开阔的空地上，将一条绳子架在中间，两边各占一个人，双方用手来回击打一种裹着头发的布球。

也有人认为，网球运动的起源应追溯到“百年战争”（1337—1453年，英法两国战争）以前在法国民间流传的一种名叫海欧·德·巴乌麦的球类游戏。据说这种游戏是由两个人进行的。

对改善人体运动系统、循环系统、呼吸系统、神经系统以及抵抗各种疾病、适应外界的能力都有重要的作用，从而有效地增强人们的体质和健康。

（2）磨炼心理，培养意志。在网球运动中，特别是在比赛中，人们通过进攻与防守，控制与反控制，既斗智，又斗勇，锤炼了个人的意志品质和心理素质，有利于培养拼搏进取的作风和胜不骄，败不馁的道德风尚，有利于提高克服各种困难的勇气。

（3）团结协作，增进友谊。练习网球需要一个对手或球友。通过网球运动可以交流球艺，增进友谊。特别是参加双打比赛，可以培养人们相互信赖、团结协作、密切配合的合作意识。它还是一项新的社交活动，可以促进彼此的沟通和理解。

（4）愉悦身心，陶冶情操。网球比赛具有较强的观赏性。网球比赛中，场上热烈的气氛，激烈的争夺，使广大观众如醉如痴，豪情满怀。运动员所表现的顽强斗志，潇洒的作风，精湛的技艺，都令人赏心悦目，久久难以忘怀，从中得到精神享受。

10.3.2 网球基本技术

1. 准备与基本步法

表 10-23 列出了准备与基本步法的技术要领与注意事项。

表10-23 准备与基本步法

动作	图 示	技术要领与用途	注意事项	学练法
握拍方法		1. 正手东方式握拍方法：（以右手为例）：先使拍面与地面垂直，大拇指与食指间的V字形虎口，对准拍柄的上平面偏右的位置。拇指则轻绕至拍柄右侧至下平面。中指、无名指和小指紧握，并与大拇指接触 反手东方式握拍法：反手东方式握拍法是正手握拍法基础上向左转动1/4，使V字形虎口对准拍柄左上斜面，拇指末节贴住左下斜面，食指下关节压在右上斜面 2. 大陆式握拍法：V字形虎口对准拍柄上平面与左上斜面的交界线上，手掌根部贴住上平面，拇指直伸围住拍柄，食指下关节紧贴在右上斜面上 3. 西方式握拍法：西方式握拍法是将V字形虎口对准拍柄的上平面和左上斜面之间，正反手用同一拍面击球。 4. 双手握拍法：右手是东方式反手握拍法，握在拍柄的后方，左手是东方式正手握拍法，握在拍柄的前方	当球打到身体的另一侧（即正拍区或反拍区），必须变换拍去迎击球。注意变换拍开始于准备动作，用左手扶住球拍颈部，在球拍向摆动击球之前，握拍必须调整完毕	原地的模仿练习

球场的周围筑有围墙，球撞到墙上后被弹回去，然后过网。因此，无论从使用的场地和器具上，还是从进行游戏的方法上，它与现代网球运动有许多相似之处，所以有人把它看作是网球运动的原始形态。

网球运动对思维的影响

由于网球比赛隔网对抗、需短时判断决策等特点，且赛场上形势多变，紧张激烈，只有冷静沉着地应对，才能取得优势。若能经常在这种激烈的场合中接受考验，可以改善人的思维方式，提高练习者的判断和决策能力。

网球运动的文化和礼仪

1.进场和退场。只要从别人打球的球场通过，必须等死球状态时才行。

2.要回自己的球。当把球打到对方场地时，必须等对方赛完一分成死球状态才行，并要客气地请人把球递回来。

3.保持球场安静。打球时需要神情专注，大声喧哗是不礼貌的，因此在打球时应尽量少讲与打球无关的话，讲话也不要音量太大，实在要说两人最好走到网前再说。

4.要有礼貌地把球交给发球者。要轻巧地把球尽量准确地交给对方，互惠互利。给对手多个球时，一个一个地给。

2. 攻球技术

表 10-24 列出了攻球技术的技术要领与注意事项。

表10-24 攻球技术

动作	图 示	技术要领与用途	注意事项	学 练 法
正手击球		右手持拍为例，从准备姿势开始，移动到来球位置，最后一步要保持左脚在前，身体左侧朝向来球方向。这时手臂持拍充分伸展向后挥摆，拍头翘起。向前挥拍至身体右前方击球，高度保持在腰与肩之间。拍触球时，拍面垂直或稍前倾，手腕固定握紧球拍，大臂和腰部随身体转动向前上方协调配合用力，身体重心从右脚逐渐移到左脚。击球后球拍随势挥至身体的左肩。完成动作后迅速还原成准备姿势	侧身，拉拍时拍头翘起和拍面垂直或稍前倾，击球点控制在身体右侧	1. 徒手动作练习 2. 原地抛击练习 3. 隔网抛击练习 4. 两人底线攻球练习
双手反拍击球	1 2 3 4 5 6	1. 握拍方法：右手按东方式正拍握法握住球拍，左手放在右手上端，同时按左手东方式握拍方法握拍。 2. 动作要领：从准备姿势开始，移动到来球位置，最后一步要保持右脚在前，身体右侧朝向来球方向。这时双手握拍充分伸展向左后挥摆，拍头翘起。向前挥拍至身体左前方击球，高度保持在腰与肩之间。拍触球时，拍面垂直或稍前倾，手腕固定握紧球拍，挥臂与转体动作配合，身体重心从左脚逐渐移到右脚。击球后球拍随势挥至身体的右肩。完成动作后迅速还原成准备姿势	双手反拍击球，不论来球高低，都便于对球施加上旋，发力击球也比较容易，能够弥补反拍击球力量不足的弱点	

5. 当对手击出好球时，应为其鼓掌。特别是在比赛中，当对手打出了自己很难击出的漂亮的得分球时，尽管懊丧与遗憾，很难诚心地向对手表示祝贺，但也应如职业高手们那样，用手轻拍球拍，潇洒地表达自己为对手高兴的心情。

6. 赛后握手虽属礼貌，但仅仅握手并不够，而应伸出握拍手，眼睛直视对手，持手相握，把自己的握拍手伸向对手意味着友好，并表达“我没有伤害你”的意思。

网球运动应摒弃的不良行为

网球是一项文明的绅士运动，练习和比赛时，要求参加者要讲文明、懂礼貌。因此，我们在进行网球运动时应摒弃一切不文明和有悖于网球基本礼仪的行为，如输球时摔球拍、不按礼仪要求行事等。同时应从这些要求中领悟到一些做人的道理。

续表

动作	图　示	技术要领与用途	注意事项	学练法
网前截击	正手截击 反手截击	1. 握拍法：采用大陆式握拍法 2. 准备姿势：与一般击球大体相同，距球网2～3 m，身体放松稍向前倾 3. 后摆：无论是正手还是反手，都应注意转体 4. 击球：后摆之后，正手击球要向右斜前方迈左脚，反手击球则向左斜前方迈右脚，身体重心向前移，击球时手腕固定，拍面与地面保持垂直 5. 随挥：截击球随势挥动，幅度不能像击落地球时那样大，稍向前送出即可	1. 后摆时收拍的动作要大，到了肩部即停止，这时要注意的是拍头不能低于手腕 2. 反手击球时，击球点比正手要更靠前 3. 正手击球时以右脚为轴，反手击球时以左脚为轴，通过迈出相反一侧的脚来帮助移动重心	1. 原地徒手练习 2. 隔网抛击练习 3. 实战中体会网前截击

3. 发球技术

表 10-25 列出了发球技术的技术要领与注意事项。

表10-25　发球技术

动作	图　示	技术要领与用途	注意事项	学练法
上手发球		1. 准备姿势（以右手为例）： 发球时站在底线后3～5cm处，两脚自然开立约同肩宽，身体重心放在两脚中间，用东方式正手握拍方法，左手持球扶住拍头颈部，右手轻轻地扶握拍柄，全身充分放松，两肩下沉，左脚与底线成45°角，右脚与底线平行，左肩侧对球网 2. 击球动作。动作要领：右手握拍柄，左手持球，两手扶拍于体前，两手同时动作，左手离开球拍经体前下落，伸直上臂再向前向上徐徐将球抛出，手腕领先，右臂自然下落经体侧后引，左膝向前弓出，右膝亦弓，下颌抬起，此刻身体形成最大限度的背弓，借搔背下沉之势迅速	1. 准备及引拍时要放松 2. 抛球引拍重心后移 3. 引拍后拉要充分 4. 找好适合自己的抛球高度和击球位置 5. 击球后的还原	1. 抛球练习：准备姿势站立，持球做抛球动作，抛至最佳击球点后，要求落在身体右前方约50 cm的地上 2. 徒手做发球动作练习 3. 挥拍做发球动作练习 4. 利用场地用多球练习发球

续表

动作	图 示	技术要领与用途	注意事项	学练法
上手发球	同上	蹬地转体、转肩，身体重心移至前脚，肘部抬起，带动手臂上举球拍，大小臂协调配合，以小臂的旋内动作和强力的扣腕将球击打出去	同上	同上

10.3.3 基本战术

单打战术的运用要有独立作战的能力，头脑冷静，适应能力强，既能控制球路，不轻易失球，又能大力抽杀，积极主动进攻。在战术的运用上，能灵活多变。根据自己的技术、战术特点，把各种战术有机地结合起来运用。

1. 上网型打法

上网型打法战术的指导思想就是利用网前进攻为主要得分手段。它的基本战术可分为发球上网、随球上网、接发球上网、偷袭上网，伺机上网及放小球上网。

（1）发球上网战术：发球上网是上网型打法者利用发球的力量进行主动进攻，先发制人，然后上网抢攻的一项主要战术，是上网型打法者在比赛中的主要得分手段。

（2）随球上网战术：随球上网战术是利用双方在底线对攻相持时或对方接发球时，出现质量不高的中场球（在发球线前后附近得球），果断地用正、反拍抽击，然后随球上网的一项战术，也是比赛中的主要得分手段。

（3）接发球上网：接发球时必须树立积极主动的思想，采取抢先进入，上网型打法应积极利用快速多变的各种手段来接发球，尤其是接对方的第二发球，抢攻上网或推切上网，以便充分发挥自己上网型打法的特点。

（4）偷袭上网：上网型打法的偷袭上网战术，主要是用在比赛中对方只注意了去对付一种打法而忽略了对付其他打法的时候，运用的一种变换上网战术，以达到打破对方进攻及防守节奏，进攻对方的目的。

2. 底线型打法

底线型打法是以底线正、反抽击球为基础的战术。它的指导思想必须是用速度，旋转，落点的变化来创造进攻机会。底线型打法的主要战术有：对攻、拉攻、侧身攻、紧逼攻、防反攻。

（1）对攻战术：底线型打法的两面攻战术，是利用底线正、反拍抽击球具有强大的连续进攻能力，配合速度和落点变化与对方展开阵地战，力争主动，从而达到攻击对方，控制对方的目的。

网球运动易出现的运动损伤及预防

1. 网球肘亦称肱骨外上髁炎。原因：长时间前臂旋前、旋后的动作而引起这种损伤。预防：加强腕、臂部力量训练，防止前臂肌肉疲劳积累。

2. 踝关节扭伤。原因：脚踩在球上或用踝关节转体时。预防：将球场上无用的球放置在场地的后挡网处。当自己场地的球滚向旁边球场或旁边球场队员的身后时，应立即提醒旁边球场上的队员注意该球，以防出现意外损伤。

3. 手腕扭伤和键鞘炎。原因：正手底线击球点太晚，易引起手腕的疼痛，并导致前旋圆肌综合征；用力过度还会出现键鞘炎。预防：解决这种伤病的最好方法是改进动作，并设法使手腕在击正手球前别下垂太多。

（2）拉攻战术：拉攻战术是底线型打法中比较普遍的一种战术。它是以底线正、反拍拉上旋球，或正拍拉上旋，反拍切削球，使对方左右跑动，一旦出现机会，马上给予致命一击。

（3）侧身攻战术：侧身攻战术是底线型打法中的一项主要进攻手段。它是利用强有力的正拍抽击球，配合良好的判断和步法移动，在三分之二场地上用正拍对对方施加有力的进攻。

（4）防守反击战术：防守反击战术在底线型打法中占有很重要的位置，在执行防守反击战术时利用良好的底线控制球能力，发挥判断、反应快，步法、体力好，击球准确的特点，来调动对方，以达到防守中寻找机会进行反击的目的。

3. 综合型打法

综合型打法是以基本功扎实，技术全面为基础，可根据不同的对手和不同的技、战术掌握情况，场地特点与战术需要，灵活地变化战术打法。综合型打法攻守平衡，符合积极主动，机动灵活的战术原则。

10.3.4 网球场地及比赛规则

1. 场地

网球场长 23.77 m，双打场地宽 10.97 m，单打场地宽 8.23 m，用中央高度为 0.914 m 的球网将全场横隔为两等区；球网两端悬挂在 1.07 m 高的网柱上，网柱中心距边线外 0.914 m；除端线宽度为 10 cm 外，其余各线均为 5 cm。场地丈量都从线的外沿计算；端线后至少要有 6.40 m 的空地，边线外至少有 3.66 m 的空地，如图 10-1 所示。

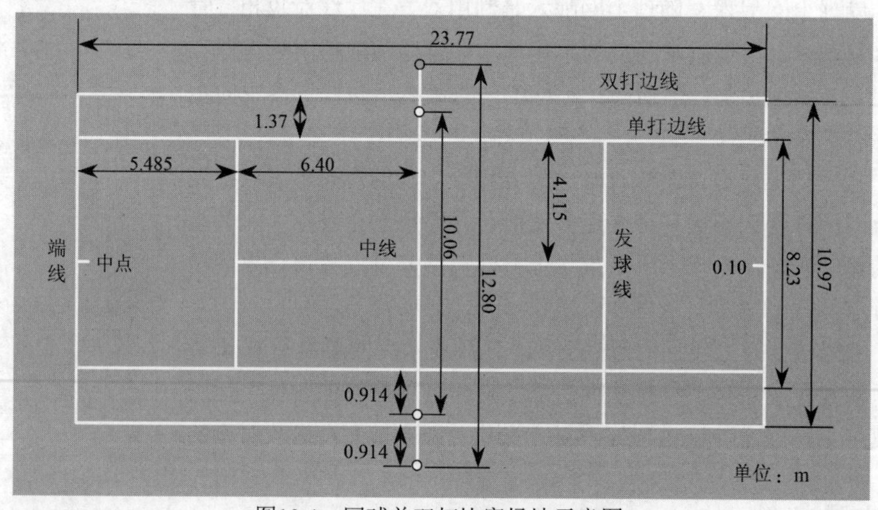

图10-1　网球单双打比赛场地示意图

2. 主要规则

网球运动是两名或两对球员隔网相对，在单打或双打场地上，用球拍在来球第一次落地反弹后凌空击球过网，将球打在对方场区界线内或界线上，以造成对方失误而得分。

正式比赛时，男子单打或双打采取 5 盘 3 胜制，女子单打、双打和混合双打采取 3 盘 2 胜制。运动员每胜一球得 1 分，先得 4 分为胜一局，如遇双方各得 3 分时，某一方须净胜 2 分才算胜一局；一方先胜 6 局并领先于对手至少 2 局为胜一盘，当局数为 6 平时，一般采用平局决胜制，

即先得7分者为胜该局及该盘；若比分为6平时，某方须净胜2分才能胜该局及该盘。

近来，为了缩短比赛时间，国际网联推出了一种新计分法——无占先记分法，在世界各国不同等级的比赛中试用。具体运用规则是：当比分为3:3时，再打1分就决出该局胜负，由接发球方决定发球方在左区或右区发球。

比赛时挑选到发球权的一方先发球，一局结束后，由对方发球（双打时第三局为先发球方的另一名队员发球），以此类推，直至终场。决胜局时，由轮到的发球方在右区发第一分球，然后由对方在左区和右区发第二分及第三分球，此后轮流交替发球（双打时仍按原先的发球秩序进行），直至决出胜负。

交换场地时，双方应在每盘的第一、三、五等单数局结束后，以及每盘结束对方局数之和为单数时进行。决胜局时，运动员应在每六分及决胜局结束时交换场地。

比赛过程中，发生下列情况，均判失分：发球方连续两次发球失误；在球第二次着地前未能还击过网；还击的球触及对方场区界线外地面、固定物、还击空中球失败、连击、过网击球、除手中的球拍外，运动员身体或穿戴的物件触球，抛拍击球，“活球”期间身体、球拍或穿戴的物件触网和网柱，接球员的身体、球拍在发球方发出的球着地前触球。

网球对职业技能的促进作用

研究表明，网球运动可以提高神经肌肉的调节能力、神经系统的灵活性和均衡性以及快速反应能力、感觉能力、神经分化能力、前庭功能稳定性、视觉能力、控制能力等。经常参加网球运动，能有效促进手指灵活性、反应敏感性、精细操作的准确性和空中感觉能力。对诸如描图、仪表、化验、财务、文秘、钟表、家电维修、建筑、装潢等专业的职业技能具有良好地促进作用。

【思考题】

1. 乒乓球的旋转方式有几种？各自受力情况如何？

2. 简述乒乓球正、反手发侧上旋和侧下旋球的动作要点，并说明球的飞行特点。

3. 乒乓球定为我们国家的国球，对此谈谈你的看法。

4. 多方面查找资料了解我国大满贯乒乓球运动员的事迹。

5. 简述羽毛球运动的特点及羽毛球技术。

6. 如何发挥羽毛球运动的价值？

7. 羽毛球运动中接高远球和平高球一般选取何种球进行还击，根据实际情况进行说明。

8. 羽毛球单打比赛战术包括哪几种？在比赛中如何更好地运用？

9. 网球的运动特点和锻炼价值有哪些？

10. 网球单打战术有哪些打法？

11. 网球运动的礼节要求对我们有什么启发？

12. 上网了解近五年我国女子网球在世界女子职业网球比赛中的战绩。

游泳运动的起源与发展

古代原始人为求生存，游泳是最基本的技能。距今9000年前，在Libyan沙漠Wodiseri岩洞上，就发现有当时游泳者的游泳动作壁画，这显示上古时代人类已有水中活动的技能。古代波斯的军事训练中，游泳是强迫训练的项目；古希腊关于水中活动的资料很多，在希腊索伦法律中，曾规定儿童必须学习希腊文与游泳。近代游泳是人类社会发展的高度产物，是19世纪末迅速发展起来的运动项目。1896年，希腊雅典举行的第一届现代奥林匹克运动会上，游泳被列为竞赛项目之一，当时只有100 m、500 m、1 200 m自由泳三个项目，以后又陆续增加了仰泳、潜泳、蛙泳和自由泳接力项目。1952年第15届奥运会后，蛙泳和蝶泳被分成两个单项比赛，从此竞技游泳发展成四种姿势。

第11章　最佳自然力锻炼法——游泳

通过本章的学习，你将能够：

1. 运用蛙泳和自由泳技术进行锻炼；
2. 有效提高力量、耐力、灵敏度、协调度等身体素质；
3. 自我解除或帮助他人解除游泳中出现的抽筋现象；
4. 成为欣赏游泳比赛的行家。

游泳是水浴、空气浴、日光浴三者结合的运动，它不仅是广大青少年喜爱的运动项目，而且也是适合男女老幼进行锻炼，简单易行的一项体育活动。游泳被誉为21世纪人们最喜爱的体育娱乐项目。我国幅员辽阔，海岸线长，江河纵横，湖泊水库星罗棋布，为开展群众性游泳活动提供了有利的条件。

11.1　运动特点和锻炼价值

1. 运动特点

（1）三浴同享。自然界的空气、日光和水是人体生命的源泉，人一刻也不能离开。人们无论到江河湖海，还是到室外游泳池游泳，都能享受到空气浴、日光浴和水浴的三浴之乐。

大自然里空气中带有负电的阴离子，是空气中的维生素，它能增强气管纤毛的功能，提高吸入空气的清洁度，促进肌体的氧化还原过程，使红细胞和血红蛋白增加，促进骨骼的生长，所以它有益于人体的健康。俗话说得好：“常晒太阳光，身体健如钢。”皮肤里的胆固醇，经阳光照射，能转变成维生素D，能有效预防佝偻病。经常在室外游泳，可以使身体各部位暴露在阳光之下，接受日光的沐浴，给肌体带来好处。游泳能同时享受三浴，能充分发挥空气、日光和水对人的生存和生活的作用。因此，我们应该充分加以利用，使自己的身体强壮起来。

（2）娱乐健身。水对人体吸收的各类物质起着分离和溶解的作用，促进其对人体发挥积极作用。经常用水沐浴，还可以促进人体的新陈代谢。而在水中游泳，则更可以由水的浮力、压力、阻力作用于人体各器官提高它们的功能。

（3）生存技能。人类的生活离不开水，但是若没有掌握水中活

动的必要技能，就很容易发生溺水事故。据有关组织的调查统计，在全世界每年的意外死亡事故中溺水死亡居首位。预防溺水最有效的办法，不是远远地躲开水，而是以积极的态度学会游泳。可以说，游泳是保证生命安全的重要手段，是人类的一种基本生存技能。游泳在生产建设上也有很高的实用价值，许多水上作业都需要掌握游泳技能才能克服水的障碍，更好地完成生产建设任务。在国防建设中，游泳是军事训练项目之一。

游泳应摒弃的不良现象

游泳是在水中进行的体育运动，而“水可以载舟，也可以覆舟”因此，练习游泳时，一定要按照基本要求和规范进行。在水中或在岸上都不要随意打闹，初学者不能随意跳水等，避免出现溺水事件。另外，一定要讲文明，讲道德，不能在游泳池内大、小便；要保持良好的环境，不能乱丢杂物。

2. 锻炼价值

（1）健美体型，滋润皮肤。游泳可以帮助人矫正某些不正常的体型。因为游泳时，人总是要尽量伸展脊椎，加长划水动作路线，这对矫正和预防驼背和脊椎弯曲都大有好处。同时，游泳时人靠水的浮力托起，身体各部位特别放松，非常舒展。在这种情况下活动，可以使身体各部位肌体和肌肉得到均匀全面的发展。所以经常参加游泳锻炼能够塑造健美的体形。经常游泳的人，由于身体在水中受到水流轻轻的摩擦，又加之水中含有一些矿物质，能促进皮肤毛细血管中的血液循环和表皮细胞的代谢，如果游泳后抹上一些护肤品，还可以使皮肤洁白柔嫩，光滑圆润，并富有弹性。

（2）健身强体，防病治病。游泳运动能使心脏得到很好的锻炼，使心肌逐渐发达，收缩能力增强，促进肌体的新陈代谢。经常参加游泳锻炼的人，心脏跳动要比一般人慢而有力。另外，游泳运动是对呼吸系统影响最大的一个项目，这与水中呼吸的条件要比陆上呼吸困难，以及游泳的姿势、水的压力等因素有关。研究证明，俯卧游泳时，水对胸腔的压力达 12 ～ 15 kg 的水压。所以游泳中所需大量的氧气要通过增大呼吸深度的方法取得，每次呼吸都能吸进大量的氧和呼出二氧化碳。经过长期的游泳锻炼，可使呼吸肌逐渐发达和强壮有力，安静时的呼吸显得深而慢。同时，游泳时，由于人体在水里受到冷水的刺激，长期锻炼能增强肌体适应外界环境变化的能力，抵御寒冷，预防疾病，所以经常参加游泳锻炼的人不易感冒。如与医疗体育配合，还可以治疗一些慢性疾病，像高血压、慢性肠胃病、关节炎、神经衰弱、轻度脊柱侧弯、哮喘、习惯性便秘等。

（3）增强体温调节功能。许多人在游泳后出现饥饿现象，这说明游泳消耗了大量能量，需要补充。从生理角度来讲，游泳时热量消耗大，新陈代谢就加快。所以经常进行游泳锻炼能增强体温调节的能力，以适应外界气温变化的需要。

> 《水调歌头·游泳》
> ——毛泽东
>
> 才饮长沙水，又食武昌鱼。万里长江横渡，极目楚天舒。不管风吹浪打，胜似闲庭信步，今日得宽馀。子在川上曰：逝者如斯夫！
>
> 风樯动，龟蛇静，起宏图。一桥飞架南北，天堑变通途。更立西江石壁，截断巫山云雨，高峡出平湖。神女应无恙，当惊世界殊。

11.2 游泳基本技术

1. 熟悉水性与基本动作练习（见表11-1）

熟悉水性是初学游泳的一个重要环节，是初学者必须经过的阶段。其目的是让初学者体会与了解水的特性，逐步适应水的环境，消除怕水心理，掌握游泳的一些最基本的动作，如呼吸、浮体、滑行和站立等动作，为学习和掌握各种竞技游泳姿势打下基础。在熟悉水性练习时，宜在齐腰深的水里进行。

表11-1 游泳基本动作练习

动作	图 示	技术要领与用途
呼吸练习		扶池槽或在同伴帮助下，用口吸气后闭气，慢慢下蹲将头浸入水中，停留片刻后起立，口鼻出水后，先呼气后吸气
抱膝浮体练习	1 2 3 4	吸气后下蹲闭气潜入水中，低头屈腿抱膝，自然漂浮于水中。而后松手，臂下压水，抬头伸腿站立
展体浮体练习		从站立开始，深吸气，身体前倒，两臂前伸。两脚蹬离池底后，俯卧上漂。而后收腹、收腿、两臂下压水，再抬头，两腿伸直，脚触池底站立
蹬池底滑行练习		吸气后低头浸入水中，再收另一腿，两脚同时用力蹬壁（也可蹬池底），展体向前滑行
蹬池壁滑行练习		背向池壁站立，一臂前伸，另一臂抓水槽，一腿后屈，脚蹬池壁

2. 蛙泳技术

蛙泳是模仿青蛙游泳动作的一种姿势，早在 2 000 ～ 4 000 年前，中国、罗马、埃及就有类似最古老的蛙泳姿势。游蛙泳时，身体俯卧水中，两臂在胸前对称向两侧做弧形外划、内划、前伸动作，两腿同时并对称地做收、翻、蹬、夹动作。蛙泳比其他竞技游泳姿势速度慢，但动作平稳，呼吸便利，适于长距离游泳，又便于观察和掌握方向，实用价值很大，是救护、潜泳和泅渡江河湖泊的常用姿势。

（1）基本动作练习（见表 11-2）。

表11-2 蛙泳基本动作练习

动作	图示	技术要领与用途
路上模仿练习1		坐在岸上或池边，上体后仰，两手后撑，做收腿、翻脚、蹬夹、伸直、停的动作
路上模仿练习2	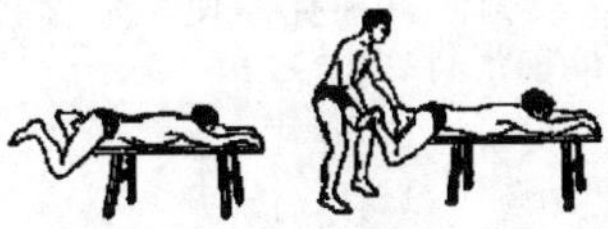	俯卧凳上或俯卧扶池边，做蛙泳腿的模仿练习，也可以由同伴帮助体会和纠正动作
路上模仿练习3		原地站立，两臂上举并拢伸直，做两臂向两侧， 向 下做弧形屈臂划水；两臂向上将要伸直时，翻脚的一 腿向下做弧形蹬夹水的动 作，并还原成预备姿势。同时做抬头并配合呼吸动作
水中模仿练习1	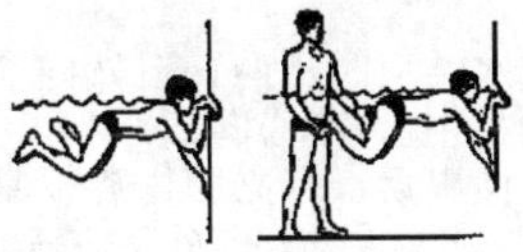	俯卧扶池边，可在同伴的帮助下，先练习分解动作，然后练习完整腿部动作，连续反复做
水中模仿练习2	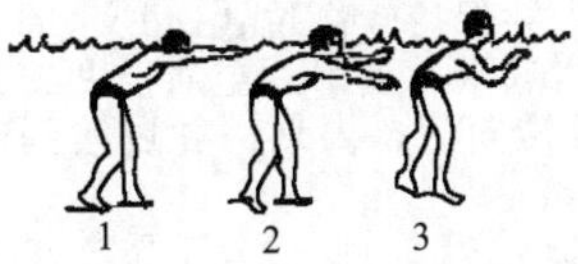 1 2 3	站在齐胸的水中，上体前倾做陆上臂部动作的练习；在走动中做臂部动作与呼吸配合的练习

（2）身体姿势与腿部动作（见表 11-3）。

表11-3 身体姿势与腿部动作

动作	图示	技术要领
身体姿势	 1	身体水平地俯卧在水中，两臂向前伸直并拢，掌心向下，头略前抬，水平前额，身体纵轴与前进方向成5°～10°角
腿部动作	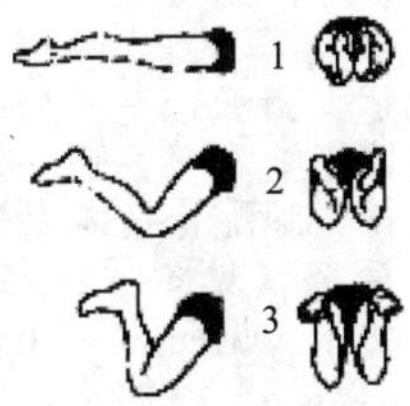 1 2 3	收腿：收腿时，两膝向下自然弯曲，边收边分，两膝内侧约与肩宽；收腿时，力量要小，两脚与小腿要收在大腿的后面，以减少回收的阻力。收腿结束时，脚跟靠拢臀部，大腿与躯干约成140°角

续表

动作	图　示	技术要领
腿部动作	 4	翻脚：收腿将结束时，腿仍向臀部靠拢，这时膝关节内扣，同时两脚外翻，使脚和小腿内侧正对蹬水方向
	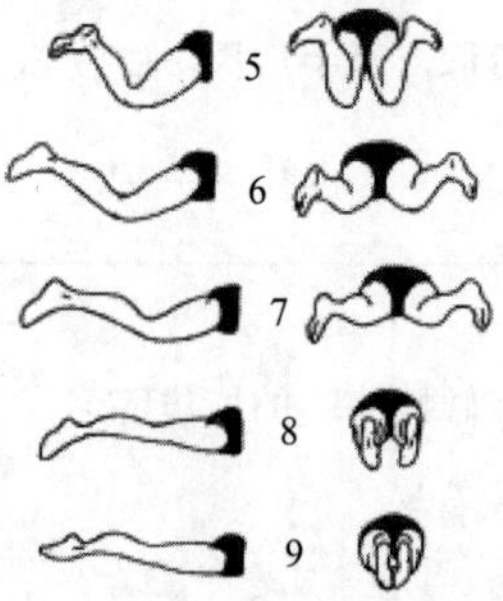 5 6 7 8 9	蹬腿：蹬腿时，大腿发力，先伸展髋关节，然后伸展膝关节，最后伸展踝关节，使蹬水方向尽量向后，做到边蹬边夹 滑行：蹬腿结束后，双脚伸直并拢，使人体保持水平姿势，随蹬水获得的速度向前滑行

（3）臂部动作与配合技术（见表11-4）。

表11-4　臂部动作与配合技术

动作	图　示	技术要领
蛙泳技术连续动作	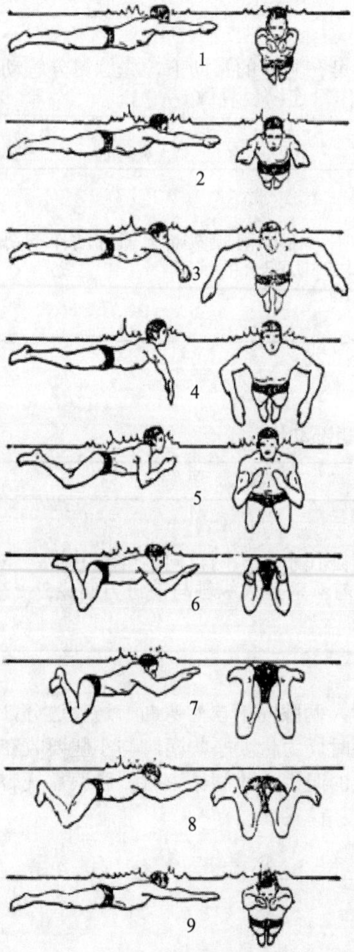 1 2 3 4 5 6 7 8 9	开始姿势：蹬水结束时，两臂自然向前伸直与水面平行，手指自然并拢，掌心向下 抓水：手向前伸出后，臂立即内旋，掌心转向外斜下方并稍勾手腕，两手分开向外下方压水 划水：当抓水结束时，立即开始划水。划水时肘关节逐渐弯曲，并保持较高位置。划水的路线是向侧、下、后、内划水，当手划至肩前两臂夹角约成120°时，两手转向后、内划，并过渡到向里收手动作 收手：收手时，臂外旋，肘向下内方收在体侧下，两手掌心由向后转向内，再向上收到头前下方，收手结束时，肘关节低于手，大小臂成锐角 注意事项：划水腿不动，收手也收腿，伸直胳膊蹬夹腿，挺直身体漂一会儿 伸臂：伸臂动作是由先伸肩，后伸肘关节完成的。伸臂时，掌心由相对逐渐转向下方，使臂靠近水面，沿平直的路线向前伸直，伸臂结束时，两手并拢尽量靠近水面 配合技术： 呼吸与臂部动作的配合：两臂开始划水时，抬头迅速吸气；收手时，低头闭气；伸臂向前划行时，逐渐吸气；划行将结束时，结束吸气；臂开始划水时，又抬头吸气 动作的配合：蛙泳腿、臂配合是十分重要的，如果配合不协调，将直接影响到臂、腿动作的效果和前进的速度。一般的臂、腿配合技术是臂划水时，腿保持放松或成伸直姿势（见图示2、3、4）；收臂、手同时完成收腿动作（见图示5、6）；臂前伸时做蹬水动作（见图示7、8）；伸蹬之后，臂腿伸直滑行（见图示9）

3. 自由泳（爬泳）

自由泳是身体俯卧在水中，靠两臂轮流向后划水，两腿不停地上下向后打水，头向侧面呼吸来完成的一种泳式。

（1）自由泳的基本动作与完整技术（见表11-5）。

表11-5　自由泳的基本动作与完整技术

动作	图　示	技术要领
腿部技术动作	160° 30～40cm	打水时以髋关节为支点，由大腿发力，带动小腿和脚，像鞭状上下交替向下后方打水
模仿练习1		陆上模仿:可坐在地上或池 边，上体稍后仰，两手后撑，眼看腿部动作做两腿上下交替打动作 水中练习:可仰卧水中，两手反抓水池，头后紧贴池沿，眼看脚尖，两腿上下交替打水
模仿练习2		俯卧在凳上或出发台，模仿自由泳腿部动作
水中练习		俯卧水中扶池边打腿练习，打腿练习时低头憋气，可俯卧水中抓水槽打腿 一手屈肘抓水槽，一手直臂反撑池壁，使身体反撑水平姿势，进行打腿练习
手臂技术动作与完整技术		入水：入水时，肘关节要保持较高位置，按手、前臂、上臂的顺序入水 抱水：抱水时，肘关节应保持较高位置，以免身体下沉 划水：划水时，手的移动路线，是由肩前经肩下、腹下到大腿外侧，呈“S”形 出水：将肘部向后上方提起，迅速将臂提出水面 移臂：臂出水后，屈肘以肩带动臂，沿水平面向前移动 注意事项：打水时，腿部动作不宜过大，要以髋关节为支点，大腿带动小腿，打水不要停顿 划水时手臂不要伸直，臂的动作要连贯 头出水面不要太高 打六次腿划一次臂，配合一次呼吸

游泳对职业技能的促进作用

游泳在水中进行，长期坚持可以较好地提高人体对体温的调节能力、对冷刺激的适应能力，以及心肺功能的耐受力。对水中作业和耐力性职业技能有良好的促进作用，如地质、营销、农业、林业、井下、高空作业等。

（2）腿臂配合及其完整配合技术练习方法。自由泳腿臂配合及其完整配合动作比较简单，可直接在水中进行，这样可以节约时间，提高效果。练习方法如下。

① 蹬边划行后，两腿不停打水，一臂前伸不动，另一臂连续划臂 2 ～ 3 次，依次交替进行。

② 蹬边划行打腿，做两臂分解划水配合动作，即一臂前伸不动，一臂划水，每划一次后前伸不动，变为另一臂划水，依次进行配合练习。

③ 蹬边划行后，在积极打腿的基础上，两臂开始做交叉配合划水动作，可根据个人特点，任选三种交叉配合的一种进行练习。以上三种练习，均是憋气进行。

④ 一手扶板一手划水，同时与转头呼吸动作相配合，两腿积极打水。该练习只需做与转头方向同侧的手臂练习。

⑤ 完整配合技术练习。同前练习一样，在腿与两臂连贯配合的基础上增加与呼吸的配合。

11.3 游泳自我救护常识

自我救护是指会游泳者在没有人员的帮助下，自己排除意外事故来解救自己。游泳时，突发事件原因很多，常见的是因下水前没做好准备活动出现抽筋现象，这是由于技术动作过于紧张、僵硬、不协调等造成的。出现抽筋时，应保持镇静，不要惊慌，相信自己能够解救自己。

常出现抽筋的部位多在大腿和小腿，个别也有在手指、脚趾等处。但不管哪个部位出现抽筋，均应立即上岸，擦干身体，注意保暖，按摩抽筋部位；如果离岸较远不能立即上岸，应在水中进行解救，解救的原则是将发生抽筋的肌肉向其收缩的反方向拉长使其得到伸展和松弛。具体方法如下。

（1）手指抽筋：将手握拳，然后用力张开，这样反复快速连续做，直到抽筋消除为止（见图 11-1）。

（2）小腿或脚趾抽筋：先吸一口气仰浮水面，用抽筋肢体对侧手握住抽筋肢体的脚趾，用力向身体方向拉，同时用同侧手掌压在肢体的膝盖上，使抽筋腿伸直（见图 11-2）。

（3）大腿抽筋：如果大腿后群肌肉抽筋，解救的方法同“（2）”；如果大腿前群肌肉抽筋，则应先吸一口气仰浮水面，使抽筋腿屈膝，双手从背后握住抽筋腿的踝关节，用力拉紧小腿，使大腿折叠（见图 11-3）。

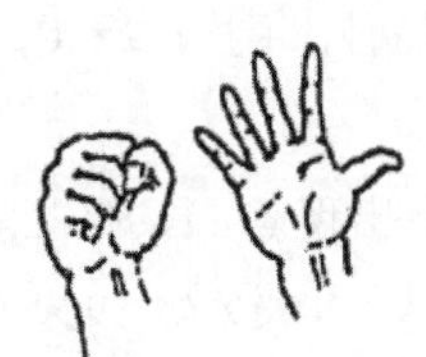

图 11-1 手指抽筋自救

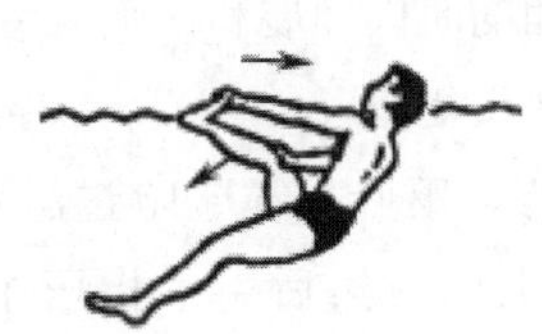

图 11-2 小腿或脚趾抽筋自救

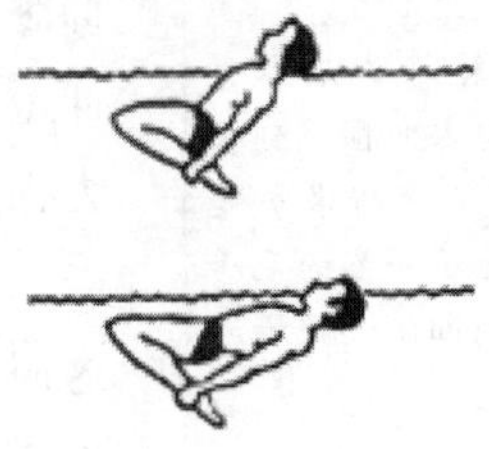

图 11-3 大腿抽筋自救

发生抽筋后不宜继续游泳，如果离岸较远，则应首先解除肌肉的抽筋状况，使之恢复正常，然后用最省力的技术动作游回。特别是发生过抽筋的肢体动作更不能紧张用力，要尽量放松以防再度发生抽筋。如果在水中不能消除抽筋状态，应游回岸边，然后上岸解救。游回时尽量使抽筋肢体放松不动，利用没有抽筋肢体以最省力的动作游回岸边。

11.4 游泳八忌与七种不适化解法

1. 游泳八忌

（1）忌不做准备活动。夏天水温比气温低得多，游泳者入水前要做好准备活动。如果生理上准备不足，一时适应不了水中环境，易引起头晕、恶心等不适症状，严重者会抽筋或拉伤肌肉。

（2）忌饭前饭后游泳。空腹时体内血糖较低，游泳会引起头晕、四肢乏力，甚至发生意外；饭后消化器官活动增强，游泳时又使大量血液流向四肢，使消化道血液量减少，影响食物的消化吸收。

（3）忌剧烈运动后游泳。剧烈运动使身体疲劳，肌肉收缩和反应能力减弱，游泳会增加心肺负担，易发生吃水、抽筋和溺水等意外。

（4）忌大汗淋漓时游泳。出汗时血管扩张，遇冷水刺激后血管骤然收缩，易引起疾病。

（5）忌身体不适时游泳。凡患有心脑血管疾病、传染性疾病、外伤炎症等疾病，妇女在月经期均不宜游泳。

（6）忌在陌生水域游泳。在河流、水库等自然水域游泳时，应事先了解水深和水底自然状况及动植物状况，不可贸然下水，以免发生意外。

（7）忌游泳时间过长。一般在水中停留时间以 30 ～ 60 min 为宜。

（8）忌忽视泳后卫生。游完后应用净水冲身，抖出耳内积水，并用眼药水滴眼消毒。

2. 游泳七种不适化解法

游泳时水温一般都会低于体温，可能会患感冒。下水之前先进行淋浴，使身体适应水温。睡眠不足，身体过于疲劳，或情绪激动时，都不宜游泳。进入水里后也难免会出一些麻烦，下面是一些常见问题和解决的方法。

（1）抽筋。如果心理紧张、水太凉或待在水里时间太长，都可能抽筋。下水前的准备活动应当充分，在水里时间不能太长。一旦出现抽筋，千万不要慌乱，应沉着、积极地加以处理。例如，脚趾抽筋时，就马上将腿屈起，用力将脚趾拉开、扳直；小腿抽筋时，先吸足一口气，

1918 年李石岑先生刚从日本回国来到长沙,著《游泳新术》一书。比他小一岁的毛泽东请他到湘江教授游泳技术。

仰卧在水面，用一手扳住脚趾，另一手向下压膝盖，使小腿用力向前伸蹬，让收缩的肌肉伸展和松弛；手指抽筋时，手握成拳头，然后用力张开，如此反复即可。

（2）恶心、呕吐。鼻子呛进脏水就会出现恶心、呕吐等现象，这时应赶快上岸，然后用手指压中脘穴、内关穴，如果有仁丹，也可以含上一粒。为了预防肠炎，还可吃几瓣生蒜。皮肤发痒出疹是皮肤过敏所致，应立即上岸，服一片息斯敏或扑尔敏，会很快好转。

（3）头痛。引起头痛的原因可能是慢性鼻炎、呛水或身体寒冷所致暂时性脑血管痉挛而造成的供血不足等。这时应迅速上岸，用大拇指在头顶的百会穴、太阳穴及列缺穴按揉，然后再用热毛巾敷头，并喝一杯热开水，即可好转。

（4）腹痛、腹胀。刚吃过饭或空腹游泳时极容易产生腹痛、腹胀现象。这时应上岸仰卧，用拇指压中脘穴、上脘穴或足三里穴，同时口服 3 ～ 5 mL 十滴水，并用热毛巾敷腹部。

（5）耳痛、耳鸣。这可能是耳朵里灌水或鼻子呛水造成的。排水方法有：将头歪向耳朵进水的一侧，用手拉住耳垂，同侧腿进行单足跳；手心对准耳道，用手把耳朵堵严压紧，左耳进水就把头歪向左边，然后迅速将手拿开，水即会因压力被吸出；用消毒棉签送入耳道内将水吸出。

（6）头晕、脑胀。主要原因是游泳时间过长，血液聚集于下肢，造成脑缺血，或肌体能量消耗较大身体过度疲劳等。此时，应立即上岸休息，全身保温，并适当喝些淡糖盐水。

（7）眼睛痒痛。这可能是由水不洁净引起。上岸后应马上用清洁的淡盐水冲洗眼睛，然后用氯霉素或红霉素眼药水点眼睛，临睡前最好再做一次热敷。

【思考题】

1. 谈谈读毛泽东《水调歌头·游泳》有何感受？

2. 上网查找我国游泳健儿刻苦训练与取得的优异成绩，谈谈自己应向他们学习什么。

3. 游泳的锻炼价值有哪些？

4. 游泳练习应注意什么？应摒弃哪些不良行为？

第12章 守护心灵的运动——瑜伽

通过本章的学习，你将能够：

1. 运用瑜伽健身美体、安神减压。
2. 有效改善身体的柔韧性、力量性、灵活性等身体素质。
3. 提高专注力，辅助治疗多种疾病。
4. 发现内心真正的自我，体验平静、宁和的感受，促进心理健康。

瑜伽是梵文词，意思是自我（atma）和原始动因（the orininal cause）的结合（the union）或一致（oneness）。从广义上讲，瑜伽是哲学，从狭义上讲瑜伽是精神和肉体结合的一种运动。瑜伽的魅力之所以经久不衰，是因为习练瑜伽能给予我们最基本的身心的调协与均衡。瑜伽已成为一门对人类心灵、生理和道德的全面健康进行不断研究的实用科学。

瑜加的起源与发展

瑜伽起源于印度，是东方最古老的强身术之一。5000年以前瑜伽的修行者，在原始森林中修行。早在三四十年前瑜伽就流行于欧美，现在已经成为世界上最广泛的运动。

以体位锻炼法为侧重的哈达瑜伽是较受现代人推崇的主要流派，并在此基础上演绎成现代健身瑜伽的新兴流派。例如，高温瑜伽、纤体瑜伽、香薰瑜伽、办公室瑜伽、阴瑜伽、力量瑜伽、流瑜伽、阿斯汤伽瑜伽、舞韵瑜伽等都属于侧重体位法练习的哈达瑜伽体系。其中的流瑜伽、阿斯汤伽瑜伽、舞韵瑜伽属于哈达瑜伽体系里体位串联练习的模式。

12.1 运动特点与锻炼价值

1. 瑜伽运动的特点

（1）个体性。瑜伽是非竞技性的个体练习。现代健身瑜伽以体位锻炼为主，同时在体位练习过程中配合呼吸，体会身体和心灵的感受。

（2）全面性。所谓全面性，其一是指瑜伽练习的身体部位能够比较全面；其二是指瑜伽对身体、心理健康的维护较为全面。瑜伽实际是一个可以全面调整修习者身体和心灵的系统，修习瑜伽能够使人得到均衡的发展，使身、心、灵达到更高的层次。

（3）舒适性。瑜伽属于有氧运动。它强调呼吸和动作相配合，要求逐步缓慢地完成动作，并在自己极限体位上保持几次呼吸，此时要求意识放松并集中在身体的紧张部位，以给紧张部位更多的氧气和营养物质的供应。而每个体位结束后一般都会有相应的放松和调整，然后再以轻松的身心状态进入下一个体位练习，当体位练习完全结束后还有让肌体精力能量迅速恢复的瑜伽放松术环节。充足的氧气供应和及时的休息调整，让瑜伽运动更具有舒适性。

（4）易行性。练习瑜伽仅需要很小的空间，能容纳双臂双腿的

瑜伽练习中应该摒弃的不良心态

目前，我国瑜伽练习者中大多为女性，调查表明50%以上的练习者的目的是美体减肥。在这种动机的引导下，多数练习者的心态是急功近利的，练习者不顾自身的柔韧、平衡、力量等身体条件，盲目和别人攀比，这恰是导致各种“瑜伽病”产生的内在原因。这种对瑜伽的理念与古老的瑜伽运动追求平和的心态、注重身心兼修、主张循序渐进等要求背道而驰。瑜伽练习，更应该关注心的宁静与平和。

瑜伽对心灵的影响

由于瑜伽具有个体性、全面性和舒适性等健身特点，方法正确的瑜伽练习，能让练习者体会到由内而外的舒畅感，同时内心充满平和愉悦感。经常练习瑜伽对于减缓压力、恢复精力、净化心灵、提升心理健康水平、维护良好的身心状态都有着积极的影响。在21世纪快节奏的社会生活中，瑜伽被誉为“心灵鸡汤”。

伸展即可；并且受场地环境和器材的限制也少，一个安静的角落、一块洁净的垫子、一颗纯净的心足矣。

2. 瑜伽运动的锻炼价值

（1）健身养生。中脉七轮是瑜伽健身的基础理论，其内在机制是通过各种围绕脊柱的动作，加强和调理内分泌系统的功能，使人体各大腺体的内分泌均衡，从而维护身体的健康；此外，瑜伽能够有效按摩和强化内脏器官，排除体内毒素；保持和促进身体各系统的正常功能。

（2）塑体美容。瑜伽体位练习的核心是脊柱，通过围绕脊柱的练习，能够维持脊柱的正常生理弯曲，培养挺拔的体态，有效提升气质；同时有针对性的局部体位练习能够塑造良好的形体；较多头部向下的体式有效滋养面部肌肤，起到美容的功效。

（3）安神静心。瑜伽体位是动态的冥想，在柔美的音乐中，呼吸和动作相配合，意识集中于身体所紧张的部位，不知不觉中内心会变得平和、宁静，起到提升心理素质，缓解压力和不良情绪的功效，促进心理健康。

（4）辅助医疗。瑜伽对身体锻炼是全方位的，不仅仅锻炼外在体能，还可对内分泌、微循环、内脏系统起到全方位的调节和改善作用；最难能可贵的是，平日里几乎锻炼不到的内脏、头皮、背部肌肉等“锻炼盲区”，瑜伽也都有专门的体位法一一照顾周全。所以瑜伽能对疾病的预防起到间接或直接的作用。

12.2 瑜伽体位练习的基本要求

1. 呼吸和动作相配合

瑜伽体位要求动作做得缓慢，步骤分明，在整个动作过程中要求呼吸和动作相结合：一般在完成两臂前屈、外展、扩胸、提肩、展体或反弓动作时，采用吸气比较有利；在完成两臂后伸、内收、收胸、塌肩、屈体或团身动作时，采用呼气比较顺当。同时注意让呼吸引领动作，每次吸气和呼气后要暂停片刻。另外，除非特别提示，最好不要憋气。

2. 在放松中保持

做肢体运动的时候，肌肉紧张是人的本能反应。肌肉一紧张便约束了气脉里的能量运行，气息因此无法畅通。体式保持过程中，要尝试对意识进行控制——使它由紧张态变成轻松态。意识一放松，肌体自然放松，气脉就畅通，气脉畅通就滋养了身体的各个系统，从而使身体进入良性循环状态。

3. 意识集中在紧张部位

体位练习中，意识集中在紧张部位，一方面不仅会维持动作的稳定性，还能使该部位的血液流动加快，强化该部位的功能；另一方面，

能借助身体感受对意识的牵引，收回易于散乱的思绪，自然达到感官内敛的冥想效果，实现瑜伽较高级的练习方式——运动中的冥想。

4. 稳固、舒适的本体感觉

瑜伽体式练习不当，常会导致各种“瑜伽病”。《瑜伽经》中说“瑜伽的姿势要保持稳固，感觉舒服”。“保持稳固”来自于意识的专注、来自于气息的流畅、更来自于根基的力量；“舒服”是肌肉的本体感觉，它意味着没有肌肉过度拉伸所造成的韧带损伤，没有关节的不吻合与超伸，没有对禁忌部位所造成的伤害。

12.3 瑜伽的主要内容

1. 瑜伽冥想

瑜伽冥想术在于获得内心的平和与安宁，最终体验到内心自由状态下的快乐和幸福。瑜伽的冥想体系较多，最主要的特点是把注意力集中到某一特定对象之上的深思方法。瑜伽语音冥想是将注意力集中在瑜伽语音上，其体系比较容易，效果明显，益处最多。瑜伽冥想姿势一般都是打坐姿势。比较常用的有以下几种（见表12-1、表12-2）。

表12-1 瑜伽冥想1

动作	图 示	动作方法	注意事项
简易坐		1. 坐在地上两腿向前伸直 2. 弯起右小腿，把右脚放在左大腿之下 3. 弯起左小腿，把左脚放在右大腿之下 4. 两手放在两膝上，保持头、颈、躯干在一条直线上	脊柱向上延展，上体可以稍稍前倾，坐到不舒服时，换另一腿做。是初学者最理想的瑜伽冥想姿势
半莲花坐		1. 坐在地上两腿向前伸直 2. 弯起右小腿抵住左大腿内侧 3. 弯起左小腿，把左脚放在右大腿之上 4. 两手放在两膝上，保持头、颈、躯干在一条直线上	脊柱向上延展，上体稍前倾，坐到不舒服时，换另一腿来做。有坐骨神经痛和骶骨毛病的人不适合做

表12-2 瑜伽冥想2

动作	图 示	动作方法	注意事项
莲花坐		1. 坐在地上两腿向前伸直 2. 弯起右小腿，右脚放在左大腿之上，脚底朝上 3. 弯起左小腿，左脚放在右大腿之上，脚底朝上 4. 两手放在两膝上，保持头、颈、躯干在一条直线上	脊柱向上延展，上体可以稍稍前倾，坐到不舒服时，换另一腿做。 如果髋关节不灵活，不要强搬脚背坐在对侧大腿跟上，这样容易使膝关节损伤

续表

动作	图　示	动作方法	注意事项
雷电坐		1. 两膝靠拢跪地，小腿和脚背平放在地面上 2. 两脚大拇指叠加在一起，两脚跟向外指 3. 臀部坐在两脚内侧，脚跟之间 4. 两手放在两膝上，保持头、颈、躯干在一条直线上	脊柱向上延展
英雄坐		1. 坐在地上两腿向前伸直 2. 右小腿向右折叠，右脚放在右大腿外侧，脚底朝上 3. 左小腿向左折叠，左脚放在左大腿外侧，脚底朝上 4. 两手放在两膝上，保持头、颈、躯干在一条直线上	脊柱向上延展，如果脚踝柔韧性不够好，可以用两手在身体两侧支撑地板

瑜伽练习注意事项

场所：最好是安静、空气流通的场所，配上瑜伽音乐。最好准备一张瑜伽垫，或防滑的地毯、毛巾。

装束：轻松舒适的服装；最好光脚练习；不戴多余首饰。

时间：最好的时间是清晨，晚上临睡前，以及饭后3～4 h空腹状态。

练习注意：动作不要过于勉强，听从身体的感受；不要用蛮力；无须与他人攀比；对自己的健康负责，温和不过度的扩展自己身体的极限。女性经期、患有高血压、心脏病、眩晕病等患者不适宜练习任何倒立姿势。

瑜伽语音冥想又称“曼特拉”，其含义就是能把人的心灵从种种世俗的思想、忧虑、欲念、精神负担等引离开去的一组特殊语音。人们随着练习瑜伽语音冥想，心灵就逐渐变得纯洁起来。瑜伽语音包括两个关联的步骤，即聆听和复诵。

凝神倾听：由瑜伽宗师口授，谦虚地接受和聆听瑜伽语音，由耳朵进入意念。

无意中的聆听：在做其他事情的同时（学习、练瑜伽姿势、休息等）被动或较不专注的倾听，对于心灵也具有净化作用。

全神贯注的聆听：找一个能全神贯注的时刻，可在清晨或黄昏，不仅用耳朵，主动将精神心意集中在瑜伽语音上。

复诵：找一个可以全神贯注的时刻，用心的反复复诵或咏唱瑜伽语音。把注意力完全集中在语音的声韵上(别担心自己嗓音的好坏，一颗赤诚的心才是最重要的)。

2. 瑜伽呼吸

（1）腹式呼吸：它是以横膈膜为主上下运动的呼吸方式。可仰卧或采取瑜伽坐姿，吸气时，把空气直接吸向腹部，感受腹部向外隆起扩张，随着腹部扩张，横膈膜下降。随呼气，腹部向脊柱的方向回收，横膈膜会向上回升。

（2）胸式呼吸：以肋间肌活动为主的呼吸运动，吸气时肋骨向外向上扩张，呼气时肋骨向下内收。

（3）完全瑜伽呼吸：是以上两种类型呼吸的结合，吸气时，首先吸向腹部区域，在这区域鼓起的时候，就开始充满胸部区域的下半部分。然后又充满胸部的上半部分。尽量将胸部吸满空气而扩张到最大程度——双肩可能略微升起，胸部也将扩大，等等。在这种情况下，腹部将会向内紧收，此时，已经达到双肺吸气的最大容量。接着，按相反的顺序呼气。首先放松胸部，然后放松腹部，用收缩腹部肌肉的方法结束呼气。如此循环往复。其功效是增大通气量，净化血液，加快肌体新陈代谢；按摩腹内脏器官，增强消化系统和内脏的功能；滋养大脑和神经系统，起到静心作用。

3. 瑜伽体位法

体位法或瑜伽姿势，音译“阿萨那”，是现代健身瑜伽练习的基础。它是以人体脊柱为中心，进行前后左右的伸展、挤压或扭转的练习，将身体置于一种平稳、安静、舒适的姿势。通过体式的调整，调动身与心的和谐，达到强身健体，燃脂塑形，静心减压等功效，深得瑜伽爱好者喜爱。

（1）瑜伽拜日十二式（见表12-3）。瑜伽拜日式，又称为向太阳致敬式，是哈达瑜伽体系唯一以串联体位流传下来的一组动作。原意是取得和“原始动因”的相应，现在的瑜伽健身课程常用来热身。专门练习瑜伽拜日式也有很好的健身效果。刚开始练习时，可放慢动作，一个一个地做，待熟练以后，再把这十二个动作配合上呼吸，一气呵成地做下来。

表12-3 瑜伽拜日十二式

动作	图 示
拜日十二式	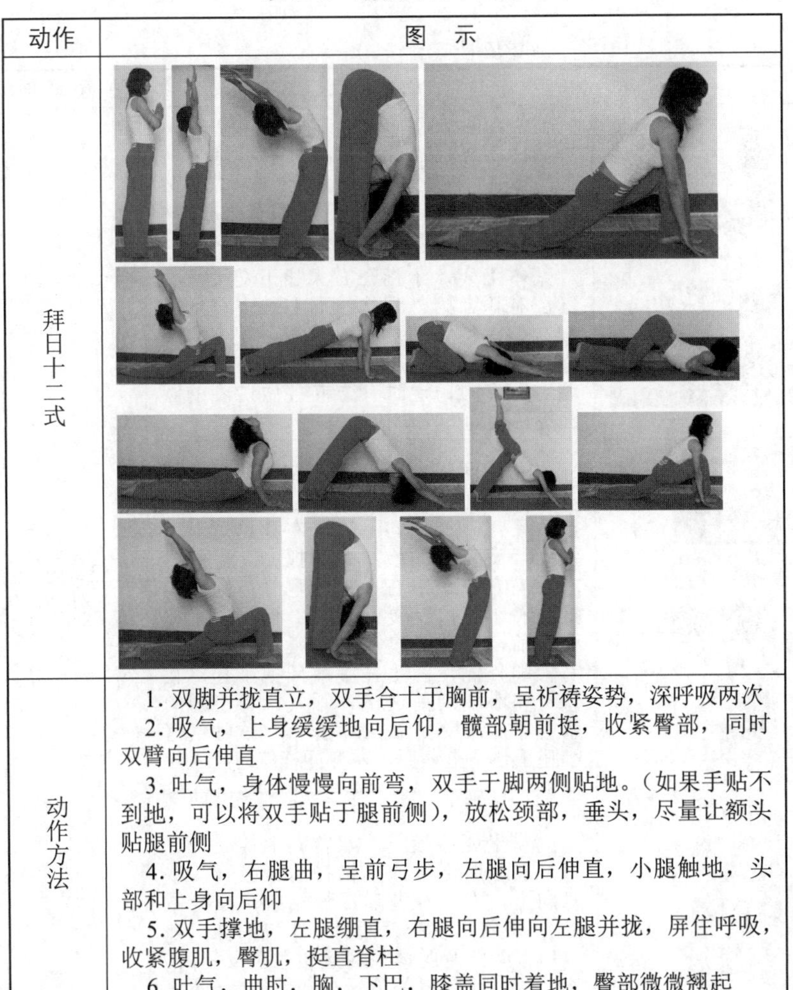
动作方法	1. 双脚并拢直立，双手合十于胸前，呈祈祷姿势，深呼吸两次 2. 吸气，上身缓缓地向后仰，髋部朝前挺，收紧臀部，同时双臂向后伸直 3. 吐气，身体慢慢向前弯，双手于脚两侧贴地。(如果手贴不到地，可以将双手贴于腿前侧)，放松颈部，垂头，尽量让额头贴腿前侧 4. 吸气，右腿曲，呈前弓步，左腿向后伸直，小腿触地，头部和上身向后仰 5. 双手撑地，左腿绷直，右腿向后伸向左腿并拢，屏住呼吸，收紧腹肌，臀肌，挺直脊柱 6. 吐气，曲肘，胸，下巴，膝盖同时着地，臀部微微翘起

瑜伽运动易出现的运动损伤及其预防

1. 肌肉拉伤。原因：热身不充分，过度拉伸。预防：充分热身，做到自己可以承受的身体极限即可。

2. 膝关节损伤。原因一：膝关节的用力不吻合。膝关节属于椭圆滑车关节，绕额状轴可做屈伸运动，在屈膝位时，尚可绕垂直轴做旋内和旋外运动，但在莲花坐时，如果髋关节打不开而强使膝关节外旋以使脚能够放到对侧腿上便违反了膝关节在水平轴不能旋外的特性，从而损伤膝关节。因此，注意热身会起到保护膝关节的作用。原因二：膝关节超伸。预防：在伸膝动作中，注意足弓上提，收小腹，或稍稍屈膝。

3. 脊柱损伤。原因：脊柱后弯时，椎间盘承受压力太大。预防：用体式的相应拮抗肌和协同肌缓解脊柱压力。

续表

动作	图　示
动作方法	7. 吸气，双手于胸两侧撑起上半身，并向后仰头，拱起胸部 8. 吐气，前脚掌踩地，臀部把身体带起来。放松头、颈部，向后压肩，背。同时脚跟尽量踩地（如果踩不到也没关系），拉伸双腿后侧，身体从侧面看呈三角形 9. 吸气，左腿向前曲，呈前弓步，右腿向后伸直，小腿触地，头部和上身后仰 10. 吐气，双腿伸直立起，右腿向前，同左腿并拢，上身慢慢前弯，放松颈部，垂头，让额头尽量贴腿前侧 11. 吸气，上身慢慢抬起，双脚并拢，再向后仰，手臂也向后伸直 12. 吐气，身体慢慢还原直立，双手合十于胸前，回到祈祷姿态，深呼吸几次，仔细体会身体的感受

（2）瑜伽体位及其分类。瑜伽的体式动作上万种，常见的也有百余种。按不同的标准则有不同的分类方法。常见的是按动作的难易程度（即需要关节打开的程度、肌肉的柔韧性与力量性等综合因素）可分为初级体位、中级体位、高级体位。在每个级别的体位上又常分为站立体位类、半高体位类（蹲姿、跪姿、手臂支撑等）、坐姿类、卧地体位类、倒立体位类、放松体位类。下面重点介绍适合初学者的一些初级、中级及个别高级体位。

- 简易热身类：表12-4列出了简易热身类动作方法及注意事项。

表12-4　简易热身类

动作	图　示	动作方法	注意事项
脚踝练习	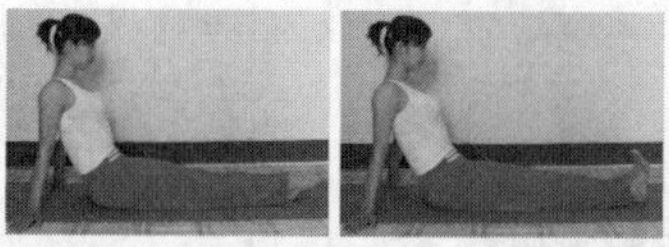	坐下，两腿向前伸直（基本坐姿）；两手掌心向下放在臀部两侧，上身向后倾；两脚绷脚尖，勾脚尖。至少重复12次，然后两腿分开与髋同宽，保持两脚跟贴着地面，两脚做顺时针、逆时针方向旋转	保持腰背伸直
膝关节练习	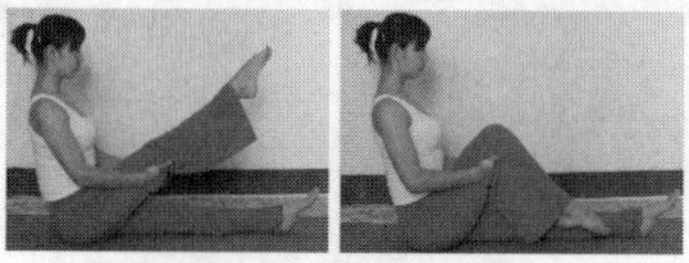	基本坐姿，十指在右大腿下交叉，吸气，右腿上抬，呼气，屈右膝，重复做12次，保持背部挺直。然后，把右大腿抱近腹部，以右膝做支点，将右小腿做顺时针方向、逆时针方向各做12圈的圆圈旋转运动；左脚同样练习	
髋关节练习	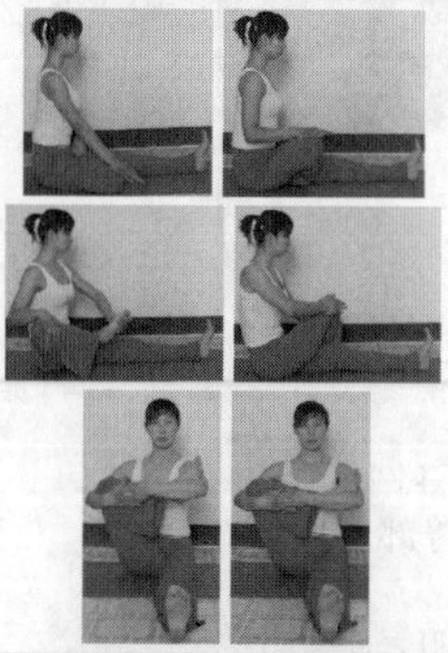	坐下，两腿向前伸直；右腿屈膝，把右脚背放在左膝上；吸气，用右手向上抬右膝，呼气，向下按压右膝尽量靠近垫子，反复做12次；左手抓脚，吸气，右手向右侧送出右小腿，呼气，向左侧推回右小腿，反复做12次；搬动右小腿到腹前，左肘通过右脚脚心，右肘通过右大腿外侧，两手在腹前环抱小腿，吸气，将小腿向前送出，呼气，将小腿向胸腔靠拢，反复做6次。最后一次呼气落小腿于垫子上还原，左侧同样练习	
肩部练习	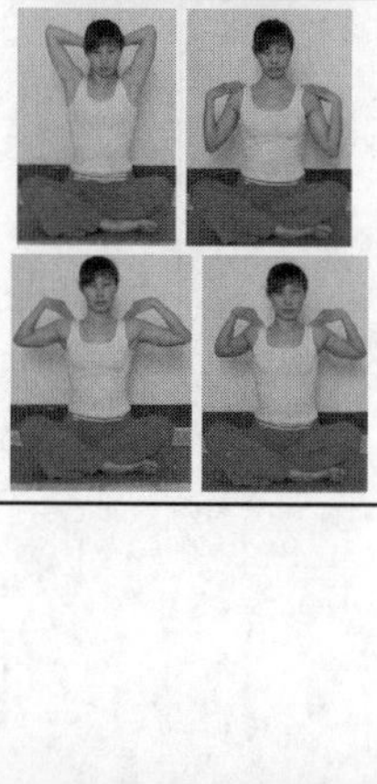	简易坐姿；吸气，双臂向上伸展，呼气，屈双肘下落，十指搭肩；吸气，双肘向上，双手在背后尽量相触，反复做6次；吸气，展胸，两肘水平向后伸，呼气，含胸，两肘体前尽量相触，反复做6次；两大臂以肩关节为轴向前旋转6圈，向后旋转6圈	

- 站立体位类：表12-5列出了站立体位类动作方法及注意事项。

表12-5　站立体位类

动作	图　示	动 作 方 法	注意事项与功效
山式	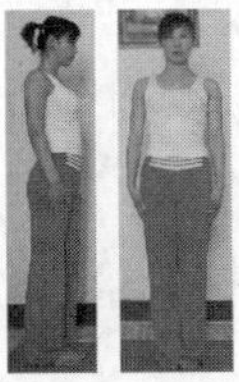	1. 双脚并拢站立，大脚趾和踝关节并拢，身体重量均匀摊在两脚上 2. 收腹收臀，大腿股四头肌和大腿后部肌肉向上提升，髌骨上提 3. 挺胸，脊柱延展 4. 两肩外展下沉，手指并拢放于大腿中线处	纠正身体不良姿态 山式是所有站立体位的开始和结束动作
腰躯转动式	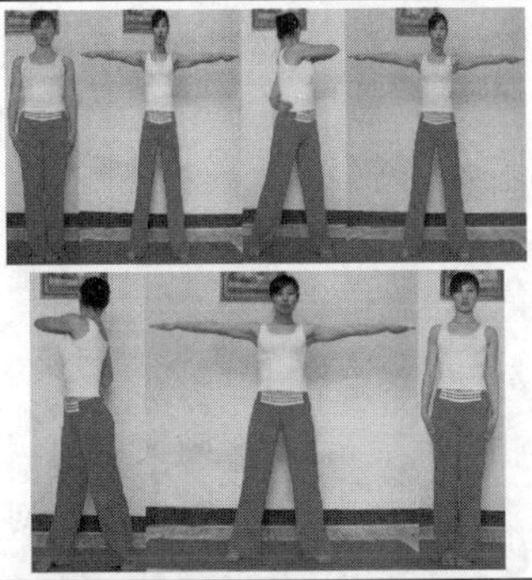	1. 山式站立 2. 吸气，两脚分开一肩宽，两臂侧平举 3. 呼气，保持髋关节向前，上体向右扭转，右手拦在背后，左手搭在右肩上，眼睛看向右肩后的方向 4. 吸气，脊柱回正，两臂平举，呼气，反向练习，每侧保持5次呼吸	吸气时延展脊背，呼气进一步扭转，在躯干扭转时，髋关节要保持向前不转 功效：消除腰部多余脂肪，防止和矫正各种姿势、体态的不正
三角伸展式		1. 山式站立 2. 吸气，两腿向两侧分开一腿长，两臂侧平举，成基本三角式 3. 呼气，右脚向右转90°，左脚稍向右转 4. 吸气，头向左转，注视左手 5. 呼气，上体向右侧屈，右手根据自身条件扶住右腿的任何一部位。左臂上举，双臂成一条直线，眼看左手 保持5次呼吸，吸气还原，反向练习	注意事项：保持脊背与右腿在一个平面上，双腿伸直 功效：消除腰部赘肉和强壮髋部肌肉，增强腰肌力量，伸展按摩腹内脏器官，改善消化系统
三角扭转式		1. 山式站立 2. 吸气，两腿向两侧分开一腿长，两臂侧平举，成基本三角式 3. 呼气，右脚向右转90°，左脚稍向右转45°～60°；髋部向右方摆正；上体下压；放左手于右脚外侧，左臂上举与右臂成一条直线 4. 吸气，右臂上举，转头向上，眼看右手，保持5次呼吸 5. 吸气还原成基本三角式，反向练习	注意事项：骶骨到头顶的脊柱尽量保持伸展，尽量伸展双肩和肩胛骨，双腿伸直，膝盖放松。 功效：滋养脊柱神经，强壮背部肌肉群，伸展按摩腹内脏器官，改善消化系统减少腰围线上脂肪

续表

动作	图示	动作方法	注意事项与功效
战士二式		1. 山式站立 2. 深吸气，两脚大大分开，两臂侧平举 3. 呼气，转右脚向右90°，左脚稍向右转 4. 呼气，屈右膝，大小腿尽量成直角，头转向右方，注视右手指。保持5个深呼吸 5. 吸气，伸直膝盖回复到基本三角式，反向练习	注意事项：收腹，尾骨往下收缩，拉长脊柱。伸直腿脚外侧踩实垫子 功效：锻炼双腿、背部与腹部，增强大小腿肌肉的力量
侧角伸展式	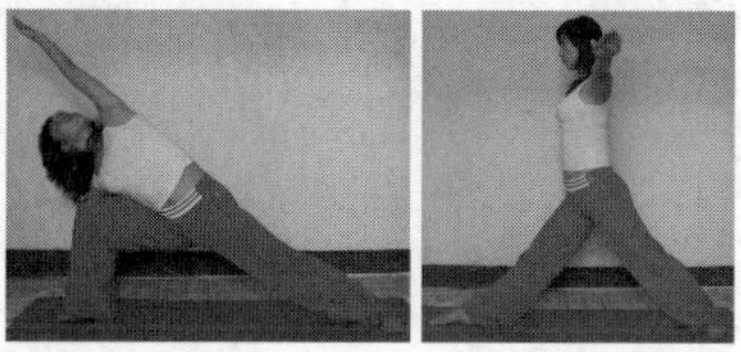	接战士二式的动作，继续呼气，放右手于右脚外侧着地 吸气，左臂顺着耳朵方向伸展，让左手指尖和左脚外缘成一条长长的直线。小手指向下，保持5次呼吸，吸气，还原成基本三角式	注意事项：手推膝盖，胸部向上转，髋骨下沉，尾骨内卷 功效：滋养脊柱神经，它使胸部、下肢的肌肉均得到良好锻炼，伸展按摩腹内脏器官，改善消化系统功能。
战士一式		1. 山式站立 2. 吸气，两腿向两侧分开一腿长，两臂侧平举，成基本三角式 3. 呼气，右脚向右转90°，左脚向右转45°～60°；髋部向右方摆正 4. 吸气，两臂上举成祈祷式，延展脊柱 5. 呼气，屈右膝，直到大腿与地板平行，小腿与地板垂直抬头，眼看双手，保持5次呼吸 6. 吸气，蹬直膝盖向上还原，呼气回复到基本三角式，反向练习	注意事项：双脚用力压地，让力量向中间走，左脚外侧缘踩实垫子。双肩放松下沉 功效：扩张胸腔，对肺部有益；加强双踝、双膝、双髋和双肩 心脏衰弱的人群不适合做此练习
战士三式		1. 接战士一式的动作 2. 吸气，蹬直膝盖向上，重心前移，落在右脚上 3. 呼气，上体前倾，将左腿举离地面，直到与地面平行，让双臂、上体、双腿保持一条直线，右腿垂直地面，保持5次呼吸 4. 吸气，向上还原，呼气转身，反向练习	注意事项：双臂和左腿向两个方向充分延展形成一对平衡力，有利于动作的稳定 功效：增强平衡感，滋养脊柱，伸展支撑腿的后侧韧带

续表

动作	图 示	动 作 方 法	注意事项与功效
树式		1. 山式站立，深呼气1次 2. 吸气，右脚脚趾分开牢牢抓住地板，左膝屈外展上抬，把左脚放在右腿的跟部，脚尖向下，左腿充分外展，待稳定后，双掌合十胸腹前，保持两次呼吸 3. 吸气，双臂伸直，高举过头顶。保持5次呼吸 4. 呼气，双手及左腿向下回落恢复到山式站立，反向练习	树式是一个平衡的体式，能稳定神经系统，增加专注能力 注意事项：屈膝侧髋关节充分外展。根基要稳，收小腹，尾骨内卷，脊柱充分伸展；如果左脚不能放在右大腿跟部，可以放在右腿内侧任何部位上 功效：增强人的平衡感和注意力，强壮腹部加强腿部力量
舞蹈式		1. 山式站立，身体向右转15°，深呼吸几次 2. 吸气，向后抬起左腿，左手抓住左脚踝，右臂上举 3. 呼气，上体下倾让背部形成一反弓形，眼看左手；保持5次呼吸 4. 呼气，缓慢还原成山式，反向练习	注意事项：右腿根基要稳，左大腿尽量高抬 功效：使侧腰得到挤压，收紧腰、腹、臀部肌肉，强化腿部力量，提高平衡能力
幻椅式		1. 山式站立 2. 吸气，双臂从两侧向上高举过头顶，双掌合十，大拇指相扣 3. 呼气，屈膝下蹲，大腿尽量与地面保持平行，腰背挺直，向后送肩，向后送髋，保持5次呼吸 4. 吸气，伸直双腿， 5. 呼气，双臂经两侧下落还原成山式站立	注意事项：保持时不要塌腰；臀部下落，感觉像坐在一把椅子上一样 功效：矫正不良姿态，防止驼背；增进肌肉力量；扩张胸部，强壮腹部器官

- 跪式体位：表12-6列出了跪式体位动作方法及注意事项。

表12-6　跪式体位

动作	图　示	动作方法	注意事项与功效
猫式	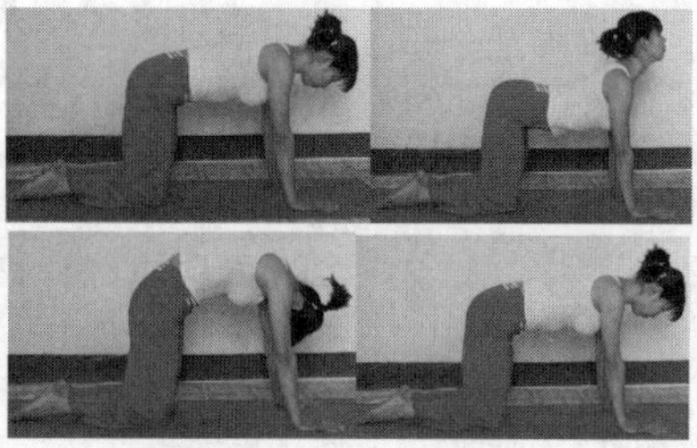	1. 金刚坐坐姿 2. 吸气，成跪立 3. 呼气，重心前移，两手落地，两臂垂直两肩；大腿分开与髋同宽，两腿垂直躯干，呈动物的爬行姿势 4. 吸气，由尾椎开始脊柱一节一节上翘，形成臀部上拱，收缩背部肌肉，抬头的姿势 5. 呼气，由尾椎开始脊柱一节一节向上拱起，形成低头含胸，背部拱起，配合呼吸反复做5次 6. 吸气，回复到动物爬行姿势	注意事项：向下不要过分塌腰 功效：活化整根脊柱，放松肩部和颈部，收缩腹肌，减缓痛经，改善月经不调和子宫下垂
虎式		1. 呈动物的爬行姿势 2. 吸气，抬头塌腰提臀的同时右腿向后蹬出尽量抬高 3. 呼气，低头，收缩腹部，右膝盖去找鼻尖，配合呼吸反复做5次 4. 吸气，回复到动物爬行姿势	注意事项：髋部摆正 功效：伸展腰、腿部，灵活脊柱各个关节，按摩腹部器官；美化臀形，强壮生殖器官。它是产后妇女的极佳选择
骆驼式		1. 金刚坐坐姿 2. 吸气，两腿分开与髋同宽，成跪立，两手放在两髋部 3. 呼气，推髋向前，脊柱缓缓向后弯曲，两手掌心依次贴在脚后跟部位，保持两大腿垂直于地面，头部后仰。保持5次呼吸 4. 吸气，两手依次收回托住腰部，脊柱回正 5. 呼气，臀部坐向脚后跟，金刚坐坐姿	注意事项：推髋向前，充分伸展大腿股四头肌。甲亢患者禁止此练习 功效：增强脊柱力量，促进血液循环，有助于消除背痛、腰痛和矫正驼背，促进消化和排泄功能，还能促进甲状腺的正常分泌
叩首式		1. 金刚坐坐姿 2. 呼气，上身向前弯曲，把前额放在地板上，两手扶住两小腿外侧 3. 抬起臀部，让头顶百会穴着地，两腿垂直地面，保持五次呼吸 4. 吸气，臀部坐回脚后跟，还原成金刚坐坐姿	注意事项：高血压或眩晕病人禁做此练习 功效：为头部输送更多的血液，缓解疲劳

- 蹲式体位

表 12-7 列出了蹲式体位动作方法及注意事项。

表12-7　蹲 式 体 位

动作	图　示	动 作 方 法	注意事项与功效
蹲式		1. 山式直立，两腿向两侧分开大于一肩宽，脚尖向外。两手十指相交，两臂自然下垂 2. 呼气，稍屈膝，身体重心下降 3. 吸气，直立，呼气，下蹲幅度增大，吸气，直立，呼气，下蹲到身体的极限 4. 吸气起，还原成山式站立	注意事项：脊柱始终垂直于地板 功效：加强脚踝，双膝和两腿内侧肌肉力量，活动髋部区域

- 坐姿式体位

表 12-8 列出了坐式体位动作方法及注意事项。

表12-8　坐 式 体 位

动作	图　示	动 作 方 法	注意事项与功效
坐山式		1. 莲花坐，或简易坐姿 2. 十指于胸前相交，吸气双臂向上伸展，高举过头顶，翻转掌心，两臂尽量向上伸展 3. 呼气，低头，下巴找锁骨，深长平稳的呼吸，背部挺直。配合呼吸反复做5次 4. 吸气，头部回正 5. 呼气，回到起始坐姿	注意事项：脊柱坐直 功效：有助于安定神经，扩张胸部，强壮腹部器官，并消除双肩僵硬强直和风湿痛
单腿交换伸展式	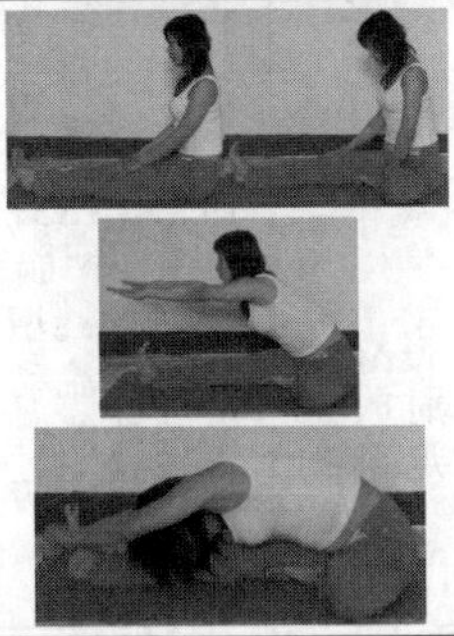	1. 直角坐姿 2. 屈左膝，左脚抵住右大腿跟部 3. 吸气，两臂平伸，掌心向下，坐直脊柱 4. 呼气，上体从髋部开始向前折叠，两手尽量去抓住两脚，放松身体，保持5次呼吸 5. 吸气，脊柱缓缓回正，回复到起始坐姿，反向练习	注意事项：保持脊柱伸直，向下屈身停在自己的极限，伸直腿，膝盖着地，全身肌肉放松 功效：滋养脊柱神经，放松背部，拉伸腘旁腱。强壮肝脏和脾脏，使双肾、胰脏和肾上腺活动旺盛，并促进消化和排泄
双腿交换伸展式	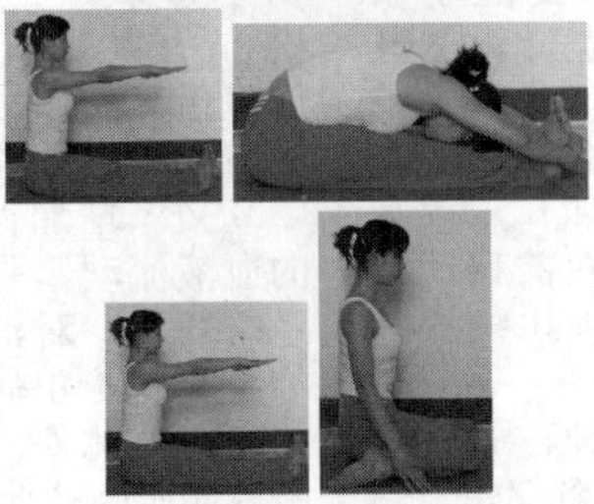	1. 直角坐姿 2. 吸气，两臂平伸，掌心向下，坐直脊柱 3. 呼气，上体从髋部开始向前折叠，两手尽量去抓住两脚，放松身体，保持5次呼吸 4. 吸气，脊柱缓缓回正，回复到起始坐姿，反向练习	注意事项：保持脊柱伸直，向下屈身停在自己的极限。伸直腿膝盖着地，全身肌肉放松 功效：滋养脊柱神经，放松背部，拉伸腘旁腱。强壮肝脏和脾脏，使双肾、胰脏和肾上腺活动旺盛，并促进消化和排泄

续表

动作	图示	动作方法	注意事项与功效
反台式		1. 直角坐姿，双手放在臀部后方的垫子上，指尖超前 2. 吸气，将臀部轻轻抬起，头部后仰，保持5次呼吸 3. 呼气，臀部落地，吸气头部回正	注意事项：保持两腿伸直，髋部上顶 功效：加强两腕，两踝，骨盆的灵活性，使神经系统得到增强，血液循环得到改善，有助于消除疲劳
半脊柱扭动式	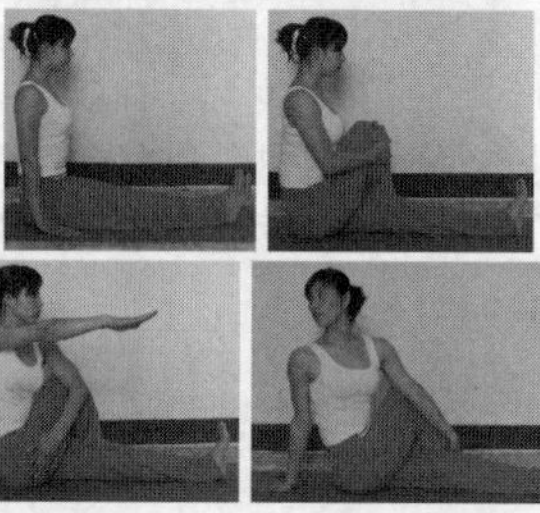	1. 直角坐姿，右脚跨过左膝平放在垫子上 2. 伸出左臂别过右腿外侧，抓住右脚脚腕，或者屈肘，左手放在右大腿根部 3. 吸气，腰背挺直，呼气，上体向右后方转动，保持5次自然呼吸 4. 呼气，身体转正，反向练习	注意事项：吸气坐骨坐直垫子，脊柱向上延展，呼气进一步扭转 功效：使背部肌肉群更富弹性。从而预防驼背和腰部风湿痛等问题，促进消化与排泄胰脏活动增强，对轻微的脊柱关节错位有益
鸽子式	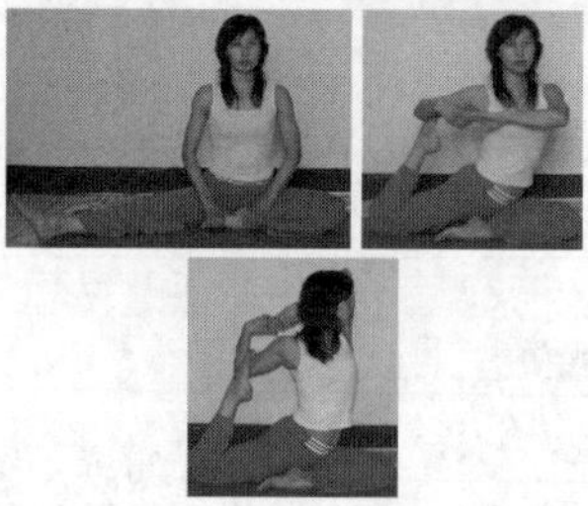	1. 直角坐姿，左脚脚后跟收至会阴处，右腿自然向外侧打开 2. 右手抓右脚把右脚尖靠近腰间，吸气，伸出右臂用右肘弯套住右脚 呼气，伸出左手绕至脑后，左右手相扣。头转向左侧，右腿尽量向外伸拉打开成弓状，眼睛看向左上方，保持5次呼吸 3. 吸气，左臂向上伸直 4. 呼气，还原，反向练习	注意事项：如果左臂在头后不能抓到右手，可以提前抓住右手 功效：灵活膝关节，拉伸脚背，打开双肩，灵活侧腰
蝴蝶式		1. 坐立，两腿向内屈膝，两脚掌心相抵，双手放在双膝上 2. 吸气，双膝上抬，呼气两手把两膝向下按压 变体，保持双脚位置不动，双手握住双脚，双膝上下抖动，反复做12次	注意事项：保持脊柱伸直 功效：活动髋关节，是束角式之前的一个极好的预备练习
束角式		1. 坐立，两腿向内屈膝，两脚靠近会阴，两脚掌心相抵，双手握双脚 2. 吸气，延展脊柱 3. 呼气，上体前屈，将双肘压在两大腿上，或者两肘放在小腿前的地板上，头部尽量靠近地板，保持五次呼吸 4. 吸气，脊柱一节节向上回正	注意事项，保持脊柱伸直，全身放松，意识集中在两髋部 功效：增加骨盆区域的血液流动，强壮生殖系统功能，对消除坐骨神经痛和防止疝气也非常有益
坐角式		1. 坐立，在不感到过于用力的情况下，尽量宽阔地张开两腿 2. 吸气，延展脊柱 3. 呼气，上体前屈，双手在体前撑地，小心地向前移动，直到腹部下巴着地板，放松的保持5次呼吸 4. 吸气，双手撑地，脊柱一节节向上回正，回复到起始坐姿	注意事项：身体放松，两大腿肌肉向后旋，借其反作用力让脊柱向下的幅度增大 功效：增加骨盆区域的血液流动，强壮生殖系统功能，对消除坐骨神经痛和防止疝气也非常有益。此外，增进大腿内侧肌肉的伸展性

- 手臂支撑类：表12-9列出了手臂支撑类动作方法及注意事项。

表12-9 手臂支撑类

动作	图 示	动 作 方 法	注意事项与功效
鹤禅式		1. 蹲立，两腿分开 2. 吸气，两脚尖着地抬高身体，两臂垂直两肩，两手十指大大分开，掌心着地 3. 呼气，重心前移，直到双臂撑起身体，双脚离开地板，放松地保持5次呼吸 4. 呼气，双脚落地，回到蹲立	注意事项：手腕不适者禁做 功效：增强双臂力量和身体平衡能力
侧板式		1. 身体成平板式，两臂垂直双肩 2. 身体向右侧转90°，左臂支撑，右臂上举，两臂成一条直线，眼睛向上看手，两腿伸直，保持5次呼吸 3. 呼气，右手落地支撑成平板式	注意事项：支撑臂垂直肩部，侧腰上顶 功效：强壮手臂力和侧腰力量，锻炼身体协调性

- 卧地体位类：表12-10列出了卧地体位动作方法及注意事项。

表12-10 卧地体位类

体式	图 示	动 作 方 法	注意事项与功效
蹬自行车式		1. 仰卧，两腿伸直，两手平放身体两侧 2. 吸气，两脚抬高并做用脚蹬自行车的动作。想象自己正在蹬自行车，至少蹬12圈，反向也蹬12圈 动作变体：两腿并拢，两脚同时向同一方向做蹬车动作12次，反过来再蹬12次 3. 呼气，身体回复到仰卧放松姿势	注意事项：动作过程中有节奏地呼吸 功效：加强两大腿和两膝力量，增加血液循环，对腹部器官和双膝有温和的强壮作用
船式		1. 仰卧，双腿并拢，双手掌向下 2. 吸气，双手、双腿和上身躯干同时上提30°，双臂向前伸直，与地面平行，双腿向远处伸直，胸式呼吸，保持5次 3. 把双腿、躯干放回地面，缓缓呼气，全身放松，回复到预备姿势	注意事项：练习时意识应放在整个腰部和腹部上，需要用腹部力量抬高双腿。背部尽量挺直，使脊柱往上提，否则尾椎会往下压，导致背痛 功效：改善肩背部僵硬酸痛，滋养面部和头皮，柔软脊柱

续表

体式	图　示	动 作 方 法	注意事项与功效
拱背升腿式	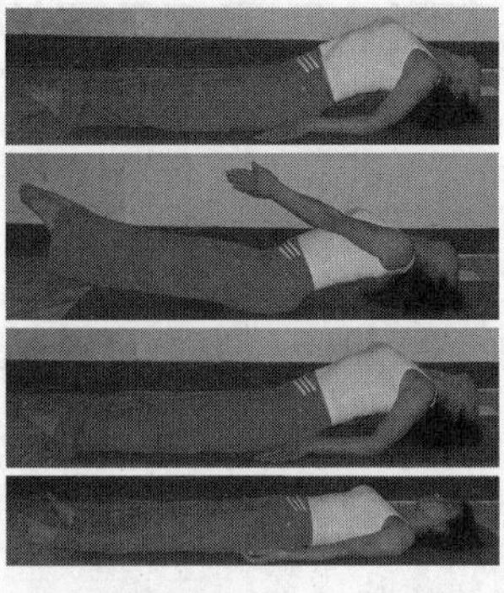	1. 仰卧，双腿并拢，双臂放在身体两侧 2. 双肘支撑，胸腔至颈项向上拱起，头顶着地 3. 呼气，双腿向上离开地板到极限。两手合掌，举起双臂，让两臂与两腿平行，保持5次呼吸 4. 呼气，慢慢放下两臂两腿，放直颈项，背部回到地面上	注意事项：甲亢患者禁做 功效：强壮颈项和背部，强壮脊柱，增进脊柱的弹性，对胸部、腹部肌肉和甲状腺有益
轮式	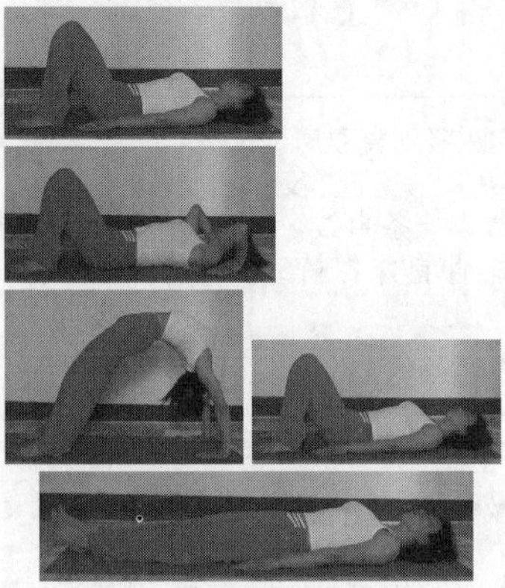	1. 仰卧，双腿并拢，双臂放在身体两侧 2. 呼气，双手后弯，于耳侧着地，指尖向前，微微贴近肩部。屈双膝与髋同宽，两脚平放地面 3. 吸气，臀部上扬，两臂伸直，头部和背部均离开地面，髋部与腹部同时上提，将身体拱成圆形，保持5次呼吸 4. 头部仰起，弯曲双肘，肩部先着地，接着头部、背部、臀部依次着地。回复到仰卧放松姿势	注意事项：大腿肌肉外旋，以便向上抬起骨盆，缓解腰部压力 功效：补养和加强背部肌肉群，使脊柱保持健康和柔韧。血液流向大脑，从而使头脑清醒
摇摆式	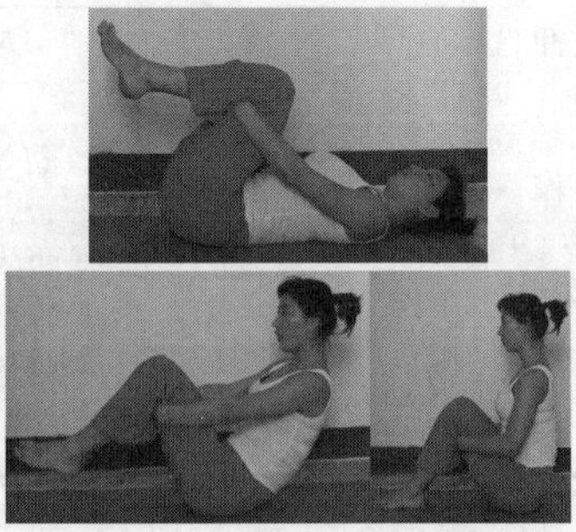	1. 仰卧，双腿并拢，双臂放在身体两侧 2. 两腿屈膝，将两大腿收近胸部，两手在两膝下十指交叉 3. 吸气，延展脊柱 4. 呼气，上体后仰，脊柱一节一节着地。配合呼吸，反复做5次	注意事项：小心不要让头猛碰地板 功效：按摩和强壮双髋、双臀和背部。有助于放松腹部区域，有助于消除腹中气体
眼镜蛇式	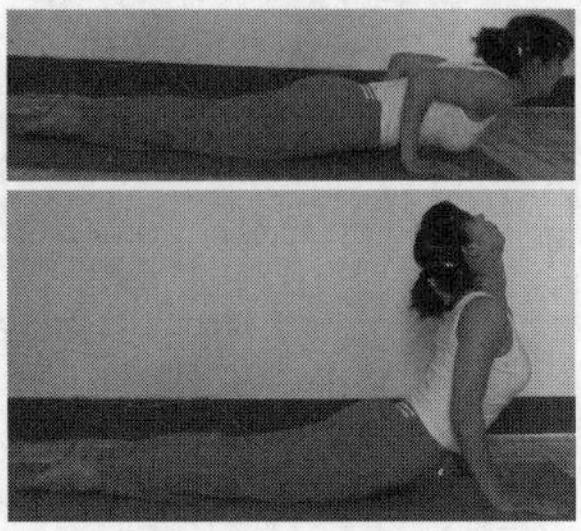	1. 额头贴地俯卧地面，双手放在胸部两侧，指尖向前，两脚脚跟并拢 2. 吸气，头部引领脊柱向上抬起，最后用双臂的力量帮助身体继续向后卷曲。眼睛看向天花板。两肩外展下沉。保持5次自然呼吸 3. 呼气，头部和胸部依次回到地面，一侧耳朵贴地休息	注意事项：大腿和臀部肌肉收缩，头部后仰牵引腹部肌肉伸展，以保护腰椎 功效：促使胰脏、肝脏等器官活动加强，并有效预防肾结石；增强脊柱的柔韧性

续表

体式	图　示	动 作 方 法	注意事项与功效
蜥蜴式	  	1．金刚坐坐姿 2．呼气，上半身前弯到前额着地 3．吸气，抬臀，上半身向前移动，达到大腿垂直于地面，双臂向前伸直，胸部贴向地板，脊柱下压，均匀呼吸，保持5次呼吸 4．呼气，身体向前移动，俯卧于垫子上放松	注意事项：初学者胸部不容易贴到地面，应把手臂和胸部向前挪，或把膝盖向后移，拉大膝盖与胸部的距离，让胸口容易碰到地面。心脏病病人慎做 功效：为头部输送更多的血液，缓解疲劳
弓式	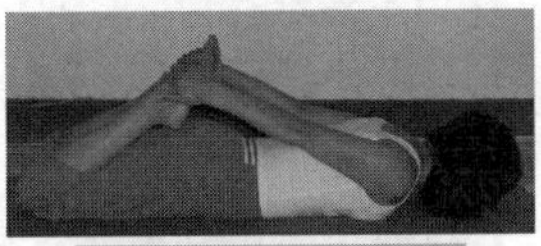 	1. 俯卧，双臂靠身体侧平放，掌心向上，双腿并拢 2. 曲膝，双手握双脚，放松全身 3. 吸气，伸直两臂，绷紧两腿肌肉，使背部成为拱形，同时将头部、胸部和大腿抬离地面，直至力所能及的高度，目视上方。自然呼吸，保持5次 4. 呼气，身体缓缓回复预备姿势 5. 呼气，将双腿向头部下落，使脚趾触及头部前方的地面。保持5次呼吸 6. 两腿笔直向前移动，先让肩胛触及地面，接着两腿、两手依次着地，回复到预备姿势	注意事项：疝气、胃溃疡、肠结核患者或脊柱弯曲者不能练习此姿势 功效：对全身肌肉都有益，有助于提高消化系统功能，补养胰脏，有助于治疗糖尿病，预防胆、肾结石
蝗虫式	 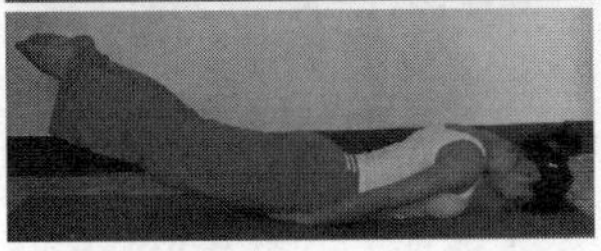	1. 额头贴地俯卧地上，两臂伸直放于体侧，双手放在腹股沟下 2. 吸气抬头，吐气低头，额头触地 3. 吸气，收紧臀部，双腿向上抬到最高处，保持此姿势5次呼吸 4. 呼气，把腿和头部回复到预备姿势	注意事项：如果腰部疼痛，可以膝盖弯曲，这样可以减少腰部压力 怀孕或背部受伤，不要练习。高血压病人慎做 功效：强化腰腹力量，塑造良好臀形；促进内脏机能，强化脊椎骨神经，缓解便秘症状
顶峰式		1. 跪立 2. 呼气，两手放在地上，抬高臀部，两手两膝着地 3. 吸气，伸直两腿，将臀部升高 4. 呼气，腹部靠近大腿跟部，双臂下压，双臂和背部应形成一条直线，身体成倒三角形。脚后跟尽量压地，如果不能放在地板上，就上下弹动脚后跟。保持5次深长呼吸 5. 呼气，回复到两手两膝着地的跪姿	注意事项：收缩臀部肌肉，脚后跟向下踩地，不要塌腰 患有高血压和眩晕病者应向医生咨询是否适宜此练习 功效：美容，恢复精力，消除关节炎，伸展和加强腘旁腱，软化跟骨刺，强壮坐骨神经

● 倒立体位：表12-11列出了倒立体位的动作方法及注意事项。

表12-11 倒立体位

体式	图示	动作方法	注意事项与功效	学练法
犁式		1. 仰卧，双腿并拢，双手掌向下 2. 吸气，向上抬起双腿直至与身体垂直的位置 3. 呼气，将双腿向头部下落，使脚趾触及头部前方的地面，保持5次呼吸 4. 两腿笔直向前移动，先让肩胛触及地面，接着两腿、两手依次着地，回复到预备姿势	注意事项：还原过程双手可以托住腰部，要平稳而有控制，慢慢还原。女性经期，患坐骨神经痛者，心脏病、高血压、哮喘患者不要练习 功效：改善肩背部僵硬酸痛，滋养面部和头皮，柔软脊柱	头倒立健身效果极佳，被称为"姿势之王" 初学者靠墙做头倒立，两人一组进行保护与帮助 先做屈体头倒立，待重心平稳后，可以试着直腿起
身腿结合式		在犁式的基础上，随呼气，弯曲两膝，直到大腿靠近双耳，然后，两手抱住两大腿。保持5次自然呼吸	注意事项：小心不要使背部肌肉过劳 功效：按摩肩背部，镇静神经系统，放松双腿	
头倒立式		1. 跪立，两手肘相抱，俯身向前，将臂放在地板上，保持两肘不动，两手十指相交 2. 呼气，将头顶挨着地板，后脑勺正好紧靠交叉的手指，臀部相应抬起 3. 吸气将脚趾轻轻撑住地面，将两腿慢慢伸直，使臀部抬起到最高点。两脚尖走向躯干，脊柱伸直近似与地面垂直。调整一次呼吸 4. 吸气，缓缓将膝部弯曲，将两脚从地板升起来，膝部仍弯曲。待身体稳定后，向上伸直双腿成头倒立，或者直膝上举成头倒立。 5. 呼气，先屈膝，再放低两腿落地。双手握拳，两拳上下重叠，将额头放在上面拳头上，以保证血液循环恢复正常	注意事项：保持时，肩部放松 患有高血压、心脏病、眩晕、心悸、血栓形成、严重近视眼或血液不纯（含有毒素）的人应该避免做头倒立练习 功效：恢复大脑精力，消除头疼、哮喘和精力衰退。改进肤色；增强双肺功能，有助于防止和治愈感冒；也是治打嗝儿的好办法	

● 放松和休息的体位：

仰卧放松功——背部贴地，仰卧在地面上，两脚分开与肩同宽，两臂置于身体两侧，掌心朝上，双眼闭合，注意呼吸要保持平稳、舒缓。

俯卧放松功——俯卧地上，两臂伸直到头顶之前，闭上双眼，放松全身，意识集中在呼吸上。

坐式休息——屈膝坐立，大腿靠近腹部，双臂抱膝，脊柱可以伸直，如果脊柱很累，可以拱背，低头放松颈部。

大拜式放松、婴儿式放松——跪在垫子上，臀部坐向脚后跟，腹部靠近大腿，额头放在地板上，双臂伸向头前，这是大拜式放松，双手放在身体两侧则为婴儿式放松。

瑜伽休息术——瑜伽休息术是让瑜伽练习者得到极好休息放松的技法。方法非常简单，任何人都可以做到。练习过程主要包括训练法和意境法，训练法是通过瑜伽的调整姿态（调身）、呼吸（调息）、意念（调心）而达到松、静、自然地放松状态。意境法是通过想象达到放松的目的，主要是想象大自然中美丽的景象，从而使心情放松，内心平和。

12.4 哈达瑜伽体式与欣赏

1. 体式

依据瑜伽对称、平衡、舒适、流畅、全面的编排原则，编排了两套体式：第一套体式较为简单，锻炼部位较为全面，主要活动身体的各个关节和部位，促进全身的血液循环；第二套体式动作难度稍大些，对于增强肌肉力量、强化内脏器官机能、增强脊柱的灵活性，塑造良好的身体姿态有较大帮助。

同学们还可以根据自己的身体条件和需求，注意避开针对自身的禁忌体式，依据瑜伽的编排原则，尝试编排适合自己的体式，在练习过程中要有较强的自我保护意识。

（1）第一套。

① 调息。

② 简易热身：直腿坐姿——脚趾、脚踝、膝关节、髋关节；简易坐姿——头颈部、肩部；四柱式——猫式热身脊柱。

③ 体位练习：腰躯转动式；直角式；三角伸展式；幻椅式——接直角坐地；蝴蝶式；束角式；脊柱扭动式；反台式；双腿背部伸展——屈膝成跪姿；虎式——大拜式休息；蛇击式；眼镜蛇式；顶峰式；侧板式——俯卧休息；蝗虫式——仰卧；半船式；蹬车式；摇滚式。

④ 休息术。

（2）第二套。

① 调息。

② 经典拜日十二式热身。

③ 体位练习：三角扭转式；战士一式；战士三式（反向 1.2.3）；舞蹈式；鸟王式；下蹲式；鹤禅式——接坐地；坐角式；鸽子式；牛面式——接跪姿；骆驼式；叩首式；蜥蜴式；弓式；犁式；身腿结合式；拱背伸腿式；摇摆式。

④ 休息术。

2. 欣赏

瑜伽是非竞技性运动，无论是冥想、体位还是瑜伽放松术带给人的都是一种静态和谐之美。在柔和的音乐声中，呼吸和动作顺畅地配合，举手投足间展示的是优雅；步骤分明、逐步到位的缓慢练习更像是徐徐展开的一幅动人画卷；意识的专注，在放松中正确的体位控制，展现的不仅是身体姿态的美，更有气定神凝、平和宁静的神态美；禅舟资深瑜伽导师林晓海认为：“简言之，宁静即是瑜伽”。欣赏瑜伽，不在于欣赏体式有多高难或多完美，而应在于那种自我身心合一的和谐宁静之美。

【思考题】

1. 瑜伽有哪些锻炼价值?
2. 练习瑜伽的注意事项有哪些?
3. 瑜伽体位练习的基本技术是什么?

第三部分

其他体育运动项目

通过本部分的学习，可使同学们了解其他体育运动项目，如保健体操、新兴国际运动与民俗体育项目、野外运动、冰雪运动等，并在日常生活中运用这些运动项目进行有效的健身锻炼。

小劳防疾之术

从运动强度来看，八段锦属于中小强度的有氧运动。唐代养生大家孙思邈在《千金备急要方》中提到“养性之道，常欲小劳，但莫大疲及强所不能堪耳！且流水不腐，户枢不蠹，以其运动故也。”小劳是八段锦健身养生的一个重要特色。宋代蒲虔贯在《保生要录》中提倡的“小劳术”，实际上就是近现代立式八段锦的源头之一。古往今来，因大疲致劳而病者比比皆是，积劳成疾，早衰相随，中道夭亡者也不乏其人。因此对小劳之术，却不可等闲轻视。《保生要录》记叙了“小劳”的功效：“事闲随意为之，各数十过而已。每日频行，必身轻、目明、筋壮，血脉调畅，饮食易消，无所壅滞。体中小有不佳，快为之即解。”说明只要持之以恒，其保健的功效是十分理想的。八段锦正是这样一种运动量适中的“小劳”之术。

第13章 民族传统健身功法

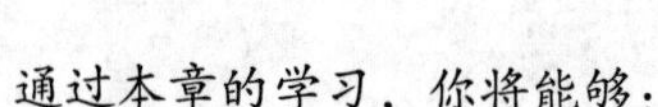

通过本章的学习，你将能够：

1. 在生活中运用各种健身功法进行有效的健身锻炼。
2. 有效发展平稳、协调、柔韧综合身体素质。
3. 体悟民族传统健身文化，激发爱国主义情怀。
4. 改善判断能力和控制能力，提高心理素质。

健身功法是以自身形体活动、呼吸吐纳、心理调节相结合（即调身、调息和调心），来促进身心健康的民族传统体育项目，是行之有效的，我国民族传统健身功法包括八段锦、易筋经、五禽戏等。

13.1 八段锦

八段锦功法是一套独立而完整的健身功法，起源于北宋，至今共八百多年的历史。古人把这套动作比喻为“锦”，意为五颜六色，美而华贵，体现其动作舒展优美，视其为“祛病健身，效果极好；编排精致；动作完美”。现代的八段锦在内容与名称上均有所改变。此功法分为八段，每段一个动作，故名为“八段锦”，练习无须器械，无须场地，简单易学，节省时间，作用极其显著；适合于男女老少，可使瘦者健壮，胖者减肥。

13.1.1 运动特点与锻炼价值

1. 运动特点

（1）柔和缓慢，圆活连贯。柔和，是指习练时动作不僵不拘，轻松自如，舒展大方。缓慢，是指习练时身体重心平稳，虚实分明，轻飘徐缓。圆活，是指动作路线带有弧形，不起棱角，不直来直往，符合人体各关节自然弯曲的状态。它是以腰脊为轴带动四肢运动，上下相随，节节贯穿。连贯，是要求动作的虚实变化和姿势的转换衔接，无停顿断续之处。既像行云流水连绵不断，又如春蚕吐丝相连无间，使人神清气爽，体态安详，从而达到疏通经络、畅通气血和强身健体的效果。

（2）松紧结合，动静相兼。松，是指习练时肌肉、关节及中枢

神经系统、内脏器官的放松。在意识的主动支配下，逐步达到呼吸柔和、心静体松，同时松而不懈，保持正确的姿态，并将这种放松程度不断加深。紧，是指习练中适当用力，且缓慢进行，主要体现在前一动作的结束与下一动作的开始之前。“健身功法·八段锦”中的“双手托天理三焦”的上托、“左右弯弓似射雕”的马步拉弓、“调理脾胃须单举”的上举、“五劳七伤往后瞧”的转头旋臂、“攒拳怒目增气力”的冲拳与抓握、“背后七颠百病消”的脚趾抓地与提肛等，都体现了这一点。紧，在动作中只是一瞬间，而放松须贯穿动作的始终。松紧配合得适度，有助于平衡阴阳、疏通经络、滑利关节、活血化瘀、强筋壮骨、增强体质。

（3）神与形合，气寓其中。神，是指人体的精神状态和正常的意识活动，以及在意识支配下的形体表现。“神为形之主，形乃神之宅”。神与形是相互联系、相互促进的整体。本功法每势动作以及动作之间充满了对称与和谐，体现出内固精神、外示安逸，虚实相生、刚柔相济，做到了意动形随、神形兼备。气寓其中，是指通过精神的修养和形体的锻炼，促进真气在体内的运行，以达到强身健体的功效。练习时，呼吸应顺畅，不可强吸硬呼。

2. 锻炼价值

（1）导气引体，调畅气血。八段锦动作柔和缓慢，而柔和缓慢的运动能让身体充分放松，更好地发挥人体自身的调节功能，因而有利于肌体的全面康复。八段锦通过对外在肢体躯干的屈伸俯仰和内部气机的升降开合，使全身筋脉得以牵拉舒展，经络得以畅通，从而实现“骨正筋柔，气血以流”。研究表明，通过习练八段锦，人体血管弹性明显改善，心肌收缩更加有力，迷走神经的兴奋性进一步增高，血管的充盈度和节律性也会增强。

（2）松紧结合，增进协调。松紧结合、动静相兼是八段锦的一个显著特点。它要求练功时松中有紧、松而不懈、紧从松来、柔和拔伸。“紧”只是动作中的一瞬间，而松是贯穿动作过程始终的。松紧的这种密切配合和频繁转换有助于刺激调节肌体的阴阳协调能力，促使经气流通，滑利关节，活血化瘀，强筋壮骨。研究表明，习练八段锦对血压、心率、血糖、甲状腺功能等具有双向调节效果，从而增强肌体的适应能力和预防疾病的能力。

（3）提倡站桩，强心抗衰。八段锦将站桩作为基本功动作，在整套功法的段落间和节分处进行反复练习。站桩是常见的调身手段，要求意静神宁、舒适得力、轻松自然，是一种很好的强身健体方法。站桩能够促使肌肉筋脉，特别是下肢产生节律式蠕动，有利于血液的回流和经气的布散。俗话说：人老腿先老。持续适度的站桩无疑可以增强下肢的力量和平衡能力，可以抗衰老。研究表明，站桩有利于实现“体外反搏”，促使下半身血流加速回流到躯干和头颈，从而增加心、脑、肾等重要器官的血液循环，预防心脑血管疾病。

（4）脊柱为轴，整体调节。八段锦锻炼的中心部位在脊柱。脊柱是人体运动的枢纽，具有支撑身体、保护内脏的功能；同时由于脊柱两侧分布着支配肢体脏腑的全部神经根，因此又被称为人体的“第二条生命线”。八段锦通过对脊柱的拉伸旋转，刺激疏通任、督两脉，从而起到了整体调节，牵一处而动全身的锻炼效果。整套功法练习要求重心上下左右不断转换，并力求身体平衡，动作连贯相随，通过腰脊活动来带动四肢。

13.1.2 基本技术

八段锦功法，前四势突出的是肩胛夹脊的内缩蓄劲，后四势则侧重腰胯命门的俯冲扭转与拔伸，劲力从躯干脊背向四肢末梢逐步传送，由里到外依次撑紧，运动过程似乎要克服某种阻力，从而四肢经脉筋骨得到充分的拔拉伸展，如表13-1所示。

表13-1　八段锦功法的动作及技术要领

动作	图　示	技术要领与用途	注意事项
预备势	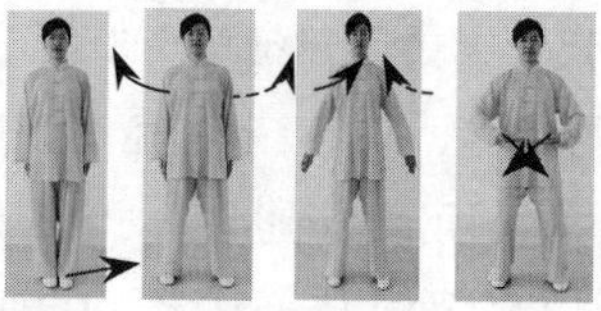	两臂侧起时掌心向后，在体侧45°时转掌心向前；合抱于腹前时立项竖脊，舒胸实腹，松腰敛臀，放松命门，中正安舒，如坐高凳	两臂侧起时沉肩、坠肘，抱球时松腕舒指，指尖相对，拇指放平。预备势在整套功法的段落间和动作的节分处反复出现，起着重要的衔接作用
第一式 两手托天理三焦	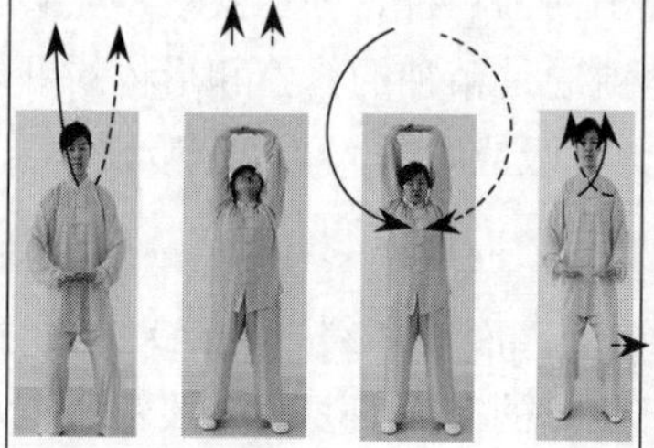	两掌向上至胸部时，翻掌上托，舒胸展体，抬头看手；抻拉时下颏微收，头向上顶，略有停顿，脊柱上下对拉拔长，力由夹脊发，上达两掌；两掌下落时要松腰沉髋，沉肩坠肘，松腕舒指，保持上体中正 本式一左一右为一遍，共做三遍。第三遍最后一动时，两腿膝关节微屈；同时，右臂屈肘，右掌下按于右髋旁，掌心向下，掌指向前；目视前方	两掌上托时抬头看手，下颏先向上助力，再内收配合两掌上撑，力达掌根，保持伸拉两秒；两掌下落时要先沉肩、坠肘，而后手臂自然下落，身体中正，松腕舒指
第二式 左右开弓似射雕		两腕交搭时沉肩坠肘，掌不过肩；开弓时力由夹脊发，扩胸展肩，坐腕竖指，充分转头，侧拉之手五指要并拢屈紧，臂与胸平，八字掌侧撑需立腕、竖指、掌心涵空。略停两秒，保持抻拉，有开硬弓射苍鹰之势 本式一左一右为一遍，共做三遍。第三遍最后一动时，身体重心继续左移，右脚回收成开步站立，与肩同宽，膝关节微屈；同时，两掌分别由两侧下落，捧于腹前，指尖相对，掌心向上；目视前方	弓时立项沉肩，上体直立，充分转头，步法转换要清晰，开弓时马步的膝关节不得超过脚尖，两掌侧撑时移为横裆步。在习练过程中，根据自身情况调整马步高度，不可强求，避免动作变形，循序渐进地发展下肢力量
第三式 调理脾胃须单举	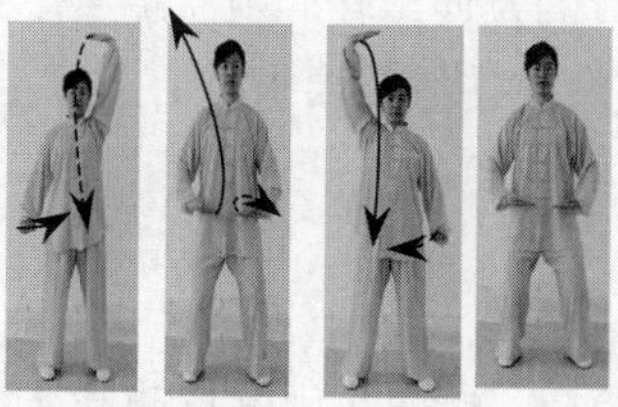	单臂上举和下按时，要力达掌根，舒胸展体，拔长腰脊，要有撑天拄地之势 本式一左一右为一遍，共做三遍。第三遍最后一动时，两腿膝关节微屈；同时，右臂屈肘，右掌下按于右髋旁，掌心向下，掌指向前；目视前方	上举和下按时两掌放平，指尖摆正；在肘关节稍屈的状态下体会两肩充分拉伸

续表

动作	图 示	技术要领与用途	注 意 事 项
第四式 五劳七伤往后瞧	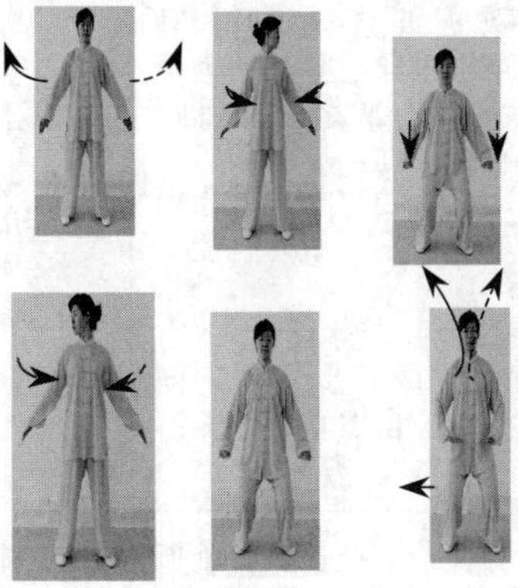	两掌伏按时立项竖脊，两臂充分外旋，展肩挺胸，转头不转体 本式一左一右为一遍，共做三遍。第三遍最后一动时，两腿膝关节微屈；同时，两掌捧于腹前，指尖相对，掌心向上；目视前方	两臂外旋时下颏微收，向后转动时上体中正；转头时看斜后下方45°，旋臂时小拇指侧最大限度外旋，保持两秒抻拉
第五式 摇头摆尾去心火		马步扶按时要悬项竖脊、收髋敛臀、上体中正；侧倾俯身时，颈部与尾闾对拉拔长；摇头时，颈部尽量放松，动作要柔和缓慢，摆动尾闾力求圆活连贯本式一左一右为一遍，共做三遍。做完三遍后，身体重心左移，右脚回收成开步站立，与肩同宽；同时，两掌向外经两侧上举，掌心相对；目视前方。随后松腰沉髋，身体重心缓缓下降。两腿膝关节微屈；同时屈肘，两掌经面前下按至腹前，掌心向下，指尖相对；目视前方	转头时，颈部肌肉尽量放松，不可主动用力，头部转动速度要慢于尾闾转动；向后转动头部时要含胸，抬头向上看，向前转动尾闾时要收腹，向后转动时要先塌腰，再敛臀立身。在马步状态下转动尾闾有一定难度，可以将动作分解练习，先体会头部摇转，再体会尾闾转动，最后将转头和转动尾闾结合起来
第六式 两手攀足固肾腰	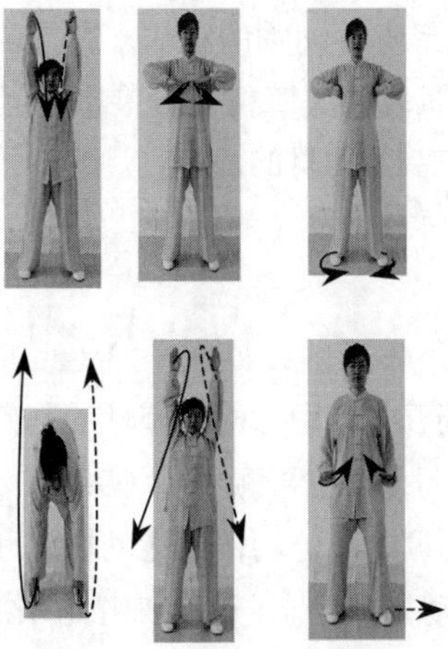	双手反穿经腋下尽量旋腕，俯身摩运时脊柱节节放松，至足背时要充分沉肩；起身时两掌贴地面前伸拉长腰脊，手臂主动上举带动上体立起 本式一上一下为一遍，共做六遍。做完六遍后，随后松腰沉髋，重心缓缓下降；两腿膝关节微屈；同时，两掌向前下按至腹前，掌心向下，指尖向前；目视前方	两手向下摩运时稍抬头，膝关节伸直，可根据自身身体状况自行调整动作幅度；向上起身时以臂带身，两臂贴近双耳

续表

动作	图示	技术要领与用途	注意事项
第七式 攒拳怒目增气力		马步下蹲时要立身中正，马步的高低可根据自己腿部的力量灵活掌握；左右冲拳时怒目瞪眼，同时脚趾抓地，拧腰顺肩，力达拳面，旋腕要充分，五指用力抓握。本式一左一右为一遍，共做三遍 做完三遍后，身体重心右移，左脚回收成并步站立；同时，两拳变掌，自然垂于体侧；目视前方	冲拳时上体正直，百会上领，下颏微收，肩部松沉，前臂贴肋前送，力达拳面；拳回收时，先五指伸直充分旋腕，再屈指用力抓握
第八式 背后七颠百病消		提踵时脊柱节节拉长，脚趾抓地，脚跟尽量抬起，两腿并拢，提肛收腹，头向上顶，略有停顿，保持平衡；下落时沉肩，颠足时身体放松，咬牙，轻震地面 本式一起一落为一遍，共做七遍	提踵时五趾抓地，两腿并拢，提肛收腹，肩向下沉，立项竖脊，百会上领；向下颠足时先缓缓下落一半，而后轻震地面
收势		体态安详，周身放松，气沉丹田（男性左手在内，女性右手在内），心情愉悦	收功时动作要徐缓，周身放松，调顺呼吸，气归丹田。收功后可适当做一些整理活动，如搓手、浴面和肢体的按摩、拍打等放松运动

13.2 五禽戏

五禽戏是传统健身术之一，相传为古代名医华佗所创。华佗在观察了很多动物之后，以模仿虎、鹿、猿、熊、鸟（一般以鹤为代表）五种动物的形态和神态，来达到舒展筋骨，畅通经脉的目的。据中医理论的“五行学说”，模仿虎等五种动物的动作，与人的五脏有着密切的关系。现代医学研究证明，五禽戏不仅使人体的肌肉和关节得以舒展，而且有益于提高肺与心脏功能，改善心肌供氧量，达到增强体质、延年益寿的目的。

13.2.1 运动特点与锻炼价值

1. 运动特点

（1）安全易学，左右对称。“五禽戏”是在对传统五禽戏进行挖掘整理的基础上编创的。因此，动作简捷，左右对称，平衡发展，既可全套连贯习练，也可侧重多练某戏，还可只练某戏，运动量较为适中，属有氧训练，各人可根据自身情况调节每势动作的运动幅度和强度，安全可靠。整套功法虽然动作相对简单，但每一动作无论是动姿或静态，都有细化、精化的余地。如“虎举”，手形的变化，就可细化为撑掌、屈指、拧拳三个过程；两臂的举起和下落，又可分为提、举、拉、按四个阶段，并将内劲贯注于动作的变化之中，眼神要随手而动，带动头部的仰俯变化。习练者可根据自己的身体条件和健康状况，循序渐进，逐步提高。

（2）引伸肢体，动诸关节。整套动作体现了身体躯干的全方位运动，包括前俯、后仰、侧屈、拧转、折叠、提落、开合、缩放等各种不同的姿势，对颈椎、胸椎、腰椎等部位进行了有效的锻炼。本功法以腰为主轴和枢纽，带动上、下肢向各个方向运动，以增大脊柱的活动幅度；还特别注意手指、脚趾等关节的运动，以达到加强远端血液微循环的目的；同时，还注意对平时活动较少或为人们所忽视的肌肉群的锻炼。

（3）外导内引，形松意充。古人将“导引”解释为“导气令和，引体令柔”。所谓“导气令和”，主要指疏通调畅体内气血和调顺呼吸之气；所谓“引体令柔”，就是指活动关节、韧带、肌肉的肢体运动。“五禽戏”是以模仿动物姿势、以动为主的功法，根据动作的升降开合，以形引气，如图 13-1 所示。虽然“形”显示于外，但为内在的“意”“神”所系。外形动作既要仿效虎之威猛、鹿之安舒、熊之沉稳、猿之灵巧、鸟之轻捷，还要力求蕴含“五禽”的神韵，意气相随，内外合一。例如“熊运”，外形动作为两手在腹前画弧，腰、腹部同步摇晃，实则要求丹田内气也要随之运使，呼吸之气也要按照提吸落呼的规律去做，以达到“心息相依”的要求。习练过程要在姿势正确的前提下，各部分肌肉应尽量保持放松，做到舒适自然，不僵硬，不拿劲，不软榻。只有肢体松沉自然，才能做到以意引气，气贯全身；以气养神，气血通畅，从而增强体质。

图13-1　五禽戏

（4）动静结合，练养相兼。“五禽戏”模仿“五禽”的动作和姿势，舒展肢体，活络筋骨，同时在功法的起势、收势，以及每一戏结束后，配以短暂的静功站桩，诱导练习者进入相对平稳的状态和“五禽”的意境，以此来调整气息、宁心安神，起到“外静内动”的功效。具体来说，肢体运动时，形显示于外，但意识、神韵贯注于动作中，排除杂念，思想达到相对的“入静”状态；进行静功站桩时，虽然形体处于安静状态，但是必须体会到体内的气息运行及“五禽”意境的转换。动与静的有机结合，两个阶段相互交替出现，起到练养相兼的互补作用，可进一步提高练功效果。

2. 锻炼价值

五禽戏是模仿虎、鹿、熊、猿、鸟五种动物的动作，这五种动物的生活习性不同，活动的方式也各有特点，或雄劲豪迈，或轻捷灵敏，或沉稳厚重，或变幻无端，或独立高飞。从中医的角度看，虎、鹿、熊、猿、鸟五种动物分属于金、木、水、火、土五行，又对应于人体的心、肝、脾、肺、肾五脏。人们模仿它们的姿态进行运动，正是间接地起到了锻炼脏腑的作用，同时可以使全身的各个关节、肌肉都得到锻炼。现代医学研究证明，五禽戏能锻炼和提高神经系统的功能，提高大脑的抑制功能和调节功能，有利于神经细胞的修复和再生。它能提高肺功能及心脏功能，改善心肌供氧量，提高心脏排血力，促进组织器官的正常发育。同时它还能增强肠胃的活动及分泌功能，促进消化吸收，为肌体活动提供养料。

13.2.2 基本技术

五禽戏的动作及技术要领如表13-2所示。

表13-2 五禽戏的动作及技术要领

动作	图 示	技术要领与用途	注意事项
预备势	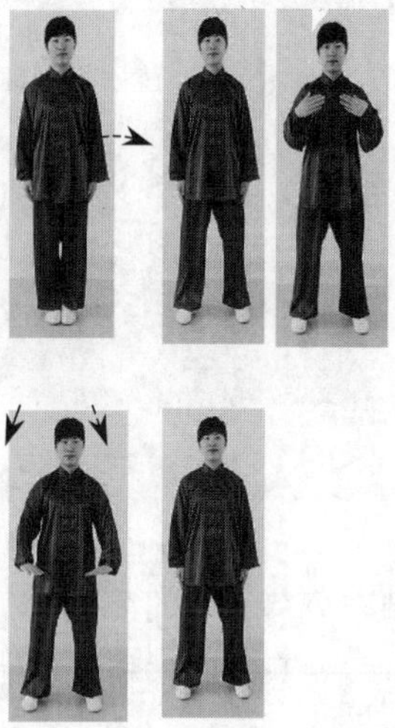	1. 两脚并拢，自然伸直；两手自然垂手体侧；胸腹放松，头项正直，下颏微收，舌抵上腭；目视前方 2. 左脚向左平开一步，稍宽于肩，两膝微屈，松静站立；调息数次，意守丹田。为防止向左开步前身体摇晃，可在开步前，两膝先微屈，开步时身体中心先落于右脚，左脚提起后再缓缓向左移动，左脚掌先着地，使重心保持平稳 3. 肘微屈，两臂在体前向上、向前平托，与胸同高 4. 两肘下垂外展，两掌向内翻转，并缓缓下按于腹前；目视前方 重复3、4动作两遍后。两手自然垂于体侧 在进入五禽戏锻炼之前，必须从标准的预备势开始。这样做不仅可以排出杂念，诱导入静，调和气息，宁心安神，而且可以吐故纳新，升清降浊，调理气机，从而为随后的练习打下基础	两臂上提下按时，意在两掌劳宫穴（掌中央，第二、三掌骨间，握拳中指尖所点处），动作要柔和、均匀、连贯；此外，动作还可配合呼吸，两臂上提时吸气，下按时呼气
虎戏	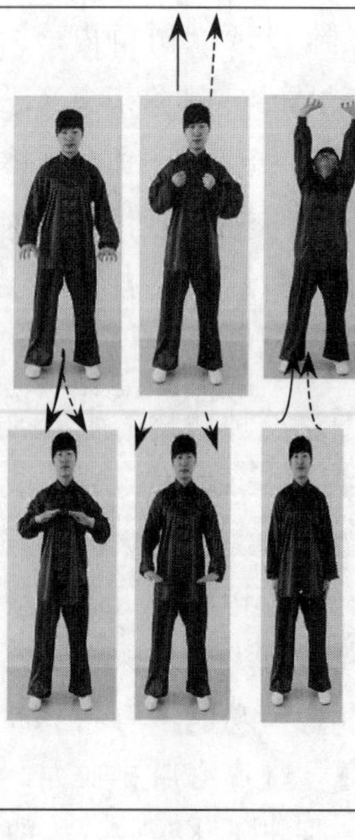	第一式 虎举 1. 两手掌心向下，撑开弯曲成虎爪状；目视两掌 2. 两手外旋，弯曲握拳，缓慢上提。至肩时，十指撑开，举至头上方成虎爪状；目视两掌 3. 两掌外旋握拳，拳心相对；目视两拳 4. 两拳下拉至肩，变掌下按。下落至腹，十指撑开；目视两掌 重复1至4动作三遍后，两手垂于体侧，目视前方	虎戏要体现虎之威猛，动作要做到刚柔相济，其功效有调节气血、疏通经络、维持脊柱生理弧度、防治腰部疾病等

续表

动作	图 示	技术要领与用途	注意事项
虎戏		第二式 虎扑 1. 两手握空拳，提至肩前上方 2. 两手向上、向前画弧，弯曲成虎爪状；上体前俯，挺胸塌腰；目视前方 3. 两腿下蹲，收腹含胸；两手向下画弧至两膝侧；目视前下方。两腿伸膝，送髋，挺腹，后仰；两掌握空拳，提至胸侧，目视前上方 4. 左腿屈膝提起，两手上举。左脚向前迈一步，脚跟着地，右腿下蹲；上体前倾，两拳成虎爪状向前、下扑至膝前两侧；目视前下方。上体抬起，左脚收回，开步站立；两手下落于体侧；目视前方。 5至8与1至4左右相反 重复一遍后，两掌举至胸，两臂屈肘，两掌内合下按，自然垂于体侧；目视前方	同上
鹿戏	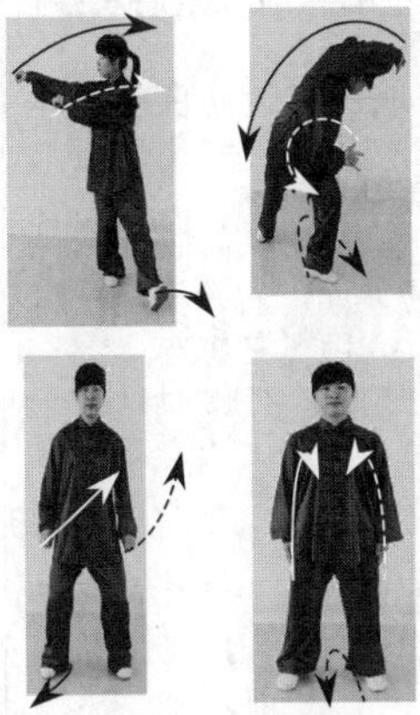	第一式 鹿抵 1. 两腿微屈，左脚经右脚内侧向左前方迈步，脚跟着地；身体稍右转；握空拳右摆，高与肩平；目视右拳 2. 左腿屈膝，脚尖踏实；右腿蹬实；身体左转，两掌成鹿角状，向上、左、后画弧，指尖朝后，左臂弯曲平伸，肘抵靠左腰；右拳举至头，向左后方伸抵，指尖朝后；目视右脚跟。身体右转，左脚收回，开步站立；两手向上、右、下画弧，握空拳落于体前；目视前下方。 3、4与1、2左右相反	鹿戏仿效鹿之安舒。习练时，动作要轻盈舒展，神态要安闲雅静。鹿戏锻炼可起到强腰补肾、强筋健骨和振奋阳气等作用
	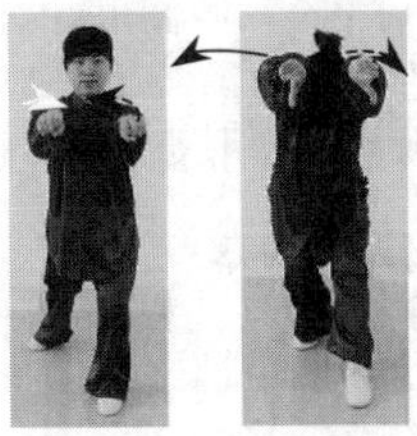	第二式 鹿奔 1. 左脚跨前一步，屈膝，右腿伸直成左弓步；握空拳向上、向前画弧至体前，屈腕，与肩同高、同宽；目视前方 2. 左膝伸直，脚掌着地；右腿屈膝；低头，弓背，收腹；两臂内旋，两掌前伸，拳成鹿角状 3. 上体抬起；右腿伸直，左腿屈膝，成左弓步；两臂外旋，握空拳，高与肩平；目视前方	

续表

动作	图　示	技术要领与用途	注意事项
鹿戏		4. 左脚收回，开步直立；两拳变掌，落于体侧；目视前方 5至8与1至4左右相反 重复一遍后，两掌举至胸；屈肘，两掌内合下按，自然垂于体前；目视前方	同上
熊戏	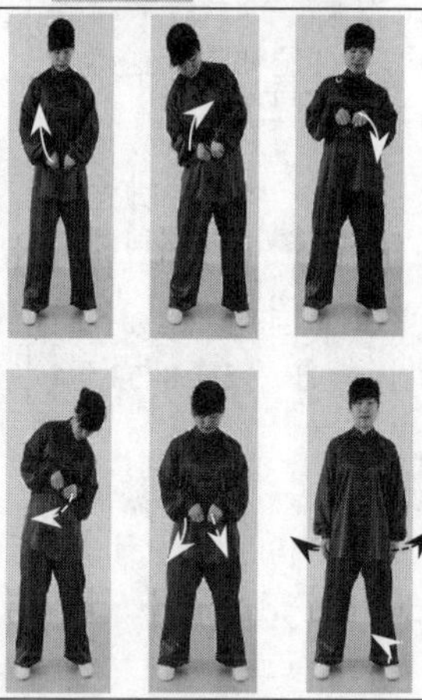	第一式 熊运 1. 两掌握空拳成熊掌状，垂于下腹部；目视两拳。 2. 以腰、腹为轴，上体做逆时针摇晃；两拳沿右肋、上腹、下腹部画圆；目随之环视 3、4同1、2上下相反。 5至8与1至4左右相反。做完最后一个动作，两拳变掌下落，自然垂于体侧，目视前方	五禽中，熊的动作笨拙拖沓，而熊戏却笨中生灵，蕴含内劲。熊戏仿效熊之沉稳，力求表现出松劲自然的神态。练习熊戏，不但能防治腰肌劳损和软组织损伤，还可引导内气运行，调理消化系统
		第二式 熊晃 1. 左髋上提，牵拉左脚离地，微屈左膝，握空拳成熊掌状，目视左前方 2. 左脚向左前方落地，右腿伸直；身体右转，左臂内旋前靠，左拳摆至左膝前上方；右拳摆至体后；目视左前方 3. 身体左转；右腿屈膝，左脚伸直；拧腰晃肩，两臂向后弧线摆动；右拳握至左膝前上方；左拳摆至体后；目视左前方 4. 身体右转；左腿屈膝，右腿伸直；左臂内旋前靠，左拳摆至左膝前上方；右拳摆至体后；目视左前方 5至8与1至4左右相反 重复一遍后，左脚上步，开步站立；两手自然垂于体侧。两掌举至胸；屈肘，两掌内合下按，自然垂于体侧；目视前方	
猿戏		第一式 猿提 1. 两掌在体前，手指伸直分开，再屈腕撮拢捏紧成“猿钩”，速度稍快些 2. 两掌上提至胸，两肩上耸，收腹提肛；同时，脚跟提起，头向左转；目随头动，视身体左侧。注意耸肩、缩胸、屈肘、提腕一定要充分 3. 头转正，两肩下沉，松腹落肛，脚跟着地；“猿钩”变掌，掌心向下；目视前方 4. 两掌沿体前下按落于体侧；目视前方 5至8同1至4，唯头向右转 重复1至8动作一遍。这里，需要提醒的是，动作可配合提肛呼吸，以达到更好的健身效果。其动作为：两掌上提吸气时，稍用意提起会阴部；两掌下按呼气时，放下会阴部	猿生性好动，机智灵敏

续表

动作	图示	技术要领与用途	注意事项
		第二式 猿摘 1. 左脚向左后方退步，脚尖点地，右腿屈膝；左臂屈肘，左掌成“猿钩”收至左腰侧；右掌向前方摆起，掌心向下 2. 左脚踏实，屈膝下蹲，右脚收至左脚内侧，脚尖点地，成右丁步；右掌向下经腹前向左上方画弧至头左侧；目随右掌动，再转头注视右前上方 3. 右掌内旋，掌心向下，沿体侧下按至左髋侧；目视右掌。右脚向右前方迈出一大步，左腿蹬伸；右腿伸直，左脚脚尖点地；右掌经体前向右上方画弧，举至右上侧变“猿钩”；左掌向前、向上伸举，屈腕撮钩，成采摘势；目视左掌 4. 左掌由“猿钩”变为“握固”；右手变掌，落于体前，虎口朝前。左腿下蹲，右脚收至左脚内侧，脚尖点地，成右丁步；左臂屈肘收至左耳旁，掌成托桃状；右掌经体前向左画弧至左肘下捧托；目视左掌 5至8与1至4左右相反 重复一至八的动作一遍后，左脚向左横开一步，两腿直立；两手自然垂于体侧。两掌举至胸；屈肘，两掌内合下按，自然垂于体侧；目视前方	
鸟戏	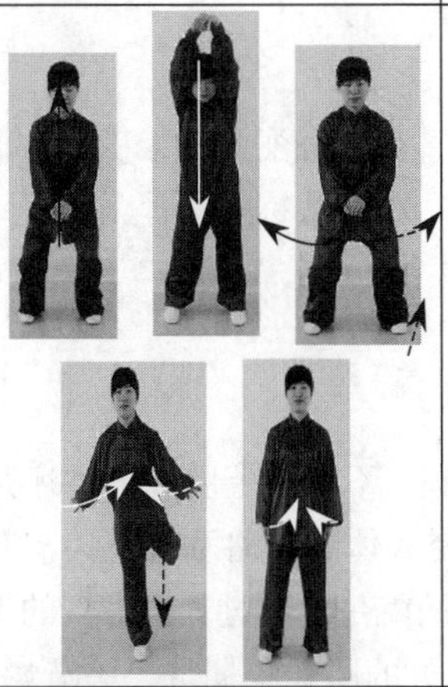	第一式 鸟伸 1. 两腿微屈下蹲，两掌在腹前相叠 2. 两掌举至头上方，指尖向前；身体微前倾，提肩，缩项，挺胸，塌腰；目视前下方 3. 两腿微屈下蹲；两掌相叠下按至腹前；目视两掌 4. 右腿蹬直，左腿伸直向后抬起；两掌分开成“鸟翅”，摆向体侧后方；抬头，伸颈，挺胸，塌腰；目视前方 5至8与1至4左右相反 重复1至8后，左脚下落，两脚开步站立，两手垂于体侧；目视前方	鸟戏取形于鹤，仿效鸟之轻捷。习练时，要表现出昂然挺拔、悠闲自得的神韵锻炼鸟戏，可起到改善呼吸功能，疏通任、督二脉经气及提高人体平衡力等作用
	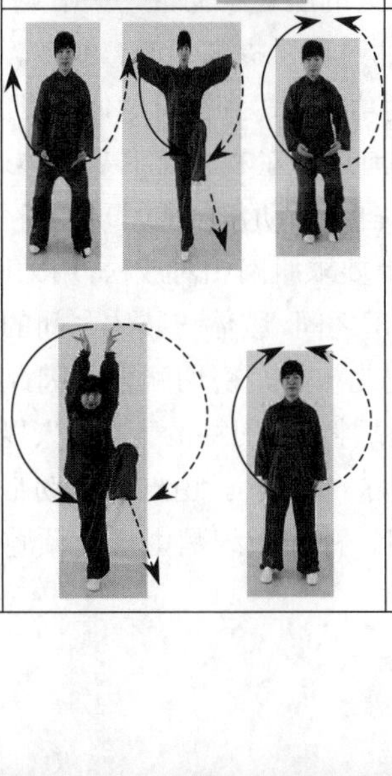	第二式 鸟飞 接上式，两腿微屈；两掌成鸟翅状，合于腹前，目视前下方 1. 右脚伸直，左腿屈膝提起，小腿下垂；两掌成展翅状，在体侧平举向上；目视前方 2. 左脚落至右脚旁，脚尖着地，两腿微屈；两掌合于腹前；目视前下方 3. 右脚伸直，左脚屈膝提起，小腿下垂；两掌举至头顶上方；目视前方 4. 左脚落至右脚旁，脚掌着地，两腿微屈；两掌合于腹前；目视前下方 5至8与1至4左右相反 重复1至8动作一遍后，两掌举至胸；屈肘，两掌内合下按，自然垂于体侧；目视前方	

续表

动作	图　示	技术要领与用途	注 意 事 项
收势		1. 两掌经体侧上举至头顶上方，掌心向下 2. 两掌指尖相对，沿体前缓慢下按至腹前；目视前方。重复1、2动作两遍 3. 两手缓慢在体前画平弧，掌心相对，高于脐平；目视前方 4. 两手在腹前合拢，虎口交叉，叠掌；眼微闭静养，调匀呼吸，意守丹田 5. 数分钟后，两眼慢慢睁开，两手合掌，在胸前搓擦至热 6. 掌贴面部，上、下擦摩，浴面3～5遍 7. 两掌向后沿头顶、耳后、胸前下落，自然垂于体侧；目视前方 8. 左脚提起向右脚并拢，前脚掌先着地，随之全脚踏实，恢复成预备势；目视前方	让气息逐渐平和，意将练功时所得体内、外之气导引归入丹田，起到和气血、通经脉、理脏腑的功效

13.3　易筋经

易筋经保健操是一种以强身壮力为主的锻炼方法。“易”有变易的意义，“筋”指筋脉。它的主要特点是以动为主，动静结合，内静以收心调息，外动以易筋壮骨。

13.3.1　运动特点与锻炼价值

1. 运动特点

（1）动作舒展，伸筋拔骨。整套动作中的每一势动作，不论是上肢、下肢还是躯干，都要求有较充分的屈伸、外展内收、扭转身体等运动，从而使人体的骨骼及大小关节在传统定势动作的基础上，尽可能地呈现多方位和广角度的活动。其目的就是要通过“拔骨”的运动达到“伸筋”，牵拉人体各部位的大小肌群和筋膜，以及大小关节处的肌腱、韧带、关节囊等结缔组织，促进活动部位软组织的血液循环，改善软组织的营养代谢过程，提高肌肉、肌腱、韧带等软组织的柔韧性、灵活性以及骨骼、关节、肌肉等组织的活动功能，达到强身健体的目的。

（2）柔和匀称，协调美观。整套动作的运动方向为前后、左右、上下；肢体运动的路线，为简单的直线和弧线；肢体运动的幅度，是以关节为轴的自然活动角度所呈现的身体活动范围；整套功法是匀速缓慢地移动身体或身体局部。动作力量上要求肌肉相对放松，用力圆柔而轻盈，不使蛮力，不僵硬，刚柔相济。本套动作要求上下肢与躯干之间，肢体与肢体之间的左右、上下，以及肢体左右的对称与非对称，都应整体协调运动，彼此相随，密切配合。因此，“易筋经”呈现出动作舒展、连贯、柔畅、协调，动静相兼，同时在精神内涵的神韵下，给人以美的享受。

（3）注重脊柱的旋转屈伸。脊柱是人体的支柱，又称“脊梁”。由椎骨、韧带、脊髓等组成，具有支持体重、运动、保护脊髓及其神经根的作用。神经系统是由位于颅腔和椎管里的脑和脊髓以及周围神经组成。神经系统能控制和协调各个器官系统的活动，使人体成为一个有机整体，以适应内外环境的变化。因此，脊柱旋转屈伸的运动有利于对脊髓和神经根的刺激，以增强其控制和调节功能。整套动作通过脊柱的旋转屈伸运动来带动四肢、内脏的运动，在动静自然、形神合一中完成动作，达到健身、防病、延年、益智的目的。

2. 锻炼价值

易筋经继承了传统易筋经十二势的精要，融科学与普及性于一体，其格调古朴，蕴涵新意。各式动作是连贯的有机整体，动作注重伸筋拔骨，舒展连绵，刚柔相济；呼吸要求自然，动息相融；并以形导气，意随形走；经常练习，对呼吸道系统、柔韧性、平衡、肌肉力量均有良好的影响；同时对骨关节病、消化系统和中老年人的常见病症，如尿频、尿急、头疼头晕、失眠多梦等有显著的康复效应。易筋经可改善骨骼的结构，对于发育中的青少年，是最佳的健身术。若每日坚持练习易筋经，持续半年后，会让人有虎虎生风之感，对虚弱的体质及身体的健康与复健均有所助益。女性练习易筋经，因呼吸的调息促进体内氧气的供给，而使精神焕发，体态均匀，恢复青春，更因行功时能燃烧大量脂肪，实为美容、养颜、瘦身之最佳运动。

从中医研究的角度看，易筋经以中医经络走向和气血运行来指导气息的升降，在身体曲折旋转和手足推挽开合过程中，人体气血流通，关窍通利，从而达到祛病强身的目的。而按现代医学观点来看，修习易筋经会使人体血液循环加强，从而改善人体的内脏功能，延迟衰老。

13.3.2 基本技术

易筋经的动作及技术要领如表 13-3 所示。

表13-3 易筋经的动作及技术要领

动作	图　示	技术要领与用途	注意事项
预备势		两脚并拢站立，两手自然垂于体侧；下颏微收，百会虚领，唇齿合拢，舌自然平贴于上颚；目视前方	全身放松，身体中正，呼吸自然，目光内含，心平气和
韦驮献杵第一势	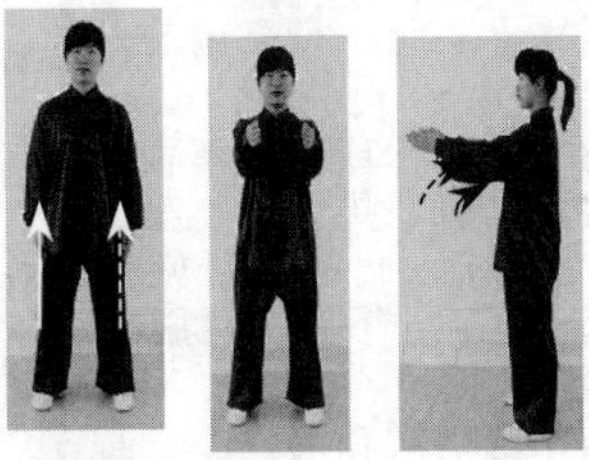	1. 左足向左平跨一步，两足之距约当肩宽，足掌踏实，两膝腘微松 2. 双手向前徐徐上提，在胸前成抱球势，松肩，略垂肘，两掌心内凹，五指内向微屈，指端相对，距4～5寸 3. 取合掌势：松肩，平肘，掌心相合，两手不拱，手指对胸，中指平喉结，要求肩、肘、腕在一平面上	1. 弓时立项沉肩，上体直立，充分转头，步法转换要清晰，开弓时马步的膝关节不得超过脚尖，两掌侧撑时移为横裆步
韦驮献杵第二势	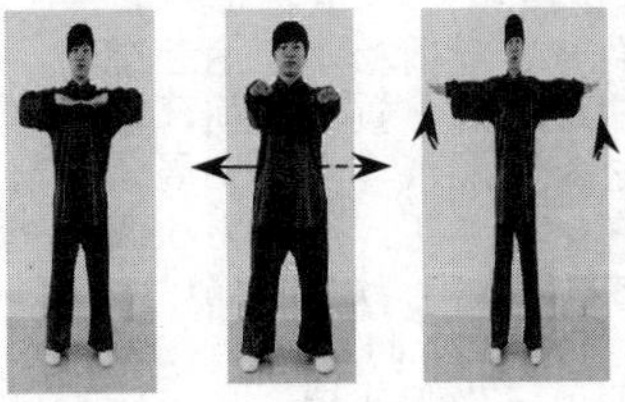	两足分开，其距约当肩宽，足掌踏实，两膝微松；直腰收臀，含胸蓄腹；上肢一字平升，掌心向地；头如顶物，两目前视	

续表

动作	图　示	技术要领与用途	注 意 事 项
韦驮献杵 第三势	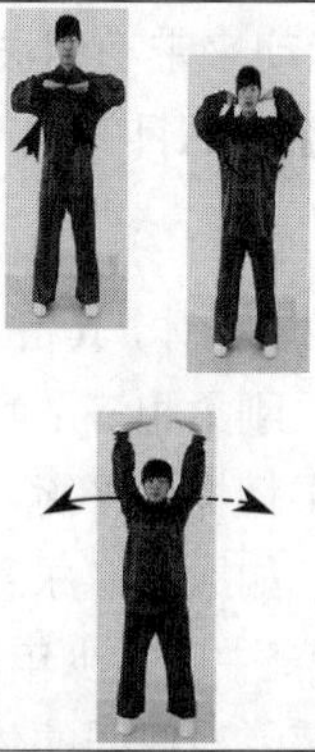	两足分开，其距约当肩宽，足尖着地，足跟提起；腿直，蓄腹收臀；两掌上举高过头顶，掌心朝天，四指并拢伸直，拇指与其余四指分开约成直角，两中指之距约为1寸；沉肩，肘微曲；仰头，目观掌背，舌抵上腭，鼻息调匀。收势时，两掌变拳，旋动前臂，使拳背向前，然后上肢用劲，缓缓将两拳自上往下收至腰部，拳心向上；在收拳同时，足跟随势缓缓下落，两拳至腰时，两足跟恰落至地	2. 在练习过程中，根据自身情况调整马步高度，不可强求，避免动作变形，循序渐进地发展下肢力量
摘星换斗势	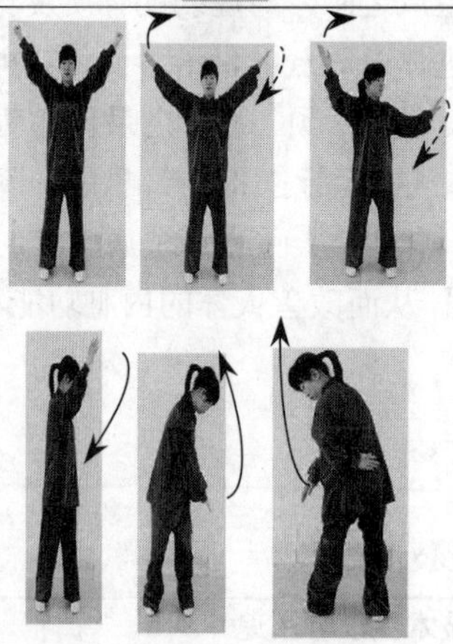	1. 双手擎天掌覆头：右手径身体右侧缓缓向上举起，掌心朝天，五指朝左弓，松肩直臂左手臂外劳宫紧贴命门。舌抵上腭，仰面上观手背，透过手背看九天之上，身体自命门起上下双向伸展 2. 俯首贯气：右掌翻转向下，生屈肘，头正，舌尖自上腭自然放下，眼平视前方或轻闭，同时“神返身中”。久练后与双手擎天连续练习时有“人在气中，气在人内”，内外一气的感觉。松腰，则左掌劳宫穴发气，与上式“俯掌贯气”相同，可参阅。左手动作与右手动作相同，唯左右相反	1. 转身以腰带肩，以肩带臂 2.目视掌心，意注命门，自然呼吸 3. 颈肩病患者，动作幅度的大小可灵活掌握
倒拽九牛尾势	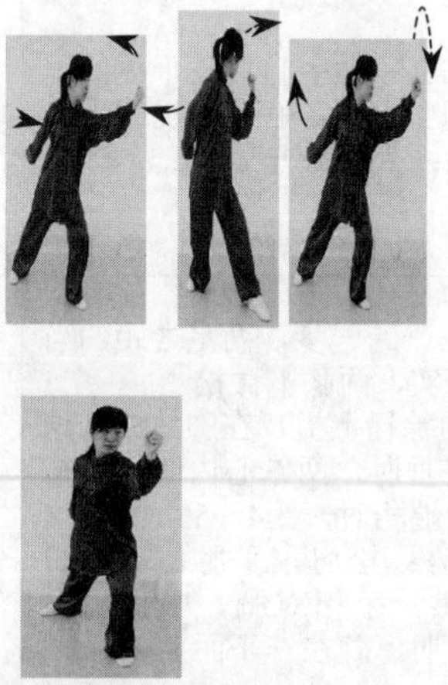	1. 左脚向左侧迈出一步成左弓步。同时，左手握拳上举，拳稍过头顶，拳心向内，屈肘。前臂与上臂所成角度略大于直角。肘不过膝，膝不过足，成半圆形，两腿观左拳。右手握拳，直肘向后伸展，拳心向后，前后两拳成绞绳状，称为螺旋颈。松肩，两肩要平而顺达。背直，塌腰收臀，胸略内含，藏气于小腹，鼻息调匀，舌尖轻抵上腭 2. 导气下达两拳放松成半握拳状。舌尖自上腭放下，肩、腰放松，左手劳宫穴发气，闭目。气自天目穴遂入，依次贯穿脑髓、脊髓、两腿骨髓，直达两脚涌泉穴 3. 转身向右，与前式相同，唯左右相反	1.以腰带肩，以肩带臂，力贯双膀 2.腹部放松，目视拳心 3.前后拉伸，松紧适宜，并与腰的旋转紧密配合 4.后退步时，注意掌握重心，身体平稳
出爪亮翅式		1. 握拳护腰由第一势预备桩功，上身前俯，两臂在身前松垂，两手握拳，由身前缓缓提起，置于腰间，拳心朝上。同时配合顺气，身直胸展，舌尖轻抵上腭，青少年，年轻力壮或以增强力量为目的者，提起握紧拳 2. 两拳变掌，缓缓向前推出，至终点时掌心朝前，坐腕屈指，高与肩平，两眼平视指端，延展及远	1. 出掌时身体正直，瞪眼怒目，同时两掌运用内劲前伸，先轻如推窗，后重如排山

续表

动作	图示	技术要领与用途	注意事项
出爪亮翅式		3. 松腕，虚掌，十指微屈，屈肘，两手缓缓向胸胁收回，势落海水还潮，两眼轻闭，舌尖轻抵上腭，配以缓缓吸气	2. 注意出掌时为荷叶掌，收掌于云门穴时为柳叶掌 3. 收掌、推掌均自然呼吸
九鬼拔马刀势		1. 右手后背，掌心朝外，置于腰部。左手上举过头，屈肘贴枕部抱头，手指压拉右耳，左腋张开。同时头颈腰背拧转向左后方，眼看右足跟。舌尖轻抵上腭，稍停片刻 2. 拧身复正，侧头上观。两眼延展及远。舌尖轻抵上腭，身直气静。两手沿体前缓慢下落，回复预备桩功。动作3、4与1、2同，唯左右相反	两手向下时稍抬头，膝关节伸直，可根据自身身体状况自行调整动作幅度；向上起身时以臂带身，两臂贴近双耳
三盘落地势		1. 同第一式预备柱功，屈腰下蹲，同时两掌分向身侧胯旁，指尖朝向左右侧方（微微偏前），虎口撑圆，眼看前方，延展及远。上虚下实，空胸实腹，松腰敛臀，气蓄小腹。要做到顶平、肩平、心平气静。练虚静功者可闭目敛神，铜钟气功即脱胎于此式，故亦可做单独桩法练之 2. 两腿伸直，翻掌托起，如托千斤。同时及气，舌抵上腭，眼向前平视，全身放松。俯掌屈膝下按（恢复马步蹲按），配以呼吸，如此反复蹲起3次。年轻体装者则宜全蹲，站起进宜缓，同时握拳上提	1. 下蹲时，松腰、裹臀，两掌如负重物；起身时，两掌如托千斤重物 2.下蹲与起身时，上体始终保持正直，不应前俯后仰

续表

动作	图示	技术要领与用途	注意事项
青龙探爪势		1. 上身微俯，两手握拳，缓缓自身前提起，置于腰间，拳心朝上，同时配合吸气。舌尖轻抵上腭。右拳以拳面抵于章门穴，左拳变掌上举过头，腰身缓缓屈向左侧，使左腰充分收缩，右腰极度伸展。掌心朝下，舌尖轻抵上腭，自然呼吸，眼看左掌 2. 屈膝下蹲，左手翻转掌心朝上，手背离地面少许，沿地面自左方，径前方划弧至左脚外侧；右拳变掌落下，同时身体亦随之转正，两握拳。直立，左掌同时提置左章门穴。右手动作与左手动作同，唯左右相反	1. 伸臂探“爪”，下按画弧，力注肩背，动作自然、协调，一气呵成 2. 目送“爪”走，意存“爪”心
卧虎扑食势		1. 上身微俯，两手握拳，缓缓自身前提起，径腰间肘掌心朝上，身直胸展。不停，两拳顺着胸部向上伸至口手，拳心转向里，同时屈膝、屈胯、微蹲蓄势，配以深长吸气 2. 左脚踏前一步，顺势成左弓步，同时臂内旋变掌向前下扑伸，掌高与胸齐，眼视两手。在扑伸的同时发“哈”声吐气。不停，身体前倾，腰部平直，将胸中余气呼尽，顺势两手分按至左脚两侧。头向上略抬，两眼平视及远。极目远眺 3. 前两个动作要协调一致。两脚不动，起身后坐同时两手握拳，沿左腿上提。其他动作与前述之动作同。如此共扑伸3次，左脚收回，右弓步动作与左弓步同，唯左右相反	1. 用躯干的蠕动带动双手前扑绕环 2. 抬头、瞪目时，力达指尖，腰背部成反弓形
打躬势		1. 两臂展直，自身侧高举过头，仰面观天，头颈正直，屈肘两手抱后脑，掌心掩耳，两肘张开，与肩平行 2. 上身前俯成打躬状，头部低垂，大约至两膝前方。两膝勿屈，微微呼吸，掌心掩耳。两手以指（食、中、无名指）交替轻弹后脑（风池穴附近）各36次	1. 体前屈肘，直膝，两肘外展

续表

动作	图　示	技术要领与用途	注意事项
打躬势	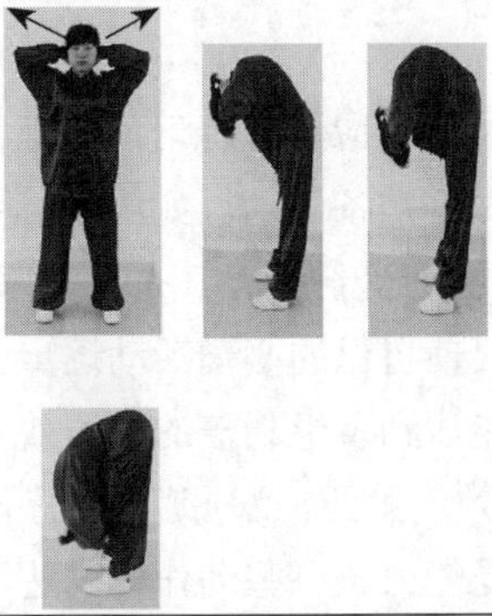	3. 缓缓伸腰站直，先左侧拧腰侧转，再向右侧拧腰侧转，往返7次，两脚勿移，腰直目松，膝直不僵，舌尖自然放下，面带微笑 4. 在身体转至正中后，抬起脚跟，同时两手自脑后高举过头，仰掌呈擎天状，躯体充分舒展，并配合吸气	2. 体前屈时，脊柱自颈向前拔伸卷曲如勾；后展时，从尾椎向上逐渐伸展
掉尾势	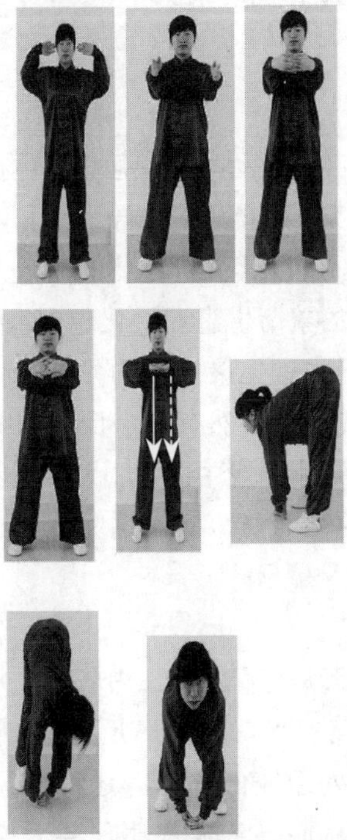	1. 两手分别自身侧高举过头。两掌相合，提顶、伸腰、展臂、提起脚跟极力高举 2. 脚跟落地，两脚踏实，同时两掌落至胸前。十指交叉翻转，掌心朝外，两臂也随之前伸，展直。翻掌朝下，在身前徐徐下降至裆的部位后，弯腰前俯，继续下按至地。膝不可屈，如有未达，不可勉强。下按至终点时，昂头，舌抵上腭。如此俯仰躬身重复举按3～5次。天长日久，掌可逐渐靠近地面，则腰身柔若童子 3. 转腰向左方，两脚不移，仅左脚步变虚，右腿变实，右膝微屈。同时两手保持交叉状态，沿地面画弧移至左脚外侧。两臂保持伸展，自左方高举转头，掌心朝上，仰面观天，拧腰180°转向右方，徐徐弯腰右方俯身，下按至右脚步外侧，如未达到，不可勉强，可继续俯仰3～5次，以后逐渐靠近地面 4. 最后一次下按右脚外侧时，伸舒腰身两臂随之高举过头。继之拧腰转身至正前方。两掌相合，徐徐降至胸前。两掌缓缓分开，十指相对，下按，两手分开，自然下垂于两胯旁，回复成预备势桩功。两脚跟起落顿地3～21次	1. 转头扭臀时，头部与臀做相向运动 2. 配合动作，自然呼吸，意识专一
收势		1. 屈膝，两手松开，两臂外旋；上体缓缓直立；同时两臂伸直外展成侧平举，掌心向上，随后两臂上举，肘微屈，掌心向下；目视前下方 2. 松肩，坠肘，两臂内收，两掌经头、面、胸前下引至腹部，掌心向下；目视前下方 3. 重复1、2的动作三遍，第三遍时，两手下引至肚脐时稍停，手腕稍内旋，手指斜向下约30°，状似“心”形，两手间距身体约一拳，气沉丹田。两臂放松还原，自然垂于体侧；左脚收回，并拢站立；舌抵上腭；目视前方	1. 上体直立前，要先屈膝。 2. 第一、二次双手下引至腹部以后，意念继续下引经涌泉穴入地。最后一次则意念随双手下引至腹部稍停 3. 下引时，两臂匀速缓缓下行

13.4 健身功法练习的注意事项

1. 总的练习要求

练习以上三种健身功法要注意以下几方面的要求。第一，应做好练习前的准备工作。如服装要宽大、有弹性;要排除二便，避免忍便练习。第二，要做好准备活动。如压腿、活动各关节等，使人体在生理上产生“预热”，以免在练习中由于过度牵拉而受伤，尤其是天气寒冷的情况下，肌肉黏滞性较高，准备活动就更为重要。第三，练功前要使自己的心理活动逐步由复杂趋于简单。练习中要做到眼随手走，神贯意注，心力兼到，才能达到事半功倍的练习效果。若在练习中神散意驰，形意不合，就会徒具外表形态而不能获得实效。第四，必须遵循循序渐进的原则。在练习中绝对不能因为追求某一标准动作而不顾身体承受能力。有些动作暂时达不到标准，可以先“意到”，在熟悉动作要领的基础上再逐步达到标准动作的要求。

2. 健身功法中反序运动的要求

（1）何谓反序运动：

反序运动是指包括倒立、爬行、倒行、赤足走等项目的运动，具有强身健体祛疾的功效。反序运动在我国古代早有开展，如汉代华佗创编的“五禽戏”、马王堆导引图和隋代巢元方的《诸病源候论》中都有不同形式的练习记载。这些练习不仅以其强身健体的功效为先人们的健康长寿提供了保障，并以特有的生物学功效为中华民族的繁衍生息和进化起到重要作用。

健身功法是以仿生学理论为基础的，而人是生物界中进化最完全的、最高级的动物，具有许多与动物相反的习惯和体态。这就导致了在健身气功中必然有许多反序的练习，如易筋经中的“九鬼拔马刀”“倒拽九牛尾”“卧虎扑食”“掉尾势”;五禽戏中的“虎戏”“鹿戏”“熊戏”“猿戏”“鸟戏”；八段锦中的“摇头摆尾去心火”“两手攀足固肾腰”等。这些都会给练习者带来很好的练习效益。

（2）反序运动的功能：

① 平衡神经系统，解除疲劳。人们的日常活动大都是躯体直立、内收、低头和向前的。这样，支配这类肌肉活动的神经系统就会长期处于较高的兴奋状态。反之，支配那些俯身、外展、抬头和向后等肌肉活动的神经系统兴奋性则会处于较低水平。这种神经系统兴奋性程度的长期失调会造成局部肌肉和神经中枢的疲劳，从而导致亚健康，甚至疾病的产生。研究表明：“反序运动能使人体的神经系统得到全面调节，从而建立新的平衡”。因此，健身功法通过“卧虎扑食”的爬地、“虎扑”的舒身、“九鬼拔马刀”和“鸟伸”的后仰及外展、“猿摘”的后退、“五劳七伤往后瞧”的后瞧等，可以有效刺激那些不经常活动的肌肉，使神经系统得到比正常运动更全面的锻炼，从而帮助练习者消除神经性疲劳，达到建立新的平衡的目的。

② 畅通十二正经，保健脏腑。根据经络理论，手指是手三阴三阳经的起止点，脚趾是足三阴三阳经的起止点。如肺经的止点少商，大肠经的起点商阳等。它们在气血运行中起到承上启下的作用,并且十二正经的原穴大都分布在腕踝附近。根据中医“五脏有疾,当取十二原”,“通则不痛，不痛则通”的理论，刺激它们可有效地畅通手三阴三阳经，改善脏腑功能。而在做健身气功的“卧虎扑食”练习时，要求手指、手腕和脚趾、踝关节用力，这样可以有效地刺激足三阴和足三阳经的起止点和原穴，达到畅通经络、保健脏腑的目的。

③ 改善全身循环，促进代谢。人在直立运动时，下肢是主要活动器官，血液会更多地分配到下肢。这时，心脏要推动血液向上循环，要使血液回流到心脏，就必须克服血液的重力影响做功。这不仅会使心脏负担加重，还会造成心脏及其以上的器官供血减少，使人体易患冠心病、动脉硬化、静脉曲张、关节炎和痔疮等疾病。而在做健身功法的“卧虎扑食”“掉尾式”“虎扑”“两手攀足固肾腰”等动作时，由于其有效地降低了心脏的位置，将有利于血液向心脏和心脏以上部位流动，进而有利于改善全身的血液循环，有助于上述疾病的防治。

④ 促进肠胃蠕动，防止便秘痔疮。人类由于直立，使肠胃受压，导致其蠕动困难，加之其体位过低，使静脉回流困难，这样很容易产生便秘、脱肛、生痔，从而带来无尽的烦恼。而健身功法中的“虎扑”“掉尾式”“两手攀足固肾腰”“卧虎扑食”和“熊运”等练习，通过降低体位，反序动作，可以有效地刺激肠胃、肛门括约肌，促进其血液循环的增强，改善静脉回流，从而防止上述病症的出现。

⑤ 消除薄弱环节，预防意外损伤。在肌力不均衡的情况下，易造成肌体局部损伤。如打个喷嚏会闪着腰，踩到石子会崴了脚，向后回头会伤了脖子等。这就需要加强局部肌肉的力量，从而预防以上损伤的出现。健身功法的“九鬼拔马刀”“摘星换斗”“卧虎扑食”“虎扑”“鹿抵”“藏头缩项”“五劳七伤望后瞧”等动作，可以有效增加局部肌肉力量，消除薄弱环节，起到预防损伤的作用。

⑥ 强壮筋骨，聪慧增智。长期的不良习惯会引起人体局部骨骼、肌肉的损伤。如长期伏案会使颈、肩、背部肌肉紧张，加之风邪、寒邪的侵入，就会出现肌肉受损，导致局部小关节紊乱的现象产生。另外，长期直立也会使脊柱，尤其是腰椎受损。健身功法通过“卧虎扑食”的爬地、“虎扑”的舒身、“九鬼拔马刀”和“鸟伸”的后仰及外展等练习，不仅可以有效地帮助练习者改善上述部位的紧张状态，促进局部血液循环的改善。可以将重心分散到四肢，从而使腰脊椎负荷大大减轻，并且对腰背部肌肉也是一种极好的锻炼。还可以刺激肝经的“大敦”（肝主筋）和肾经的“涌泉”（肾主骨），起到疏泻肝火、提高肾气、改善肝肾功能的作用，进而达到延缓衰老，强壮骨骼韧带，使人精神饱满，灵敏多智。

（3）反序运动的注意事项：

① 慎选练习。反序运动是基于逆人们平时习惯而采取的练习，所以，某些体弱多病的练习者应该慎选练之。如：身体特别虚弱无力的慎练“卧虎扑食”；严重高血压患者慎练“掉尾式”“鹿抵”；严重颈椎病患者慎练“九鬼拔马刀”“五劳七伤往后瞧”；严重腰椎间盘突出者慎练“掉尾式”“虎扑”“两手攀足固肾腰”等动作。

② 准备充分。反序运动都是调动我们平时不太用的神经、关节、肌肉、韧带等系统，所以需要进行适当的准备活动来刺激神经的兴奋性，增加肌肉温度，降低肌肉的黏滞性，提高韧带活动能力，改善关节的灵活性，从而达到提高练习效果，避免损伤的目的。

③ 循序渐进。反序运动在动作难度、练习强度和运动量上要求都比较高。所以，在进行反序运动练习时，要遵循循序渐进的原则。包括：动作方法要由简单到相对复杂；动作难度要由易到难；练习强度要由低到高；运动量要从小到大。只有这样，才能逐渐掌握技术、提高能力、改善神经和运动系统平衡，进而达到保健身体、增进健康的目的。

④ 持之以恒。由于工作形成的精神疲劳、肌肉薄弱等在内的各种问题不是很容易就能缓解和解决的，问题的消除需要有一个渐变的过程。这就要求我们通过反复练习来达到目的。具体来说，应该每周练 3 次以上，每个动作或部位练 5 次以上。

⑤ 合理整理。反序练习具有一定的强度和运动量，练习后如果没有整理放松，就会导致练习效果的下降，甚至产生新的疲劳和损伤。因此，练习后应适当采取拍打、按摩、抖动、伸展和晃动等方法对全身各部位进行整理放松。练习后采取诸如热水浴等物理放松的手段，效果会更好。

【思考题】

1. 三种健身功法有何锻炼价值?
2. 上网查找相关资料，说明三种现代健身功法与传统功法有何区别。
3. 什么叫反序运动，有何锻炼价值?

第14章　新兴国际运动与民俗体育项目

> **轮滑运动的起源与发展**
>
> 轮滑运动是从滑冰运动过渡而来，据有关资料记载，轮滑在18世纪由不知名的荷兰人发明。最初有位荷兰的滑冰运动员，为了在不结冰的季节继续进行训练，尝试把木线轴安在皮鞋下，试图在平坦的地面上滑行。他的试验在不断失败和改进后终于取得成功，创造了用轮子鞋“滑冰”的历史。从此，轮滑运动在欧洲诞生、兴起并得到了较快的发展。特别是1995年的ESPN第一届极限运动会更把它推向了繁荣期。到了21世纪，轮滑运动已成为一种时尚的休闲运动，风行世界各地。

通过本章的学习，你将能够：

1. 运用这些项目的基本知识技术进行有效的健身锻炼。
2. 有效发展力量、耐力、灵敏、协调等身体素质。
3. 培养良好的意志品质，提高心理素质。
4. 能够欣赏这些项目的表演或比赛。

14.1　轮滑

轮滑（roller skating）又称滑旱冰，是穿着带滚轮的特制鞋在坚硬的场地上滑行的运动。今日多数的滚轴溜冰者主要都使用直排轮，直排轮也几乎成为轮滑运动的代名词。轮滑是一项休闲运动，但同时也是竞技项目，随着它的不断完善，目前已形成多项轮滑竞技项目，速度轮滑于 2010 年进入广州亚运会。

14.1.1　运动特点与锻炼价值

1. 运动特点

（1）动作优美，灵活方便。花样轮滑的翩翩舞姿优美大方；速度轮滑飞速驰骋，骄傲有力；令人着迷。技术动作可大可小。大之用于宽阔的比赛场，小之可用于家庭的室内。

（2）趣味横生，容易普及。轮滑运动本身包括四个项目：速度轮滑、花样轮滑、轮舞、轮滑球。本身的技术动作，可进可退，可快可慢，可行可停，可直可弯，动作简单耐用、造价较低、投资少、回收多，不受季节气候、地区的限制。无论是四季如春的海岛，还是冰天雪地的东北，只要有十几平方米的光滑地面就可玩耍、练习、健身。

（3）强身匀称而协调，炼志顽强而果断。从轮滑运动本身要求具备体态、素质、机能方面来看是全面发展的。从其本身的技术动作规范和竞赛章程规定的来看，从量和机能方面来看是全面发展的。从其本身的技术动作规范和竞赛章程规定的来看，不仅有量和强度的较量，也有优美和矫健的较量，所以经常参加轮滑运动不仅可以锻炼肌肉、改善机能、增强体质，而且还能提高平衡能力，培养人的勇敢顽强、吃苦耐劳的良好意志品质。

（4）既可陶冶情操，又可赛场夺冠。广大青少年经常参加轮滑运动。不仅能让身体健康，而且会受到美和音乐的熏陶。掌握轮滑运动各项动作后经苦练，可参加不同等级的比赛。

2. 锻炼价值

（1）全面发展身体素质。通过轮滑练习能改善人体运动系统、神经系统等机能，并提高速度、力量、灵敏、耐力等身体素质，以大大提高身体的灵活性和协调能力。

（2）锻炼意志，培养品德。轮滑是一项极易掌握的体育运动，任何人都能很快地学会它。但对很多人来说，初次接触轮滑时，心理上会产生一种畏惧感——担心摔跤。其实，只要简单地掌握一些轮滑的方法和技巧，就能把这项运动变成乐趣。

（3）融娱乐性、健身性、工具性于一体。可使人们从平时紧张、繁重的学习和工作中解脱出来，达到身心放松的目的。轮滑是一项全身性运动，可促进练习者心脑血管系统和呼吸系统机能的改善，增强臂、腿、腰、腹等肌肉的力量和身体各个关节的灵活性，特别是能提高练习者的平衡能力。轮滑还可以代步，省时省力。

14.1.2 轮滑的分类

1. 极限轮滑

极限轮滑又称特技直排轮，是现在年轻人的追捧。主要分为街式和专业场地，专业场地分道具赛和 U 形池。

2. 速度轮滑

速度轮滑是一种以单排、双排轮滑鞋为比赛工具的竞赛项目，分场地跑道比赛和公路比赛两种，场地跑道像自行车场一样呈盆形。

3. 花样轮滑

花样轮滑分为规定图形滑、自由滑、双人滑和双人舞 4 个项目。比赛在不小于 50 m 长、25 m 宽的场地上进行，根据动作的难易程度、舞姿的优美程度打分确定胜方。

14.1.3 轮滑技术要点

站立：将两只脚站成 T 字形或将两脚脚跟并在一起，使成 V 字形。

起步：从 T 字形站姿起步，让前脚保持前进姿势，后脚向外推轫，就会有向前前进的力量。

滑行：滑行时为保持较好的平衡，让一脚稍稍提起放在另一脚前方，膝盖弯曲。

身体的摆动：将重心放到左脚，用右脚推轫并伸向外侧伸展，滑行；然后将双脚并行。接下来将重心放到右脚，左脚向外推轫、伸展、滑行，如此左右不断互换。

身体的姿势：身体稍稍半蹲，像是要坐。将双脚向前伸出，弯曲膝盖及脚踝，使重量在整双鞋上放松。

停止：以上述姿势滑行，双脚靠近保持平行，有刹车的那脚稍稍向前滑行，使两脚距离约有半个脚，提起脚尖直到刹车碰触到地面，然后慢慢将重量移到刹车，增加压力，直到停下来。

14.1.4 安全措施

（1）练习轮滑前，应先做好准备活动，尤其是手腕和下肢各关节及韧带，要充分活动开。

（2）如有可能，应戴一些防护用具，如轮滑专用的护腕、护肘、护膝及头盔等。

（3）练习前要检查轮滑鞋的螺丝是否紧固，以免滑行中因轮滑鞋出问题而受伤。

（4）初学者应在初学场内或规定范围内练习，或尽可能在人少的地方练习，不要任意滑行。初学习轮滑时，最好有滑行熟练的同伴或辅导员进行辅导。

（5）禁止做危险或妨碍他人的动作，特别是在人多的公共轮滑场内，如几人拉手滑行、在速滑跑道上逆行或与大家滑行方向逆行、乱蹦乱跳、在场内横插乱窜、追逐打闹、突然停止等，这都是既妨碍他人，又容易发生危险的事情。如果在公路上滑行，更要注意交通安全，最好要在人少车少的地方练习。

（6）学习轮滑时摔跤是不可避免的，但要学会在摔跤时做自我保护。方法是：当要向前或向侧摔倒时，要主动屈膝下蹲，用双手撑地缓冲，减小摔倒的力量；当要向后摔倒时，也要主动屈膝下蹲，降低重心，尽量让臀部先坐下，并注意保护尾骨处，同时低头团身，避免头部向后仰磕地；摔倒时应尽量避免直臂单手撑地，这样很容易损伤手腕和肘关节。

如何避免在轮滑运动中受伤

首先在活动前多做一些热身运动，尤其是关节部分，还可以多做一些伸展操。

场地的选择也很重要，尽量不要在粗糙的地面溜，因为不知道何时会跌倒，而且在粗糙的场地溜时，若轮子太硬或是自己膝盖的柔软度不够时，常常在不知不觉中会造成脚踝和膝关节震伤。

若真的不小心跌倒，也要注意跌倒的姿势，不论跌得多丑，只要不受伤就好。我们常常看到许多人跌倒时都会去用手撑，只为了不让屁股着地。这样的动作常常造成手肘受伤。

14.2 滑板

滑板（见图14-1）项目可谓是极限运动历史的鼻祖，许多极限运动项目均由滑板项目延伸而来。20世纪50年代末至20世纪60年代初，由冲浪运动演变而成的滑板运动，在今天已成为地球上最“酷”的运动。滑板的技巧主要包括：The AerialL（在滑竿上）、The Invert（在U台上）、The Ollie（带板起跳），这些技术可说是除了翻板之外最重要的滑板动作。

图14-1 滑板

14.2.1 运动特点与锻炼价值

首先，滑板作为一项运动，自然具备了运动最实质的魅力就是强身健体，它对力量、耐力、灵敏、协调等素质，以及平衡能力有较好的锻炼作用。

其次，提高心理素质和认知能力。滑板运动是一项富有挑战性的运动，可以挑战自我，使你成为一个勇敢者，不仅是在你所努力的动作技巧上，而且影响于你每一天的生活，会令你变得更加大胆。每一个新动作你都想学，都想去征服，因此，玩滑板的人都有一个积极的心态去克服各种难题；滑板运动还需要有创新的头脑，自发性的意识以及自控力。

再次，滑板作为极限运动的鼻祖，其极限的魅力是妙不可言的。对于那种富有激情，勇于拼搏、想挑战极限、挑战自我的人来说，无疑是件最适合的运动。

第四，滑板属于街头文化，不单纯的只是运动，而是一种文化的

轮滑、滑板运动对职业技能的影响

轮滑、滑板运动主要对神经过程的灵活性、均衡性；前庭功能的稳定性以及身体平衡能力有良好的锻炼作用。对高空作业以及下肢灵活性较强的职业有显著促进作用。如医护、烹调、机工、电工、制模、驾驶、建筑、纺织、地质、营销、农业、林业等。

象征，一种街头文化的典型代表。文化的气息不仅仅在于对外在风格的个性化，更主要的是一种追求自我独立的精神。

14.2.2 滑板的种类与结构

（1）滑板的种类：

玩具板：指仅供滑行的滑板。初学者应选择平坦的滑行场地，在滑行时应戴上护肘、护腕、护膝、头盔等护具。

普通型：也称“运动型”，适用于滑行技术水平较高的滑板运动爱好者。由于运动者要做各种高难动作以及各种花样，因此运动型滑板的所有部件的强度以及各种性能指标应满足使用要求。具体分街式和U池、公路式、山坡速降式，区别不大。U池滑板略宽，桥比较软，公路式板面很长，山坡速降式有较高的桥和充气轮胎。

（2）滑板的结构。滑板主要由板面、砂纸、桥、轮子、锁紧螺母、缓冲垫、轴承等组成。

14.2.3 滑板的基本技术

1. 站法

有两种：一种是左脚在前，脚尖向右，也称正向站法；另一种是右脚在前，脚尖向左，也称反向站法。大多数人玩滑板都是采用前一种站法。后面所述的技巧都是以此种站法为基准的。如果你认为这样站不舒服，也可以换个方向，采用第二种站法。

2. 上、下滑板

（1）准备：两脚立地，滑板平放于脚前的地上。

（2）上板：先把一只脚放在滑板的前端，另一只脚仍踩在地上。身体重心移到已上板的脚上，上体微微前倾，膝弯曲，手臂伸展，保持平衡。踩地脚轻轻蹬地，然后收到滑板上，放在滑板的后部，这时整个身体和滑板就开始向前滑动。

（3）下板：当滑板没有完全停下来，还在向前滑行时，将重心放在前脚上然后像起落架一样把后脚放在地上。后脚落地后，重心随即转移到后脚，然后抬起前脚，让两脚都落在滑板的一侧。当能自如地上、下滑板时，你就应该试着让前后脚位置换一下，熟悉反向滑行的姿势。

3. 惯性滑行

将右脚踏在滑板的中前部靠右。左脚踩在地上，重心集中在右脚。用左脚蹬地，使滑板向前滑动，然后把左脚收上来踩在滑板尾部，保持站立的平衡，滑行一段，再用左脚蹬地，重复动作。如此反复练习，掌握得较好之后便可以做较长距离的滑行了。开始可以做10 m、20 m，然后加到50 m、100 m，反复练习到可以轻松熟练地加速滑行为止。重心变化是控制滑板的方向和速度的关键。

4. 障碍滑

障碍滑技巧中，速停和急转是非常重要的技巧。从坡上滑下时，速度比较快，要学会采用双脚保持在滑板上，转动滑板横向刹车。有两种方法能改变滑板的速度：一是用后脚控制好重心，尽力使身体前倾来带动滑板前进；二是双脚使劲踩住富有弹性的滑板面，利用弹性向前滑行。只要按照前面所讲的方法，掌握好平衡，且脚下灵活，就能掌握好障碍滑的技术了。

5. 下坡滑

尽量选一条长一些的滑道，最好是既有快速下滑段、中速下滑段，又有延伸较远的缓冲段，这种滑道最适合初学者练习下坡滑了。下坡滑的技术重点在于控制，速度是其次的。先要学会稳滑，当在下坡滑中，将双脚放在滑板的两端，遇到转弯或是需要做越岭动作时，要将双脚移至滑板中央，面部和身体应该朝向正前方，身子蹲伏下来，大腿靠近前胸，两手伸出。

6. 转圈技巧

将滑板向前推，然后站上去，两脚跨立，左脚可以灵活移动。将重量压于板尾，使板端抬起一两英寸。当板端在空中时，身体向顺时针方向转动；前轮着地时，滑板向右偏转。将这一系列动作连贯起来，不断练习。

7. 上、下坎技巧

（1）上坎：靠近街坎时，将重心移到后脚。在板端越过坎沿儿时，将前轮抬起。保持这一姿势，稍向下蹲，准备着地。

（2）下坎：靠近街坎时，滑手将重心移到后脚，在到达街坎之前抬起板端使其跳过坎沿。在空中迅速将重心从后脚移到前脚。将滑板前端按到台阶上，以使板尾也上台阶。

8. 反转技巧

向前滑板，使其达到适当速度，将两脚尽量张开跨滑板两端。将重心放在前脚，即左脚，使板尾翘起，同时顺时针旋转 180°（向后或向外转）。如果动作正确，完成后滑板倒转过来，右脚成为支撑脚。

9. 翘板技巧

推转或推动滑板到滑行速度。右脚踏板尾，左脚踏板前端以便控制，或踏前轮后侧，以便翘板。将重心移到右脚，身体前倾使板端在空中停留时间尽可能长。可以让板尾间或地轻轻刮地，以保持平衡。

10. 180° 翘停技巧

滑行过程中须将板端翘起，直到板端刮地，同时整个身体顺时针方向旋转 180°。如果翘板和旋转合拍，同时支撑脚足够稳固，那么滑板将旋转 180° 并停下来。

11. 脚上技巧

（1）脚跟悬空技巧。使滑板保持适当速度，旋转前脚使脚尖对着板尾，脚跟与板端交叠，将重心放在左脚步大脚趾，慢慢将另一只脚移到滑板前端。当双脚后跟悬空时，膝盖弯曲以保持平衡。

（2）板上旋转技巧。滑手先滑动滑板。移动左脚，使脚跟压住板端。重心落于大脚趾处，移动右脚到另一板端。将重心移到右脚，使其成为旋转轴。左脚绕右脚顺时针旋转，同时右脚也随之旋转，最后与左脚保持平衡。

12. 跨越跳技巧

准备跳起，起跳时动作稳定，从容不迫，跳跃才容易控制。跨越的长度根据各自情况而定，落下时重心落于两腿之间，左脚在前，需两块滑板。

13. 人与板分开的上跳

向前滑行。在前进过程中，双脚相互靠近。两脚置于滑板前半部分，但在前轮之后。在接近横杆时垂直跳起。眼睛看滑板。尽量落在滑板中间，大致和起跳位置相同。如果落下时力量均匀，腿部稍微弯曲，那么落在板上的冲击力就容易被抵消掉。

14. 人带板的上跳

驾驶滑行，在靠近障碍物的时候，双膝略屈，手臂预摆，后脚用力使用权滑板前端翘起，利用速度惯性带着滑板一起越过障碍。落地时注意双腿的缓冲动作，重心始终是在两脚之间，腿部稍弯曲。

14.2.4 安全注意事项

滑板是比较安全的运动。安全的关键在于自己。不要做超过自己能力的动作，不要在不熟悉的地点作出难度较大的动作。做各种技巧之前先查看地形，看附近是否有危险物品存在，比如碎玻璃，尖锐的栅栏顶部等，不要随身携带尖锐物。同时，练习时还需要注意以下事项：

（1）使用前将轮子调整好，使其运转自如。

（2）要根据自己的使用情况用锁紧螺母合理调整缓冲垫的弹性。

（3）要定期给轴承注油，增加轴承的润滑，减少滑行阻力。

（4）初学者需要在亲友的帮助下，在倾斜角度小的坡面上滑行，随着技术水平的提高，逐步调换不同的坡度。

（5）不要在潮湿或粗糙的路面上滑行，当要跳下滑板时，要观看是否会撞着周围的人或其他物品。

（6）如需换零件，其换件应与原来部件为同一个规格型号。

毽球运动的起源与发展

踢毽源于古时蹴鞠，与蹴鞠同宗、同源，是蹴鞠的一个分支。据文物考证，蹴鞠起源于五千多年前新石器时代的黄河流域，其原始形态为用脚在地面蹭蹴石球相撞击。现代毽类运动包括毽球和花样踢毽两个项目，起步于20世纪中期。到20世纪80年代，现代毽类运动得到迅速普及，广泛开展于工厂、学校和机关事业单位中。随着毽类运动的蓬勃兴旺，全国和地方性毽球组织相继成立。

14.3 毽球

毽球是从我国古老的民间广为流传的踢毽子衍生而来的，踢毽子在我国历史悠久。由于它不受场地限制，简单易行，运动量可大可小，深受群众的喜爱，作为全民健身的一个重要项目，在我国得到广泛普及。

14.3.1 运动特点与锻炼价值

1. 运动特点

（1）融合性。毽球运动融入足球的脚法、羽毛球的场地和排球的战术。发展踢毽运动还对其他体育项目运动技术的提高有促进作用，有人研究，踢毽球与踢足球有很多共同点，如果把它作为足球训练的

一种辅助练习，是有价值的。踢足球和踢毽球都是利用足内侧、足外侧、正脚面来控制，同样需要踝关节、膝关节和髋关节的灵活协调。踢毽球的接和落都要给予缓冲，这有助于加深青少年足球练习时对接传球的体会。踢毽球对其他运动项目，如武术、体操、跑步等都有裨益，也不失为一种良好的辅助运动练习。

（2）普及性：踢毽球运动量可随意控制，可视自己的体能来确定运动量。不必与人争抢冲撞，不受场地限制，占地小，器具简单投资少，男女老少都可参加。其踢法多种多样，有单人踢、双人踢、多人踢；有正踢、反踢、交叉踢等二三百种花样。毽球寓游戏于运动之中，只要玩得开心，合理掌握运动量，不但能够达到强身之目的，还能享受到其中的乐趣。

（3）群众性：踢毽球对男女老少都相宜，点滴时间也可利用。老年人和慢性病患者可以通过不十分激烈的动作进行练习，坚持下去大有好处。踢毽球基本在于腰腿，如经常适度踢毽对舒筋活血、益寿保健有一定的功效。

2. 锻炼价值

（1）提高生理机能，促进全面发展。踢毽球主要用腿和脚做接、落、跳、跷、踢等动作，使下肢的关节、肌肉、韧带都得到很大锻炼，同时也使腰部得到锻炼。而跳踢时，腿部、腰部、上肢、颈部等都要运动，连续跳踢数 10 次，心跳每分钟可达到 150 次。由此可见，毽球运动是一项全身运动。经常参加这项活动不仅可以使下肢肌肉、韧带富有弹性，关节灵活，而且可使心肺功能得到全面锻炼，起到增进身体健康的良好作用。

（2）提高控制力，发展灵敏性。一个小小的、上下飞舞不定的毽子，踢毽者要在最有利的一刹那间来控制它，在空中完成各种接、落、跳、绕、踢的动作，过早过晚都要失败，这就需要做到反应快、时间准、动作灵敏、协调。因此，经常踢毽球有利于提高人们的灵敏性和动作协调的能力。同时可以锻炼保持高度的注意力和自我控制的能力。

（3）增强协作意识，提高心理素质。毽球可以一个人练习，也可以多人一起练习。毽球的多人合踢可以培养人们团结协作的精神；而运动式多人合踢又能培养克服困难，争取主动，掌握有利时机的本领。由于踢毽时需要高度的准确性和反应力，对心理素质也有很好的促进作用。

14.3.2　毽球比赛的分类

毽球运动已经发展为具对抗性质的竞技运动。毽球竞赛也被划分为以下几类：

（1）单人赛。在场地中共两人进行比赛，每人占据一方，双方进行对踢。单人赛对个人的素质要求比较全面，而且对个人的体力要求也比较高。

（2）团体赛。在场地中共六人进行比赛，双方各三人进行对踢。要打出高水平的比赛，无论是对整体的战术配合还是对个人的技术都有很高的要求。比赛一般采取三盘两胜制，得分方法为具有发球权方造成对方死球才能得分，现代新规则为直接得分制。

（3）单项赛。即踢毽比赛，一般分为三项：盘踢、磕踢、跳踢。规则为在一分钟内完成次数多少排出单项名次。单项赛要求运动员的基本功要扎实，既要求速度又要求准度，要踢好也有一定的难度。

（4）花毽比赛。北方流传至今的一种踢毽球比赛，南方较少。特点是观赏性强，花式繁多，其竞技性和对抗性与毽球相比相对较弱。其比赛要求分为规定动作与自选动作两种，按运动员完成动作的流畅性与难度进行评分。

14.3.3　毽球的基本技术

毽球的技术主要有准备姿势、步法、起球技术、发球技术、攻球技术。

1. 准备姿势

准备姿势一般分两种。

（1）左右开位站势：多应用于在比赛的防守过程的站势中。

（2）前后开位站势：较多应用于比赛过程中的接发球和防守中。

2. 步法

步法移动一般有八种。分别为前上步、后撤步、滑步、交叉步、并步、跨步、转体上步、跑动步。只有熟悉各种步法的移动运用，在比赛中才能更具主动性和灵活性。

3. 起球技术

（1）脚内侧起球：用内足弓部位踢球。主要用在传接球方面，是成为一名出色的球员的基础。

（2）脚外侧起球：用脚外侧踢球，要点是稍侧身，向体侧甩踢小腿，勾脚尖。

（3）脚背起球：用脚背踢球，一般用正脚背，要点是绷脚尖和抖动脚腕发力击球。

（4）触踢球：在身体膝关节以上部位的踢球都为触球。但又可以分为大腿触踢球、腹部触踢球，胸部触踢球，头部触踢球。大腿触踢球时，要注意抬大腿迎球，放松小腿，用大腿正面前段击球。腹部触踢球，胸部触踢球，头部触踢球时，都要注意触球时将腹部、胸部或头部稍微向前去主动迎接球，并控制球落在自己的前方，然后用脚将球踢出。

4. 发球技术

发球动作一般有三种：脚内侧发球、脚正背发球、脚外侧发球。

脚内侧发球的时候要抬大腿带小腿，用内足弓部位向前上方送髋推踢。其特点是既稳又准，破坏性强。脚正背发球时要注意绷脚尖，用正脚背向前上方发力挑踢，它的特点是平、快、准。脚外侧发球时要注意稍侧身站立，绷脚尖，用脚外侧发力扫踢，其发球的特点是既快又狠，攻击力强。

5. 攻球技术

（1）攻球技术是指将高于网沿的球直接攻入对方场区的一种击球动作。

（2）头攻球技术：头攻球时，一般是从限制区外助跑起跳，靠腰部、颈部发力在空中用额头的正面、侧面或头发击球，特点是力量大、速度快、变化多。

（3）踏球技术：脚踏球是向上抬腿后，向下发力，用前脚掌部位推压击球。脚踏攻球的特点是视野开阔、目的性强，令防守者防不胜防。

倒勾技术：倒勾攻球的要点是以大腿带动小腿向上摆动、加速发力。其特点是击球点高，球速快，力量大，易控制，变化多。

14.4　秋千

秋千是将长绳系在架子上，下挂蹬板，人随蹬板来回摆动，是中华大地上许多民族喜爱的传统体育项目，不但历史悠久，而且种类繁多。如苗族、阿昌族喜欢打形状似纺车的四人秋千和八人秋千；哈尼族、布依族喜欢打既像跷跷板能上下升降，又像石磨能水平循环旋转的磨秋；土族喜欢打用大马车轮子做成的轮子秋；朝鲜族、满族、纳西族等喜欢荡用两根绳子拴在树上或架子上的秋千。

秋千

“秋千”在蒙古语、维吾尔语，哈萨克语和撒拉语里意为“花朵”。

1. 秋千运动的起源

秋千的起源可追溯到几十万年前的上古时代。那时我们的祖先为了谋生，不得不上树采摘野果或猎取野兽。在攀缘和奔跑中，他们往往抓住粗壮的蔓生植物，依靠藤条的摇荡摆动，上树或跨越沟涧，这是秋千最原始的雏形。至于后来绳索悬挂于木架、下拴踏板的秋千，春秋时期在我国北方就有了。《艺文类聚》中就有“北方山戎于寒食日打秋千”的记载。

2. 秋千运动的锻炼价值

休闲娱乐：秋千具有很强的娱乐性和趣味性，通过这项运动，可使人们从平时紧张、繁重的学习和工作中解脱出来，达到身心放松的目的。

（1）增强体质：秋千是一项全身性运动，它能使心脑血管系统和呼吸系统机能得到改善和促进代谢作用，在四肢和头部受限的情况下，骨骼肌有节律地收缩和放松，还能增强臂、腿、腰、腹等肌肉的力量。

（2）锻炼心理：秋千运动中，在不断克服紧张和恐惧心情的同时，还可以增强心理承受和自我控制能力。

3. 秋千比赛

秋千是全国少数民族传统体育运动会上唯一规定只能由女子参加的比赛项目。秋千比赛（见图14-2）分为高度比赛和触铃比赛两种，高度比赛以在规定的试荡次数内荡达的最高点来计算成绩，触铃比赛是以在规定的高度上和时间内运动员触铃的次数来计算成绩。比赛设有单人和双人项目。根据秋千比赛规则，单人高度比赛有4次试荡机会，双人高度比赛有3次试荡机会，铃杆的起荡高度均为6 m；双人的极限高度为10.5 m，单人的极限高度为10 m。单人触铃比赛的铃杆高度为6.3 m，双人为7.2 m；单人或双人触铃比赛均有一次试荡机会，时间为10 min。

图14-2 秋千比赛

秋千比赛按体重分级进行比赛，分为55 kg级和55 kg以上2个级别，每个级别设有单人触铃、单人高度、双人触铃、双人高度等四个比赛项目。

（1）比赛场地：为20 m×8 m的长方形，场地的地面应平坦。比赛场地上空距地面15 m。高的空间内不得有障碍物。

（2）秋千架：用钢管或相应的坚固材料制成。两根立柱下端间距不少于3.5 m，上端间距2 m，两立柱顶端为第一横杆，高12 m，往下1 m处为第二横杆。秋千架应牢固地安装在场地中央。

（3）秋千绳：使用伸缩性小的芝麻绳、尼龙绳或棕麻绳，其直径为 2.5 ～ 3 cm。绳的两头分别系在第一横杆上，两绳间距为 1 m（从内沿丈量）。再在第二横杆上向系铃架方击缠绕一圈垂落下来，在封闭的下端安置脚踏板，其下沿距地面 80 ～ 90 cm。

（4）脚踏板：单人脚踏板长 30 cm，宽 10 cm；双人脚踏板长 40 cm，宽 10 cm，厚均为 2.5 ～ 3 cm，脚踏板应能固定在秋千绳上。采用大会提供的或自备的脚踏板均可。

（5）起荡台：是供运动员试荡开始时，上脚踏板用的台子。台面为 1 m×1.5 m 的长方形；高 1.3 m（包括台子的脚轮）。起荡台一侧应设有供运动员上下的梯子。

图14-3　系铃架

（6）系铃架：系铃架是用于触铃比赛的一个可随意升降的，并可前后移动的系有响铃的架子。两根立柱的间距应不少于4.5 m，并相互平行。在其中间设有一根3 m长的系铃杆。系铃杆是附有若干铃铛的横杆，如图 14-3 所示。

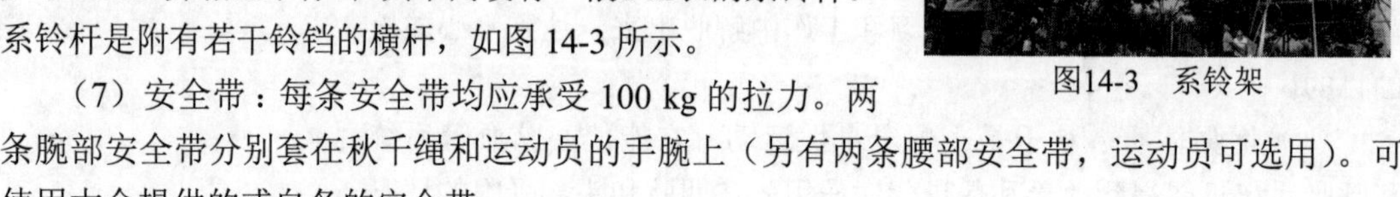

（7）安全带：每条安全带均应承受 100 kg 的拉力。两条腕部安全带分别套在秋千绳和运动员的手腕上（另有两条腰部安全带，运动员可选用）。可使用大会提供的或自备的安全带。

【思考题】

1. 轮滑和滑板运动的锻炼价值有哪些？
2. 简述毽球的运动特点和锻炼价值。
3. 上网查找相关秋千方面的资料，说明此项运动的特点。

第15章 野外运动

通过本章的学习，你将能够：

1. 运用所学远足、登山、定向运动、野外生存的知识、技能有效进行自我锻炼。
2. 有效发展力量、速度、耐力、灵敏与柔韧等五大身体素质。
3. 有效地提高学生在不同环境下的生活技能和适应能力。
4. 提高团队协作、解决问题的能力。
5. 有效培养团结、协作、拼搏、进取、吃苦耐劳的良好品质。

野外运动是指远离家庭和校园生活，在规定的时间内到野外以远足、登山、野外生存、考察活动、组织比赛等多种方式锻炼自己的生活技能和适应能力的一种活动。深受广大人群的热爱。人们走出平时生活的空间，投身于大自然的怀抱，接受日光、空气、水的锻炼，体验和感受野外生活的乐趣，不仅能锻炼我们克服困难的精神，提高适应自然环境的能力，而且能在集体活动中，增进人们之间的友谊，提高群体意识，使人际关系变得更加和谐。

当你为自己编织人生之梦，寄希望于未来的时候，你的许多向往与期待，都还离现实有一段距离……，如果你想进一步开阔视野、体察不同的生存环境、接受人生之旅的各种考验，那么不论你想远足郊游或去野外登山，都应该让这种行为方式隐含“走出和超越”的一致取向，使其具有“走向自由”的哲学含义，以此体验人生奋斗与发展的艰难历程，而不是仅仅停留在休闲、娱乐和消遣这样狭小的范围内。

15.1 远足

远足，亦称作徒步、行山或健行，并不是通常意义上的散步，可以理解为“长途步行运动”，也包含“翻山越岭的长途步行”。也不是体育竞赛中的竞走项目，而是指有目的地在城市的郊区、农村或者山野间进行中长距离的走路锻炼，徒步也是户外运动中最为典型和最为普遍的一种。由于短距离徒步活动比较简单，不需要太讲究技巧和装备，经常也被认为是一种休闲的活动，如图 15-1 所示。

远足运动的分类

根据穿越区域的不同，可以分为城郊、乡村、山地、丛林、沙漠荒原、雪原冰川、峡谷、平原、山岭、长城、古道、草地、环湖、江河等很多分类徒步。但是远足在大多数情况下是在城郊和乡村间进行。

根据距离的不同，通常15 km内的称为短距离远足，15～30 km的称为中距离远足，30 km以上的称为长距离远足。

根据锻炼需求的不同，可以分为徒步远足和负重远足。根据活动目的的不同，可以分为休闲式、郊游式、交友式、健身式、观光式等远足。

对于远足运动的误解

远足运动在中国并不算是一种很普遍的运动，甚至有人觉得这并不属于年轻人的活动，只是一些老年人才会喜欢的运动，因为远足一点也不刺激，甚至可说是沉闷，令很多人不屑去尝试这种活动。所以当远足时遇到的人，都以外国人或中年人居多，绝少会碰到年轻人。事实上，作为一种运动，远足有它独特之处。首先，远足并不需要特别技巧，也不用花时间去学习，只要有脚又能走路便行。但对比其他运动，远足的受伤概率非常微小。另外，远足并不是一种需要很大运动量的活动，参加者可根据自己的能力去调节步伐，所以适合不同体能的人士参加。更重要的是可以锻炼到一个人的毅力和耐力，这不是很多运动能做到的。

图15-1　远足

15.1.1　运动特点与锻炼价值

1. 运动特点

（1）自由的选择。根据不同的季节和参与人员的年龄特点，充分利用地域的自然环境和社会环境，选择适合参与人群的比较理想的远足地点。

（2）广泛的人群。由于远足运动的受伤机会是非常微小的，即使是受伤也不会很严重。另外，远足并不是一种需要很大运动量的活动，参加者可因自己的能力去调节步伐以及距离，伸缩性很强，所以适合不同年龄、体能的人群参加。

（3）健康的休闲。远足亦是一种很健康的休闲活动，首先，远足的路线通常都在郊区，日常生活在闹市中，我们都吸入不少废气，在假期时到郊外远足，呼吸一些新鲜空气，欣赏美丽的景色，不但对身体有益，促进健康，更能舒缓日常的生活压力，增加生活情趣。另外，通过远足到郊区不同地方，不但能欣赏到不同的景色，也能接触到不同的动植物，认识到不同的生态环境，这不失一种很好的教育。

（4）毅力的磨炼。远足是一种持久性的运动，一开始走就最少要数个小时才能完成，所以远足可以锻炼到一个人的毅力和耐力，这不是很多运动能做到的，因为很多运动的参加者都可以随时选择放弃；然而在远足时，一旦开始就很难放弃，因为远足的路线很多是一些山路，除了以脚走路外，根本没有其他方法可以离开，所以可以令一些本来没有毅力的人去完成它，同时亦会增加这类人的信心，令他们知道他们有能力完成长时间的远足，如图 15-2 所示。

图15-2　山路远足

2. 锻炼价值

（1）提高锻炼的成效。远足是一种低强度、高密度的体育活动方式。参加远足活动并不需要进行过多的专门训练，即使在参与活动的整个过程中，由于步行的速度适中，可以根据个人的情况增加或放慢行进的速度，因此不容易使人感到过大的运动负荷。同时，远足活动一般进行的时间比较长，步行的距离也比较远，这样产生了一种以低强度进行运动的持续效应，对人体的机能活动有显著的作用。

（2）松弛身心的效果。远足的价值不仅在于对身体的锻炼，更重要的还是在于远足对参与者心理健康的意义和作用。参加远足活动，一般都带着休闲放松的目的，并没有强烈的竞争愿望。通过远足活动，可以松弛一下紧张的神经系统，适当减轻一些生活、学习、工作带来的压力，调剂一下生活的节奏。因此，参与者可以随心所欲地漫步在大自然中，让自己的思绪随着时光而徜徉，获得心理上的极度放松。

（3）增进环境的认识。漫步于山间小路、田野树林之中，不仅能获得良好的心情和精神上的放松，还可以使我们对身边的生态环境有进一步的认识，从而增强我们的环保意识。

15.1.2 远足基本技术

远足运动能够充分体现人与自然的互动关系。然而，为了达到最好的锻炼效果和避免发生不必要的意外伤害，远足不仅仅对行走技术有很高的要求，同时，对自身的着装、准备的装备以及适时的选择行走路线都有很高的专业要求。因此良好的远足技术对于实现最终目标有着重要的意义。

1. 着装的要求

着装的要求及注意事项如表 15-1 所示。

表15-1 着装的要求及注意事项

名称	选择方法及用途	注 意 事 项
鞋	1.应选择结实的鞋子：鞋底要厚，底部有大而深的花纹，可以起到很好的防滑作用；鞋底用硬橡胶制成，在碎石及不平坦的路面上能有效地保护双脚；鞋帮要高且较硬，可以起到支持脚踝的作用；穿这种鞋，水不易浸入鞋内 2.穿上鞋后，要感觉一下脚趾是否可以活动，脚尖前端应留有一厘米空隙 3.鞋带：用扁平的带状鞋带，不可系得太松或太紧	1.不要穿新鞋。因为脚与新鞋尚未磨合，穿新鞋容易使脚疲劳、受伤 2.如果脚跟与鞋跟之间滑动，就容易擦伤脚，这种鞋也是不合适的，会使双脚过早出现疲劳，且易受伤 3.不要用圆形的绳状鞋带，因为绳状的鞋带不易系紧、易松开
袜	袜子的大小要适中，太大、太小都不合适 棉制袜：吸汗但不排汗，触觉好，适合郊游。但在多日行进中，穿这种袜子脚最易出现水泡 毛制袜：保暖，冷天时穿用很舒服，但较重 化纤袜：排汗好，易产生异味，应经常换洗 化纤绒袜：保暖，重量轻，舒适，冷天野外运动时首选 混合制袜：吸汗，排汗，触觉好，适合多日行进	如野外活动时间长，最好多备几双袜子
衣裤	在进行没有攀爬的远足活动时，衣裤宽松些有利于行动，同时空气流通较快，有利于散热	学生往往喜欢穿牛仔裤，紧身上衣，这种服饰其伸展程度远远不及运动宽松的服饰收缩性能优越，非常不利于远足运动

行路文化

长期以来，中国许多著名的政治家、军事家、教育家、旅行家乃至僧侣、行商和游人（张骞的西域之行、徐霞客的地理学文献、孔孟的游学之道、唐僧的西行取经），之所以留下深深的足迹，就在于他们有现今的“行路文化”观念，敢于迈开双脚去探求真理。正是这些有识之士以自己的行为方式努力地“向外”开拓，才证明了“开辟社会前进的道路就在脚下”这个恒久不变的真理。事实上，如果我们能以这样的认识去从事远足活动，思想境界就会得到升华。

远足运动暗示的理念

当春暖花开之际，我们结伴携友享受着“走向自由”的那份乐趣时，毫无疑问的可以达到娱乐休闲的目的。但在这个相当受个人主观意识支配的活动中，每个人都有他们各自不同的价值取向。当我们正面思想作为主导的时候，自然会为我们的休闲生活增添乐趣。但我们是否想过，当负面思想充斥头脑时，投机取巧、个人主义、盲目冲动以及勉为其难带给我们的又会是什么样的后果？所以，我们要懂得远足是一种“文明行路”。

2. 装备的要求

根据活动的安排，选择背包里最需要的物品。什么是必须带的物品？水和午餐绝对不能少，再带上一两个水果，一包餐巾纸，一把水果刀。其他东西根据需要程度选带一两件。以小组形式出发的远足可以事先协商，使所带的物品尽量不要重复。如果有指北针、地图、绳索和火柴等应急物品，务必用防水袋密封保存，以免发生意外时应急物品受潮而不能使用。在一个团队中，应该有专人负责管理这些应急物品，并且应该很好地熟悉这些物品的使用方法。

双肩包背在背后，背包带的长度很重要，背包带太短，背的时间一长，肩膀就会感到酸疼，如果背包带太长，一个沉甸甸的书包垂在臂部以下，直接影响走路。只有调整自己的背包带，使书包的重量大部分落在腰臂中间，走路才会感到并不疲劳。

3. 路线的选择

路线的选择及注意事项如表 15-2 所示。

表15-2　路线的选择及注意事项

路线要求	名　称	选择方法	注意事项
根据活动目的分类	健身式的远足	距离根据参加者的体能状况，尽可能以大运动量的距离为宜。同时，要限制行进的速度，以保证一定的运动强度	在线路的途中，应有一处或几处可以野餐的地方，或树荫下、或小溪旁，让参与者可以享用自备的午餐
	休闲式、郊游式、观光式的远足	距离并不一定要很长，道路条件也可以相对好些	
	交友式的远足	为加强群体间的协同合作而进行的远足。可以选择路线略长些，道路条件困难些，人为地制造一些互助合作的机会	
环形路线选择	开始	一般线路的选择是近郊，有一段比较平坦的公路作为远足活动的开始	
	中段	选择乡间小路、山坡、树林等自然环境	
	最后	尽量争取不走回头路而返回起点	

4. 行走的技巧

行走的技巧及注意事项如表 15-3 所示。

表15-3　行走的技巧及注意事项

动作	行走技巧	注意事项
平地行走	上体正直稍向前倾，两眼平视前方；前脚着地时以脚后跟先着地，自然过渡到前脚掌蹬地；双脚交替进行，两臂前后摆动；迈步时，脚尖正对前方，要避免和克服用“八”字脚行走，身体应尽量减少向两侧晃动摇摆；步伐要有弹性，用自己适合的步幅行进，走步要有节奏，尽可能用恒定的节奏行进	在野外行走时，必须考虑到速度与距离之间的关系。行走速度上，一般是按4～5 km/h，这种速度适合于大多数人。需要注意的是，遇到特殊的路段，速度应该有所变化，这要根据实际情况而定
上、下坡行走	上坡路，提步要自然，步幅不要太大。如果迈开大步走路，身体会左右摇晃，失去平衡，要一步步扎实地走。不要提膝过高，尽量利用大腿肌肉力量来提升身体；如遇到陡峭山路，应避免直线攀升，最好向左向右交替（之字形）上去	要避免攀扶树木或其他植物，切忌心浮气躁、一冲而过，从而导致步幅节奏混乱提前产生疲劳感
	下坡路慢走，并把鞋带系紧，以免脚尖撞到鞋顶，弄伤指尖。如果斜坡太陡，可以采用之字形下山或侧身而下。下坡的步幅宁小勿大，应尽量用膝盖以下部位用力，即稍微弯曲膝盖以减轻体重对膝关节的冲击，保持全脚掌着地的姿势行走	不可破坏原来走路的节奏性，容易跌倒受伤。身体切勿过度的后仰而使身体失去平衡，导致意外
林中行走	首先应穿着长袖衫和长裤，选择林间主干道或小道行走，备一条手杖或者捡一根枯枝作为手杖，可以用来探路、拨开杂草，同时也起到打草惊蛇的作用。林中行走尽量结伴同行，但在茂密的灌木丛中行走，前面的人推开挡路的树枝时，要注意后续队员的安全，当放开手中树枝时，应先回头看看，避免树枝打到后面队友	小心观察路线及走向，避免迷途。要时刻留意草丛内的蜂巢、洞穴或石块，以免失足，利用树枝拨开草丛荆棘，并提膝踏步前进，以减低受蛇虫侵袭的危险
雨天行走	雨天最为头痛的是泥土粘在鞋子上，行走非常困难，同时容易滑倒。所以行走时要将鞋带系紧，在泥坑里爬坡时最好用上手杖。将裤角装进袜子里，行走时尽可能选择路旁有小草的地方	避免碰到泥坑将鞋子粘脱下来。踩着小草行走既可以防滑，同时也不至于踩进泥里使脚陷进去
雪地行走	关键是保持较小的步幅，稳定的节奏 如果积雪接近膝盖，可以采用结队行走的方法，即脚步与领头队员的脚印重叠一致 如果积雪接近或超过腰部，就得自己用脚和腰，靠自己身体的体重推开积雪（将自己的身体向前扑），采取步步为营的方法前进	大雪覆盖的道路，应选择道路的中央行走，最好是有一根棍子用来探路，避免因雪将杂草边的一些洞穴或裂缝覆盖，存在危险和隐患
雪坡行走	上雪坡：行走时前脚应以全脚掌平踩在雪面上，身体重心随着脚的下落而前移，后脚自然跟上。当坡度较陡的时候，可先将雪踩出一个平台，以步步为营的方法攀登。雪坡陡而滑时，可利用冰镐或者手杖起到支点的作用攀爬	要避免攀扶树木或其他植物，切忌心浮气躁、一冲而过，从而导致步幅节奏混乱提前产生疲劳感
	下雪坡：如果没有绳索，多人拉手比较安全，前面的人到安全的位置，后面的人可在前面人的保护下前进。如果人少或者单人，一般采取侧身前进，一条腿踩实，另一条腿探路。这种姿势即使摔倒，手也可以抓辅助物，减少意外的发生	切忌急躁
夜间行走	行走时应选择道路的中央或靠着山背的地方 注意不要让眼睛受亮光刺激，假如一定要使用灯光，则可以捂住一只眼睛，以保证另一只眼睛的视觉不下降。在黑夜中还要学会用听觉、嗅觉来帮你感知周围的环境	非常黑和看不到物体边缘和轮廓的地方，通常是悬崖或深渊。如果路面某处显得比较亮，可能明亮处是水坑或水池。夜间行走最好拖着脚步，切忌急躁和跨大步

续表

动作	行走技巧	注意事项
徒步渡河	单人渡河：用一根长棍，撑着河底渡河。木棍的指点要在水的上游一侧，两脚交替移动时，身体微向上游倾斜，依靠木棍的支点，两脚站稳后再移动木棍，出脚时不要太快、太高，要固定两个支点后再移动另一个支点。如水流很急，可在腰间系上保护绳，另一个人站在岸上保护，在水中摔倒或被水冲倒时，可避免危险	当摸不清河水深浅时，用一根与自己身高差不多的小木棍在前探路。遇到河水比膝盖浅时，夏天可以卷起裤管，慢慢渡过。避免光脚，不要脱鞋比较安全。河中有石头可踏时，要选择干燥的石块走，潮湿的石头容易滑倒。并且确定石头不易摇动（也可用小木棍在前面试探），再移动重心。有些石头容易摇动，会造成骨折意外事故。遇到河水深时，不要冒险渡河，考虑绕路，或者其他方法
	双人渡河：两人对面站立，双手相互搭在肩上，做侧跨步前进。前进时，两人步调必须一致	
	多人渡河：可采用3～5人一组的“墙式”渡河法，互相牵手或互搭肩膀，面向水流的方向，横渡前进	
过独木桥	过桥时，双脚分开呈外八字形，眼睛看前方1 m处，一步步牢固地贴在桥上通过。通过速度的快慢要根据独木桥的长短、宽窄而定，保持平衡	当桥面又窄又长，就要小心慢行，必要时可利用长杆帮助维持平衡。较危险的独木桥可搭一根辅助绳。
过栈道	这里的栈道指的是一些峡谷边的窄路，一面是峡壁，一面是河谷，只容一人通行。由于人都背着背包，如果突然转身或下蹲，背包往往会碰到岩壁把自己抵出道路，造成危险。正确的方法是面向岩壁慢慢地侧身移动	调整好心理状态，自信、沉着很重要，避免看悬崖，有恐高症的更应该注意
过吊桥	吊桥比较容易左右摇晃，人最好是一个个地过，尽量把视线转移在身体前100 m处的桥身；同时不要改变走路的速度，有节奏性地走过去	切记不可拥挤，如果有恐高症，则不要向下看脚底的河流（尤其是溪流湍急的情况下），以免发生危险

15.1.3　远足的原则

远足的乐趣在于寻找和发现

远足作为一种“走向自然”的野外休闲活动，或许大家想到的就是游山玩水，欣赏一下沿途的自然美景。但要想真正享受远足的乐趣，还得进一步挖掘其中的文化内涵，在秀丽的风景中去发现自然之美的奥秘。而这种寻找与发现，常来自对“探索”的兴趣以及开拓、进取的精神与愿望。

1. 起步稍缓

往往外出旅行先要乘一段汽车，才下车步行，如果是长途乘车，下车起步登山时一定要起步缓慢一些，以使自己的身体逐步适应运动状况。否则会出现心慌、头晕及无力等问题。

2. 大步健行

在平路及登缓坡时尽量用大步，即比平常的步幅大些，这是科学的步行方法，因为这样在等距离里减少了双脚的摆动，其用功就相对减少而达到节省体力的作用，开始时有些不习惯，坚持就会适应。

3. 精力集中

爱远足的人们往往习惯在旅行中嬉戏、说话及唱歌等，不仅消耗体能，同时还会分散注意力，甚至行至一些比较危险的路段，连眼睛都不能眨。如果一边下坡还同时陶醉在自然美景中，必然导致事故的发生。因此，欣赏景色、交流问题、小娱乐等都必须在休息停步时进行。

4. 抵抗疲劳

当步行达到一定的路程时，人们就会出现疲劳现象，甚至会有停步不前的打算。这只是极点的出现，坚持下去，过了体力临界点，身体就适应了大运动量的步行活动，疲劳感就会渐渐变弱。

5. 注意保持距离

一个队伍在行进中必须保持一定的间距，一般在 2 ～ 3 m，前后人员都要相互照应，并且不应拉开距离，要保证队伍的整体性、安全性等方面。

图 15-3 所示为国际环保志愿者徒步穿越巴丹吉林沙漠活动图。

图15-3 国际环保志愿者徒步穿越巴丹吉林沙漠活动

15.2 登山

登山是一种劳动，是一种战斗，它比单纯的运动有更深奥的意义。登山也是一项勇敢者的运动，它能全面锻炼人的体格，培养人机智、勇敢，吃苦耐劳和集体主义精神，它还可以使人们扩大眼界，增长知识，丰富人们的生活内容。经常从事登山活动的人，饱览大自然的景色，享受生活的情趣，使心情变得开朗，造就坚韧的性格和面对困难决不气馁的精神。

图 15-4 所示为 1960 年 6 月 26 日，北京举行庆祝中国登山队胜利征服珠穆朗玛峰大会图。

图15-4 庆祝中国登山队胜利征服珠穆朗玛峰大会

15.2.1 概述

1. 运动特点

（1）场地多变。登山运动是在独特的大自然环境里进行活动，那里没有正规的场地，也没有助兴的观众；运动员要在高空缺氧、暴风严寒、陡峭岩壁、雪坡冰墙以及纵横交错的明暗裂缝等等复杂困难的地区和情况下进行长时间的活动。

（2）因素不定。由于登山活动是在独特的大自然环境中进行的，主客观的艰险是始终存在的，如：各种陡险的山坡、山间急流、滚石、冰崩、雪崩、明暗裂缝、暴风严寒、日光辐射、严重缺氧以及指挥不

远足运动中应注意的事项

1.出发前应对自己的身体状况、所经过的地区等各方面情况有所了解。要结伴而行，至少三人以上，可以互相照顾。行李带得少而轻，但一定要带一些常用药。

2.在天气较温暖时，要戴草帽，水壶灌满水，以免中暑。解渴要适可而止。最好准备一壶清茶水，适当加些盐。清茶能生津止渴，盐可防止流汗过多而引起体内盐分不足。

3.应穿旅游鞋或徒步鞋，此种鞋有一定弹性、轻便、透气、防滑，对大脑起到适度的缓冲作用，还能减少脚胀。如果感到脚的某个部位有疼痛或摩擦感，可在该处贴上一块医用胶布，这就可以防止起泡。

4.每天步行结束后用温水洗脚，以解除疲劳。脚掌有水泡时，可用针（先用酒精棉球擦一下或在火上烧一下）穿孔引出水，再涂上红药水，防止感染。切记不要将皮撕下，这样既容易感染更会加重脚部的疼痛。

5.上山时，身体要略向前倾；攀登陡峭山坡应走之字形路线；下山时，身体应稍后仰，放松下肢肌肉，以免腰腿酸痛。如果长途徒步，行走时用脚板着地，用力要适中，保持身体平衡。

登山运动

登山运动始于18世纪80年代。1786年8月8日法国医生巴卡罗与石匠巴尔玛结伴第一次登上阿尔卑斯山的最高峰勃朗峰（海拔4 807 m），次年，由青年科学家德•索修尔率领的19人登山队再度登上勃朗峰，世界登山运动从此诞生。因此项运动首先从阿尔卑斯山区开始，故也称为“阿尔卑斯运动”。中国此项运动始于20世纪50年代。1955年出现第一批登山运动员，1956年建立第一支登山队。1960年和1975年先后两次从东北山脊登上珠穆朗玛峰，并于1975年将一个特制金属测绘觇标竖立在珠峰顶上，准确测出该峰的高度为8 848.13m。这被视为国际登山史上首次对世界最高峰准确测量。1964年登上最后一座从未有过人迹的8 000 m以上的希夏邦马峰。

当、计划不周、组织工作不完备、技术不佳、思想麻痹等主客观因素，不时威胁着运动员的安全。

（3）挑战极限。鉴于目前国际登山运动快速发展的趋势，地球上 8 000 m 以上的山峰均已先后被人类登顶，因此各国登山界人士又热衷于选择从未被人类攀登的山峰以及更艰难的路线，同时冲破登山困难季节（如夏季、冬季）的限制，尝试 8 000 m 以上山峰的无氧攀登等，这样对运动员提出了更高的要求。

（4）团结和谐。登山是个集体活动项目，由于户外运动存在一定的危险性，不论是群众性的旅行登山还是高山探险，都必须有组织地进行，在登山的过程中，每个人都必须时刻想到集体，而整个集体又时刻关心着每个成员。严格的组织纪律是在登山过程中培养起来的。在登山界，将集体主义（团队）精神视为一支登山队伍的灵魂。

2. 锻炼价值

（1）改善生理机能，提高身体素质。登山运动中，要求登山者需要有良好的体力、力量以及快速的应变能力，因此，经常进行登山运动可以锻炼人们的耐力、力量、提高呼吸器官、循环系统和神经系统的功能，增强身体对自然环境的适用能力。

（2）培养机智意识、塑造拼搏的精神。在从事登山运动实践中，会遇到各种各样的复杂地形和困难，登山过程也就是登山者不断排除这些威胁、障碍和困难的过程。由于不断地与自然界的险恶环境作艰苦卓绝的拼搏，不仅能学会超人的技术而且能锻炼出一种勇往直前、坚韧不拔的英雄气概和强壮的体魄。因此，有人将登山运动喻为“勇敢者的学校”，是净化人的灵魂，培养勇敢、拼搏精神的极好的体育运动项目。

（3）提高思维能力、增强责任观念。在从事登山运动实践中，会遇到各种各样的复杂地形和困难，登山过程也就是登山者众志成城不断排除这些威胁、障碍和困难的过程。由于不断地与自然界的险恶环境作艰苦卓绝的拼搏，不仅在享受挑战极限成功喜悦的同时还锻炼出一种勇往直前、坚韧不拔的精神以及一心为集体，团结友爱，关心同伴的团队责任意识。

图 15-5 所示为登山爱好者在登山。

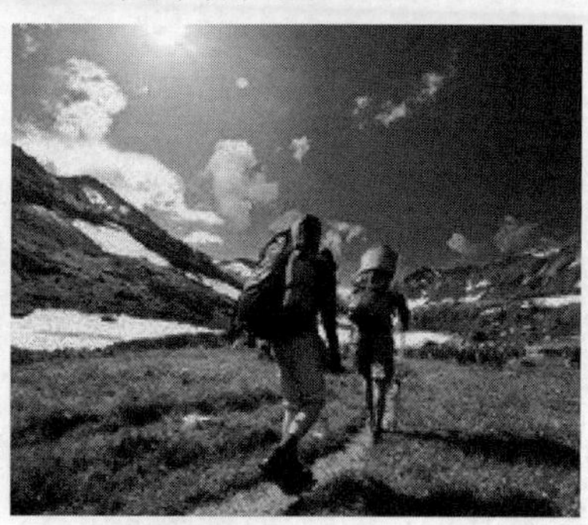

图15-5　登山爱好者登山

15.2.2 登山的基本技术

登山技术是登山运动中为克服地形上遇到的各种困难而采取的科学的操作方法。行进路线上的各种地形困难，是人们行动的威胁和障碍，登山过程，也就是运动员不断排除这种威胁和障碍的过程。在同一客观困难面前，是战胜它而夺得胜利，还是坠入险境而酿成事故，一般说与每个登山运动员的技术状况有很大关系。因而登山技术对于实现登山各项战术要求，具有重要意义。

1. 徒步攀登技术

没有经验的人，往往一开始就拉长步伐，将腿抬得很高，用脚尖急速行走，这正是加速疲劳的原因。正确的步行法是要将腿适度抬起，尽量节省体力，再配合手臂的摆动及肩、腰的平衡，不急不慢地往上攀爬。常用的攀登方法有：直线攀登、斜线攀登、水平横渡、山脉棱线攀登。

表 15-4 所示为徒步攀登的动作及技术要领。

表15-4 徒步攀登的动作及技术要领

动作	图 示	技术要领与用途	注 意 事 项
直线攀登		适用于攀登坡度在30°以下的山坡。上升时身体稍向前倾，全脚掌着地，两膝弯曲，两脚呈八字，迈步不要过大过快。尽可能选择那些小的凹坑和突出的土包草根，来缓解坡度。如果是雪地，可利用雪镐，并将脚踢入雪中脚尖用力踩出一个台面	1.身体稍向前倾 2.迈步不要过大过快
斜线攀登		这是我们经常所说的“之”字行走法。这种方法在坡度较陡的时候采用，靠近坡面一侧的腿应微屈，脚外侧用力，而远侧的一条腿较直，脚内侧用力。如果遇到冰雪路面，可利用冰镐，冰镐一定要握在靠近坡面一侧的手里	注意区分腿部动作和脚的用力面
水平横渡		水平横渡实质上与斜线攀登是一个道理，以此来减小坡度。只不过行走路线近似于水平或水平行走，以此来进行过渡，寻找较佳的行走道路	选择最佳道路
山脉棱线攀登		棱线是登山活动中较常见的。攀登一定要沉着冷静，棱线攀登经常会遇到陡峭的山峰、繁茂的草木。因此，走棱线一定要注意线路的选择，同时要防止迷路。一般情况下，有经验的登山者带着绳索先行攀登，并且在经过的道路上留下标记，到比较平坦的地域放下绳索，大队人马攀升通过	1.注意路线的选择 2.留下标记以供参考

登山运动中应摒弃的不良现象

由于登山是一项对身体条件有比较系统要求的运动项目，所以要求参与人员必须根据自身的锻炼情况，安排适合自身运动负荷的登山计划，同时也要依靠队员之间的相互配合，具有团结协作的良好品质和大局意识。绝不能“一时兴起”，自我为中心，甚至相互钩心斗角，不顾自己身体承受能力而一味地追求结果。造成队伍的不和谐，导致最终的失败。这便失去了登山本身的运动意义了。

中国登山队——我们的骄傲

截至1975年，中国登山运动员先后成功登上了数座7 500 m以上的高峰，尤为引人注目的是于1960年和1975年两次从中国境内一侧登上世界最高峰——珠穆朗玛峰，开创了人类从北侧成功登顶珠穆朗玛峰的纪录。1964年，中国在世界上首次登上海拔8 012 m的希夏邦玛峰，这标志着人类完成了对世界14座8 000 m以上高峰的首登，推动着世界登山运动跨入新的时代。

数十年来，中国登山运动员已实现登上世界七大洲最高峰的夙愿，而征服世界14座8 000 m以上所有高峰的任务也已完成。2008年，中国登山队更是完成了一项伟大壮举，奥运火炬第一次登上了珠穆朗玛峰峰顶。中国登山队将自己的名字永远镌刻在奥运丰碑上。

2. 器械攀登

表 15-5 所示为器械攀登的动作及技术要领。

表15-5　器械攀登的动作及技术要领

<table>
<tr><th>动作</th><th>图　示</th><th colspan="2">技术要领与用途</th><th>注 意 事 项</th></tr>
<tr><td>上升器攀登</td><td> 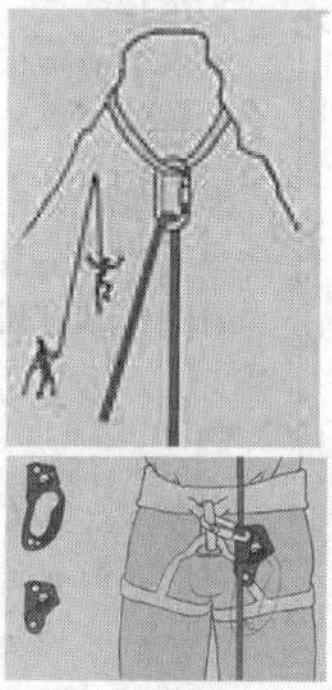</td><td colspan="2">将主绳一端在上方固定好，另一端扔到岩壁下方。将上升器扣入主绳，然后通过保护绳套、铁锁、下降与安全带连接。检查安全后，开始攀登，同时手和脚要协调配合</td><td>1.主绳固定的位置
2.各个器械连接是否正确</td></tr>
<tr><td>抓结攀登</td><td> </td><td colspan="2">在没有上升器的情况下，常常采用抓结攀登。其连接的方法是：用两根辅助绳在主绳上打成抓结（手握端），另外一端打成双套结（连脚端），不断向上攀登。攀登的方法及要领与用上升器攀登方法一样，都是抬腿提膝使拉紧了的辅助绳松弛，脚随之下蹬，身体重心一侧上移，另一侧也如此。反复进行，直到你要到达的地方</td><td>注意保持身体平衡，始终保持面向岩壁的姿势，动作要协调、有节奏</td></tr>
<tr><td rowspan="2">下降技术</td><td rowspan="2"> 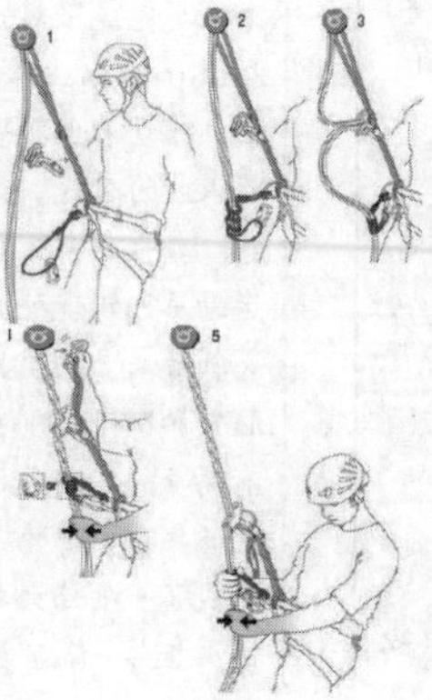</td><td>保护点的设置及保护绳的固定</td><td>保护绳的固定可以根据保护点来定，可以用单绳或者双绳。单绳可以直接系在保护点上（如可靠的大树、桥墩等），也可以挂在保护点上（如铁锁）。保护绳固定好后，要注意绳头到地，若双绳下降，必须确保两个绳头都到地。不管是单绳还是双绳，在绳的末端都要打一个防脱结，以防下降者从绳子末端脱出，特别是在分段下降时，更要注意</td><td>在固定保护绳时，要注意避免绳子与锋利的物体接触；若不可避免，则必须用垫子或其他物体加以保护</td></tr>
<tr><td>下降操作程序</td><td>1.穿戴好装备
2.到达下降起点，做好自我保护。
3.将绳子扣入下降器
4.抓紧制动绳
5.打开自我保护，保持正确身体姿势开始匀速缓慢下降，下降过程中要留意下方的情况</td><td>1.由于下降起点在高处，设置上方保护点和下降之前，必须做好自我保护
2.抓紧制动绳的同时，检查操作是否正确
3.初学者操作时要做下方辅助保护</td></tr>
</table>

15.2.3 攀登的原则

1. 掌握山区的地理和气候状况是登山的安全保障

在攀登前，应对山体的形状、结构进行深入的了解，以便准备相应的攀登工具。同时，根据山区的气候特征确定登山时间，尽可能避开雷雨季节。

2. 控制行进的节奏与速度

登山过程中，节奏以呼吸频率为准，步调与呼吸合拍；身体未适应步速之前，最好慢行，步幅要小。调节身体重心，掌握一个恒定的步伐、呼吸节奏。

3. 攀登海拔较高的山峰时要“缓慢攀登”

高山气压低，空气稀薄，体内氧气供应不足，因此要注意“缓慢攀登”。如果身体不能适应，应下降一个高度。

4. 攀登坡度较小的路段采用大步走

在攀登过程中，登山者应脚掌着地，尽量不用脚蹬，腰要稍弯，上体稍向前倾，身体重心要随着落地脚的支撑而左右摆动，切忌用脚尖行走。

5. 合理分配体力

体力分配通常是登山时用 1/3，下山用 1/3，留下 1/3 的余力。只有这样才能保持精力旺盛，持续行走时少发生意外事故。

图 15-6 所示为登山爱好者登山运动图。

图15-6 登山爱好者登山运动

15.3 定向运动

定向运动是一项非常健康的智慧型体育项目，是智力与体力并重的运动。由于定向运动是融健身性、知识性、趣味性和国防教育性于一体的一项体力与智力并重的体育项目。非常适合在大、中、小学

登山运动中的注意事项

1.登山的地点应该慎重选择。事先了解好登山路线，计划好休息和进餐地点，防止盲目地在山中乱闯。

2.登山时不要总往高处看，尤其是登山之初，因为你的双脚还没有习惯攀登动作，往上看往往使人产生一种疲惫感。

3.下山一定要控制住自己的脚步，切不可冲得太快，同时注意放松膝盖部位的肌肉，绷得太紧会对腿部关节产生较大的压力，使肌肉疲劳。

4.运动时要注意补充水分，在满足解渴的基础上再适当多饮些水，这样就可以减轻运动时的缺水程度了。

登山运动带给我们的启示

登山运动也是一种“理念的回归”，往往和考察结合在一起。因为在登山的过程中，我们还应观察到自然环境的变化和思考引起这些变化的原因。人类在创造现代文明的同时，往往以损害自然环境为代价。如果把登山运动视为人与自然对话的一种手段，那就可以通过了解这种现实，对未来生存环境做出自己的理性判断——要懂得尊重自然，保护环境，告诫自己不要做有损于生态平衡的事情。

登山是一种“向上的运动”，也可以把登山作为“立志”和实现人生目标的象征，时刻提醒自己：唯有步步登上顶峰，才能从“回眸远眺”的苍茫景色中，领悟“一览众山小”的人生境界，在此期间，必须重在体验“世

上无难事，只要肯登攀”的人生哲理，并把实现雄心壮志的远大抱负，寄托在不断向上的深刻寓意之中。

在神秘的未知中探寻胜利

1918年，瑞典一位名叫吉兰特的童子军领袖，组织了一次称为“寻宝游戏”的活动，引起参加者的极大兴趣，这便是定向运动的雏形。

由于这个活动的组织方法简便，不仅对提高野外判定方向的能力及学习使用地图有好处，还能够培养和锻炼人的勇敢顽强精神，提高人的智力、体力水平。开展定向运动不需要像其他体育项目那样在场地与器材上支付大量经费，娱乐性与实用性兼备，因此日益受到军队的重视，并且迅速在民间流传开来。定向运动1979年传入我国香港，1983年传入我国内地。1992年，我国以中国定向运动委员会的名义加入国际定联。2004年定向运动被纳入“体育、艺术2+1项目”和国家级课题野外生存生活训练课程。同年3月，共青团中央一号文件要求推广定向运动。从此，我国的定向运动事业翻开了崭新的一页。

定向运动对思维的影响

由于定向比赛具有独立性、多变性以及迅速做出判断决策等特点，且比赛环境复杂、多变，紧张激烈，只有冷静沉着地应对，才能取得最终胜利。若能经常在这种环境中锻炼，可以改善人的思维方式，提高练习者的判断和决策能力。

各级各类学校开展，经常参与参加定向运动不仅能强健体魄，还能让学生在轻松愉快的游玩过程中增长识图、用图知识，同时对培养学生独立性、意志品质、自信心等非智力因素还具有独特作用。

图 15-7 所示为定向运动图。

图15-7　定向运动图

15.3.1　运动特点与锻炼价值

1. 运动特点

（1）人群广泛。由于定向比赛的成败全在于个人的识图用图、野外定向和奔跑能力的强弱，因此适于各种年龄、性别的人参加。据国外有关资料记载，运动员最小的只有八岁，而最长者有八十岁，真可谓老少皆宜。

（2）形式多样。定向比赛因其参与人员特点或比赛场地的不同，从而组织形式多样。可易可难，可简单、可复杂。这也为定向运动在群众中的广泛开展，起到了良好的作用。

（3）多重体验。定向运动比赛的环境复杂、多样。学校、城市、公园、山区、雪地均可成为比赛场地，因其还可以增加一些辅助工作，如自行车、摩托车之类。使参与队员在同一比赛当中，尝试不同环境带来的刺激。

（4）团结和谐。由于接力或团队比赛中，每个人的成绩直接影响整个团队名次，因此，在比赛中每名队员都应默契配合、奋力拼搏，只有形成和谐的集体才可能获胜，因此，定向运动具有鲜明的斗智斗勇和严密的集体性特点。

2. 锻炼价值

（1）强健身心。定向运动是一项非常健康的智慧型体育项目，是智力和体力并重的运动。它不仅能强健体魄，而且能培养人的机智、勇敢、果断的能力，还有助于培养社交能力。通过定向比赛能有效地培养参加者的耐力、速度、力量和灵敏等身体素质。其次，还能培养其独立分析问题和解决问题的能力和拓展逻辑思维能力。

（2）培养技能。人的基本生活技能包括走、跑、跳、投、攀、爬、提、悬垂等。这些生活技能在野外复杂环境下进行的定向运动中均有体现，定向运动综合性的培养生活技能的功能令许多体育项目望尘莫及，它的培养价值更实用、更直接，在潜移默化和随意之间便有效地提高了生活技能。

（3）认识环境。自然环境是人类赖以生存和发展的基础。定向运动是一项回归自然的运动项目，参加者通过与自然的亲密接触，可以进一步感受和领悟到自然与人的关系，从而建立正确的自然观，科学、合理的处理人与自然的关系。

15.3.2　定向运动的基本知识

定向运动是指运动员借助定向地图和指北针，按组织者规定的顺序方式，自我选择行进路线并到访地图上所标示的地面检查点，以通过全程检查点，用时较短者或在规定时间找到检查点得分较多者为胜的一种体育运动。

1. 定向运动的器材设备

定向运动的器材设备见表 15-6。

表15-6　定向运动的器材设备

名称		图示	解释说明
赛会提供的器材	地图	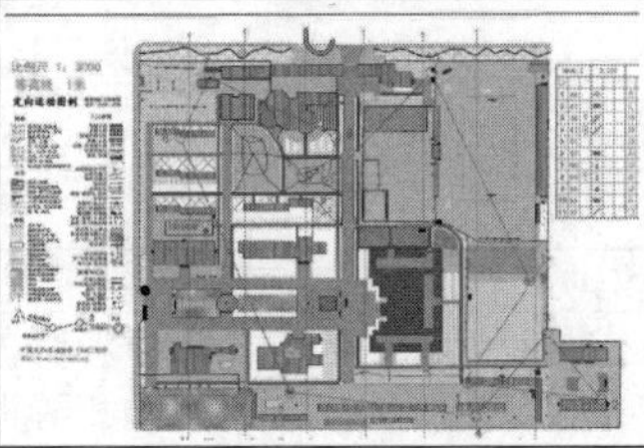	尽管任何一张普通地图都能用来进行定向运动。但就定向运动比赛来说则需要专用的定向地图 定向地图更加准确详细，使运动员更容易比较地图上的符号标记与实际地形中的实物 地图是定向越野最重要的器材，它的质量的好坏直接影响到运动员比赛的成绩和关系到比赛是否公正。制作和应用定向地图是开展定向运动的核心技术
	比赛路线	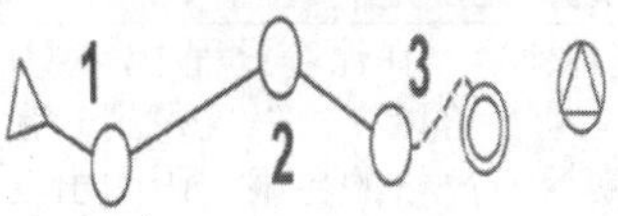	在定向地图上标有定向运动路线，一条定向路线一般包括一个起点（用三角表示），一个终点（用双圆圈表示）和一系列的检查点（用单圆圈表示）。检查点用于检验运动员是否按规定跑完全程，为此，应设置专门的标志。检查点应在地图上准确地表示出来
	检查点		点标旗：使用三面标志旗围成的“三角形灯笼”，每个面呈正方形，沿每个正方形对角线分成左上角为白色，右下角为橘红色，每个正方形尺寸为30 cm×30 cm 运动员根据定向地图所提供的信息，利用指北针快速定向，在实际地形中寻找一个橘黄色和白色相间的点标旗，该点标旗的位置准确放置在地图所标示的地点圆圈的中心
	点签	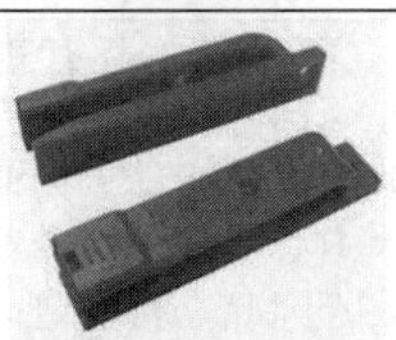	打卡器（检查钳）：是用弹性材料制成，顶端装有钢针，钢针的不同排列，使检查钳可以印出不同的图案印痕 电子打卡：现在国内外大型定向比赛都采用电子打卡系统打卡，它不仅能证实运动员的正确通过检查点，而且还能同时记录通过检查点的各段时间
	检查点说明符号	点标（检查点）说明书 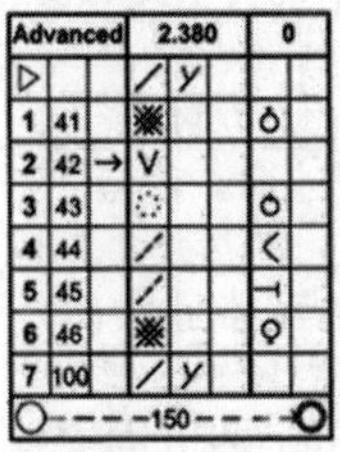	它可以使您在进入图上的检查点圆圈之后，不必再为寻找目标而东奔西走，以保证您的主要精力和时间都用在比赛途中

续表

<table>
<tr><th colspan="2">名称</th><th>图示</th><th>解释说明</th></tr>
<tr><td rowspan="3">个人需要的装备</td><td>指北针</td><td></td><td>目前国际上的定向越野比赛常使用由透明有机玻璃材料制作的指北针。红色的指针永远指北。当指北针的磁针静止后，其N端（通常都有标志）所指的方向即为北方（注意事项在野外生存中有说明）</td></tr>
<tr><td>服装</td><td></td><td>定向越野比赛对运动员的服装都没有特殊的要求。要求服装应选择轻便、舒适，易于活动者为佳。服装过紧或太厚均不适合野外跋涉</td></tr>
<tr><td>鞋</td><td></td><td>轻便、柔软而又结实，为便于上下陡坡、踩光滑的树叶或走泥泞地，鞋底的花纹最好是高凸深凹的。以防止在野外的泥道或砂地上滑倒</td></tr>
</table>

2. 定向运动的赛事类型

定向运动的赛事类型如表 15-7 所示。

表15-7　定向运动的赛事类型

名称	解释说明
徒步定向	通常称为定向越野，是国内开展最为广泛的一种定向运动。这种形势的比赛非常简单，开展起来最为广泛。由于它能考验个人的识图、野外选择路线和奔跑的能力，该项目易组织、易参与、规模可大可小。因此这种比赛适合任何人群
百米定向	百米定向是在一块100 m×50 m的场地内进行比赛。在比赛过程中，观众可以看到运动员比赛的全过程，而且赛场上还伴有音乐。运动员可以在出发区得到一张地图，并且在赛前分析地形、选择路线。起点、终点和比赛区有严格的界限，因为出发的运动员是不能够看到别的运动员比赛的过程。比赛地图采用1:500的大比例地图，等高距为1 m。在比赛区域内的每一颗树都被标注在图上，非常细致。与此同时，组织者还要另外加上一些控制标志以增加比赛的难度。比赛的线路一般为150～400 m，设置5～13个点标。一般在2～3 min即可完成比赛
山地车定向	顾名思义，就是选手们骑在山地自行车上进行的定向运动。它需要的场地比徒步定向略大，区域内的大小道路要能构成网络，以便选手骑行。由于不便频繁看图，山地车定向的选手比徒步定向的选手更需要培养地图默记的能力，同时，在崎岖地形上熟练地驾驶山地车的技术也是必不可少的
接力定向	接力定向是团体之间的定向越野比赛项目之一，其成绩好坏有赖于每个队员个人能力的发挥。在接力比赛中，比赛的路线分成若干段（国际比赛通常为四段），每名选手完成其中的一段，各段参赛选手的成绩相加为该队团体总成绩。为便于观众欣赏各选手之间的激烈竞争，接力定向的场地必须设置一个“中心”站，各段选手的交接（即“换段”）均在这里以触手方式进行（不使用接力棒），因此，接力定向的观赏性较好，被国际定联（全称为国际定向越野联合会）纳入了正式比赛项目
夜间定向	这是定向运动的一种高难度的比赛形式。由于是在视度不良的夜间进行的，不仅增加了比赛的难度，同时增加了吸引力和刺激性。夜间定向已被列入国际定联的正式比赛项目之中。第一届世界夜间定向锦标赛于1986年10月27—28日在匈牙利举行
滑雪定向	滑雪定向也可以按个人、团体或接力比赛等形式进行。它与个人徒步定向越野赛的区别是选手需要使用滑雪装具（非机动的）。供比赛用的滑道，则需要使用摩托雪橇来开辟。同一比赛路线上的滑道通常不止一条，以便于选手自行选择
积分定向	积分定向通常以个人方式进行。它是在比赛区域内预先设置好许多检查点，并根据地形的难易程度、距离远近、点的位置的相互关系不同而赋予每个检查点以不同分值。选手必须在规定时间内自行寻找若干或全部检查点，以积分最高者为优胜

续表

名称	解释说明
专线定向	这种比赛与其他比赛的最大区别是在地图上明确地标出了比赛的路线，运动员必须按这些规定的路线行进，并将途中遇到的检查点位置标绘到图上去。成绩以检查点位置标绘的准确程度和所用时间的长短确定
公园定向	公园定向主要在风景较好的公园、校园、城镇、居民小区里举行。公园定向把定向的魅力展现在观众面前，展现在媒体面前，增强了定向的观赏性和影响力，更加具有商业价值
五日定向	这是瑞典独有的一项特别吸引人的比赛项目。比赛共进行五日，比赛路线由若干段组成，每次都单独记录下个人的成绩，最后再算出总成绩。在几十公里或者一百余公里的多条比赛路线中，除设置了许多检查点之外，还设有若干营地，供运动员与观众休息或参加丰富多彩的文化娱乐活动。近年来，瑞典的五日定向比赛组织得十分频繁，每次参加比赛的来自世界各地的选手都超过15 000人，大大超过了任何一届奥林匹克运动会的选手人数

3. 定向运动地图和指北针

（1）地图。尽管任何一张普通地图都能用来进行定向运动。但就定向运动比赛来说则需要专用的定向地图。定向地图更加准确详细，使运动员更容易比较地图上的符号标记与实际地形中的实物。

定向地图的特点：

- 有关地面通行性的详细信息（障碍和易跑性）的专题地形图。
- 地图是定向越野最重要的器材，其质量的好坏直接影响到运动员比赛的成绩和关系到比赛是否公正。
- 制作和应用定向地图是开展定向运动的核心技术。

表 15-8 所示为普通地形图和定向地形图。

表15-8　普通地形图和定向地形图

普通地形图	定向地形图
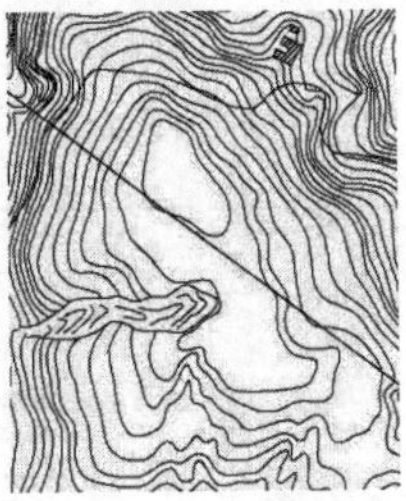	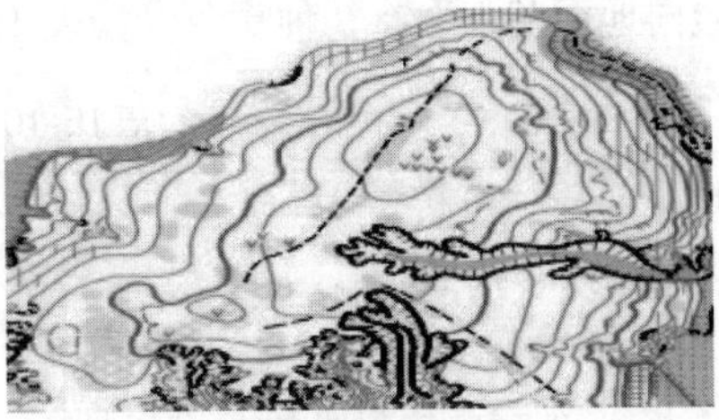
	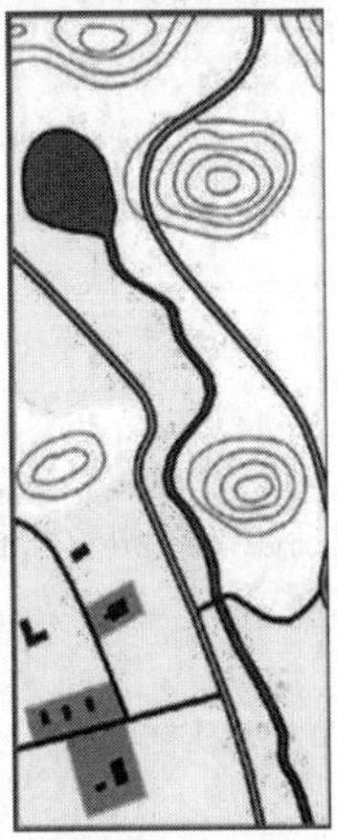

（2）指北针。定向运动最重要的就是人的大脑。然而，找到正确方向的最有用的工具是指北针。它是定向运动可使用的唯一合法帮助。在定向运动中，指北针红色的指针永远指北。其主要作用是辨别方向、标定地图、确定站立点与目标点的方向、简易测绘。表 15-9 列出了刻度盘指北针及其说明。

表15-9　刻度盘指北针及其说明

名称	图示	说明
刻度盘指北针	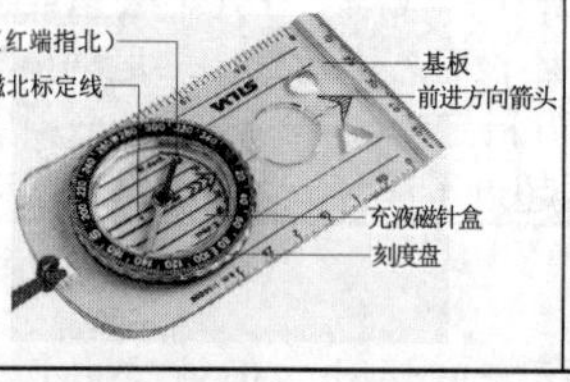 磁针（红端指北） 磁北标定线 基板 前进方向箭头 充液磁针盒 刻度盘	刻度盘指北针主要由透明的基板、托架在基板上的充液磁针盒及刻度盘组成。在基板上刻有前进方向箭头，用来之处目标检查点的方位，磁针盒底部刻有磁北标定线，用来方便磁针标定地图和确定前进方向

（1）用指北针给地图定向。沿着选定路线行进时，随着前进方向的改变，同时向身体转动方向相反的方向转动地图，当地图磁北线的北端与指北针磁针的红端（北端）一致时，地图即被标定。

（2）用指北针确定行进的方向。

- 将指北针放在地图上，并使基板上的前进方向线与目前站立点和目标位置的连线平行。
- 转动刻度盘，使磁北标定线与地图磁北线平行，确保磁北标定线的北端与地图磁北线方位一致。
- 水平持握指北针于身体前面正中的位置，高与腰或胸齐，转动身体直到指北针磁针与磁北标定线平行，磁针的北端（红端）与磁北标定线的北端（红端）一致。前进方向箭头所指的方向即前进方向和目标所在方位。

4. 定向图例

定向地图基本上有 7 种颜色，如表 15-10 所示。

表15-10　定向地图上的颜色

名称	解释说明	图示		
棕色	用于描绘地貌和人工铺砌的地表，如等高线和沥青/砾石路面（包括高速公路、主干道、宽行人道、篮球场等）等。	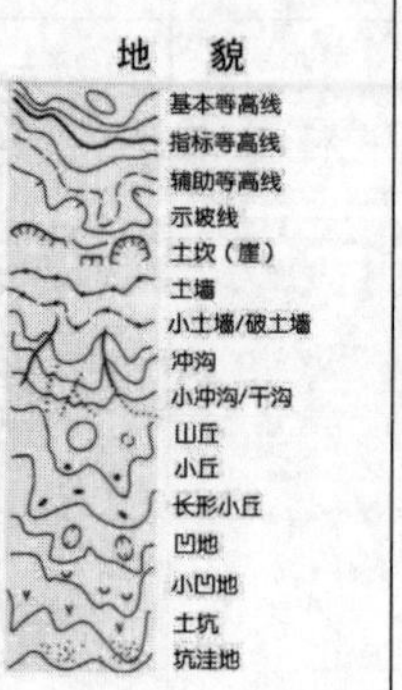 地　貌 基本等高线 指标等高线 辅助等高线 示坡线 土坎（崖） 土墙 小土墙/破土墙 冲沟 小冲沟/干沟 山丘 小丘 长形小丘 凹地 小凹地 土坑 坑洼地	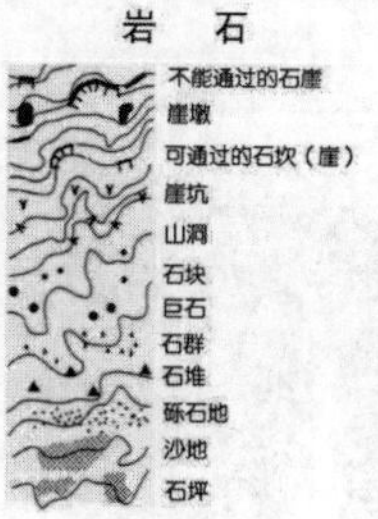 岩　石 不能通过的石崖 崖墩 可通过的石坎（崖） 崖坑 山洞 石块 巨石 石群 石堆 砾石地 沙地 石坪	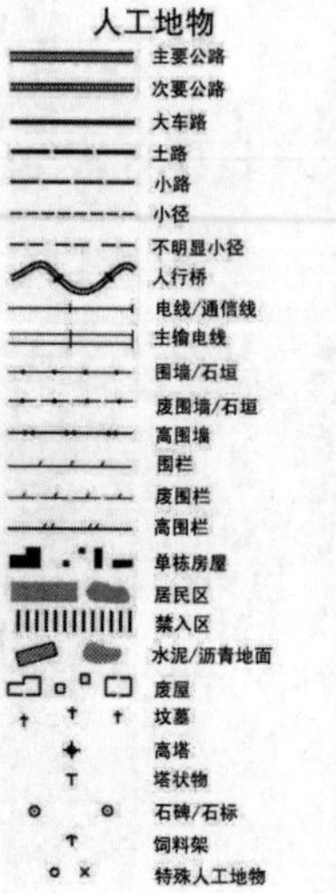 人工地物 主要公路 次要公路 大车路 土路 小路 小径 不明显小径 人行桥 电线/通信线 主输电线 围墙/石垣 废围墙/石垣 高围墙 围栏 废围栏 高围栏 单栋房屋 居民区 禁入区 水泥/沥青地面 废屋 坟墓 高塔 塔状物 石碑/石标 饲料架 特殊人工地物
黑色和灰色	用于描述岩石和石头、人造地物、包括磁北线和套印标记在内的技术符号			

续表

名称	解释说明	图示
蓝色	用于描绘水系，如湖泊、溪流、泥沼等	水 系 不能通过的水面 池塘/蓄水池 水坑 不能通过的河流 河流 溪流/水渠 季节性溪流/水渠 沼泽地 不能通过的淤泥地 淤泥地 季节性淤泥地 水井 泉
白色	用于描绘开阔以跑的林地	植 被 Vegetation 空旷地 Open land 稀树空旷地 Open land with scattered trees 杂草地 Rough open land 稀树杂草空旷地 Rough open land with scattered trees 可跑树林 Forest: easy running 慢跑树林 Forest: slow running 慢跑低矮丛林 Undergrowth: slow running 慢行树林 Forest: difficult to run 慢行低矮丛林 Undergrowth: difficult to run 通行困难树林 Vegetation: very difficult to run, impassable 单向可跑树林 Forest runnable in one direction 果林 Orchard 葡萄园 Vineyard 耕地 Cultivated land 明显耕地边界 Distinct cultivation boundary 明显植物边界 Distinct vegetation boundary 不明显植物边界 Indistinct vegetation boundary 特殊植物符号 Special vegetation features
绿色	用于描绘植被。绿色越深，越难通行	
黄色	用于描绘植被。空旷地，易奔跑。（另外，黄绿色为禁入的居民地和植被区域）	
紫红色	用于描绘比赛路线	1 2 3

15.4 野外生存

野外生存不是夏令营，更不是徒步旅游，而是对人在艰苦、原始环境中生存能力的赤裸裸的考验。紧急关头，如果获得营救的时间遥遥无期，在既无地图又无指针的漫漫旅程中，你必须熟知如何尽可能地从大自然中获取你所需要的东西，以及如何充分利用它们，如何引起营救者的注意以便及早获救，如何在穿越未知地域时选择正确的路线以便能够回到“文明世界”等。你必须熟知如何保持健康的体能状态，如果生病或受伤时，应知道如何设法复愈。同时你必须有能力使自己以及共患难的同伴都能拥有乐观的精神。

图 15-8 所示为野外生存活动图。

图15-8 野外生存活动

幸存之道——勇气与知识

你可能会被隔绝在地球上任一地点，各异的环境要求各自独特的生存技巧。人类在地球上每个角落几乎皆能立足，甚至在那些不毛之地。山川、密林、莽原及沼泽都有可能给求生者带来险境，但同时也提供了相应的生存机会——食物、燃料、水及避身所等，前提是你熟知如何利用它们。气候影响是至关重要的，必须知道如何应付严寒与酷暑——它们会以不同的方式向求生者发出挑战。生存是维持生命的艺术。男人和女人都曾证明他们能在极其恶劣的环境下生存。他们之所以能活下来是因为他们有活下去的勇气。幸存者是那些懂得运用指导性理论知识去获取所需物品，能够成为不断适应环境的勇士。同时，人类在不断经受挫折中积累着征服自然的能力。

野外生存的发展历程

1. 为了生存而不得不进行的阶段。它主要指在人类发展的早期阶段，如狩猎、寻找合适的居住地等。在此阶段，人们是在迫不得已的情况下自发地进行着野外生存活动，其主要目的是生存。

2. 在特殊时期、特殊地点，为了特殊的目的而有意识地进行训练的阶段。如战争时期、自然灾害区域、军队、科考队等。此阶段，某些是人们迫不得已的，如灾害；某些是人们主动的、自愿进行的，如具有特殊使用的集体，像军队、探险队等，其目的是多样化的。

3. 为了提高生活的质量和人的素质而进行的阶段。该阶段，进行“野外生存”的人们完全是自愿的，且目的主要是精神方面的。这就使此活动具有教育的功能。因此我们可以把此活动作为一门素质教育课程。

15.4.1 概述

1. 运动特点

（1）难易自定。野外生存就是在衣食无着的野外谋求生存。概括地讲是在野外的走、吃、住、自救四项。参与者可根据自身的情况自定难易程度。

（2）外因多变。由于野外生存是在大自然环境中进行的，因此很多外界的因素是不确定的，要求人们在进行野外生存训练之前，做好全面、细致的准备工作。

（3）自我挑战。我们总是习惯于生存在家乡的土地上，但是真正的生存者必须学会在远离熟悉的生存环境下，或者这些环境在自然或人为的破坏下急剧改变时，如何生存下来。

（4）团结和谐。野外生存既可以是个人运动也可以是集体项目。由于存在一定的危险性，在集体中必须时刻想到集体，时刻关心着每个成员。

2. 锻炼价值

（1）健身价值。野外生存是当今时尚的体育项目，与所有体育项目一样，它的健身价值依然是最根本的价值体现，其对各种人群都有良好的锻炼价值。在清新、自然的环境中，与大自然融为一体，远离城镇喧嚣、环境污染，尽情享受明媚的阳光、清新的空气。同时，依靠个人能力野外行走、丛林穿越、辨别方向、都会起到放松精神、缓解压力、强身健体的作用。

（2）健心价值。野外生存训练更能够符合年轻人活泼、自由的性格，使其乐于接受，有益于培养他们广泛的兴趣和爱好，塑造冷静果断、勇于探索、克服困难的意志品质，适应艰苦的野外环境造成的心理压力。在协同战胜困难中，提高社会适应能力；在与自然的接触中，培养野外生存的技能；在挑战体能极限中，增强身心素质。

（3）益智价值。参加野外生存训练，既是体力上的锻炼，又是智力上的考验。在增强体质的同时也能培养其独立思考、独立解决问题的能力。在野外，处处都存在未知的情况，为了生存，时时刻刻都会要求参与者去判断、决策、思考，这样的活动对智力的培养功能显而易见。

（4）益群价值。通过野外生存训练，人们会从最初的互相不默契、不融洽发展到活动中的和谐相处、彼此信任，从活动开始时的“自我中心”到后来主动考虑别人、主动帮助他人，最后深深懂得团队精神的重要性。

15.4.2 野外生存的基本技术

野外生存训练主要是人对自然界的适应和挑战，出发之前，做好相应的准备工作是非常重要的。如何装备自己、如何应对各种困难在很大程度上决定了野外活动的成败。在野外，尤其是在山区，风、雨、雪等各种恶劣的自然天气情况都会突然出现，复杂的地形也对挑战者的体能和技术提出了很高的要求。如果没有周密的安排，良好的知识和锻炼，将会造成险情。因此良好的基本技术对野外生存训练是极其重要的。

1. 装备的要求

仔细挑选合适的衣物（见表15-11），穿着既不会发热又能起很好的保护作用。衣服要合身，不至于影响自由活动，要使它们既透气又能保暖和防水。有些类型的纺织品既能防水又有助于散发多余的热量。在严寒天气应多穿几层衣服。在温带大陆地区，步行者只需背心、衬衫和防风夹克就差不多了。天冷时得加件运动衫，下雨时还得穿上雨衣。另外，你还需要一套换洗的衣服和一套休息时能添加保暖性的衣服。

表15-11 选择合适的衣物

名称	选择方法及用途
睡袋	睡袋的材料通常有两种：一种是人造织物真空棉；另一种更贵一些，是羽绒的。羽绒睡袋相当轻便而且隔热保温效果好，但前提是必须保持干燥。一旦羽绒睡袋被弄湿了，不仅会失去隔热效果，而且要晾干也相当困难。所以环境条件比较潮湿时，人造织物真空棉睡袋可能会是更好的选择
包类	你需要一只背着舒适而且结实的背包，以便携带衣物和必要装备。在你能支付得起的范围内，尽可能选择质量最好的。背包的材料应足以安全地承受背包的载量，还应不易磨损。不够结实的背包会使你一路上狼狈不堪。背包负重的秘密在于，它将大部分重量分担在臀部上——身体最富韧性、极其耐劳的支点——而不是肩膀或背上，肩膀和背部都易疲惫而不堪承重。所以背包应有结实而舒适的腰带 最后要强调的是，制作包类的材料一定要选用结实而且防水的织物。最好主袋有一内衬，既能防水渗入又防所装物品渗漏。侧袋也很有用，但袋口要选择安全的拉链而不是搭扣之类，否则容易丢东西
装载	为了方便，最好把所有东西都放在透明袋里，这样易于知道每件物品的位置，同时能保证首先要用的物品不会被放在最底部。笨重物品如无线电之类也应放在上部，这样会更便于携带 将炉子和各种炊具放在边袋里，以便暂驻下来时易于取出。遇到暖和天气，你可带一些可以凉吃的食物，只需保证能弄到足够的热饮就可以了。遇到严寒天气，要多带一些高脂食品和糖类。慎重地考虑你在远离陆地时的生存能力，把一切当地不易获得的必需给养带足
无线电通信设备	对于一次遥远的野外生存来说，无线电通信设备应该是必备的。预先安排好队伍与基地之间早晚联系的信号和方式，这会使得双方间的交流容易进行 在晚间利用无线电向总部报告队伍所处方位和已经完成的工作以及随后的打算。在早晨应注意接收最新天气形势、标准时间以及基地发送给队伍的其他信息和指示 为了防备过程中可能发生的意外，你应安排基地能收到在意外情况下你们发出的额外呼叫信号。这样，如果你们确实发生意外，基地也可知道你们最后一次联络时所处的方位，这样营救计划也能便于实施
基本需要	生存的基本需要是食品、火、庇护所和水，它们各自的重要程度取决于你所处的环境。更充分的装备应该有绳子、钉子、电筒、燃料、引火物、刀子、餐具、雨具、地图、指北针以及一些必备的医疗保健品

2. 野外露营

野外露营是野外生存训练的主要宿营方式，也是值得积极提倡的宿营方式。

（1）营地的选择。宿营营地的选择及其建设是关系到全部人员休息的大问题，应予以很高的重视，见表15-12。

出行小秘籍

出行需要考虑以下几方面问题。

1. 活动性质：是郊游还是探险；是登山还是穿越；是业余的还是专业的？

2. 出行方式：有交通工具，还是徒步，需要徒步的地段大约多少千米？

3. 起止时间：计划几天行程，如果有意外，可能会拖延时间，大约多长时间返回？

4. 人员组合：是随团出行还是自助，同行者共多少人，如果是大队人马出行，组织者会提供怎样的后勤保障？

5. 身体状况：我目前的身体状况如何？在野外期间，我的身体可能会出现怎样的状况，应该带上什么药品和卫生用品？

6. 气象情况：目的地的气象情况如何？那里是怎样的生态环境？

7. 特殊要求：我这次去野外还有什么特殊目的，还应该配备什么特殊装备？

表15-12 营地的选择

名称	注 意 事 项
近水	露营休息离不开水，近水是选择营地的第一要素。因此，在选择营地时应选择靠近溪流、湖潭、河流边以便取水。但绝不能将营地扎在河滩上，因为有些河流上游有发电厂，在蓄水期间河滩宽、水流小，一旦放水时将涨满河滩；还有一些溪流，平时水量小，一旦下暴雨，就有可能发大水或山洪暴发，所以一定要注意防范这种问题，尤其在雨季山洪多发区
背风	在野外扎营应当考虑背风问题，尤其是在一些山谷、河滩上，应要选择一处背风的地方扎营。还有注意帐篷门的朝向不要迎着风向。背风不仅是考虑露营，更适合于用火
远崖	扎营时不能将营地扎在悬崖下面，一旦山上刮大风时，有可能将石头等物刮下，造成危险
近村	营地应尽量靠近村庄，有什么急事可以向村民求救，在没有柴火、蔬菜、粮食等情况时就更为重要。近村也是近路，方便队伍的行动、转移。如果是一个需要居住两天以上的营地，在好天气情况下是应该选择一处背阴的地方扎营，如在大树下面及山的北面，这样，如果在白天休息，帐篷里就不会太热太闷
防兽	建营地时要仔细观察营地周围是否有野兽的足迹、粪便和巢穴，不要建在多蛇多鼠地带，以防伤人或损坏装备设施。要有驱蚊、虫、蝎药品和防护措施。在营地周围遍撒些草木灰，会非常有效地防止蛇、蝎、毒虫的侵扰
防雷	在雨季或多雷电区，营地绝不能扎在高地上、高树下或比较孤立的平地上。那样是很容易招至雷击

（2）营地的建设。营地选择好后即要建设营地。尤其是有一定规模的野外露营地，整个营地的建设就尤为重要，见表15-13。

表15-13 营地的建设

名称	方法
平整场地	将已经选择好的帐篷区打扫干净，清除石块，矮灌木等各种易刺穿帐篷的任何东西，不平的地方可用土或草等物填平
场地分区	一个齐备的营地应分帐篷宿营区、用火区、就餐区、娱乐区、用水区、卫生区等区域。用火区应在下风处，以防火星烧破帐篷。就餐区应就近用火区，以便烧饭做菜及就餐。活动及其娱乐区应就餐区的下风处，以防活动的灰尘污染餐具等物。卫生区同样应在活动区的下风处。用水区应在溪流及其河流上分别上下两段，上段为食用饮水区，下段为生活用水区
建设帐篷露营区	如有数个帐篷组成的帐篷营地区，在布置帐篷时，应注意帐篷门都向一个方向开、并排布置。帐篷之间应保持一定的间距
建设取水、用水区	用水、取水一般都在水源处，洗漱用水与食用水应当分开。如是食用水应在上游处，洗漱生活用水在下游处。如是湖水即同样要分开地方，两种用水处应当距离10 m以上，这种划分是考虑到卫生的需要。另外，取水要经过的河滩地带、乱石灌木等物较多，没有小路可寻，故应当在白天的时候注意清理一下，不然晚上取水时就不方便了
建设用火就餐区	就餐同用火一般在一块儿，烧饭的地方最好是有土坎、石坎的地方，以便挖灶建灶，大家拾来的柴火应当堆放在区外或上风处。就餐区最好有一块大家围坐的草地，“餐桌”可以用一块大平石，或者就在地上了

续表

名称	注意事项
建设卫生区	卫生区即是解手方便的地方，如果只是住宿一晚，可以不必专门挖建茅坑，可以指定一下男女方便处即可。如果住宿天数在两天以上，即应当挖建，临时厕所应建在树木较密的地方，就不用拉围帘了。大家的大小便就应该在修建的卫生区里进行，而不应满山解，而大煞风景
建设娱乐区	娱乐区只要是场地平整即可，并清理场地里绊脚、碰头的东西，有时在玩一些游戏时应在一个划定的圈子里拉上保护绳，以免不注意发生意外事故。住宿农家及旅店：农家及一些乡村小镇的旅店，这种住宿农家及小旅店蛮有趣味，特别在一些偏僻的小地方，点油灯，睡竹板床，窗户是纸糊的，楼板是木头做的，走在上面，“嘎吱、嘎吱”地响。人生应当各种滋味都体验一下。住宿农家比住宿小店更有意思，不仅是最直接了解农村的方式，而且也是体验农村生活的重要方式。但要注意不要影响农家的正常生活，并且要主动做事

野外生存演绎现实生活

说到野外生存，我们第一反应自然是电视上那些收视奇高但又饱受争议的“生存游戏”。按照“生存游戏”规则，谁能成为“赢家”——幸存者，固然取决于体能、技能和智能，但任何人的命运，其实有掌握在同伴甚至失败者的手中。至于同伴对于自身的影响，既有可能是自然的，也不排除处于某种同情、怨恨、嫉妒或其他心态。总之，就像现实生活一样，有许多说不清、道不明的复杂因素。这表明，每个人的生存命运既需要通过自己的努力去把握，却又无法由自己来决定。因为个人无法离开集体与社会。

（3）气象知识。在野外，恶劣的天气将会严重阻碍人们的野外行动，特别是对求生来说更是雪上加霜。因此，通过周围环境的变化了解天气形势的发展趋势，以便提前安排和准备工作，对野外行动者和求生者来说意义十分重大，见表15-14。

表15-14 应了解的气象知识

名称	注意事项
防雨	防雨是露营气象考虑的重要问题，如果判断当晚有可能下雨，应当对营地及帐篷进行必要的防雨处理，除选择好营地外，需要挖泄洪沟，加固帐篷并增强防雨性能，如可以在帐篷外加盖防雨塑料布、雨衣等，将各种旅行用品放置在帐篷中等。防雨应在扎营前观察天气变化情况，经常外出旅行多观察多积累经验就会掌握个大概
防风	风向对应扎营比较重要，关系到帐篷门、炉灶口开向及营地各区域的整体布置问题。这需要了解一些地形气候知识，在大湖泊边扎营，其风向是早晚相反变化，白天，地面温度上升快，风向是向陆地刮；夜晚，地面温度下降快，风向向湖区刮。故应当将帐篷门背风开，而炉灶口应向风开。在炎热干燥的山区同样有相似的情况，白天，由于山谷（谷地）气温上升慢于山坡（山顶），呈上升气流，即谷地向上刮风，而夜晚则呈下降气流，风向谷地刮。故在山谷中扎营时应当事前考虑这种情况。研究风向及风力，对应户外运动比较重要，有条件的可以带上一个风向风力表，或根据下表查知风力，在记日记时不妨记录一天最大的风速
气温	气温对应户外旅行同样重要，我们应当学会气温管理，即掌握在什么季节、什么地区的气温变化及规律，并在此基础上的装备、服装配置。学会对气温及变化有一个较为准确的直觉判断，这就要经常携带一个气温表，经常性的对照观察、体验。一日之中，一般在下午2点为当日最高气温，为其峰值；而凌晨2～3点是最低点。这一日之间的温差称为日较差，日较差的大小与地理纬度、地形、季节、天气状况等因素相关，一般说来，低纬度比高纬度地区、内陆比沿海地区、晴天比阴天、盆地比平原、荒漠比林地的日较差大。在森林中，由于森林的存储功能，日较差小，林中要比无林地气温低0.7~2.3 ℃，夏季低8～10 ℃，冬季低4～5 ℃，同时森林中的湿度也较大，故在森林中露营应当注意这些问题

3. 野外判定方向

在野外活动，为防止迷路，争取判定所在位置和方向，必须掌握定位和测向方法。在自然界，某些动物具有辨别方向的本能。人类的某些成员也具备这种能力，但绝大多数人不具备，或者只有这种潜能，因此野外确定方向主要是依靠经验和工具。表15-15所示为野外判定方向的方法及注意事项。

表15-15　野外判定方向的方法及注意事项

名称	方法及注意事项
利用指北针判定方向	判定方位时，将指北针平放，待磁针完全静止后，磁针北端所指的方向就是北方。如果测定方位的人面向北方，则他的背后是南，右边是东，左边是西。但要注意：1.尽量保持水平；2.不要离磁性物质太近；3.不要将指针的S端误认为北方，造成180°的方向误差；4.掌握活动地区的磁偏角进行校正
利用太阳判定方位	可以用一根标杆（直杆），使其与地面垂直，把一块石子放在标杆影子的顶点A处；约10 min后，当标杆影子的顶点移动到B处时，再放一块石子。将A、B两点连成一条直线，这条直线的指向就是东西方向。与AB连线垂直的方向则是南北方向，向太阳的一端是南方
利用指针式手表判定方向	手表水平放置将时针指示的（24小时制）时间数减半后的位置朝向太阳，表盘上12点时刻度所指示的方向就是概略北方。假如现在时间是16时，则手表8时的刻度指向太阳，12时刻度所指的就是北方
利用北极星判定方向	首先要找到北斗星。该星座由七颗星组成，开头就像一把勺子一样。当找到北斗星后，沿着勺边A、B两颗星的连线，向勺口方向延伸约为A、B两星间隔的5倍处一颗较明亮的星就是北极星。北极星指示的方向就是北方。还可以利用与北斗星相对的仙后星座寻找北极星。仙后星座由5颗与北斗星亮度差不多的星组成，形状像W在W字缺口中间的前方，约为整个缺口宽度的两倍处，即可找到北极星
利用地物特征判定方位	应根据不同情况灵活运用。独立树通常南面枝叶茂盛，树皮光滑。树桩上的年轮线通常是南面稀、北面密。农村的房屋门窗和庙宇的正门通常朝南开。建筑物、土堆、田埂、高地的积雪通常是南面融化得快，北面融化的慢。大岩石、土堆、大树南面草木茂密，而北则易生青苔
迷失方向	在野外迷失方向时，切勿惊慌失措，而是要立即停下来，冷静地回忆一下所走过的道路，想办法按一切可能利用的标志重新制定方向，然后再寻找道路。最可靠的方法是“迷途知返”，退回于原出发地。在山地迷失方向后，应先登高远望，判断应该向什么方向走。通常应朝地势低的方向走，这样容易碰到水源、顺河而行最为保险，这一点在森林中尤为重要。因为道路、居民点常常是滨水临河而筑的。如果遇到岔路口，道路多而令人无所适从时，首先要明确要去的方向，然后选择正确的道路。若几条道路的方向大致相同，无法判定，则应先走中间那条路，这样可以左右逢源，即便走错了路，也不会偏差太远

4．野外生活技巧

野外生活技巧及注意事项如表 15-16 所示。

表15-16　野外生活技巧及注意事项

名称	技巧及注意事项	
寻找水源	听	凭借灵敏的听觉器官，多注意山脚、山涧、断崖、盆地、谷底等是否有山溪或瀑布的流水声，有无蛙声和水鸟的叫声等。如果能听到这些声音，说明你已经离有水源的地方不远了，并可证明这里的水源是流动的活水，可以直接饮用。但要特别注意的是，不要把风吹树叶的“哗哗”声当作流水的声音
	嗅	利用鼻子尽可能地嗅到潮湿气味，或因刮风带过来的泥土腥味及水草的味道。然后沿气味的方向寻找水源。当然这要有一定经验积累
	观察	凭着丰富的经验和知识。去观察动物、植物、气象、气候及地理环境等也可以找到水源。根据地形地势（地理环境）判断地下水位的高低。如山脚下往往会有地下水，低洼处、雨水集中处，以及水库的下游等地下水位均高。另外，在干河床的下面。河道的转弯处外侧的最低处，往下挖掘几米左右就能有水。但泥浆较多，需净化处理后，方可饮用
	根据气候及地面干湿情况	如在炎热的夏季地面总是非常潮湿，在相同的气候条件下，地面久晒而不干不热的地方，地下水位较高；在秋季地表有水汽上升，凌晨常出现像纱巾似的薄雾，晚上露水较重，且地面潮湿，说明地下水位高，水量充足；在寒冷的冬季，地表面的隙缝处有白霜时，地下水位也比较高；春季解冻早的地方和冬季封冻晚的地方以及降雪后融化快的地方地下水位均高

续表

<table>
<tr><th>名称</th><th colspan="3">技巧注意事项</th></tr>
<tr><td rowspan="4">寻找水源</td><td colspan="2">根据植物生长情况</td><td>生长着香蒲、沙柳、马莲、金针（也称黄花）、木芥的地方，水位比较高，且水质也好；生长着灰菜、蓬蒿、沙里旺的地方，也有地下水，但水质不好，有苦味或涩味，或带铁锈；初春时，其他树枝还没发芽时，独有一处树枝已发芽，此处有地下水；入秋时，同一地方其他树叶已经枯黄，而独有一处树叶不黄，此处有地下水；另外，还有三角叶杨、梧桐、柳树、盐香柏，这些植物只长在有水的地方，在它们下面定能挖出地下水来</td></tr>
<tr><td colspan="2">根据动物、昆虫的活动情况</td><td>夏蚊虫聚集，且飞成圆柱形状的地方一定有水；有青蛙、大蚂蚁、蜗牛居住的地方也有水；另外，燕子飞过的路线和衔泥筑巢的地方，都是有水源和地下水位较高的地方。再有，鹌鹑傍晚时向水飞，清晨时背水飞；斑鸠群早晚飞向水源，这些也是判断水源的依据</td></tr>
<tr><td colspan="2">根据天气变化</td><td>天空出现彩虹的地方，肯定有雨水；在乌黑、带有雷电的积雨云下面，定有雨水或冰雹；在总有浓雾的山谷里定有水源；靠收集露水也可缓解燃眉之急</td></tr>
<tr><td colspan="2">直接从植物中取水</td><td>在南方的丛林中，到处都有野芭蕉，也叫仙人蕉。这种植物的茎含水量很大，只要用刀将其从底部迅速砍断，就会有干净的液体从茎中滴出，野芭蕉的嫩茎也可食用，在断粮的情况下，可以充饥。如果能找到野葛藤、葡萄藤、猕猴桃藤等藤本植物也可从中获取饮用水。另外，在春天树木要发芽之时，还可从山榆树等乔木的树干及枝条中获取饮用水。注意：千万不要饮用那些带有乳浊液的藤或灌、乔木的汁液，有毒。另外，还可以从芦荟、仙人掌及其果实中获取饮水</td></tr>
<tr><td rowspan="2">野外觅食</td><td colspan="2">可食野生植物的识别</td><td>可食野生植物，包括可食的野果、野菜、藻类、地衣、蘑菇等。对可食野生植物的识别是野外生存知识的主要内容，有着重要的实用意义。我国地域广大，寒、温、热三带气候俱全，而大部分是属于温暖地带，适合于各种植物的生长，其中能食用的就有2 000种左右。野生植物的营养价值很高，含有多种维生素。采食野生植物的最大问题是如何鉴别有毒与无毒。有一个最简单的办法，即将采集到的植物割开一个口子，放进一小撮盐，然后仔细观察这个口子是否变色，通常，变色的植物不能食用</td></tr>
<tr><td colspan="2">野果</td><td>我国地大物博，南北方的山野灌木丛中都生长着许多可食的野果。诸如：生长在低山丘陵常绿阔叶灌木丛中的桃金娘，山地落叶灌木丛中的山桃、石灰岩山地落叶丛中的小果蔷薇，河谷落叶灌木丛中的沙棘。沙地、灌木丛中的山荆子、稠李等，以及山樱桃、山柿子、猕猴桃、酸藤果、棠梨、坚果等。夏、秋两季这些野果都可以生食充饥。如无识别可食野果的经验，可仔细观察鸟和猴子都选择哪些野果、干果为食，一般来说这些食物对人体便是无害的</td></tr>
<tr><td rowspan="8">无具野炊</td><td colspan="2">脸盆、罐头盒、钢盔</td><td>用石头做架，或用铁丝吊挂脸盆、铁盒等物，用火加热，烹煮食物，烧开水等</td></tr>
<tr><td colspan="2">铁丝、木棍</td><td>可将食物穿插缠裹在铁丝或木棍上，放在火边烧烤熟化</td></tr>
<tr><td colspan="2">石板或石块</td><td>若干拳头大小的石块放在火中烧热，用棍拨到一个40 cm深的土坑内铺一层，石块上铺一层大树叶，放上食物，上面再铺一层树叶，将剩下的热石头铺在树叶上，然后再铺上厚厚的树叶压住，3～4个小时后即可取食</td></tr>
<tr><td colspan="2">黄泥</td><td>用和好的黄泥在地上摊一个3 cm厚的泥饼，上面铺一层树叶，将野鸡、兔、鱼等物去内脏不脱毛及鳞，放在泥饼上，用泥饼将食物包裹成团，放在火中烧两个小时即可食用</td></tr>
<tr><td colspan="2">竹节</td><td>选粗壮的竹砍倒，每2～3节竹筒砍成段，将竹节的一端打通，将米和水灌入竹节里，米约占2/3，然后将竹节放在火中烘烤，约40 min可做成熟饭</td></tr>
<tr><td rowspan="3">取火</td><td>弓钻取火</td><td>用强韧的树枝或竹片绑上绳子或鞋带做成一个弓，将弓弦在一根20 cm长的干燥木棍上缠绕2圈，将木棍抵在一小块硬木上，来回拉动弓使木棍迅速转动。会钻出一些黑色粉末，会冒烟而生成火花，点燃柴火</td></tr>
<tr><td>击石取火</td><td>找质地坚硬的石头。用刀背或小片钢铁也容易产生火花</td></tr>
<tr><td>透镜取火</td><td>使用放大镜聚焦太阳光便能引燃报纸、茅草等物，如果在冰地，可以把冰块磨成凸透镜状来聚焦太阳光</td></tr>
</table>

续表

名称		技巧注意事项
如何应对自然灾害	雷暴	1. 当积云开始堆积，并且变黑时就有可能发生雷暴 2. 雷暴通常持续时间很短，要保持镇静，不要害怕，留在可以躲避的地方
	雷电	1. 汽车往往是极好的避雷设施，可以躲在汽车里 2. 最好的防护场所就是洞穴、沟渠、峡谷 3. 当你感觉到电荷时，即头发竖起或者皮肤颤动了，那很可能就是受到了电击，要立即倒在地上，施以自身保护 4. 离开垂直的墙壁或悬崖、应避开裸露的山峰和山脊及平坦的开阔地形 5. 避开低裂缝、成片地衣以及悬空岩石 6. 万不得已，不可坐在散乱的石块中间 7. 在地形险要处，要用绳子把自己拴牢 8. 如果进洞避雷，应离开所有垂直岩壁3 m以外，以免岩壁导电伤人
	山洪	当雷暴活动剧烈时，要避开容易聚水的长沟和河床以下的平坦延伸地带；离开容易受洪水淹没的地区，必要时应放弃较高地带转移，同时注意，不要试图徒步涉过已达膝盖的溪流

15.4.3 野外生存的原则

1. 做好准备工作

必须尽可能想象各种将会面临的境地，以便准备相应的技能和装备。一切准备都是为了生存，这应成为最基本的意识。要携带适宜的装备并尽可能仔细地做好计划。准备一份应急的行动计划以防不测，实际情况很少完全按计划发生。当你的目标受阻时你该怎么办？如果天气或路面状况比预期的更严峻又该怎么办？这一切事先都应有所准备。

2. 团队前进

应有效地组织好团队，不可散漫拖拉。形式应固定，不要随意组合，这会易于发现有无掉队者，便于帮助遇困者。在白天出发之前，简便讨论一下行动路线、可能障碍和某些特殊情况的处理。分工负责，选择最佳路线。领队应注意每个成员的状况。

3. 行速和进程

领头者相对跟进者不要行进过快。在跨越障碍之后等一等，在再次行进之前确保每个成员都跟上了队伍。最好能保持平均的行速——这样会相对更轻松，也能持续更久地跋涉。不时地休息，停下来坐下，看看每个人的情况如何。调整各自的负载以便更舒适一些，如果有必要可以重新打包。平均来说每行走 30 ～ 45 min，应休息 10 min，具体还应依地形和团队的实际情况来定。在每小时预期路途中，你可以行走 3 km，上坡时允许步速为 2 km/h。

【思考题】

1. 简述远足运动的特点及远足技术的组成部分。
2. 如何发挥远足运动的价值？
3. 谈谈你对登山运动的认识。

野外急救小常识

1.中暑的预防：中暑是野外旅行最为常见的疾病。除了带上一些治疗中暑的药品外，重在预防。长时间在阳光照射的热天下旅行要安排充分的休息时间，并且要在阴凉处，同时应当注意行进中的遮阳及降温，可以用一块湿手巾顶在头上，适当多喝些水，适度敞开衣服并穿短衣、裤。

2.冻疮与预防：冬天旅行，手可以戴相应的手套。脚部除了穿适脚、保暖的鞋袜外，还可以在脚尖处塞一点辣椒，据说可以起到促进血液循环的作用，耳朵可以用全罩式头套或围头巾、戴连衣帽等包起来，起到保暖作用。

3.老茧与水泡：长时间步行，可以适当放松鞋子坚持下去。如果太大或已经到了宿营地，可以用干净的针刺破放水，随后可以用创可贴粘上护理。

4.疲劳与酸痛：到了宿营地应积极地进行按摩，促进肌肉的恢复，按摩可以用毛巾和热水

4. 查找中国登山队资料，了解中国登山队精神，并说明自己应如何向其学习？

5. 什么是定向运动，定向运动的分类有哪些?

6. 现今定向运动为什么没有成为主流体育项目，未来它会成为主流体育项目吗?

7. 谈谈你对定向运动的认识。

8. 简述野外生存的特点和价值。

9. 结合自身谈谈野外生存装备的重要性，你认为在所有装备中哪些是必备的用品。

10. 设置一个场景，假如在没有装备的情况下进行野外生存，你将如何应对?

反复多次进行，或者用火酒按摩，方法是将白酒点燃，用手快速地蘸火酒按摩疲劳部位，掌握好方法不会被火酒烧伤。还可用专门的按摩泡酒、恢复液等。

5.热昏厥：一些体质较弱的登山者，在参加夏季登山的活动中应特别注意避免体力消耗过大的活动，注意休息节奏、保持体力。应多喝一些含有盐分的水或饮料，及时对体内的电解质损失给予补充。

野外生存的启示

野外生存之所以有益于提高生存能力，是因为其自身体现的残酷性，让你必须有足够的心理准备，去面对现实生活中许多不确定因素，以便学会随时调整自己的心态，力求能够适应现实生活中的各种变化。

1. 体能是决定行动自由的第一要素。如果没有适应环境的强壮体魄，人的“生存”也就无从谈起。

2. 在现实生活中，如果没有赖以谋生的技能，即使你有强壮的身体，也会像有菜不会做一样，望而兴叹了。

3. 在生存竞争中懂得合理分配体能，用智慧设法避开、协调和解决各种矛盾，以便指导自己及时调整关系，做出明智的选择。要记住：如果缺乏智慧，在遇到挫折时又无法保持稳定的心态，即使有很强壮的体魄和高超的技能，同样难以提高生存能力。

第16章 冰雪运动

通过本章的学习，你将能够：

1. 运用滑冰和滑雪的基本知识、技能进行有效的健身锻炼。
2. 增强身体素质，提高适应环境的能力。
3. 培养自觉体育锻炼的意识和习惯，提高对冰雪运动的兴趣和参与的积极性。
4. 养成坚毅、勇敢、战胜寒冷和克服困难的意志品质。
5. 成为欣赏冰雪运动的内行。

冰雪运动既是人类向自然环境发起的挑战，也是对人类挑战自己本身的渴望，更是一种在严寒中孕育而出、蓬勃发展的全新健身文化观念。早在20世纪60年代初期，滑冰就已经开始在我国北方盛行，甚至是部分北方地区冬季娱乐健身的主要活动。20世纪70年代末，我国的冰上运动发展达到了第一个高峰期，当时的北方地区，尤其是东北地区的一些大城市如哈尔滨等，几乎所有中小学、事业单位都在冬季浇筑冰场，不少工厂和机关都有自己的冰球队。

2022年第24届北京冬奥会的成功举办，实现了“带动3亿人参与冰雪运动”的目标，点燃全民健身热情，推动冰雪运动迈上新台阶。发展冰雪运动不仅有利于提高我国冰雪运动竞技水平、提高国际影响力、为国争光，还有利于满足群众多样化的体育文化需求、提高全民健康水平、提升全民生活质量和幸福感。特别是随着冰雪运动“南展西扩”战略的推进，开展冰雪活动的地域不断扩展，冰雪活动类型日益丰富，参与人数迅速增加，覆盖人群范围逐渐扩大，群众参与冰雪运动的热情不断高涨。发展冰雪运动对于建设健康中国和体育强国，落实全民健身国家战略，促进经济社会发展，实现中华民族伟大复兴的中国梦具有重要意义。

起源与发展

在寒冷的冬季，冰天雪地给人们的生活和交通带来许多不便。在古代，人们就利用滑冰或滑雪作为交通运输的手段。随着社会的不断发展，逐步发展成为滑冰、滑雪运动。例如，早在我国宋朝就出现了由滑雪发展来的“冰嬉”，元朝“冰嬉”盛行，清朝把滑冰作为一种训练士兵的手段，设有“技勇冰[illegible]营”。

现代冰上运动起源于荷兰。滑冰运动发展的标志是滑冰工具的改进。从10世纪开始出现用骨制的冰刀滑冰，到1250年左右，荷兰出现铁制冰刀，因为这种冰刀比骨制冰刀滑行快很多，所以很快盛行于荷兰和欧洲的其他国家。随着社会的发展和人们文化生活水平的不断提高，冰上运动从娱乐到竞技不断发展而形成了项目繁多的现代冰上运动，而且各项目的规则日趋完善，技术也愈加完美。

16.1 滑冰

滑冰在我国有着悠久的历史，如今已不仅仅作为一项竞技项目，更是作为一项有益于身心健康的运动而深受人们喜爱，已不仅仅在天然冰雪的北方盛行，南方的室内冰场使得更多人爱上了这项运动。

16.1.1 运动特点与锻炼价值

1. 运动特点

季节性与反季节性。在我国北方，一到冬季人们就会感受到“北国风光，千里冰封，万里雪飘，望长城内外，惟余莽莽……”的美丽景象，当身处皑皑的冰雪世界之中，为这一片“银装素裹”的美景赞叹不已时，也是人们从事滑冰运动的好时节。这种快速滑行在晶莹剔透冰面上的感觉，会给你带来心旷神怡的快乐。随着北京冬奥会的成功举办和三亿人上冰雪的推动，全国各地都开始建造室内滑冰场，这可以让我们一年四季都能体验到这种快乐，也使滑冰成了反季节性运动之一。

健身性与娱乐性。滑冰是一项全身性运动，它能有效改善和促进人的心脑血管系统和呼吸系统的机能，能增强腿、腰、腹等肌肉的力量和身体各关节的灵活性，特别是对提高人体的平衡、协调能力和下肢力量有很大作用。同时，滑冰有很强的娱乐性和趣味性，约上几个朋友到冰场滑滑冰，可以消除学习和工作中的紧张与压力，达到身心愉悦的目的，给业余生活带来快乐；年轻人参加滑冰运动，还可以锻炼勇敢顽强和不畏严寒困苦的良好意志品质。

参与广与普适性。滑冰运动不分年龄和性别，具有广泛的普适性。

2. 锻炼价值

（1）发展速度耐力，促进全面发展。滑冰是在半蹲状态下进行运动，它对人的胫骨前肌、踝关节、臀大肌、腰的锻炼价值较高。滑冰可以较好地提高心肺机能和速度耐力素质，对于滑冰爱好者，慢滑 1~2 h，就会达到非常好的健身效果。初学者刚开始学的时候，身体重心放得高一点，等熟练后，要有意识地把重心放低一点，锻炼效果更佳。

（2）勇于挑战自我，发展心理素质。滑冰是一项勇敢者的运动，不只因为人们要在如镜面般光滑的冰上、在冰刀舞动的人流中穿行，更主要是来自心理上对于严寒及摔碰的承受力。对于很多人来说，初次接触滑冰时，心理上会产生一种畏惧感——担心摔跤，但是，只要简单地掌握一些滑冰的方法和技巧，不断克服胆怯心理，经过一次次的摔倒，又一次次地爬起来的磨炼后胆子就会变大，以勇敢、无畏的精神去战胜困难，越过障碍，最终就会感受接近自然，在冰天雪地里与大自然融为一体，达到一种物我两忘的境地；产生的速度感和控制感就像开车，让你自如地驾驭速度，是一种很好的享受。

（3）增强互助意识，提高社交能力。冰场是个大家庭，可以让每个人都感觉到安全和温馨。总会有很多热心的朋友耐心地告诉每一位刚上冰面的人：身体尽量前倾，重心下降，背着手，这样摔倒也只是趴下，不会摔伤头部。在练习的过程中，大家也会互相帮助，纠正彼此不对的动作，谁摔倒了，人群中就会有人上前扶一把，有的还会指点几下。通过滑冰可以认识很多陌生的朋友，大家一起练习，不仅滑冰的技术一天比一天增强，更能体会到运动是快乐的！

冰上运动对职业技能的影响

滑冰运动主要对神经过程的灵活性、稳定性、均衡性；前庭功能的稳定性、身体平衡能力以及体温调节能力有良好的锻炼作用。对寒冷环境作业、高空作业以及下肢灵活性较强的职业有显著促进作用。如医护、烹调、机工、电工、制模、驾驶、建筑、纺织、地质、营销、农业、林业等。

冰上运动的分类

冰上运动可分为速度滑冰、短道速度滑冰、花样滑冰和冰球运动等。

速度滑冰：是滑冰历史中最为悠久，开展最为广泛的运动项目。1924年被列为冬奥会项目。

短道速度滑冰：是在长度较短的跑道上进行的一种冰上竞速运动，1992年列为冬奥会项目。

花样滑冰：是在音乐的伴奏下，运动员在通过表演一系列的规定和自选动作而进行的一种冰上竞赛项目，它由男子单人滑、女子单人滑、双人滑以及冰上舞蹈4个独立的小项组成，比赛按规定舞、创编舞和自由舞的顺序进行。

冰球：从第8届奥运会开始，有了冬季奥运会的冰球比赛项目。

16.1.2 滑冰的基本技术

冰上运动包括了很多项目，但基本的滑冰技术是相通的。下面介绍一些滑冰的基本技术与方法。

1. 初学者需掌握的基本技术

滑冰初学者需掌握的基本技术见表 16-1。

表16-1 滑冰初学者需掌握的基本技术

动作	图示	技术要领与用途	注意事项
滑冰基本姿势		1. 两脚两腿并扰，两手在背后互握，成蹲屈姿势 2. 大小腿的夹角成110°，上体与地面的夹角为15°，小腿尽力前弓，头微抬起，眼视前方5 m处	上体不能后仰
蹬冰收腿		1. 在蹲屈姿势的基础上，脚侧出时脚内沿擦地，两脚平行，两脚尖在一条线上。 2. 侧出腿向后收到后位，大腿小腿与脚各成90° 3. 接着收回后位腿，至两脚并拢，换另一条腿重复上述动作	1. 应该用些力气，用冰刀的内刃向侧后方向蹬冰 2. 尽可能用整个冰刀的内刃，而不要只用刀尖 3. 要蹬得实在，要有撑冰的感觉
		1. 蹬冰后收拢中的脚不要抬离冰面过高，同时要充分放松、刀尖朝下，在滑行脚近旁着冰时先用刀尖 2. 然后迅速把整个冰刀放落在冰上，这样就不会出现向前迈步的动作了	在做收拢动作时，不允许有任何向前的迈步动作，也就是不要把浮脚收到滑行脚前面去，而是并排在一起
移动重心		1. 身体呈速滑基本姿势，双手背于体后，重心右移，落在半蹲的右支撑腿上 2. 用平刃着冰支撑，左腿向体侧伸直，两刀平行，左右交替进行	1. 移动身体动作要快些，不能落后于蹬冰动作 2. 避免出现以臀部为轴心的左右摆动和上下起伏摇动上身的现象 3. 上体不允许有任何形式的扭曲，要始终保持与滑道方向一致
滑行		1. 身体呈冰上基本姿势，重心放在左腿上，右脚用内刃蹬冰，将体重推送到向前滑行的左腿上，右脚蹬冰后迅速与左脚拢成两脚平刃滑进，借助惯性使身体向前滑行 2. 当速度下降时，接着用左脚内刃蹬冰，之后与右腿并拢成两平刃滑进	1. 身体的重量要全落在滑行脚的冰刀上，其位置是在冰刀的中部 2. 要注意着冰时的位置，要紧挨在滑行脚旁边，使两脚接近平行地排放在一起，而不要两脚叉得很开，滑行时左右乱窜，影响滑跑的直线性

2. 直道与弯道滑跑主要技术

（1）直道滑跑主要技术见表16-2。

表16-2 直道滑跑主要技术

动作	图 示	技术要领与用途	注 意 事 项
蹬冰		1. 滑跑时蹬冰的方向是身体的侧方偏后一点，与冰刀刀刃相垂直的方向 2. 蹬冰时，随着身体重心向另一侧移动，先伸展髋关节，然后再伸展膝关节，最后伸展踝关节	1. 蹬冰的大部分时间里身体重量仍压在蹬冰腿上；要利用体重来蹬冰才能有力 2. 蹬冰时的方向和角度是根据滑冰速度的快慢而有所变化的，滑行速度越快，蹬冰方向越偏向身体正侧方，速度慢时则偏向后方稍多一些
收摆腿		1. 收摆腿动作是蹬冰结束后到再次下刀前的放松阶段 2. 蹬冰结束后，由另一腿支撑滑行并准备开始蹬冰，此时腿位于身体侧后方，由大腿带动小腿放松地从侧后摆向身体正后方，小腿和踝关节充分放松，刀刃直立下垂 3. 然后再让大腿带动小腿由后向前收，最后小腿积极摆向前侧方准备下刀	由另一腿支撑滑行并准备开始蹬冰时，刚刚结束蹬冰的腿要放松抬起，使冰刀抬离冰面
下刀		下刀时先用刀尖或平刃着冰，之后过渡到全刀刃着冰，然后随着另一腿蹬冰到最后阶段而担负起支撑滑行的任务	1. 下刀时要注意正确的着冰点和合理的出刀角，即冰刀着冰的方向 2. 速度越快时出刀方向越向正前方，速度慢时则向外开脚大些
自由滑进		冰刀着冰后，利用另一腿蹬冰后产生的惯性支撑身体自由向前滑进一定时间，直到重心回移开始蹬冰时止	支撑身体自由向前滑行一定的时间，直到重心回移开始蹬冰时止

（2）弯道滑跑主要技术见表16-3。

表16-3 弯道滑跑主要技术

动作	图 示	技术要领与用途	注 意 事 项
蹬冰		1. 右腿用外刃向身体的右侧蹬冰，也是依次伸展髋、膝、踝关节 2. 左腿蹬冰时是在右腿的下后方，两腿成较大的交叉姿势	蹬冰时右腿动作和直道蹬冰动作相似，而左腿蹬冰动作与直道蹬冰动作完全相反

续表

动作	图　示	技术要领与用途	注 意 事 项
收腿		1. 右腿蹬冰结束后，冰刀自然抬离冰面，大腿带动小腿向左腿收靠，并从左腿前超越过去，到左腿的左前方 2. 蹬冰结束时是在右腿的右后侧，收腿也是大腿带动小腿，放松地拉回到右腿的内侧，随着重心的左移继续向左前准备下刀	收腿过程中小腿和踝关节要放松
下刀		1. 右脚超越到左脚的左前方后，随着左腿蹬冰的进行，右刀尖内刃开始着冰，然后滚动到全刃着冰 2. 右脚着冰时，小腿不要向前摆跨，保持右刀跟和左刀尖的最近距离，右腿与身体成一个倾斜面。左腿以“拉收”的方法收回 3. 左脚下刀时要尽量贴近右脚内侧着冰。开始时是左刀尖外刃触冰，然后很快过渡到全外刃着冰 4. 刀尖偏离雪线向右，保持左小腿与冰面成向左倾斜的姿势，并与整个身体倾斜度相吻合	1. 合理的出刀角度和着冰点对能否保持正确的滑跑姿势、能否获得连续侧蹬冰的条件非常重要，同时也是保持高速滑行的基本条件 2. 右脚着冰时，注意膝盖前弓，使下刀的右腿与身体成一个倾斜面
自由滑进		1. 左腿支撑自由滑进动作是从右腿结束蹬冰起，到右腿收到与左腿靠近时止 2. 右腿惯性滑进动作是从左腿收腿开始，到左脚冰刀收到右脚的冰刀后方为止	1. 在自由滑进动作中，应保证身体横向倾斜的相对稳定 2. 身体重心在自由滑进时先从支撑脚的冰刀后部移到冰刀的中部，当进入蹬冰阶段时，重心从冰刀中部移到前部

16.1.3　初学滑冰应注意的问题

（1）选择大小合适的鞋，太大或太小的冰鞋都不好。一般应比自己平时穿的鞋小一号。然后检查冰刀是否松动，鞋带是否完好，否则应及时调换或修理。

（2）穿鞋前应把鞋带全部松开，使脚很顺利地穿进去，然后将鞋带逐次勒紧系好，滑累休息时，应把鞋带松开，使脚放松一下。

（3）练习滑冰时要戴好手套，因为初学者会经常摔跤。

（4）在公共冰场练习时，为避免彼此相撞，一定要按逆时针方向滑行，并滑里圈。

（5）滑冰摔倒时应注意以下几点：

① 顺势倒不挣扎。当重心已失去要摔倒时，不要想挣扎着站住，因为越挣扎，最后摔倒得越狠。因此，顺势倒下一般不会出什么问题。

② 不挺身，不抬头。挺身容易使重心后移，失去重心，易摔倒；当摔倒时，不要抬头，否则易摔后脑。

③ 不拉人。由于冰场上人较多，当自己摔倒时，不要去拉别人，以维持平衡。因为这样可能两人同时摔倒，而两人同时摔倒时又可能有一人摔在冰刀上，易出伤害事故。

④ 不叫喊。对于初学者，由于掌握不好重心的平衡，因此注意力比较集中，若有人摔倒后大声一叫，可能会分散其他人的注意力，当这些人回头看时也会摔倒。

起源与发展

滑雪最早起源并发展于寒冷多雪的北欧国家。早期为适应环境及求生避险，居民们发明了雪上交通工具——滑雪板、雪橇及滑雪鞋等。13世纪，滑雪成为挪威的国技；14～16世纪，芬兰、挪威、瑞典以及俄国都曾利用滑雪作战；1780年，挪威人努尔哈木利用软条制成两侧内弯的滑雪板，形成现代竞技滑雪板的雏形，拉开了竞技滑雪序幕。1877年，在奥斯陆成立了世界上第一个滑雪俱乐部。1896年，奥地利人札斯基发明了一种将一双雪橇以某种倾斜角度推入雪坡，以控制滑降速度的方法。20世纪初期，奥地利人施乃德根据札斯基的发明，发明了崭新的转弯和刹车技巧。从此以后，滑雪运动日渐风行。

16.2 滑雪

有滑雪发烧友在自己的MSN签名档里写道：“如果不滑雪，生命还有什么意义？”可见，滑雪在其爱好者心中的地位。满眼白色，却不觉得苍凉，有的却是浪漫与唯美、速度与刺激，这就是滑雪带给我们的奇妙感受。

16.2.1 运动特点与锻炼价值

1. 运动特点

（1）回归大自然。每当冬季来临，在银色的世界中，在深绿色松柏的映衬下，呼吸着清新的空气，自由自在地在山谷坡地快速滑降，无论是谁都会产生一种回归大自然的感觉，使人心胸开阔，净化人的心灵。

（2）挑战性和娱乐性。由于在雪上运动，摩擦阻力小，又借助一定的工具，因此滑雪运动使人可以体验到平时无法达到的速度，充满了刺激和惊险，娱乐性很强。这也是滑雪运动的魅力所在。

（3）广泛适应性。滑雪运动的项目种类多，难度选择范围较大。因此，参加滑雪运动不受年龄、体力、性别的影响，可以根据自身情况选择不同的项目、不同的难度。可以将滑雪运动作为终生运动项目，具有极高的锻炼价值。

滑雪运动让你更聪明

运动除了让人具有充足的体力和充沛的精力，运动更让人的脑力升级。而最好的升级脑力的运动就是滑雪。

滑行中眼、手、腿、脚的密切配合能极大限度地训练我们的反应速度。尤其是高山滑雪更是制造了强烈的成功感，提高了应对各种挑战的自信心。

在进行滑雪时，你的协调性、柔韧性、灵活性将同时得到锻炼。

（4）地域、季节、场地受限。滑雪运动是借助工具在雪上运动，因此它的开展和普及在很大程度上受地域、季节和场地等的限制。随着社会的发展，科技的进步，人们在人工降雪、室内滑雪场建造方面取得了较大的发展，滑雪运动受地域、季节和场地的制约有了较大的改善。

2. 锻炼价值

（1）激活僵硬的身体，锻炼全身神经系统。滑雪是一项全身的运动，在给你带来速度上享受的同时，也在无形中锻炼了你身体的平衡能力、协调能力和柔韧性。滑雪的实质就是掌握平衡的过程，在重心的不断切换中找到平衡点，这样才能做出漂亮的动作。一位滑雪爱好者这样告诉记者："刚开始学习滑雪的时候，总感觉有一股力量硬把我往地上拽，滑雪板如同一匹烈马一样不好驾驭。等到摸出门道时，我发现在雪地上掌握平衡是一件如此美妙的、无法言表的独特感受。这种平衡能力的增强是无法从跑步、有氧操中得到的。"与平衡能力密切相关的就是协调能力。只有在充分地协调好全身的每个部位，才能在滑行中取得最好的平衡效果，做出最漂亮的动作。当然，这也是对全身神经系统一次全方位的锻炼和提高。

（2）振奋低落的情绪，增进心理健康。有的人一到冬天，就会变得忧郁、沮丧、易疲劳、注意力分散、工作效率下降等，专家把这种季节病称为"冬季抑郁症"。而且据有关资料显示，常年在室内工作的人，特别是那些体质较差或极少参加体育锻炼的脑力劳动者，以及平时对寒冷较敏感者，比一般人更容易产生冬季抑郁症。改变低落情绪最基本的方法就是活动，尤其是室外活动。当你驾驭着雪板徜徉在雪白的冰雪世界里，自然纯洁的美与游客们滑雪服的亮丽色彩相映成趣；当你急速下滑时，生活中的烦恼和学习的压力早就随着飞起的雪花抛在身后，取而代之的是速度带来的快感；当你在转弯时，雪道上那些大 S 形的滑雪轨迹是多么美丽和动人，犹如大自然快意的笑纹。

（3）结交益友，促进与人交往的能力。滑雪运动都是从互相扶持到结伴滑行的，滑雪技术的掌握也是从不会到会、从生疏到娴熟的过程，在这个过程中，总会有一些朋友在你身边，与你切磋，共同进步，可以说在无形中锻炼身体、带来运动享受的同时，也结交到很多志同道合的朋友。

16.2.2 滑雪的基本技术

滑雪不仅能从高山之巅闪电般滑下，而且能在广阔的原野上自如地前进。实际上除了竞技高山滑雪外，大部分雪上运动是在平坦的雪原和起伏不大的丘陵地带进行的。下面主要介绍平地滑雪的主要技术与方法。

1. 初学者需掌握的基本技术

滑雪初学者需掌握的基本技术如表 16-4 所示。

表16-4 滑雪初学者需掌握的基本技术

动作	图 示	技术要领与用途	注意事项
向前直线移动		青少年滑雪爱好者在第一次上雪时，必须先适应穿滑雪板在雪地上行动的条件与要求 1. 首先要练习按着陆上走步的习惯，穿板向前移动的问题 2. 练习者可双手不持杖，两板间距15 cm，像陆上一样，两板交替向前行走，两手也同样摆动配合	开始时步幅要小些，然后逐渐增大，直到身体重心落在一支走板上后，能向前滑动一定距离时即可两腿并拢，两手在背后互握成蹲屈姿势
跌倒后的起立方法	① ② ③	初学者肯定要遇到跌倒和跌倒后再起立的问题。 1. 起立时，首先上体坐起，尽量屈膝并使双板平行，与上体正面约成直角，靠近臀部 2. 用单手或双手将上体推起至下蹲位，如果用手不方便，也可用双杖支撑上体至下蹲位，最后站起	如果是在山坡地段跌倒，第一步必须将下肢移至山坡的下方，并将双板与下滑方向成直角平行放至地面，用双板刃部蹬住雪地，再按平地起立的要领进行
变换方向		1. 要注意雪杖的位置，板尖展开变向时雪杖支撑位置应在体后，而板尾展开变向时雪杖支撑位置应在体前 2. 雪板展开距离不易过大，随着对雪板的适应，再逐渐加大展开的距离 3. 在展开雪板时，重心要明显地放在支撑腿上，重心的移动要快	练习者穿着雪板，在原地转向某一角度时，可用跨步转向法。即将双板按着“正V”或“倒V”的方法，陆续跨步转向某个方向
变换方向		1. 双板平行站立，两杖在体前支撑 2. 右腿支撑体重，左板向前抬起直立，双杖在体侧支撑 3. 上体左转的同时，直立的左板以板尾为中心向左侧下方转并着地 4. 在放左板的同时，左雪杖移至右板外侧支撑 5. 重心移至左腿，右板和右雪杖抬起移向与左板平行同一方向 6. 两雪杖支撑在体前侧	如已通过反复练习，基本上掌握了雪板性能后，无论在平地或坡地，欲转向180°时，都可用踢板转向法变换方向

续表

动作	图　示	技术要领与用途	注 意 事 项
推进滑行		1. 保持微屈膝，上体前倾，双雪杖同时向前摆动，雪杖尖在体前方着雪 2. 膝与上体加大前倾，双臂用力向后用杖支撑 3. 雪杖充分后撑，肘臂伸直，重心下降，保持滑行姿势滑进 4. 收雪杖时重心升起，准备第二次撑杖	注意上体前倾和重心的上升与下降
停止法	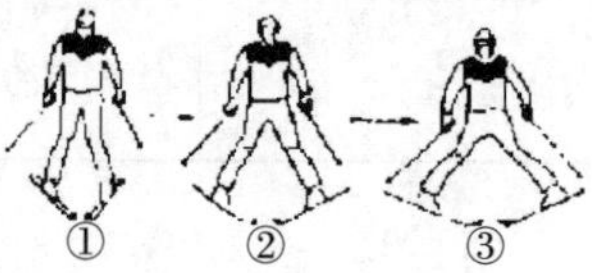 ①　②　③	停止的方法很多，下面介绍一种非常简单的犁式停止法 1. 在滑降中使雪板成犁式状态。 2. 重心稍后移，形成稍后坐姿势的同时两板尾蹬开，加大立刃，两板内刃逐渐加大刮雪力量 3. 逐渐加大板尾向外侧的立刃和蹬出力量，直至停止	初学者在坡上滑下时，一般都可能是越滑越快，若坡下是平地或是上坡，对初学者都是最理想的场地。即使是较理想的场地有时也会发生突发事件，此时则要求滑雪者必须立即停止滑行
安全摔倒姿势		1. 在失去重心情况下，尽量不挣扎，迅速屈膝降低重心，两臂自然伸展，臀部向上侧坐，两雪板稍举起，防止滚动状态产生，因为摔倒后的滚动是最容易造成损伤的 2. 在完全停止前勿伸腿使雪板某一部分着雪，保持稍团身姿势	在山坡上摔倒后，要站起来 1.首先要弄清自己的头朝什么方向，然后再移动身体使头朝山上，雪板朝山下方向，形成侧卧状态 2.然后是抬起上体形成侧坐。收双板时，使双板横对山下侧并尽量使双板靠近臀部，并用山上侧板刃刻注雪面，再用手或雪杖支撑站起
危险的摔倒姿势	 ①　② ③　④	1. 正对山下方向或前方，以膝触地，易造成膝部的扭伤 2. 摔倒后雪板交叉，稍有滚动即会造成扭伤或骨折 3. 虽然摔倒了，但在山坡上并不会停止滑行，有时会产生撞伤 4. 以较快的速度下滑，要摔倒时用雪杖在前方支撑，力图停止，也是非常危险的动作	摔倒后滚动是最危险的动作，必须坚决避免

2. 平地滑雪的基本技术

在平地上滑行的方法很多，主要有 2 步交替滑行、4 步交替滑行、同时推进滑行、1 步同时推进滑行、2 步同时推进滑行、3 步同时推进滑行和联合滑行等。在这里主要介绍一下两步交替滑行，如表 16-5 所示。

表16-5 两步交替滑行的基本技术

动作	图 示	技术要领与用途	注 意 事 项
向前直线移动	① ② ③ ④ ⑤ ⑥	1. 在滑行时要求上体前倾，左脚用力向下后方蹬动（最后板尾抬起），身体重心已落在右脚上，向前滑行时右膝微屈，左臂尽量向前摆出，使杖尖落在右脚尖一带 2. 左手用力向下后撑杖，同时左脚向前跟出，身体重心快速移向左脚 3. 两膝进一步蹲屈，身体重心完全移至左脚上，右脚开始蹬动，手继续前摆，蹬动幅度为 70～75 cm	1. 遇到较缓的坡地时，仍可用此法滑进，但要防止向后滑脱，需加快频率，步幅缩小至 40 ～ 50 cm，摆杖向前的幅度也应稍小，可落在前脚的脚跟一带 2. 在进行二步交替滑行练习时，常会出现在单脚滑行时由于膝部弯曲不够，而使身体重心向后，影响滑行距离的错误

3. 滑雪的登坡技术

登坡是指滑雪者踩着滑雪板登上山坡的技术动作。因技术水平、雪质、坡度的大小和滑雪者自身情况的不同滑雪者可采用不同的登坡方法。登坡从雪痕上可分为直登坡、斜登坡和 Z 字形登坡。登坡从雪板的形状上又可分为双板平行（阶梯式登坡）和雪板呈 V 字形登坡（开脚登坡），如表 16-6 所示。

表16-6 双板平行与V字形登坡技术

动作	图 示	技术要领与用途	注 意 事 项
双板平行登坡（阶梯式登坡）	1 2 3 4	双板平行登坡可适用于各种坡面，登坡者侧对垂直落下线，一边用雪杖协助登坡。双板平行登坡可用于直登坡，也可用于斜登坡 1. 迈动时保持双板平行，重心随之向上移动，可用雪杖协助支撑 2. 用上面的侧板外刃刻住雪面后重心全部移到上侧的腿上，接着下侧腿向上侧腿靠拢，并用内刃刻住雪面 3. 当下侧的板内刃刻住雪面后，再进行第二步的登行	1. 向上迈出的板的步幅不要太大 2. 注意重心的移动
V 字形登坡		V字形登坡一般用于中、缓坡，登坡者面对登坡方向，垂直向上登行 1. 面对山坡，用两板内刃刻住雪面，身体前倾，向前上方依次迈出雪板，步子不宜过大，防止板尾交叉，迈出侧雪板的雪杖协助支撑，雪杖可用手握住握杷的头，手脚及重心配合一致 2. 在向上登坡时重要的是板内刃刻住雪面和重心的移动	1. 注意手脚的重心配合一致 2. 注意移动

16.2.3 初学滑雪应注意的问题

（1）量力而行。当滑雪者的技术水平达到能安全地停住，并能避开滑雪道上的障碍物和其他滑雪者时，才能去较高级别的相应雪道滑雪。

（2）靠边停歇。若停留休息时，要停在滑雪道边上，并要充分注意并避开从上面滑下来的人，重新进入雪道时也是如此。

（3）严防相撞。滑雪有句俗话，不怕摔，就怕撞。就是说宁可摔倒，也不要发生碰撞，碰撞是很危险的，不是撞在别人身上，就是撞到树上、拦网上，轻则挫伤，重则骨折。

（4）不要冒险。不要单独在树林、陡坡和深谷滑雪。一般说来三个以上的人在一起滑雪最安全。

（5）安全摔倒：摔倒时不要随意挣扎，尽量迅速降低重心向后坐。一般情况下，可以举手和双臂，屈身，任其向下滑动，要避免头部朝下，更要避免翻滚。

（6）防止冻伤。冻伤是指人长时间处于低温环境中产生的伤害事故。人体产生冻伤主要发生在手部、脚部、耳朵等部位，所以应选用保温效果较好的羊绒制品或化纤制品对上述部位进行保温。

（7）保护皮肤。滑雪时形成的相对速度很大的冷风对皮肤的刺激，以及雪面上强烈紫外线对皮肤的灼伤是构成皮肤伤害的主要原因。为防止水分的散失和紫外线对皮肤的灼伤，可选用一些油性的、有阻止水分散失功能的护肤品，然后再用防紫外线效果较好的具有抗水性的防晒霜涂在皮肤上。如果滑行中感觉冷风对脸部的刺激太厉害，可选择一个只露出双眼的头套，再加一个全封闭型滑雪镜，可将面部完全罩住，能有效阻止冷风对面部的侵入。

【思考题】

1. 冰雪运动有哪些锻炼价值？
2. 初学滑冰和滑雪应注意哪些问题？
3. 如何选择一双适合自己的冰鞋？

附录　国家学生体质健康标准

一、说明

1.《国家学生体质健康标准》（以下简称《标准》）是国家学校教育工作的 基础性指导文件和教育质量基本标准，是评价学生综合素质、评估学校工作和衡量各地教育发展的重要依据，是《国家体育锻炼标准》在学校的具体实施，适用于全日制普通小学、初中、普通高中、中等职业学校、普通高等学校的学生。

2. 本标准的修订坚持健康第一，落实《国家中长期教育改革和发展规划纲要（2010—2020 年）》、《国务院办公厅转发教育部等部门关于进一步加强学校体育工作若干意见的通知》（国办发〔2012〕53 号）和《教育部关于印发〈学生体质健康监测评价办法〉等三个文件的通知》（教体艺〔2014〕3 号）有关要求，着重提高《标准》应用的信度、效度和区分度，着重强化其教育激励、反馈调整和引导锻炼的功能，着重提高其教育监测和绩效评价的支撑能力。

3. 本标准从身体形态、身体机能和身体素质等方面综合评定学生的体质健康水平，是促进学生体质健康发展、激励学生积极进行身体锻炼的教育手段，是国家学生发展核心素养体系和学业质量标准的重要组成部分，是学生体质健康的个体评价标准。

4. 本标准将适用对象划分为以下组别：小学、初中、高中按每个年级为一组，其中小学为 6 组、初中为 3 组、高中为 3 组。大学一二年级为一组，三四年级为一组。

5. 小学、初中、高中、大学各组别的测试指标均为必测指标。其中，身体形态类中的身高、体重，身体机能类中的肺活量，以及身体素质类中的 50 米跑、坐位体前屈为各年级学生共性指标。

6. 本标准的学年总分由标准分与附加分之和构成，满分为 120 分。标准分由各单项指标得分与权重乘积之和组成，满分为 100 分。附加分根据实测成绩确定，即对成绩超过 100 分的加分指标进行加分，满分为 20 分；小学的加分指标为 1 分钟跳绳，加分幅度为 20 分；初中、高中和大学的加分指标为男生引体向上和 1000 米跑，女生 1 分钟仰卧起坐和 800 米跑，各指标加分幅度均为 10 分。

7. 根据学生学年总分评定等级：90.0 分及以上为优秀，80.0 ～ 89.9 分为良好，60.0 ～ 79.9 分为及格，59.9 分及以下为不及格。

8. 每个学生每学年评定一次，记入《国家学生体质健康标准》登记卡（附表 1 ～ 6）。特殊学制的学校，在填写登记卡时可以按规定和需求相应地增减栏目。学生毕业时的成绩和等级，按毕业当年学年总分的 50% 与其他学年总分平均得分的 50% 之和进行评定。

9. 学生测试成绩评定达到良好及以上者，方可参加评优与评奖；成绩达到优秀者，方可获体育奖学分。测试成绩评定不及格者，在本学年度准予补测一次，补测仍不及格，则学年成绩评定为不及格。普通高中、中等职业学校和普通高等学校学生毕业时，《标准》测试的成绩达不到 50 分者按结业或肄业处理。

10．学生因病或残疾可向学校提交暂缓或免予执行《标准》的申请，经医疗单位证明，体育教学部门核准，可暂缓或免予执行《标准》，并填写《免予执行<国家学生体质健康标准>申请表》，存入学生档案。确实丧失运动能力、被免予执行《标准》的残疾学生，仍可参加评优与评奖，毕业时《标准》成绩需注明免测。

11．各学校每学年开展覆盖本校各年级学生的《标准》测试工作，《标准》测试数据经当地教育行政部门按要求审核后，通过“中国学生体质健康网”上传至“国家学生体质健康标准数据管理系统”。测试和数据上传时间由教育行政部门确定。

12．本标准由教育部负责解释。

二、大学生国家体质测试单项指标与权重

测试对象	单项指标	权重（%）
大学	体重指数（BMI）	15
	肺活量	15
	50米跑	20
	坐位体前屈	10
	立定跳远	10
	引体向上（男）/1分钟仰卧起坐（女）	10
	1000米跑（男）/800米跑（女）	20

三、《国家学生体质健康标准》单项指标评分表

体重指数（BMI）单项评分表

体重指数=体重/身高^2

等级	单项得分	男	女
正常	100	17.9~23.9	17.2~23.9
低体重	80	≤17.8	≤17.1
超重		24.0~27.9	24.0~27.9
肥胖	60	≥28.0	≥28.0

注：体重的单位为kg，身高的单位为m。

肺活量单项评分表（单位：毫升）

等级	单项得分	男		女	
		大一大二	大三大四	大一大二	大三大四
优秀	100	5 040	5 140	3 400	3 450
	95	4 920	5 020	3 350	3 400
	90	4 800	4 900	3 300	3 350
良好	85	4 550	4 650	3 150	3 200
	80	4 300	4 400	3 000	3 050
及格	78	4 180	4 280	2 900	2 950
	76	4 060	4 160	2 800	2 850
	74	3 940	4 040	2 700	2 750
	72	3 820	3 920	2 600	2 650
	70	3 700	3 800	2 500	2 550

续表

等级	单项得分	男		女	
		大一大二	大三大四	大一大二	大三大四
及格	68	3 580	3 680	2 400	2 450
	66	3 460	3 560	2 300	2 350
	64	3 340	3 440	2 200	2 250
	62	3 220	3 320	2 100	2 150
	60	3 100	3 200	2 000	2 050
不及格	50	2 940	3 030	1 960	2 010
	40	2 780	2 860	1 920	1 970
	30	2 620	2 690	1 880	1 930
	20	2 460	2 520	1 840	1 890
	10	2 300	2 350	1 800	1 850

50米跑单项评分表（单位：秒）

等级	单项得分	男		女	
		大一大二	大三大四	大一大二	大三大四
优秀	100	6.7	6.6	7.5	7.4
	95	6.8	6.7	7.6	7.5
	90	6.9	6.8	7.7	7.6
良好	85	7.0	6.9	8.0	7.9
	80	7.1	7.0	8.3	8.2
及格	78	7.3	7.2	8.5	8.4
	76	7.5	7.4	8.7	8.6
	74	7.7	7.6	8.9	8.8
	72	7.9	7.8	9.1	9.0
	70	8.1	8.0	9.3	9.2
	68	8.3	8.2	9.5	9.4
	66	8.5	8.4	9.7	9.6
	64	8.7	8.6	9.9	9.8
	62	8.9	8.8	10.1	10.0
	60	9.1	9.0	10.3	10.2
不及格	50	9.3	9.2	10.5	10.4
	40	9.5	9.4	10.7	10.6
	30	9.7	9.6	10.9	10.8
	20	9.9	9.8	11.1	11.0
	10	10.1	10.0	11.3	11.2

坐位体前屈单项评分表（单位：厘米）

等级	单项得分	男		女	
		大一大二	大三大四	大一大二	大三大四
优秀	100	24.9	25.1	25.8	26.3
	95	23.1	23.3	24.0	24.4
	90	21.3	21.5	22.2	22.4
良好	85	19.5	19.9	20.6	21.0
	80	17.7	18.2	19.0	19.5
及格	78	16.3	16.8	17.7	18.2
	76	14.9	15.4	16.4	16.9
	74	13.5	14.0	15.1	15.6
	72	12.1	12.6	13.8	14.3
	70	10.7	11.2	12.5	13.0
	68	9.3	9.8	11.2	11.7
	66	7.9	8.4	9.9	10.4
	64	6.5	7.0	8.6	9.1
	62	5.1	5.6	7.3	7.8
	60	3.7	4.2	6.0	6.5
不及格	50	2.7	3.2	5.2	5.7
	40	1.7	2.2	4.4	4.9
	30	0.7	1.2	3.6	4.1
	20	–0.3	0.2	2.8	3.3
	10	–1.3	–0.8	2.0	2.5

立定跳远单项评分表（单位：厘米）

等级	单项得分	男		女	
		大一大二	大三大四	大一大二	大三大四
优秀	100	273	275	207	208
	95	268	270	201	202
	90	263	265	195	196
良好	85	256	258	188	189
	80	248	250	181	182
及格	78	244	246	178	179
	76	240	242	175	176
	74	236	238	172	173
	72	232	234	169	170
	70	228	230	166	167
	68	224	226	163	164
	66	220	222	160	161
	64	216	218	157	158
	62	212	214	154	155
	60	208	210	151	152
不及格	50	203	205	146	147
	40	198	200	141	142
	30	193	195	136	137
	20	188	190	131	132
	10	183	185	126	127

男生引体向上单项评分表（单位：次）

等级	单项得分	大一大二	大三大四
优秀	100	19	20
	95	18	19
	90	17	18
良好	85	16	17
	80	15	16
及格	78		
	76	14	15
	74		
	72	13	14
	70		
	68	12	13
	66		
	64	11	12
	62		
	60	10	11
不及格	50	9	10
	40	8	9
	30	7	8
	20	6	7
	10	5	6

女生1分钟仰卧起坐单项评分表（单位：次）

等级	单项得分	大一大二	大三大四
优秀	100	56	57
	95	54	55
	90	52	53
良好	85	49	50
	80	46	47
及格	78	44	45
	76	42	43
	74	40	41
	72	38	39
	70	36	37
	68	34	35
	66	32	33
	64	30	31
	62	28	29
	60	26	27
不及格	50	24	25
	40	22	23
	30	20	21
	20	18	19
	10	16	17

男生1 000米、女子800米跑单项评分表（单位：分·秒）

等级	单项得分	男		女	
		大一大二	大三大四	大一大二	大三大四
优秀	100	3'17"	3'15"	3'18"	3'16"
	95	3'22"	3'20"	3'24"	3'22"
	90	3'27"	3'25"	3'30"	3'28"
良好	85	3'34"	3'32"	3'37"	3'35"
	80	3'42"	3'40"	3'44"	3'42"
及格	78	3'47"	3'45"	3'49"	3'47"
	76	3'52"	3'50"	3'54"	3'52"
	74	3'57"	3'55"	3'59"	3'57"
	72	4'02"	4'00"	4'04"	4'02"
	70	4'07"	4'05"	4'09"	4'07"
	68	4'12"	4'10"	4'14"	4'12"
	66	4'17"	4'15"	4'19"	4'17"
	64	4'22"	4'20"	4'24"	4'22"
	62	4'27"	4'25"	4'29"	4'27"
	60	4'32"	4'30"	4'34"	4'32"
不及格	50	4'52"	4'50"	4'44"	4'42"
	40	5'12"	5'10"	4'54"	4'52"
	30	5'32"	5'30"	5'04"	5'02"
	20	5'52"	5'50"	5'14"	5'12"
	10	6'12"	6'10"	5'24"	5'22"

四、《国家学生体质健康标准》单项指标评分表

男生引体向上评分表（单位：次）

加分	大一大二	大三大四
10	10	10
9	9	9
8	8	8
7	7	7
6	6	6
5	5	5
4	4	4
3	3	3
2	2	2
1	1	1

女生一分钟仰卧起坐评分表（单位：次）

加分	大一大二	大三大四
10	13	13
9	12	12
8	11	11

续表

加分	大一大二	大三大四
7	10	10
6	9	9
5	8	8
4	7	7
3	6	6
2	4	4
1	2	2

注：引体向上、一分钟仰卧起坐均为高优指标，学生成绩超过单项评分 100 分后，以超过的次数所对应的分数进行加分。

男生1 000米跑评分表（单位：分·秒）

加分	大一大二	大三大四
10	–35"	–35"
9	–32"	–32"
8	–29"	–29"
7	–26"	–26"
6	–23"	–23"
5	–20"	–20"
4	–16"	–16"
3	–12"	–12"
2	–8"	–8"
1	–4"	–4"

女生800米跑评分表（单位：分·秒）

加分	大一大二	大三大四
10	–50"	–50"
9	–45"	–45"
8	–40"	–40"
7	–35"	–35"
6	–30"	–30"
5	–25"	–25"
4	–20"	–20"
3	–15"	–15"
2	–10"	–10"
1	–5"	–5"

注：1000 米跑、800 米跑均为低优指标，学生成绩低于单项评分 100 分后，以减少的秒数所对应的分数进行加分

五、《国家学生体质健康标准》登记卡（样表）

学 校 ____________________

姓 名		性 别		学 号	
院（系）		民 族		出生日期	

单项指标	大一			大二			大三			大四			毕业成绩	
	成绩	得分	等级	成绩	得分	等级	成绩	得分	等级	成绩	得分	等级	得分	等级
体重指数（BMI）（千克/米^2）														
肺活量（毫升）														
50米跑（秒）														
坐位体前屈(厘米)														
立定跳远（厘米）														
引体向上（男）/1分钟仰卧起坐（女）（次）														
1 000米跑（男）/800米跑（女）（分·秒）														
标准分														
加分指标	成绩	附加分		成绩	附加分		成绩	附加分		成绩	附加分			
引体向上（男）/1分钟仰卧起坐（女）（次）														
1 000米跑（男）/800米跑（女）（分·秒）														
学年总分														
等级评定														
体育教师签字														
辅导员签字														

注：高等职业学校、高等专科学校参照本样表执行。

学校签章：　　　　年　　　月　　　日

六、免予执行《国家学生体质健康标准》申请表（样表）

<table>
<tr><td>姓　名</td><td></td><td>性　别</td><td></td><td>学　号</td><td></td></tr>
<tr><td>班　级/
院（系）</td><td></td><td>民　族</td><td></td><td>出生日期</td><td></td></tr>
<tr><td>原因</td><td colspan="5">申请人：
年　月　日</td></tr>
<tr><td colspan="2">体育教师签字</td><td></td><td>家长签字</td><td colspan="2"></td></tr>
<tr><td>学校体育部门意见</td><td colspan="5">学校签章：
年　月　日</td></tr>
</table>

参 考 文 献

[1] 顾拜旦 . 体育颂 [N]. 中国体育报，1989-2-28.

[2] 陈庆合 . 论体育课程的思政价值 [J]. 河北科技师范学院学报，2020(4):115-119.

[3] 赵焕彬，魏宏文 . 体能训练理论与方法 [M]. 北京：高等教育出版社，2020.

[4] 孙麒麟，毛丽娟 . 体育与健康教程 [M]. 6 版 . 北京：高等教育出版社，2023.

[5] 陈庆合 . 芬兰“现象教学”对我国应用型本科教育的启示 [J]. 职教论坛，2021,37(7):53-60.

[6] 陈庆合 . 国标太极拳练习精要 [M]. 北京：中国经济出版社，2012.

[7] 陈庆合 . 体育教学对促进高职学生职业操作技能形成的作用 [J]. 河北科技师院学报，2004(3):63-66.

[8] 邓泽民，陈庆合 . 应用技术大学课程设计 [M]. 北京：科学出版社，2022.

[9] 孟昭莉，李芃松等 . 运动与健康 [M]. 北京：高等教育出版社，2022.

[10] 陈庆合 . 中华武术的价值及其发展研究 [J]. 河北科技师范学院学报，2006(2):120-123.

[11] 邓树勋，王健，乔德才，等 . 运动生理学 [M]. 3 版 . 北京：高等教育出版社，2015.

[12] 熊西北，姚国强，徐树魁 . 田径基础教程 [M]. 北京：北京体育大学出版社，1997.

[13] 陈庆合 . 应用型人才培养理论在运动康复专业的实践 [M]. 秦皇岛：燕山大学出版社，2019.

[14] 王家宏 . 球类运动：篮球 [M]. 4 版 . 北京：高等教育出版社，2023.

[15] 黄汉升 . 球类运动：排球 [M]. 3 版 . 北京：高等教育出版社，2015.

[16] 蔡向阳，王崇喜 . 球类运动：足球 [M]. 4 版 . 北京：高等教育出版社，2021.

[17] 黄宽柔 . 健美操 [M]. 3 版 . 北京：高等教育出版社，2023.

[18] 杨文轩，张细谦，邓星华 . 学校体育学 [M]. 北京：北高等教育出版社，2015.

[19] 胡晓飞 . 传统体育养生理论 [M]. 北京 : 高等教育出版社，2023.

[20] 乔德才 . 运动人体科学基础（修订）[M]. 北京：高等教育出版社，2016.

[21] 张钧，张蕴琨 . 运动营养学 [M]. 3 版 . 北京：高等教育出版社，2022.

[22] 张涵劲 . 体操 [M]. 3 版 . 北京：高等教育出版社，2019.

[23] 陈庆合，李曙刚，郑永成，等 . 太极拳改善训练者心理健康状态的作用 [J]. 中国临床康复，2006(43):40-42.

[24] 张钧，张蕴琨 . 运动营养学 [M]. 3 版 . 北京：高等教育出版社，2022.

[25] 编写组 . 球类运动：乒乓球 手球 垒球 羽毛球 [M]. 3 版 . 北京：高等教育出版社，2017.

[26] 李林，岳海鹏 . 乒乓球运动教程 [M]. 2 版 . 北京：高等教育出版社，2021.

[27] 梅雪雄 . 游泳 [M]. 4 版 . 北京：高等教育出版社，2019.

[28] 朱家滨，董欣 . 冰雪休闲体育运动 [M]. 北京：高等教育出版社，2022.